主　编 顾功耘

撰稿人（以姓氏笔画为序）

尹　刚　叶微娜　朱静秋

张　沁　张　苏　张明亮

张振宇　陆　川　蒋勤为

商法案例法规选编

SHANGFA ANLI FAGUI XUANBIAN

顾功耘 主编

图书在版编目(CIP)数据

商法案例法规选编/顾功耘主编. —北京:北京大学出版社,2008.1
(高等学校法学教学参考用书)
ISBN 978-7-301-13329-3

Ⅰ.商… Ⅱ.顾… Ⅲ.①商法-案例-中国-高等学校-教学参考资料
②商法-汇编-中国-高等学校-教学参考资料 Ⅳ.D923.99

中国版本图书馆 CIP 数据核字(2007)第 206092 号

书　　　名：商法案例法规选编
著作责任者：顾功耘　主编
责 任 编 辑：张兴群　王业龙
标 准 书 号：ISBN 978-7-301-13329-3/D·1974
出 版 发 行：北京大学出版社
地　　　址：北京市海淀区成府路 205 号　100871
网　　　址：http://www.pup.cn　电子邮箱：law@pup.pku.edu.cn
电　　　话：邮购部 62752015　发行部 62750672　编辑部 62752027
　　　　　　出版部 62754962
印　刷　者：北京宏伟双华印刷有限公司
经　销　者：新华书店
　　　　　　730 毫米×980 毫米　16 开本　28.25 印张　564 千字
　　　　　　2008 年 1 月第 1 版　2008 年 1 月第 1 次印刷
定　　　价：48.00 元

未经许可,不得以任何方式复制或抄袭本书之部分或全部内容。
版权所有,侵权必究
举报电话：010-62752024　电子邮箱：fd@pup.pku.edu.cn

目 录

第一章 商法概述 ……………………………………………… (1)
 1-1 商法的概念与特征 ……………………………………… (1)
 1-2 商法的调整对象 ………………………………………… (3)
 1-3 商法的基本原则 ………………………………………… (6)
 1-4 商人基本制度 …………………………………………… (11)
 1-5 商行为基本制度 ………………………………………… (28)

第二章 公司法 ………………………………………………… (36)
 2-1 公司和公司法概述 ……………………………………… (36)
 2-2 公司法的基本制度 ……………………………………… (40)
 2-3 有限责任公司 …………………………………………… (51)
 2-4 股份有限公司 …………………………………………… (58)
 2-5 外国公司分支机构 ……………………………………… (67)

第三章 证券法 ………………………………………………… (69)
 3-1 证券法 …………………………………………………… (69)
 3-2 证券市场主体法律制度 ………………………………… (74)
 3-3 证券发行与承销法律制度 ……………………………… (85)
 3-4 证券上市与交易法律制度 ……………………………… (90)

第四章 商业银行法 …………………………………………… (106)
 4-1 商业银行概述 …………………………………………… (106)
 4-2 商业银行的业务管理 …………………………………… (110)
 4-3 商业银行的贷款法律制度 ……………………………… (118)
 4-4 商业银行的接管和终止 ………………………………… (120)
 4-5 违反商业银行法的法律责任 …………………………… (122)

第五章 信托法 ………………………………………………… (126)
 5-1 信托法概述 ……………………………………………… (126)
 5-2 信托的设立、变更与终止 ……………………………… (134)
 5-3 信托财产 ………………………………………………… (139)
 5-4 信托关系 ………………………………………………… (140)

5-5 信托业法律制度 ·· (145)
第六章 期货法 ·· (148)
  6-1 期货与期货市场 ·· (148)
  6-2 期货交易所法律制度 ··· (149)
  6-3 期货经纪公司法律制度 ·· (152)
  6-4 期货交易基本法律制度 ·· (156)
第七章 票据法 ·· (160)
  7-1 票据概述 ·· (160)
  7-2 票据法律关系 ··· (165)
  7-3 票据行为 ·· (175)
  7-4 票据瑕疵与票据丧失 ··· (182)
第八章 破产法 ·· (186)
  8-1 破产能力 ·· (186)
  8-2 破产原因 ·· (187)
  8-3 和解与重整制度 ·· (189)
  8-4 破产实体法 ··· (191)
  8-5 破产程序法 ··· (197)
第九章 保险法 ·· (206)
  9-1 保险法概述 ··· (206)
  9-2 保险合同法律制度 ··· (213)
  9-3 保险业法律制度 ·· (232)

法规选编 ·· (241)
  第一编 商法概述 ·· (241)
  第二编 公司法 ··· (251)
  第三编 证券法 ··· (291)
  第四编 商业银行法 ·· (359)
  第五编 信托法 ··· (370)
  第六编 期货法 ··· (378)
  第七编 票据法 ··· (402)
  第八编 破产法 ··· (416)
  第九编 保险法 ··· (433)

第一章 商法概述[①]

1-1 商法的概念与特征

1-1-1 商法的特征

✍ **案　情**

　　1996年7月5日,服务公司为偿付某食品加工部货款,签发金额为人民币382.20元的中国农业银行上海分行的转账支票一张(号码为IXIII0547631),未记载收款人名称就交付了支票。7月7日,有人持该支票到被告饲料厂购买饲料,此时,该转账支票的大小写金额均为人民币7382.20元,并且未有任何背书。被告饲料厂收下支票当日,在背书人与被背书人栏内盖下自己的印章作为背书,再以持票人身份将支票交给中国农业银行甲支行某营业所,由该所于当日通过中国农业银行乙支行某营业所从原告服务公司银行账户上划走人民币7382.20元,转入被告饲料厂账户。同年7月底,原告服务公司与开户银行对账时,发现账上存款短缺7000元,经双方核查,发现该转账支票金额与存根不同,已被改写。协商不成,原告服务公司向法院起诉,称转账支票金额已被涂改,请求确定该票据无效,并判令被告饲料厂承担原告经济损失7382.20元;支票金额有明显涂改痕迹,两农业银行被告未按规定严格审查,错划款项,造成原告经济损失,也应承担责任。被告饲料厂辩称:收下支票后经财务人员审核,没有发现有涂改或可疑之处,又是通过银行按正常途径收款的,自己无责任。

　　被告中国农业银行甲支行辩称:银行对转账支票的审核手续为印鉴是否相符、日期是否有效以及大小写金额是否一致,经审核,该三要素符合。而发生存根与原件不一致的情况,银行不负责任。

　　被告中国农业银行乙支行辩称:收票时经手人仔细审阅,支票大小写金额均无涂改痕迹,故自己无责任。

　　法院在审理中,被告饲料厂无法证明谁是其前手,即谁是饲料的购买者,以及支票变造的时间与变造者。法院认为,饲料厂所取得的转账支票因被更改金

[①] 本章由陆川编写整理。

额而无效,造成背书不连续的责任在饲料厂,为此,原告服务公司多支付的7000元应由被告饲料厂返还,原告在原支票上开具的382.20元应由原告承付。①

➲ 问　题

(1) 票据背书不连续有什么法律后果?
(2) 票据背书反映了商法的什么特征?

➲ 分析意见

票据背书不连续的法律后果:背书是指以转让票据权利或者将一定的票据权利授予他人行使为目的,在票据背面或者粘单上记载有关事项并签章的票据行为。根据《票据法》的规定,《票据法》关于汇票背书的规定也适用于支票。《票据法》对票据背书转让作出了严格规定。该法第31条规定:"以背书转让的汇票,背书应当连续,持票人以背书的连续,证明其汇票权利;非经背书转让,而以其他合法方式取得汇票的,依法举证,证明其汇票权利。前款所称背书连续,是指在票据转让中,转让汇票的背书人与受让汇票的被背书人在汇票上的签章依次前后衔接。"据此,如果背书不连续,或者持票人不能证明其以其他合法方式取得票据,则持票人不能享有票据上的权利,票据债务人可拒绝付款。本案被告饲料厂取得转账支票未经前手背书,只是自己在背书人与被背书人栏中盖上公章,造成票据背书不连续,又不能以其他合法方式证明其是合法的票据权利人,因此饲料厂不能享有票据权利,其取得的票据上的利益应全部返还,由此产生的后果均由自己承担。

票据权利转让一般应依票据法规定的背书转让的方式完成,这种转让与一般债权的转让有较大差异,如票据转让时,无须通知票据债务人,更不必经票据债务人同意;票据转让后,转让人并不完全退出票据关系,反而成为担保票据承兑和付款的义务人,并可能成为后来行使追索权的对象;票据受让人可依善意取得制度,抗辩切断制度得到更有利的保护,每多一次转让,票据权利实现就会多一份保障,而不是多一份风险。由此,从票据背书可以看到商法的一个特点,即规范的技术性。商法规范是关于市场机制运作的一整套制度规范,从市场主体的设立到撤销,从证券筹资到票据行为、破产行为、保险行为,从陆上交易到海商活动,这套规范相互衔接,系统缜密,可谓人类对经济活动的最精巧的制度设计。

商法还包含了以下特征:(1)规范的重点是商人的营利活动;(2)组织法规范与行为法规范相结合;(3)对经济生活的适应性;(4)含有公法化因素;(5)

---

① 引自http://www.chinalawedu.com/news/2004_4%5C8%5C1328213111.htm,访问日期:2006年2月24日。

规范的可借鉴性。

1-2 商法的调整对象

1-2-1 国外商法的地位

✎ 案　情

农民甲拥有一个玉米园，预计能产玉米 2000 蒲式耳。在玉米未成熟时，商人乙询问农民甲："你准备把所有的玉米卖给我么？"农民甲说："不。"过了几天，商人乙又向农民甲问了同样的问题。此时，农民甲回答："可以全卖给你，每蒲式耳卖1美金。"接下来，商人乙又写了封信给农民甲确认这个价格，信中写到：这封信是为了确认我们所达成的协议，玉米在丰收后卖1美金每蒲式耳。等到玉米丰收时，市场上每蒲式耳玉米卖到了3美金。此时农民甲反悔，商人乙主张农民甲应当按确认信履行。

➡ 问　题

（1）根据美国《统一商法典》的有关规定，农民甲是否应当按照确认信的内容履行义务？

（2）美国《统一商法典》在美国处于怎样的法律地位？

➡ 分析意见

根据美国《统一商法典》合同篇对欺诈法（Statute of Fraud）的引用，至少有五种合同必须采用书面形式。其中包括合同金额超过 500 美金的合同必须以书面形式订立，否则合同无效。因此，上述案例中，农民和商人并未书面订立玉米买卖合同，理论上无效。但根据《统一商法典》第二编第 201 条第 2 款的规定：如果交易双方都是商人，那么其中一个商人向另外一个商人作出的约束自己行为的书面记载同样约束另外一个商人。[①] 这是对欺诈法引用的一个例外。所以，农民甲是否应当按照确认信的内容履行义务，要根据农民的身份确定。如果农民是商人，就要按照确认信履行，如果农民不是商人，就不用按照确认信履行。

美国《统一商法典》是为了克服美国州际商法差异给商事交易带来的不利影响，由各州政府代表组成的"统一州法全国委员会"与美国法学会（ABA）通力合作而做成的。由于该法典并非联邦议会或州议会所制定，故属于民间示范法的性质，没有法律约束力。但是，美国除路易斯安那州（Louisiana）以外的其他州

---

① See Uniform Commercial Code §2-201(2).

议会,都根据本州的具体情况,全面或部分地承认了该法典。农民是否属于商人,在各州会因为商事惯例的不同而不同。在伊利诺伊州,农民就属于商人,而其他大部分的州,农民不属于商人。因而,在伊利诺伊州(Illinois),农民甲就要按照确认信来履行,而在其他大部分的州,农民无须履行。

美国《统一商法典》这一示范法典模式,给了美国各州很大的自由度,使得商事交易的制度化和商事习惯可以兼而有之,美国也成为了这种模式的典型代表。除了示范商法典模式,国外商法还有:(1)民商分立模式;(2)民商合一模式;(3)单行商事法模式。

1-2-2 我国商法的地位

案 情

南方某市中级人民法院曾受理一个案件:一个孩童的父母到保险公司为该孩童投平安险。保险公司提供的格式条款中规定,被保险人身体体检合格是合同生效的要件之一。投保人对条款没有异议,自认为孩童身体健康,在没有体检的情况下,在合同上签了字,并依照合同向保险公司交了保险费。在带孩童去医院体检的路上发生了交通事故,该孩童被车撞死。投保人向保险公司索赔。法院在审理该案件时,有观点认为保险公司应当赔偿,主要理由是投保人已经在合同上签字并交付了保险费,被保险人的死亡和合同中要求的体检身体无关,世界上不可能存在身体强壮得不会被汽车撞死的人。从实质正义出发,保险公司应当赔付。另一种意见认为保险公司不应当赔偿,主要理由是合同未生效,在本案中应慎用"公平、正义"这种民法中的基本原则。因为保险公司是商人,追求营利目标,保险公司合同中的许多内容包括要求被保险人体检都是在不违反法律规定的情况下,将自己的风险降低到最小的一种安排。除非法庭认定合同中要求被保险人进行体检的规定属于不公正条款,否则合同尚未生效。[①]

问 题

(1)哪种观点更为合理?
(2)从这个案例中可以看出商法在我国处于怎样的地位?

---

① 参见王小能、郭瑜:《商法独立性初探——从票据法与海商法的角度》,载《中国商法年刊》创刊号,上海人民出版社 2002 年版,第 71 页。

➢ 分析意见

第一种意见倾向于民法观念,而后一种意见倾向于商法观念。笔者认为第二种观点更为合理。首先,不可否认,保险公司是一个以营利为目的的商法人,保险公司在从事其经营范围内的保险业务时,其行为的性质应当为商行为。其次,商法为了保障商人的营利目的设计了一系列提高交易效益,保障交易安全的制度。本案中,保险合同为格式条款就体现了以交易契约固定化来提高交易效益。要求被保险人签字确认,并接受体检则是通过要式行为来保障交易安全。再次,合同的成立和生效是两个不同的阶段。本案中尽管被保险人的父母已经签订了协议,并支付了保险费,这仅仅使得保险合同成立。而保险合同生效还需体检这一条件。既然孩童还未接受体检,保险合同就并未生效。最后,商事合同中的消费者通常由于信息的不对称,自身知识结构的欠缺,弱势的交易地位等因素在同商主体交易的过程中受到损害,因此,其他法律如《消费者权益保护法》、《反不正当竞争法》对消费者给予了倾斜的保护。倾斜保护原则体现了上述民法观念的"公平、正义"。但是,"公平、正义"带有伦理性,必须限定在一定的范围内,否则一旦被滥用,结果会是更大的"非公平、非正义"。本案件中,争议的焦点在于保险公司以被保险人体检作为保险合同生效的要件是否滥用了自己的权利,损害了被保险人的利益。

人寿保险中,保险标的是被保险人的人身。健康状况会对保险公司的保险责任造成很大的影响。国际人寿保险的惯例普遍要求被保险人体检身体,如果保险人未明确表示放弃,保险合同在被保险人没有进行体检或者体检不合格的情况下,即使投保人已签字,甚至交付了保险费也被认为没有生效。可见,要求体检是一个完全合理的要求。本案中的被保险人没有提供任何能够证明其身体健康的权威证据,保险合同尚未生效。投保人不能以此作为依据要求保险公司作出赔偿。民法所追求的"公平、正义"在这里不能排除商法所追求的保护营利。

从对上述案例的分析中可以得出,民法的很多价值理念在商事关系高度发达的今天不能够完全适用。把商法视为民事特别法有欠妥当,且不利于商法制度的完善和商法观念的形成,从而不利于现代市场经济的发展。

商法应当成为我国法律体系中的一个独立的法律部门。理由主要是:(1)无论是民商分立还是民商合一的国家,客观都存在实质意义上的商法。(2)民法适应了简单商品经济时期调整以自然人、家庭为中心的商品交换关系的需要,而市场经济是发达的商品经济,是高度组织化的商品经济,是法制经济,民法的基本理念和原则不能适应现代市场经济的要求,现代市场经济需要商法予以系统的调整。(3)民法规范偏重于伦理性,反映了一国民族的文化特征,带有很强的地区性、传统性;商法规范偏重于技术性,反映了现代经济讲求效率和便于国际贸易交往的要求,带有很强的通用性、创新性。(4)商法有自己的独立调整对象,这种调整对象可以与民法的调整对象分清界限。更为重要的是,商法调整对象以其独特的市场调节机制保证市场运行的整体性和协调性。而民法只能分散地、个别地保障私法主体利益。(5)我国的商法没有包袱,没有传统的羁绊,民法制度也是在改革开放后逐渐建立起来的,难为商法提供足够的立法基础。我国商法完全可以在借鉴国际上最先进的商法制度基础上直接创新,独立发展。

1-3 商法的基本原则

1-3-1 维护市场正常运行原则

✍ 案 情

某某学院是一所原属国家某部管理的高等院校。为贯彻国家教委关于高校后勤改革的意见,将后勤与教学科研相分离,学院决定用后勤服务(集团)公司取代原后勤管理部门。学院党委办公会及院长行政办公会决定,其后勤系统的管理职能归并到院行政办公室,并将其中的个别人员抽调到院行政办公室负责该项事务。其他与院教学科研可分开的职能及科室,则分别成立公司,各自独立,并由这几家公司组成后勤服务(集团)公司,分别是:某某学院物业公司,由产业处、房管科、宿管科、水电科合并而成;某某学院建设施工公司,由修缮(设备)科、基建处、事务科合并而成立;某某学院饮食服务公司,由伙食科及学生一、二、三食堂,教工食堂,民族食堂,招待餐厅合并成立。某某学院以院文件的形式将上述决定公布于众,并上报、抄送各有关单位。之后,举行了某某学院后勤服务(集团)公司的成立大会暨挂牌仪式,宣布了新的领导班子和职工的各自归属,启用了新的印鉴。①

➲ 问 题

(1)根据《公司法》,某某学院后勤服务(集团)公司在设立程序上存在哪些问题?

(2)《公司法》对公司设立程序的规定体现了商法的什么原则?

➲ 分析意见

2005年10月全国人大审议通过的《公司法》第77条规定,设立股份有限公

---

① 引自:http://www.88088.com/xxpnews/list.asp? ID=2971,访问日期:2005年2月18日。

司,应当具备下列条件:(一)发起人符合法定人数;(二)发起人认购和募集的股本达到法定资本最低限额;(三)股份发行、筹办事项符合法律规定;(四)发起人制订公司章程,采用募集方式设立的经创立大会通过;(五)有公司名称,建立符合股份有限公司要求的组织机构;(六)有公司住所。

本案中,某某学院后勤服务(集团)公司的设立程序不符合上述规定:(1)该集团公司设立的依据是学院党委办公室和院长行政办公室的决定,而不是发起人协议,即该集团公司的设立是基于学院领导人的意志,而不是公司发起人或股东的一致的意思表示;(2)公司的出资没有经过验资程序,也没有合法的验资证明;(3)本案中的公司名称没有表明公司的类型;(4)公司召开的所谓成立大会,没有经过民主选举程序,直接由学院领导确定并宣布公司的领导和职工的归属;(5)公司没有经过工商行政管理机关的登记。某某学院只是以文件的形式将公司成立事实公布于世,不符合法定的程序。由于本案中的某某学院后勤集团公司在程序上没有达到法定要求,存在程序上的缺陷,故成立无效。

我国《公司法》对公司设立程序的规定,体现了商法维护市场正常运行原则。建立市场经济体制、运行市场机制以促进经济繁荣。市场体制如何建立以及这种体制如何运转,需要以法律手段进行调整。市场体制的建立和运转要靠一系列法律分工协调,其中商法起着基础性作用。商法对各市场主体及其形式、种类作出选择,以塑造市场的基本体制;商法对各市场主体的活动内容和程序加以设计,即是在塑造市场运行的机制。商法完成一定时期一定社会市场体制与机制的选择和设计后,就要贯彻执行这种规范来维护市场的正常运行和健康的发展。维护市场正常运行原则主要包括以下内容:

1. 市场准入。进入市场的主体必须按照法定的条件,选择法定的形式,履行法定的手续。对主体进入市场的资格进行审查出于现代市场运行对主体素质的考虑。上述案例中,某某学院设立后勤服务(集团)公司没有依照《公司法》公司设立有关程序和要求进行,这种主体进入市场,势必会破坏市场的正常运行,造成交易对方的损害。

2. 商事分解。现代化商事经营专业分工越来越细,便于降低运作成本,提高运作效率。现代商法将商事行为在市场上的功能进一步细分为制造商、销售商、证券商、期货商、租赁商、信托商、担保商、保险商、广告商、代理商、咨询商以及其他各种服务商。分工越细,商事关系越多样化,商法也会使人觉得越复杂,但实现的各种生产经营活动会更专业、更便于操作。

3. 风险分散。现代市场客观存在着经营风险,为了使投资创办公司的人的风险降低到最低,法律确立了有限责任制度。创办公司的风险首先分散给众多的投资者;当投资者认股缴资后,风险集中由公司承受;当公司资产不足以承担风险时,风险由公司债权人承担。商法中还设置各种保险制度,当市场主体面临重大财产损失时,可以通过保险索赔恢复生产经营,使人员得到妥善安排。

4. 市场退出。市场的正常运行不仅需要规范的主体进入机制,还需要不符合规范的主体或已经完成经营使命的主体从市场顺畅地退出的机制。现代商法有股权(产权)转让的规定,有兼并收购的规定,有解散破产的规定,这都是为商事主体(商人)退出提供的合法路径。设立兼并、破产制度是市场竞争的客观要求,要竞争,就要实行优胜劣汰,社会资源才能实现优化配置。

商法对市场准入、上市分散、风险分散和市场退出进行全面规范,使市场主题符合一定标准,使市场活动形成良性的循环,从而维护整个市场正常运行。

1-3-2 提高商事交易效益原则

✎ 案 情

2001年11月A公司与B期货公司签订《期货经纪合同书》等文件,委托B期货公司进行国内期货交易,并委托王为指令下达人及资金调拨人。A公司先后存入保证金700万元进行交易,但2002年9月被告知保证金全部亏损。A公司从2002年12月得到的全部交易结算单中发现其账户交易从2002年1月7日至2002年8月22日的交易都是透支交易,造成500多万元的亏损,认为系B期货公司违规透支交易所致,因此向法院起诉,要求B期货公司赔偿透支交易造成的损失。

➲ 问 题

商事法律允许期货交易体现了商法的什么原则?

➲ 分析意见

民事交易均为现货交易,商法允许期货交易体现了商法提高交易效益原则。商人从事商事交易追求的是经济效益,即营利。经营效益的好坏、营利的多少取决于交易的简便和迅捷,取决于交易成本的降低和利润率的提高。为了反映这一要求,商法应当确认提高商事效率和效益的原则。商法的效益原则具体包括以下内容:

1. 保护营利。商法不仅认可商人的这种营利行为,而且为商人的营利提供法律上的保障。商法通过保护合法经营而取得的利润来保护营利,非法经营或通过不合法的途径所获得的利益不受商法保护。

2. 交易简便。专业化分工越细,经营活动就越简便。商法为交易简便,除强调意思自治以外,还设置了三种基本的手段提供选择,即交易方式定型、交易客体定型以及契约定型。

3. 交易迅捷。交易迅捷是商法对市场交易节奏的反映。交易迅捷主要是指交易周期的缩短、交易次数的增多,以及交易行为所产生的请求权时效期间的缩短。一般情况下,交易迅捷与交易简便是联系在一起的,交易的定型化必定能提高交易的速度,简化交易的程序,从而使货币流转加快,效率和效益显著提高。但交易迅捷还取决于立法对时效的选择。商法采取短期时效主义的规定,短期时效最长2年,最短的仅有1至2个月。

期货交易不仅交易方式定型,交易的客体也定型为标准化的合同,从而大大提高了交易的效率和效益,非常贴切地展现了商法提高交易效益原则。需要注意的是,在交易方式变得简便、迅捷的同时,交易的风险也相应增大,这就需要商法下一个原则,即保障商事交易安全原则的配合。

1-3-3 保障商事交易安全原则

案 情

原告广东省深圳市赛格进出口公司(以下简称赛格公司)因与被告中国农业银行无锡市郊区支行(以下简称郊区农行)发生票据承兑纠纷,向江苏省无锡市中级人民法院提起诉讼。

1996年1月22日,原告赛格公司根据与案外人深圳市联京工贸有限公司和无锡市北塘恒昌车辆贸易总公司(以下简称恒昌公司)签订的代理进口摩托车发动机总成协议,对外开立了信用证。为此,恒昌公司按照约定签发了金额分别为450万元和650万元,到期日分别为同年11月16日、12月16日,收款人均为赛格公司的两张银行承兑汇票,均为被告郊区农行承兑。这两张银行承兑汇票被恒昌公司在交付给原告赛格公司前遗失。恒昌公司曾于1996年8月2日在《南方日报》登报声明汇票作废,又于同年9月2日向无锡市郊区人民法院申请公示催告。无锡市郊区人民法院于当天通知被告郊区农行停止支付。在法律规定的公示催告期届满时,恒昌公司未向无锡市郊区人民法院申请除权判决。恒昌公司后来交付给原告赛格公司的是遗失的银行承兑汇票第一联(此联由承兑行支付票款时作借方凭证)复印件和被告郊区农行于1996年8月28日出具的说明函。在银行承兑汇票第一联复印件上的汇票签发人签章栏内,加盖了郊区农行的汇票专用章,但是没有恒昌公司的签章。郊区农行说明函的内容是:由于银行承兑汇票被出票人遗失,出票人已登报声明作废,因此同意在遗失汇票的底联复印件上加盖本行汇票专用章,作为收款人向本行收款的有效依据;汇票到期后,收款人必须派员凭此复印件结算票面款项。赛格公司按复印件记载的日期,在到期后持上述遗失汇票第一联的复印件向郊区农行提示付款时,遭到郊区农行拒付,因此提起诉讼。

法院认为,《中华人民共和国票据法》第20条规定:"出票是指出票人签发票据并将其交付给收款人的票据行为。"案外人恒昌公司虽然签发并经被告郊区农行承兑了两张银行承兑汇票,但是这两张银行承兑汇票在向原告赛格公司交付之前即被恒昌公司遗失,故恒昌公司并未完成出票的票据行为,赛格公司也未实际持有该银行承兑汇票。现赛格公司据以主张票据权利的,只是恒昌公司交给它的银行承兑汇票第一联复印件。该复印件上虽然有"汇票"字样、金额、付款人名称、收款人名称等复印内容,但是没有出票人恒昌公司的签章,且未经郊区农行同意承兑,另附的郊区农行说明函又对支付限定了条件,这些内容都不符合《票据法》第22条对汇票的规定,所以复印件上虽然有郊区农行加盖的汇票专用章,也不能作为有效的汇票使用。赛格公司持此复印件请求行使票据权利,不符合《票据法》第4条第2款的规定,应当驳回。①

➡ 问　　题

法院判决原告持有的汇票复印件不符合《票据法》关于汇票的规定体现了商法的什么原则?

➡ 分析意见

法院依据《票据法》的有关规定,作出的判决体现了《票据法》作为商法的一个重要组成法,对商法保障商事交易安全原则的维护。商事交易过程中,由于存在信息获取、自然灾害、人为破坏、交易者的道德、政府政策变化等众多不确定因素或风险因素,时常导致商人的利益受损。商法保障交易安全就是要减少和消除商事交易活动的不安全因素,确保交易行为的法律效力和法律后果的可预见性。其内容主要包括:

1. 公示主义。是指商人在依照商法规定从事商事交易时,应当公开交易中公众所应知的重要事项,以增强市场的透明度。在交易过程中,交易者往往需要事先获得有关相对人及其商品、服务的可靠信息,如了解交易对方的法律地位、资信能力、产品品质等,否则无法作出交易的正确判断。

2. 要式主义。是指国家通过公法手段对于商事关系施以强制性影响和控制,是商法公法化的重要表现。上述案例中,《票据法》对于票据种类,票据应记载事项的规定,均具有强制性,一旦违背了这些强制规定,违背方要因此承担对自己不利的后果。这些强制性规定既有便利交易的功效,也有提高交易安全度的功能,防止当事人因不熟悉专业或一方当事人的故意造成合约错漏,最终遭致

---

① 引自 http://www.86148.com/anlihuibia/shownews.asp?id=1443,访问日期:2006年2月18日。

损失。

3. 外观主义。是指以交易当事人行为的外观为准来认定其行为所产生的法律效果。英美法上则称为禁止反言。在法律行为中,内心意思和外观表示不相一致的情况时常发生。如果允许当事人外观表示与真实意思不符而撤销商事行为,显然不利于交易关系的稳固,从而造成交易的不安全性。民法中有表见代理的规定,商法则进一步贯彻了外观主义原则。

4. 责任严格。是指商法对商事交易的当事人规定了严格的义务和责任。如公司的行为多依赖于公司负责人,对负责人的责任,若不予以严格规定,势必妨碍商事交易的安全。

1-4 商人基本制度

1-4-1 商个人

✐ 案　情

张某在一个体工商户打工,在工作中受伤。经劳动局认定为工伤并评定了伤残等级。但在提起仲裁时,却被告知该个体工商户已注销,无法仲裁,仲裁委同时下达了不予受理通知书。张某遂向法院起诉。但事实上该个体工商户只是换了一个亲戚的名字在原处用原有设备继续生产。①

⇨ 问　题

注销后的个体工商户如何承担个体工商户存续期间的债务?

⇨ 分析意见

个体工商户是个体经济的主要存在形式。它是自然人以个人财产或家庭财产作为经营资本、依法经核准登记,在法定的范围内从事非农业经营活动的个人或家庭。个体工商户可以是个人经营,可以是家庭经营,也可以请帮手、带学徒经营。其特点是:生产资料归个人或家庭所有;生产经营的主体是个体劳动者或家庭成员;个体工商户对劳动所得拥有完全的支配权;个体工商户以个人或家庭的全部财产对外承担无限责任。

个体工商户作为一种商事主体,实际上就是持有营业执照的商个人,业主承担的是无限责任。营业执照注销只是表明其自注销之日起丧失了经营资格,在营业执照注销前该个体工商户应当承担的工伤赔偿责任并不会消失,仍应由该

---

① 引自 http://www.86148.com/lawread/shownews.asp? id=825,访问日期:2006 年 2 月 22 日。

自然人承担。劳动仲裁需要裁决的是工伤赔偿问题,既然赔偿主体存在,被申诉人是明确的,劳动仲裁机构应当受理,其不予受理的做法是不对的。新成立的这个亲戚工商户本人不应承担赔偿责任,但其生产资料如是无偿承受原业主的,应在其价值范围内承担连带赔偿责任。本案应以工伤为赔偿标准,可再与仲裁委员会交涉,争取仲裁受理,如其坚持不予受理再行起诉。

1-4-2 商合伙

✍ 案　情

李某、刘某、韩某三人合伙成立一企业,经三人商定,李某出资10万元,刘某出场地,经三人同意,韩某以劳务出资,合伙协议还规定,因李某出资10万元后已不再有余钱,故若合伙企业发生亏损,李某不再以个人财产承担亏损。合伙企业的存续期间为5年。

⇨ 问　题

该合伙协议是否符合法律规定?

⇨ 分析意见

商合伙,又称合伙企业,是指依法设立的由各合伙人订立合伙协议,共同出资、合伙经营、共享效益、共担风险,并对合伙企业债务承担无限连带责任的营利性组织。在我国,设立商合伙的法律依据是2006年8月27日第十届全国人大常委会第二十三次会议通过的《中华人民共和国合伙企业法》(简称《合伙企业法》)。

1. 对合伙人共同出资的规定为:合伙人各自提供资金、实物、土地使用权、技术等,形成共同出资的关系。出资可以是有形的财产,也可以是无形的资产,如专利技术、劳务、商标、商誉等。因此,该案中所规定的出资方式符合法律规定。

2. 对于合伙企业债务分担,《合伙企业法》作了这样的规定:合伙企业对其债务,应先以其全部财产进行清偿。合伙企业财产不足清偿到期债务的,各合伙人应当承担无限连带清偿责任。因此,该案中协议规定李某不再以个人财产承担亏损不符合法律规定。

3. 合伙协议中可以自行约定经营期限。因此,上述案例中3人约定合伙企业存续期间为5年是合法的。

商合伙是不具有法人资格的企业,有独立的商事主体地位。首先,商合伙是各合伙人为了共同的目的,基于彼此间的信任和依赖而组成的,具有人合性。其次,商合伙有自己的商号,有相对独立的组织体,他可以以商号的名义对外开展交易活动。再次,商合伙可以持有合伙财产,经营过程中有自己的权利和利益,因而在司法机关可以起诉和应诉。

商合伙和民事合伙存在明显的区别,主要表现在:

1. 适用的法律不同。民事合伙由民事法典调整,一般多由民法典债权编中的合伙合同规范;商合伙由商法典或商事公司法调整。

2. 商合伙的成立必须进行商业登记,而且必须有商号和商业簿记。换句话说,商合伙是一种企业组织体;而民事合伙的成立是一个合同,不必进行商业登记,也不具有商号,更不一定是一个组织体。

3. 商合伙以盈利为目的,民事合伙则不得以盈利为目的。① 当然也有人认为,民事合伙可以是以盈利为目的,但经营未达到一定程度和规模。②

学理上,商合伙可以区分为普通合伙、有限合伙和隐名合伙等类别。

1. 普通合伙是指所有参与合伙经营的合伙人,根据约定对合伙企业的债务承担无限连带责任的合伙。这种合伙在有些国家的公司法上称为"无限公司"。

2. 有限合伙是指参与合伙的人约定,一部分合伙人对合伙企业的债务承担出资范围内的有限责任,另一部分合伙人(至少一人)对合伙企业的债务承担无限连带责任(无限责任)的合伙。这种合伙在有些国家的公司法上称为"两合公司"。

3. 隐名合伙是指当事人双方约定,一方对于他方所经营的合伙企业出资而分享其利益并分担其损失的合伙。隐名合伙的当事人包括隐名合伙人和出名营业人。其中,隐名合伙人是出资人,出名营业人通常不出资,也可以部分出资。在隐名合伙中,出名营业人通常对合伙企业的债务承担无限责任,有数人时数人承担无限连带责任;隐名合伙人通常对合伙企业的债务承担有限责任,或者根据约定分担责任。

1-4-3 商法人

✎ 案 情

2000年6月30日,昆明市工商局五华分局接消费者杨璇投诉后,前往白建坤住处莲花池正街18号进行调查,在调查中发现白建坤冒用公司名义从事经营活动,故以五工商消扣字(2000)第005号扣留(封存)财物通知书及清单扣留白建坤现金25000元(人民币,下同)及相关物品。同日昆明迈思特流体技术有限

---

① 参见马强:《合伙法律制度研究》,人民法院出版社2000年版,第353页。
② 参见彭万林主编:《民法学》,中国政法大学出版社1999年版,第108页。

公司从其华夏银行园通支行的账户上支取现金25000元。昆明迈思特流体技术有限公司不服,向昆明市五华区人民法院提起行政诉讼。

原告昆明迈思特流体技术有限公司(以下简称迈思特公司)诉称:1999年5月其与白建坤建立委托代理关系,并将迈思特公司财务章提供给白建坤用于采购商品时使用,2000年6月30日原告委托罗永军携带现金支票找白建坤加盖财务专用章并提取25000元现金,现金提取后白建坤将25000元现金放入随身携带的黑色提包中,后因白建坤涉嫌冒用公司名义从事经营活动,此25000元现金被被告扣留。被告的处罚行为侵害了原告的合法财产权益,故诉请判令撤销被告所作的五工商经处字(2000)第136号行政处罚决定书中侵害原告财产权益的部分。

被告昆明市工商行政管理局五华分局答辩认为:其作出的处罚决定是对白建坤处以罚款25000元,与原告无关,故请求驳回原告的诉讼请求。①

➡ 问　题

商法人与民事法人的区别是什么?

➡ 分析意见

商法人是指依法具有商事权利能力和行为能力,独立享有商事权利和承担商事义务的营利性组织,自然人根据法律规定选择成为商事主体,法人则是自然人依照法律创设的商事主体。商法人具有以下特征:(1) 商法人是人们为了从事商事交易活动而组织起来的;(2) 商法人的独立法律地位由法律赋予,并受法律规范和保护;(3) 商法人有自己的独立财产。这些财产首先是由投资人投资形成,其次是投资增值积累起来的。投资人个人财产与商法人的财产应严格分开;(4) 商法人可以自己的财产独立承担债务责任。当商法人经营对外负债时,投资人除了对企业承担出资责任外,不再承担债务的责任;(5) 商法人以自己的名义实施商事交易行为,在诉讼上独立起诉和应诉。

民事法人是民事法律关系的主体。根据《民法通则》的规定,民事法人实际包括机关法人、企业法人、事业单位法人以及社会团体法人四种。这些民事法人只有企业法人可以成为商法上的商法人,特殊情况下经过办理商事登记的事业单位法人也可以成为商法上的商法人;机关法人包括各级党的机关、国家权力机关、行政机关、司法机关、军事机关等法人,这些法人主要靠国家财政拨款从事活动。

---

① 引自 http://www.chinalawedu.com/news/2004_5/27/1352102895.htm,访问日期:2006年2月25日。

本案中,迈思特公司就是依法成立的商法人,而昆明市工商行政管理局则是行政机关,是机关法人的一种,是典型的民事法人,根据法律的规定,它不可能成为商法人。

1-4-4 商中间人、商辅助人

案　情

被告章建华是原告章春芳 A 公司的职员。原告耳闻广州市场上录像机价格低于上海,遂于 1991 年 10 月 3 日交付被告人民币 26000 元,授权被告从松下 J20、日立 747、东芝 95、TV660 四种型号的录像机中,任意选购十台新录像机,对质量、外观等并无其他要求。10 月 9 日,因广州市郊区市场上的录像机价格较市区低,被告遂邀同事李茂章一起前往广东省增城县新塘镇购得松下 J20 录像机十台,经当场试放,未发现质量问题,遂付人民币 22700 元。商店出具发票,客户方开具的是 A 公司,但无保修卡。10 月 12 日,被告将录像机交付原告,并提出由原告当场开机试放。原告表示无此必要。双方当场按发票和车票结清了货款以及被告自广州市区至增城县新塘镇的差旅费共计 22850.60 元。现原告称,取回录像机当天即发现有一台商标纸脱落,经试放发现有马达声响,图像有规则的抖动等,遂将录像机送往修理部,修理部的人告知该机已启封过。原告要求将机盖打开,发现机内磁鼓等零件已锈,修理部的人遂告知该机已无使用价值。10 月 15 日,原告找被告交涉,要求被告去出售商店调换。被告主张原告方同行,愿负相关的差旅费,原告未接受。被告称,他根据原告要求去出售商店要求调换,遭拒绝。故只得将录像机重新交给原告。以后,原告向被告提出修理该录像机需修理费人民币 1000 多元。被告方考虑到邻居关系,同意补偿 200 元,原告未能接受。

问　题

该案中被告的身份如何？其行为的性质如何？

分析意见

原告对被告有特别授权,被告行使的是代理权,是代办人的身份。代办与经理人有相似之处,都存在商人的授权,都是行使代理权。但经理人被授权的权限相对来说比较广泛,经理人的活动对商人直接生效,一旦授权,商人便承担一切后果。代办人被授权的范围是特定的,在与第三人交往中,代办人不能逾越授权范围,越权由代办人自己承担责任。

代办人由于授权范围有限,实施特殊的商事代办行为时,应提示特别的授权文件。第三人不能轻信代办人具有类似代理人的同样授权。商事代办中,可以存在表见代办权,如商店店员和从事外勤业务的雇员在实践中往往被视为具有代办权。

该案中,被告在原告的授权范围内,为原告代购录像机,在此过程中未发现被告不履行职责或与他人串通,故意损害原告利益的行为,且被告已将该机交付原告,原告也已付清了价款,至此,被告的代理事务已完成,双方的委托代理关系即告终止,因此其代办事项的责任由原告承担。

1-4-5 商事登记的范围与种类

✎ 案　情

2002年5月,甲公司与另外3家公司企业达成协议,决定由该4家企业共同投资成立"八达体育用品有限公司"。该4家企业拟定了公司章程,公司的注册资本为500万元,其中甲公司出资150万元,其余投资由另外3家企业分别以货币、机器设备、土地使用权等出资。各方在实际缴付出资并办理了相关法定手续后,取得了相应的验资证明。同年9月,八达体育用品有限公司筹备处向市工商局申请设立登记并向其提交了登记申请书、公司章程、验资证明等文件。市工商局经审查后认为,八达公司的法定资本和生产经营条件等是合格的,但本地已经有6家体育用品公司,市场容量已饱和,再设立一家体育用品公司对本地经济的促进作用不大,因此不予登记。甲公司等4家企业在接到工商局的不予登记的通知后不服,以市工商局为被告,向法院提出行政诉讼,要求市工商局对其设立新企业的申请予以登记。①

➲ 问　题

八达体育用品有限公司是否符合登记条件?

➲ 分析意见

商事登记是指依照法律或法规的规定,由商人的筹办人或商人为设立、变更或终止商事主体资格,将应当登记的机关申请登记于登记簿,并被登记机关核准登记公告的法律行为。运用商事登记法规范商事登记的目的在于:(1)保护社会公众的利益,实现交易的安全;(2)昭示商人的商事信用,实现商人的交易目的;(3)方便政府的行政管理,提高政府的运作效率。

我国商事登记的种类主要是设立登记、变更登记和注销登记,对于设立登

---

① 引自 http://iask.games.sina.com.cn/browse/browse_detail.php?qid=3344239,访问日期:2006年2月25日。

记,公司法规定如下:(由于该案件发生时新《公司法》并未通过,因此下面的法条为修改前《公司法》。)

第十九条 设立有限责任公司,应当具备下列条件:(一)股东符合法定人数;(二)股东出资达到法定资本最低限额;(三)股东共同制定公司章程;(四)有公司名称,建立符合有限责任公司要求的组织机构;(五)有固定的生产经营场所和必要的生产经营条件。

第二十条 有限责任公司由二个以上五十个以下股东共同出资设立。

第二十三条 有限责任公司的注册资本为在公司登记机关登记的全体股东实缴的出资额。有限责任公司的注册资本不得少于下列最低限额:(一)以生产经营为主的公司人民币五十万元;(二)以商品批发为主的公司人民币五十万元;(三)以商业零售为主的公司人民币三十万元;(四)科技开发、咨询、服务性公司人民币十万元。特定行业的有限责任公司注册资本最低限额需高于前款所定限额的,由法律、行政法规另行规定。

第二十四条 股东可以用货币出资,也可以用实物、工业产权、非专利技术、土地使用权作价出资。对作为出资的实物、工业产权、非专利技术或者土地使用权,必须进行评估作价,核实财产,不得高估或者低估作价。土地使用权的评估作价,依照法律、行政法规的规定办理。以工业产权、非专利技术作价出资的金额不得超过有限责任公司注册资本的百分之二十,国家对采用高新技术成果有特别规定的除外。

第二十六条 股东全部缴纳出资后,必须经法定的验资机构验资并出具证明。

第二十七条 股东的全部出资经法定的验资机构验资后,由全体股东指定的代表或者共同委托的代理人向公司登记机关申请设立登记,提交公司登记申请书、公司章程、验资证明等文件。法律、行政法规规定需要经有关部门审批的,应当在申请设立登记时提交批准文件。

公司登记机关对符合本法规定条件的,予以登记,发给公司营业执照;对不符合本法规定条件的,不予登记。公司营业执照签发日期,为有限责任公司成立日期。

从本案中看,该公司是符合设立登记条件的。

新《公司法》对公司设立的条件进一步放宽,具体规定如下:

第二十三条 设立有限责任公司,应当具备下列条件:(一)股东符合法定人数;(二)股东出资达到法定资本最低限额;(三)股东共同制定公司章程;(四)有公司名称,建立符合有限责任公司要求的组织机构;(五)有公司住所。

第二十四条 有限责任公司由五十个以下股东出资设立。

第二十五条 有限责任公司章程应当载明下列事项:(一)公司名称和住所;(二)公司经营范围;(三)公司注册资本;(四)股东的姓名或者名称;(五)股东的出资方式、出资额和出资时间;(六)公司的机构及其产生办法、职权、议事规则;(七)公司法定代表人;(八)股东会会议认为需要规定的其他事项。股东应当在公司章程上签名、盖章。

第二十六条 有限责任公司的注册资本为在公司登记机关登记的全体股东认缴的出资额。公司全体股东的首次出资额不得低于注册资本的百分之二十,也不得低于法定的注册资本最低限额,其余部分由股东自公司成立之日起两年内缴足;其中,投资公司可以在五年内缴足。有限责任公司注册资本的最低限额为人民币三万元。法律、行政法规对有限责任公司注册资本的最低限额有较高规定的,从其规定。

第二十七条 股东可以用货币出资,也可以用实物、知识产权、土地使用权等可以用货币估价并可以依法转让的非货币财产作价出资;但是,法律、行政法规规定不得作为出资的财产除外。对作为出资的非货币财产应当评估作价,核实财产,不得高估或者低估作价。法律、行政法规对评估作价有规定的,从其规定。全体股东的货币出资金额不得低于有限责任公司注册资本的百分之三十。

1-4-6 商事登记机关与程序

案 情

邕州公司的前身是南宁市政府办公室主办的华龙实业开发公司(简称华龙公司)。1987年华龙公司与南宁市政府办公室脱钩后,经民革南宁市委员会同意,与其下属的民革劳动服务公司签订了隶属关系协议书。随后华龙公司拟增加房地产开发业务,需另行筹建房地产开发公司,便由民革劳动服务公司申办,具体的筹备工作由梁善华等人负责,注册资金以联营的形式借款筹集。1988年3月29日,经南宁市工商局核准发照,邕州公司正式成立,原华龙公司停业。梁善华作为筹备负责人经民革南宁市委员会同意,任该公司的经理,成为邕州公司的法定代表人。根据邕州公司的章程规定,邕州公司隶属民革南宁市委员会主办的民革劳动服务公司领导,公司设经理一人,由民革主管部门派任。邕州公司的营业执照表明,邕州公司是以房地产开发为主的独立核算的集体所有制企业。在邕州公司的有关申请登记表和证书上,主管部门一栏既填民革劳动服务公司,也填民革南宁市委员会。1988年12月,清理整顿公司时,邕州公司因无党政机关投资及干部在企业兼职,无违法经营而得以保留。1993年6月9日,民革南宁市委员会以南革化字(1993)03号、(1993)06号文免去梁善华邕州公司法定代表人及经理职务,同时以南革化字(1993)05号文任命民革南宁市委员会常委赖远新为邕州公司的法定代表人及经理。同年6月11日,赖远新向市工商局提交了变更登记注册书和上述三个任免文件。南宁市工商局受理了变更申请,按照《中华人民共和国企业法人登记管理条例》(以下简称《条例》)第17条、第18条和《中华人民共和国法人登记管理条例实施细则》(以下简称《细则》)第40条规定,于1993年6月22日核准了变更登记,邕州公司的法定代表人由梁善华变更为赖远新。同年6月23日,梁善华不服,要求南宁市工商行政管理局注销违法的变更登记,该局没有采纳。原告遂向南宁市中级人民法院提起行政诉讼。

原告诉称:南宁市工商行政管理局在核准变更法人登记时,认定第三人民革南宁市委员会为邕州公司的主管部门没有事实根据,变更邕州公司的法定代表人不合法,侵犯了该公司的经营自主权。其理由是:(1)邕州公司是由梁善华等人于1987年9月19日自筹资金,并以协议形式挂靠于民革南宁市委员会主办的劳动服务公司的,是一个独立核算、自主经营、自负盈亏的集体所有制企业。梁善华经参与筹建公司的人员推选,经主管部门同意,由南宁市工商行政管理局核准为邕州公司的法定代表人。邕州公司每年向主管部门上缴一定数额的管理费;主管部门依法监督其经营和交纳税款。(2)民革南宁市委员会的任免、南宁市工商行政管理局变更法定代表人登记的行为无法律依据,是无效的。按《城镇集体所有制企业条例》第32条规定,邕州公司法定代表人的变更,首先应经职工大会选举,然后依照《条例》、《细则》和《企业法人的法定代表人审批条件和登记管理暂行规定》的有关规定进行。民革南宁市委员会不是邕州公司的主管部门,却以南革化字(1993)03号、(1993)05号、(1993)06号文件免去梁善华邕州公司的法定代表人资格和经理职务,任命民革南宁市委员会常委赖远新为该公司法定代表人、经理的行为,违反了《城镇集体所有制企业条例》第32条的规定,也是无效的。南宁市工商行政管理局在核准变更法定代表人登记时,同样违背了《城镇集体所有制企业条例》的规定,其行为侵犯了邕州公司的经营自主权,是无效的。因此,请求法院判决撤销南宁市工商行政管理局核准的邕州公司法定代表人的变更登记,恢复梁善华的法定代表人资格。

被告辩称:工商行政管理机关是法律授权的企业法人登记主管机关,我局在受理邕州公司申请变更法定代表人登记时,严格按《条例》第17条、第18条和《细则》第40条的规定办理,根据申请人提交的南革化字(1993)03号、(1993)05号、(1993)06号三个文件及赖远新提交的变更登记注册书,遵照法定程序进行审查、核准,变更是合法有效的,请求法院予以维持。

第三人在诉讼中主张:对邕州公司资金来源、人员组成、企业性质与原告主张没有异议,而作为邕州公司的主管部门,按法定程序向有关部门申请变更企业的法定代表人资格,乃属于其职责范围内行为,谈不上侵犯企业的权益。梁善华的法定代表人资格已经南宁市工商行政管理局变更,所以,梁善华不能以邕州公司的法定代表人提起诉讼。①

➲ 问　题

上述变更登记是否符合我国《公司法》的程序要求?

➲ 分析意见

我国的登记机关是国家工商行政管理机关和地方工商行政管理机关,登记的程序包括:申请、审查、登记和公告等。其中对于审查程序,目前我国工商行政管理机关对商事登记采取的是实质审查。

本案中,邕州公司是由梁善华等人自筹资金,经南宁市工商行政管理局批准成立,以南宁市民革劳动服务公司为主管部门的一个独立核算、自主经营、自负盈亏的集体企业,梁善华是该公司合法的法定代表人。《城镇集体所有制企业条例》规定,城镇集体企业享有的经营自主权受法律保护,行政机关和非行政机关任意撤换集体企业法定代表人、经理,属于侵犯企业经营自主权的行为,被撤换职务的企业法定代表人,有权提起行政诉讼。民革南宁市委员会既不是邕州公司的主管部门,也没有资金投入,其免去梁善华的法定代表人、经理职务,任命赖远新为该公司法定代表人、经理的行为没有法律依据,是无效行为。南宁市工商行政管理局没有严格依照《城镇集体所有制企业条例》规定的厂长(经理)产生的程序审查变更法定代表人申请,而依据自称为邕州公司主管部门的民革南宁市委员会的任命文件变更了邕州公司的法定代表人,其行为侵犯了邕州公司的经营自主权,工商部门的审查程序违法。因此,南宁市工商行政管理局1993年6月22日核准的邕州公司变更法定代表人登记的具体行政行为应予以撤销。

1-4-7　商事登记的效力

✎ 案　情

S市几个自然人成立一有限责任公司,朱某作为该公司的创始人和策划者,理所当然地被推举为执行董事,作为公司的法定代表人负责公司的基本事务。公司成立后,不到半年,股东便发觉执行董事的朱某除了独断专行外,对于公司业务及庞大的资金,也显露出管理经验的不足。同时,由于过度保守,使公司错失了一些本可获利的机会,导致亏损连连。于是部分股东产生更换执行董事的念头,便联合提议,要求召开临时股东会。朱某作为执行董事主持了这次股东

---

① 引自 http://www.lawyerwu.com/data/2005/0810/article_1022.htm,访问日期:2006年2月25日。

会,并参与执行董事的改选。

股东会决议另选夏某为执行董事。这时,朱某表示抗议,声称这个决定不符合公司章程的规定,公司章程规定了"执行董事任期三年,三年内不得无故解职。"朱某认为他仍是公司执行董事,临时股东会的决定违反公司章程,应视为无效,同时拒绝在临时股东会的会议记录上签字。

当天,朱某从会计手中拿走了公司的公章,并拒绝交出。众股东情急之下,前往派出所报案,声称"公章被盗",派出所问清原委后,也清楚此事的性质与"被盗"不同,但究竟应如何处理,也并无良策,只能应众股东请求,出具了"公章被原董事长朱某拿走"的证明。众股东持这一证明,到 A 报社刊登了遗失声明,并另刻公章。次日朱某手持公司营业执照、公司章程和公章,要求 A 报更正遗失声明,原因是公章并没有被盗,朱某按营业执照及公司章程所载,正是公司的执行董事,因此 A 报刊登的遗失声明是有人蓄意捣乱,朱某要求予以纠正。①

➡ 问　　题

股东会作出解除朱某职务的决议效力如何?

➡ 分析意见

公司的法定代表人是公司登记中的一项重要事项,我国的公司登记管理条例规定,公司登记时须登记公司的法定代表人,当公司变更法定代表人时,也须向登记机关申请变更登记。同时,为了明确登记的效力,公司登记管理条例明确:"未经核准变更登记,公司不得擅自改变登记事项。"当公司变更登记事项涉及修改公司章程时,应提交修改后的公司章程或者公司章程修正案。公司变更法定代表人的,应当自变更决议或者决定作出之日起 30 日内申请变更登记。

商事登记究竟产生何种法律效力? 一般认为,已登记之事项对第三人具有对抗效力,反之,未登记事项,无论对何人均不得享有对抗权。因此,根据公司登记管理条例的规定,在本案中,当股东会决议更换执行董事,也就是公司的法定代表人时,须向登记机关申请变更登记。该登记具有公示的效力,决议作出而未登记时,该决议只在公司内部具有效力,不登记不足以对抗公司外的第三人。并且,该公司必须在股东会作出决议后 30 日内申请变更登记。未经登记,擅自变更公司的法定代表人的,按公司登记管理条例将会由公司登记机关责令限期办理。

根据这一规定,本案中股东会虽然决议解除朱某的职务,但在未向登记机关进行变更登记之前,对于公司外部的第三人而言,朱某仍是公司的法定代表人。

---

① 引自 http://www.law-bridge.net/LAW/20051/0220355174787.html,访问日期:2006 年 2 月 25 日。

其持有公司公章,以法定代表人名义与公司之外的第三人进行的民事行为,对该公司仍有拘束力,该公司不得以已免除朱某职务为由,主张朱某的行为无效。只能在对第三人承担责任之后,向朱某追偿。

1-4-8 商事登记的监督管理

✍ 案 情

某营养食品公司向郑某借款20万元,在约定期限内未予归还,郑某于是向当地法院提起了民事诉讼。在此期间该公司由于未参加企业年检,被工商部门吊销营业执照。法院以该公司营业执照被吊销为由裁定终结诉讼。郑某对此裁定不服,向检察机关提出申诉。在我国企业工商年检中,因多种原因,经常出现逾期不参加年检情况,报刊上也经常出现工商行政管理部门催告企业进行年检的现象,逾期仍不年检的,工商行政部门得吊销其营业执照。

➡ 问 题

工商行政管理部门对商事登记履行的监督管理职责主要有哪些?

➡ 分析意见

我国的登记主管机关是各级工商行政管理部门。它对商事登记应履行的监督管理职责主要包括下列几项:

1. 年度检验。是指已登记的企业在每一年度终了后,必须按照登记主管机关的要求提交年检报告书,资产负债表、损益表等主要财务报表,营业执照副本等,由登记机关对企业已登记之事项进行核查的制度。

2. 证照管理。企业在领取营业执照后,应将营业执照置于住所或营业场所的醒目位置。任何单位和个人不得伪造、出租、出借、转让营业执照。登记主管机关有权对任何人所持营业执照及其副本的真实性予以核查。

3. 处罚。登记主管机关对于企业违反法律行政法规的行为有权根据有关规定实施行政处罚。处罚的类别包括:警告、罚款、没收非法所得、停业整顿、扣缴、吊销营业执照。

本案中,工商部门履行的是年度检验和处罚的监督职责。

1-4-9 商号

案 情

A某向上海市工商局申请设立上海舒杰装饰材料有限公司,并取得了名称预先核准通知书,但并未立即取得营业登记,之后A某以该名称印制名片,挂牌开始对外从事经营活动,并获经营额2万元,工商部门对A某的行为进行了查处,认定其使用未经核准登记注册的企业名称从事生产经营活动。

问 题

(1) 商号的登记程序如何?
(2) 登记后的效力如何?

分析意见

商号,即商人名称,是指商人在从事商行为时所使用的名称。商人使用名称的意义在于区分不同的市场交易主体,使市场交易主体特定化、个性化。商号的选择受到法律的规范和限制。商号构成的形式应符合法律或法规规定的要求,同时,商号构成的文义也不得与法律或法规规定的限制相违背。

根据我国《企业名称登记管理规定》,商号的构成应符合下列要求:商号的构成通常应有四个部分,第一部分是地区名称,通常是用商人所在地的省、自治区、直辖市或市、州或者县、市辖区等行政区划名称,经批准有的可用中国、中华、国际等名称;第二部分是字号;第三部分是行业或经营特点;第四部分是企业的性质或形式。

商人在进行企业设立登记前,应先进行商号的核准登记。此谓商号的预先核准程序。登记机关核准后应发给申请人商号使用文件。商号或名称的预先核准并不发生创设的效力,更不发生公示的效力,它仅意味着申请人在一定的时期内,有权以此核准的商号申请商人的设立登记。只有经预先核准登记的商号,才能用于商人的设立登记申请。在商人设立登记时,仍应将核准的商号即名称当作登记事项予以登记。在经过设立登记核准后,商号才具有法律上的对抗效力。商人才享有对已登记之商号的专有使用权。

该案中,A某虽然获得了商号的预先核准登记,但是并未经过设立登记核准,还不能成为真正意义上的商号对外使用。

1-4-10 营业转让

案 情

自2000年起,肯德基在中国特许经营只采取"不从零开始"一种形式,将一家成熟的、正在盈利的餐厅转手给加盟者。加盟者无须进行自己选址、开店、招募与培训员工等大量繁重的前期准备工作,这些都已具备。每个餐厅的转让费在800万元人民币以上。肯德基餐厅的营业面积从350到400平方米不等,这800万元是根据一些综合指数制定的购买一家肯德基餐厅的参考价格,实际转让费用将视目标餐厅的销售及利润状况而定。加盟商支付这笔费用后,即可接手一家正在营运的肯德基餐厅,包括餐厅内所有装饰装潢、设备设施,及经过培训的餐厅工作人员,且包括未来在营运过程中产生的现金流量和利润。但不包括房产租赁费用。①

问 题

肯德基的做法是否营业转让?

分析意见

肯德基的做法可以认定为营业转让。从动态的角度理解,营业是指商人所经营和掌管的全部要素的总和,全部要素的总和就是商人的组织体——营业组织。从静态的角度理解,营业是指商人为了开展经营活动所组织起来的全部财产,这些财产就是商人主体所占有的财产的总和——营业财产。营业转让是指对所经营的事业的转让,它既包括营业组织的转让,又包括营业财产的转让。

营业转让通常具备以下特点:

1. 营业转让的标的可以是商人营业的全部财产,也可以是商人从事某一事业的全部财产。在本案中,肯德基转让的便是餐厅所有的装饰装潢、设备设施。

2. 营业转让的财产是组织起来的财产或称结合财产,它与所营业务密切联系,受让人接受后可以很容易地组织某一方面或某些方面的经营活动。本案中,肯德基转让的经过培训的餐厅工作人员和一起转让的装饰装潢、设备设施可以迅速组合在一起,马上投入营利工作。

3. 营业转让的具体事项是可以由转让双方自愿协商选择的。本案中,肯德基保留了未来房产的租赁费用。

4. 营业转让的乙方在业务转让后将全部或部分退出市场,不参与受让一方

---

① 引自http://www2.soofan.com/jingying/zongheng/anli/2005-2-5/20855.shtml,访问日期:2006年2月25日。

继续经营。本案中,肯德基将餐厅的经营权转让给加盟者之后就不再参与到加盟者的营业中。

营业转让后发生如下效力:

对转让当事人的效力方面,营业转让合同已经生效,营业转让方应向受让方交付所营之财产,并依法办理相关法律手续。如果涉及营业商号之转让,应办理商号变更或注销的手续。转让方将营业转让后除非特别约定,不得再次经营已经转让的业务。即转让方须向受让方承担竞业禁止义务。

对第三人的效力方面,在营业转让的情况下,营业的债权人通常应向转让人主张债权。但是,债权人不知悉营业转让事情,尤其是在商号连同营业一并转移的情况下,可向受让人主张债权。受让人在履行了债务后,再向转让人追索。

1-4-11 商事账簿制度的意义

✍ 案　　情

万盛电器有限公司是一家专门从事电器制造的企业,设立于1998年。该公司共有6位股东,其中法人股股东两位:华天电器有限公司(简称华天公司)和东河县无线电厂,其余四位股东是自然人何天、陆飞、秦成雨和王达。以上股东中持股情况为:华天公司持股52%,东河县无线电厂持股24%,何天持股9%,其余三位股东分别持股5%,公司注册资本300万元。万盛公司董事长由华天公司总经理李思担任,总经理由何天担任。公司在1998年、1999年两年是创业期间,因此没有对盈余进行分配,而是对公司资产进行了积累,到1999年底公司已有公积金达180万元。到2000年该公司的销售情况良好,规模不断扩大。第一大股东华天公司的董事长认为万盛公司如果资本再继续扩大,可以成为一家股份有限公司,并且为以后进行上市做准备。于是根据华天公司董事长的指示,万盛公司董事长李思找到公司的会计主管许名山,要求其对公司的财务会计报告和有关会计账簿进行调整。根据李思的要求,许名山把公司存货的计价方法由过去的先进先出法改成后进先出法(因为该公司经营的电器市场价格比过去一年上涨),把属于华天公司的资产列入万盛公司的资产,计入公司的资产账户上。这样使万盛公司的资产总额扩大了。华天公司曾在1999年向工商银行进行贷款,万盛公司为华天公司提供了保证担保。1999年万盛公司与一家买方就电器的质量问题发生争议,双方诉讼到法院,万盛公司一审败诉,目前正在上诉。在编制公司的财务会计报告中,没有对上述情况进行反映。2000年股东会上,陆飞、秦成雨和王达三位股东认为公司已经两年没有分红,2000年的业绩比较好,应当为股东分红。李思在股东会上作报告时指出,本公司要转为股份有限公司,不能为了短时间利益而影响公司长远的发展,而且公司正在和别人打官司,不知道是否胜诉,所以不能随便分配利润。陆飞、秦成雨和王达认为公司的财务会计报告有虚假情况,要求查阅公司的账簿,遭到了总经理何天的拒绝。理由是需会计师事务所或者法院的同意。陆飞、秦成雨和王达认为自己是股东,可以随意查阅公司的账簿,无须法院与会计师事务所的介入。双方为此发生纠纷。①

➲ 问　　题

(1) 公司股东对公司的商事账簿是否有查阅权?
(2) 公司建立商事账簿有何意义?

➲ 分析意见

我国《公司法》对股东对公司商事账簿的查阅权的规定经历一个从无到有的过程。2005年10月之前的原《公司法》第32条规定:股东有权查阅股东会会议记录和公司财务会计报告。第110条也规定:股东有权查阅公司章程、股东大会会议记录和财务会计报告,对公司的经营提出建议或者质询。可见我国原《公司法》仅仅赋予公司股东对公司财务会计报告的查阅权,而不能查阅公司的会计账簿。因此,在上述纠纷中股东无权查阅公司的会计账簿。

但新《公司法》扩大了股东的查阅权范围。新《公司法》第34条规定:股东有权查阅、复制公司章程、股东会会议记录、董事会会议决议、监事会会议决议和财务会计报告。股东可以要求查阅公司会计账簿。股东要求查阅公司会计账簿的,应当向公司提出书面请求,说明目的。公司有合理根据认为股东查阅会计账簿有不正当目的,可能损害公司合法利益的,可以拒绝提供查阅,并应当自股东提出书面请求之日起十五日内书面答复股东并说明理由。公司拒绝提供查阅的,股东可以请求人民法院要求公司提供查阅。可见,新法在扩大股东查阅公司文件权范围的同时,完善了相关程序,使股东的查阅权具有可操作性,并规定了在被拒绝查阅情况下可以请求人民法院救济。

公司建立商事账簿的意义有:(1) 有利于商人加强内部管理,进行成本核算,提高管理人员的工作效率和决策能力;(2) 有利于投资者了解商人的财产、营业和盈利状况,维护投资者的权益;(3) 有利于交易相对人透过基本的财务指标,掌握商人的资信情况;(4) 有利于政府主管部门对商人实施监督管理,降低整个市场的交易风险;(5) 有利于国家税收部门依法征税,为征税提供可靠数据。其中,投资者要了解商人的财产、营业和赢利状况,就必须拥有对公司商事账簿的查阅权。

---

① 引自 http://law.imu.edu.cn/teach/zdkc/zdkc2/sfxjxal.doc,访问日期:2006年2月25日。

1-4-12　商事账簿的种类与内容

案　情

红生有限公司是一家从事农机经营的企业,于1999年初成立。该公司有6位股东,均为自然人,其中杨山华一人出资22万元,占注册资本总额的30%。红生公司成立后,全体股东选举杨山华为董事长并兼任总经理。杨山华认为本公司经济业务并不复杂,没有必要单独设立会计机构和会计人员,这样可以节省一大笔费用。于是杨山华决定聘请一位有会计从业资格的会计师李某代为记账。李某每半个月来公司进行一次账务处理,账务处理所依据的会计凭证都是杨山华提供的。1999年年底李某根据账务处理的结果编制了本年度的财务会计报告,并交给了每位股东。其他五位股东看到该财务会计报告后,认为该财务会计报告有严重问题,并且怀疑杨山华有侵占公司财产行为。于是五位股东联合聘请安达会计师事务所对红生有限公司的财务会计报告进行审计。审计的结果是有三笔应收账款列为坏账是错误的,公司的公积金提取不符合公司法的规定,而且还有一些原始凭证是不合法的。五位股东向法院起诉杨山华,要求杨山华赔偿损失。①

问　题

商事账簿的种类有哪些?

分析意见

本案例中涉及的商事账簿有两种,即会计凭证、会计报表。商事账簿主要有三种:会计凭证、会计账簿和会计报表。

1. 会计凭证,是记录商人从事经营活动及收支情况的原始凭据和证明。根据规定,商人在开展经营活动时的货币收付、款项结算、货物进出、财产增减等都必须由经办人取得或者填制会计凭证,并以此作为结算的依据。会计凭证所记载的内容必须真实、客观和可靠。任何人不得提供和制作虚假会计凭证。

2. 会计账簿,是商人的会计人员按照一定的程序和方法制作的,连续、分类记载商人经营活动的簿册。会计账簿分为序时账簿、分类账簿和备查账簿等。会计账簿所记载的各项内容都是商人编制会计报表、进行经营活动分析、审计评估资产的基本资料,也是处理法律争议的重要参考证据。

3. 会计报表,是运用货币形式综合反映商人在一定时期内的生产经营活动

---

① 引自 http://law.imu.edu.cn/teach/zdkc/zdkc2/sfxjxal.doc,访问日期:2006年2月25日。

和财务状况的书面报告和表册。会计报表主要包括资产负债表、损益表、财务状况变动表、财务状况说明书以及利润分配表。会计报表的编制应当遵循连续性原则、以账簿为根据原则、真实性原则以及公开性原则。

1-5 商行为基本制度

1-5-1 商行为的概念及分类

✍ 案　　情

2005年11月21日,阎家明在上海欧尚超市有限公司以432元的价格购买了大明虾5盒。12月12日,阎家明向超市所在地上海市杨浦区法院提起诉讼,称所购大明虾包装上标称重量与实际不符,且皆为过期食品,超市的行为已构成欺诈,要求超市按《消费者权益保护法》第49条的规定,对所购大明虾进行退货并赔偿432元。超市则认为大明虾盒上标识"1"并非指1公斤,而是指1件,且阎家明也不能证明现在所出示的物品就是11月21日所购商品。超市并未伪造生产日期,不构成欺诈。

审理中,承办法官通过计算机系统查询,发现阎家明自2004年4月21日至2005年12月12日,仅在杨浦区法院就作为原告提起了18件民事诉讼,被告均为辖区内的商家,诉讼请求也均是认为商家实施欺诈,要求按《消费者权益保护法》第49条退一赔一。

法院审理后认为,阎家明在20个月内,仅在上海市杨浦区即提起18件以退一赔一为目的的诉讼,在上海市的其他地区的类似诉讼尚未统计在内,该情况足以说明阎家明的购物、诉讼行为,已经不是一般意义上的消费,而是以诉讼为方法、以营利为目的的非消费行为,不属于消费者权益保护法调整范围。再者,阎家明作为专门从事购物、诉讼而营利的相关人员,其对商品的辨识能力和认识风险的能力均优于普通消费者,发现商品存在瑕疵时,可以向经营者提出或向有关行政机关举报,而阎家明采取有意购买再进行诉讼的做法,造成系争物的变质、腐臭,该损失应自行承担。据此,法院判决驳回了阎家明要求超市退货并按两倍货款进行赔偿的诉讼请求。[1]

➡ 问　　题

阎家明的行为是否为商行为?

---

[1] 引自http://society.people.com.cn/GB/1062/4060619.html,访问日期:2006年2月25日。

➲ **分析意见**

商行为,是指商人所实施的以盈利为目的的,能够引起商事上的权利义务关系的设立、变更或终止的营业行为。从不同的角度、依不同的标准可将商行为划分为不同的种类。

1. 绝对商行为与相对商行为。绝对商行为,是依法律列举的规定即可直接认定为商行为,而不必考虑这种行为是商人实施还是非商人实施。相对商行为,是依行为的主观性和行为自身的性质而认定的商行为。对这类行为的认定要考虑行为主体是否为商人、行为的目的是否具有营利性。

2. 基本商行为与辅助商行为。基本商行为是直接从事营利性经营活动的商行为。这类行为多强调行为的直接媒介商品交易的属性。辅助商行为是一种从属性商行为,相对于主商行为而言。其行为本身并不直接达到商人所要达到的经营目的,但对经营目的的实现起辅助作用。

3. 完全商行为与推定商行为。完全商行为,是法律所确定的商行为或商人所实施的营业性行为。推定商行为,亦称准商行为,是不能单纯根据法律规定认定,要同时根据对事实的推定方可认定的商行为。推定商行为多指拟制商人的行为,需根据其他具体情况推定具有商事性质而准用商法。

4. 单方商行为与双方商行为。单方商行为,是根据交易当事人一方是商人或一方所从事的行为是商行为而认定的行为。双方商行为,是根据交易当事人双方均为商人或双方所从事的行为均是商行为而认定的。

上述案件中,原告阎家明的行为被法院定性为以诉讼为方法、以营利为目的的非消费行为。尽管其行为是否属于消法的保护范围引起了学术界的广泛探讨,但由于他为普通个人,并非商主体,因此,其行为不是商行为。

1-5-2 一般商行为

✍ **案 情**

某市食品公司(下称被告)因建造大楼急需水泥,遂向本省的青锋水泥厂、新华水泥厂及建设水泥厂(下称原告)发出函电,函电称:"我公司急需标号为150型号的水泥100吨,贵厂有货,请速来函电,我公司愿派人前往购买。"三家水泥厂在收到函电以后,均先后回复函电告知备有现货,且告知了水泥的价格。原告建设水泥厂在发出函电同时即派车给被告送去50吨水泥。在该批水泥送达被告之前,被告得知新华水泥厂生产的水泥质量较好,且价格合理,遂向新华水泥厂发去函电,称:"我公司愿购买贵厂100吨150型号水泥,盼速送货,运费由我公司负担。"函电发出后第二天上午,新华水泥厂发函称已准备发货。下午,原告将50吨水泥送到,被告告知原告,他们已决定购买新华水泥厂的水泥,因此不能接受原告送来的水泥。原告认为,被告拒收货物已构成违约,双方因协商不成,原告遂向法院提起诉讼。①

⇨ 问 题

原告建设水泥厂和被告某食品公司之间是否存在合同?

⇨ 分析意见

商行为与民事行为一样,都是一种契约法律行为,通过契约形成、变更和终止当事人双方的债权债务关系。商行为中,意思表示是行为的关键内容,当事人的合意是行为生效的基本条件。能够导致商行为法律后果的意思表示通常包括:契约当事人一方为订立契约所提出的要约,契约当事人另一方为同意订立契约而对邀约人的要约所作出的承诺。邀约人发出要约至要约失效为止,要约内容始终对要约人具有约束力。承诺的内容需与要约内容相一致,如不一致视为拒绝原要约,提出了新的要约。

上述案例中,被告的函电中仅仅包含了意欲达成契约标的物的数量,并未包含价格条款,因此,这个函电不能被认为是一个要约,而是一个要约邀请。同时,原告在收到函电后没有作出任何明示的答复,采取了缄默的方式。一般地说,缄默作为未作出反应的行为,不具有意思表示之效果。但是在商事交易中,如双方有约定或法律已明确规定,可把缄默当作对要约的承诺。但本案中原被告没有类似的约定。综上,本案中不存在合法有效的要约和承诺,双方的意思表示未能达成一致,故原被告之间不存在合同,原告也无从违约。

1-5-3 特殊商行为

✐ 案 情

某市商贸大厦因维修,与本市某仓库订立了仓储保管合同,约定由仓库为商贸大厦保管洗衣机500台,保管期限3个月。合同还规定了保管费用、违约责任等内容。入库当天,商贸大厦将洗衣机分批运至仓库,搬到仓库保管员指定的位置。送货人要求保管员验收时,保管员认为"商贸大厦信誉好,不用验收了",便入库盖章。3个月后,商贸大厦工作人员提货时,发现少了20台洗衣机,便要求该仓库赔偿损失。该仓库负责人认为,商贸大厦的500台洗衣机入库后,便贴了封条,仓库大门锁了三把锁,钥匙分别在三个保管人员手中,因此不存在问题,仓

---

① 引自 http://www.lawyee.net/Doc/Cases_Teach_5.asp,访问日期:2006年2月25日。

库拒绝赔偿。双方发生争执,商贸大厦遂诉至法院,要求该仓库赔偿损失。①

➪ 问　　题

商事仓储是何种商行为,特点如何?

➪ 分析意见

商事仓储是一种特殊的商行为,是指由商人利用仓库、场地等设施和条件所从事的货物储存和保管行为。商事仓储实际包含了两种不同的行为:寄存与保管。这种商行为的特点是:专业性、服务配套性以及行业经营性。本案中双方签订了仓储合同,仓储合同是保管人储存存货人交付的货物,存货人支付仓储费的合同。保管方以提供一定劳务或服务为存货方管理货物,从中获取一定的费用或报酬为目的。仓储合同的保管人,必须是经工商行政管理机关批准的,能依法从事仓储保管业务的法人或经济组织。保管人应按合同规定,定期或不定期地会同存货人就仓储物的保管情况进行检查,如发现问题,应及时采取必要措施,以保证仓储物的完好无损。由此可见,商事仓储是按要求取得专业营业资格的专业机构,专门为其他商人提供仓储配套服务,是一种商行为。

特殊商行为是指在商事领域,只有专门的商人组织依据商法的特别规定才可以实施的行为。这种行为的特点是:专业性、服务配套性以及行业经营性。特殊商行为应包括商事代理、商事行纪、商事居间、商事信托、商事担保、商事咨询、商事买卖、融资租赁、证券交易、期货交易、商事仓储、商事运输、商业保险、票据交换、海商等。这些行为都是商人经营可能涉及的,如果商人在经营中需要实施这些行为,可以利用自己的人力和财力加以解决。但是靠自己投入并不经济,效果也不一定好。实践中,上述行为均形成相当的专业特点,均有一定的专业机构,商人完全可以借助商事专门机构,在专门机构中聘请专业人员为自己配套服务。专业机构实施特殊商行为均需按要求取得专业营业资格,未取得专业营业资格不可对外提供服务。

1-5-4　商事代理法律特征

✍ 案　　情

甲方青岛宏达实业有限公司指定乙方华兴贸易私人有限公司为其独家代理,为"金鱼"牌洗衣机在新加坡区域的顾客中招揽订单,乙方接受上述委任。双方约定每一笔交易的货物价格应由乙方与买主通过谈判商定,并须经甲方最

---

① 引自 http://www.law0755.com/Article_Show.asp? ArticleID=1218,访问日期:2006年2月25日。

后确认。付款使用保兑的、不可撤销的信用证,由买方开出,以甲方为受益人。信用证须在装运日期前15天到达甲方。基于授予的独家代理权,甲方不得直接或间接地通过乙方以外的渠道向新加坡顾客销售或出口第三条所列商品,乙方不得在新加坡经销、分销或促销与上述商品相竞争或类似的产品,也不得招揽或接受以到新加坡以外地区销售为目的的订单,在有效期内,甲方应将其收到的来自新加坡其他商家的有关代理产品的询价或订单转交给乙方。为使甲方充分了解现行市场情况,乙方承担至少每季度一次或在必要时随时向甲方提供市场报告的义务,内容包括与本协议代理商品的进口与销售有关的地方规章的变动、当地市场发展趋势以及买方对甲方按协议供应的货物的品质、包装、价格等方面的意见。乙方还承担向甲方提供其他供应商类似商品的报价和广告资料。对乙方直接获取并经甲方确认接受的订单,甲方按净发票售价向乙方支付5%的佣金。佣金在甲方收到每笔订单的全部货款后才会支付。在有效期内,为销售有关洗衣机,乙方可以使用甲方拥有的商标,并承认使用于或包含于洗衣机中的任何专利商标、版权或其他工业产权为甲方独家拥有。一旦发现侵权,乙方应立即通知甲方并协助甲方采取措施保护甲方权益。

➡ 问 题

商事代理的法律特征如何?

➡ 分析意见

商事代理,通常是指代理商在代理权限内以委托人的名义为委托人买卖商品或者提供服务,并从中获取报酬的经营活动。其法律特征如下:

1. 代理商是在被代理人明确委托授权的情况下代替被代理人实施行为。代理商代理被代理人实施的行为视为被代理人自己实施的行为。

2. 代理商须以被代理人的名义实施行为。如本案中,在有效期内,为销售有关洗衣机,乙方可以使用甲方拥有的商标,并承认使用于或包含于洗衣机中的任何专利商标、版权或其他工业产权为甲方独家拥有,行为均是以被代理人的名义实施。

3. 代理商在代理权限内独立实施行为。代理商在行使代理权过程中,有权在代理范围内独立为意思表示,独立地决定代理行为的内容和方式。

4. 代理行为产生的法律后果直接由被代理人承担。代理人实施的行为在被代理人与第三人之间设立、变更、终止相应的权利义务关系。

5. 商事代理是有偿代理。代理商实施的行为是被代理人委托实施的,被代理人必须向代理商支付报酬。如果事先没有约定报酬,被代理人也须按惯常做法支付。如本案中,甲方按净发票售价向乙方支付5%的佣金,佣金在甲方收到每笔订单的全部货款后才会支付。

因此本案中的行为是标准的商事代理行为。

1-5-5 商事代理法律关系

✐ 案 情

2003年9月17日,成都纬度房地产顾问有限公司(下称纬度公司)以成都体育广告公司(下称广告公司)的名义与黎明油泵油嘴有限责任公司(下称黎明公司)签订广告牌位租赁、制作、发布合同,其内容载明:纬度公司经广告公司授权,负责位于成都市人民中路的体育中心西北门处大型广告牌招商,黎明公司订购体育广告公司该广告牌位一年的广告使用权,纬度公司负责为黎明公司办理广告的审批、制作、发布;制作时间在9月25日前完成喷绘广告的审核、制作、张贴事宜;刊布时间自2003年10月1日起至2004年9月30日止;该广告使用权共收费25万元,合同签订之日,黎明公司向纬度公司支付总价款20%的定金,即5万元,余款在验收后3日内一次付清。同日,黎明公司向纬度公司支付了定金5万元。19日,广告公司将租赁给黎明公司的广告牌位,让与另一家企业发布广告。2003年10月10日,纬度公司书面通知黎明公司解除合同并退还定金5万元。嗣后,黎明公司要求纬度公司、广告公司双倍返还定金及违约金无果,遂将二者告上法庭。

⇨ 问 题

该案性质如何?原告与两被告之间关系如何?

⇨ 分析意见

该案为广告主与广告经营者委托的代理人签订的广告合同纠纷案件,广告经营者广告公司与纬度公司之间是商事代理关系,讨论原告与两被告之间的关系不难看出:(1)被代理人广告公司与代理商纬度公司之间是授权关系,这种关系基于被代理人对代理商的明确委托授权产生;(2)代理商纬度公司与第三人黎明公司的关系,纬度公司在授权的范围内以被代理人的名义与第三人为意思表示,是形式上的交易关系,代理商不承受行为所产生的后果。如果代理商超越代理权,而被代理人不予追认时,则该无权代理的代理商作为法律关系的当事人对第三人承担责任;(3)被代理人广告公司与第三人黎明公司之间的关系,是实质上的交易关系,被代理人承受代理商为意思表示或受领意思表示所致的法律后果,即对第三人享有一定的权利或承担一定的义务。

1-5-6 商事代理的范围

✐ 案　情

A公司因经营不善,无法继续从事经营活动,遂委托上海创大企业登记代理有限公司(经营范围为:企业登记代理及咨询服务)代为办理公司注销手续,创大公司在接受A公司委托后为其向工商登记部门申请办理了公司注销。

⇨ 问　题

上海创大企业登记代理有限公司的行为是否属于商事代理的范围?

⇨ 分析意见

能够从事商事代理的人,应当是经过商人登记且可以从事商事代理业务的商人,即代理商。代理商所能从事的代理业务应当限制在合法的商行为范围内。代理商能够选择代理的业务范围主要有两方面:一是各种商事交易行为;二是提供各种服务。该案中,创大公司是经工商登记注册的有限责任公司,是合法的商事主体,且该公司的经营范围为从事企业登记代理及咨询服务,代为办理公司注销手续完全在其经营范围之内,因此,创大公司的行为是合法的商事代理,并未超出商事代理的范围。

值得注意的是,以下几种行为不适用商事代理:(1)具有人身性质的行为;(2)按照当事人约定,不得由他人代理的行为;(3)内容违法的行为;(4)侵权的行为等。

1-5-7 商事代理与民事代理的区别

✐ 案　情

2002年11月14日河北中外运久凌储运公司(下称原告)与河北神农农业高新技术有限公司(下称被告)签订协议书,约定由原告为被告办理1*40'集装箱胡萝卜,由天津新港运到韩国釜山。原告依约完成了货运代理事宜。货物运到目的港后,因货物自身原因无法进口韩国,为此,被告于2003年1月24日出具退运委托书,委托原告办理回运事宜。原告接受委托后,又将此业务委托了延安(天津)国际贸易有限公司(简称延安公司),延安公司又委托了阳光国际货运有限公司天津分公司(简称阳光公司)。回运货物由现代商船(中国)有限公司天津分公司承运,韩国POLOGIS LTD签发了提单,提单号为PJFCB301XIA042,提单注明的收货人是被告。货物回运至目的港后,本案原告及时发出了到货通知,多次向被告发函通知其提货,但被告未提,经天津市出入境检验检疫局检验认定货物已不适合人类食用,天津海关对货物予以销毁处理。现代商船公司起诉阳光公司偿付制冷费、堆存费、滞箱费和销毁货物的费用共计3万元,并承担诉讼费1210元,法院判决阳光公司向现代商船公司支付上述费用共31210元人民币,阳光公司履行完毕后,又向法院起诉延安公司,法院作出(2003)津海商初字第336号判决,判令延安公司向阳光公司支付31210元人民币赔偿款并承担诉讼费1210元人民币。延安公司履行完毕后,对本案原告提起诉讼,法院作出(2004)津海法商初字第385号判决,判令河北中外运久凌储运公司偿付延安公司32420元人民币赔偿款并承担诉讼费用1307元。本案原告履行完毕后,对本案被告提起诉讼。①

➡ 问　　题

该案中原告的转委托行为是否合法有效?

➡ 分析意见

转委托又称复代理,是指委托代理人为了被代理人的利益的需要,将其所享有的代理权的一部分或者全部转托他人。因转委托而享有代理权的人,称复代理人。在民事代理中,复代理必须符合下列两个条件:一是必须是为了被代理人的利益;二是应事先取得被代理人的同意,紧急情况下未经被代理人同意而转委托的,应尽快通知被代理人并作出说明。商事代理中,代理商有权选择自己的代理商,只要被代理人在合同中没有禁止性约定,代理商转委托就有效。在该案中,被告在委托给原告时合同中并未签订禁止性约定,因此可以断定原告为了被告的利益将货物委托给第三方运输的行为是合法有效的转委托行为。

商事代理与民事代理虽均是代理,但还存在许多不同点,除了上述的转委托之外,还有以下几点:

1. 产生的根据不同。商事代理产生的唯一依据是被代理人的委托授权。而民事代理可以是法定代理、委托代理和指定代理,产生依据有多个。

2. 代理人实施代理的目的不同。商事代理的目的是为了取得报酬。民事代理中的法定代理和指定代理均是无偿的,委托代理也可能是无偿的。

3. 对代理人的资格要求不同。民事代理可以是任何公民个人,也可以是任何法人。商事代理的主体只能是商人,并且是具有一定专业知识和能力的从业人员。

4. 代理的内容不同。商事代理是营业,代理本身是实施商行为,是有偿行为。而民事代理限于民事行为,有的是财产关系,有的是非财产关系;有的是有偿,有的是无偿。

---

① 引自http://www.ccmt.org.cn/hs/news/show.php? cId=6172,访问日期:2006年2月25日。

第二章 公司法[①]

2-1 公司和公司法概述

2-1-1 公司的定义、法律特征和种类

案情

2004年11月,南强服装厂等十家企业共同发起设立杰瑞服饰有限公司,同年12月依法成立。主要从事时装和配饰的制造和销售。2005年4月1日,杰瑞服饰有限公司与温州丽莎面料有限公司签订了一份亚麻面料买卖合同。合同约定:温州丽莎公司向杰瑞服饰有限公司提供1000匹面料,单价200元/匹,价款共计20万元人民币;付款期限为2005年5月10日前。4月10日,温州丽莎公司按照合同约定将货物运到了杰瑞服饰有限公司的仓库。5月10日,丽莎公司按照合同的约定,要求杰瑞服饰有限公司支付货款20万元人民币。但这时杰瑞服饰有限公司由于管理不善,产品销路不佳等问题一直处于亏损状态,拖欠多笔大额的债务无力偿还。因此杰瑞服饰有限公司向丽莎公司表示无力支付货款。丽莎公司考虑到杰瑞服饰有限公司的股东大都经营状况良好,信誉较高,遂以南强服装厂在内的10家企业即杰瑞公司的股东为被告,向当地的人民法院提起诉讼,要求杰瑞服饰有限公司的股东承担支付货款的责任。

问题

(1) 南强服装厂等十家企业和杰瑞服饰有限公司之间的法律关系怎样?
(2) 对于杰瑞公司无力偿还的债务,该十家企业是否有偿还的义务?
(3) 本案该如何处理?对于丽莎公司要求南强服装厂等十家企业承担支付货款责任的诉讼请求,法院该不该支持?

分析意见

本案中南强服装厂等十家企业是杰瑞服饰有限公司的股东。有限责任公司,在英国称为 limited liability company,在美国称为 closed corporation,在西欧

[①] 本章由蔡勤为编写整理。

称为 private company,是指依照公司法的规定设立的企业法人。公司有三大特点:首先公司必须是依法设立的。其次公司不同于机关、事业单位、社会团体等非企业法人,它以营利为目的。最后是法人性。公司具有民事权利能力和民事行为能力,依法可以独立享有民事权利和独立承担民事义务。

公司是自主经营、自负盈亏的企业法人,公司的出资者所有权和企业法人财产权相分离。公司股东作为出资者投入资金后,由公司独立享有股东投资形成的全部法人财产权,独立享有民事权利和承担民事义务。股东则享有按其出资额收益、重大决策和选择管理者等权利。公司和其他第三人之间发生的债权债务,以公司的独立财产承担责任。股东只以其出资额为限承担有限责任。所以本案中,虽然南强服装厂等十家企业是杰瑞服饰有限公司的主要股东,但是与公司是两个独立的主体,不能把股东的财产和公司的财产混为一谈。有限责任公司股东仅以其出资额作为承担风险、履行义务的基础,公司以其全部的资产承担法律责任。一旦公司破产,公司的资产不足以抵偿公司的债务时,债权人无权向公司的股东要求偿还不足的部分。

杰瑞公司无力偿还的债务,该十家企业作为股东,只在其对杰瑞公司的出资范围内承担责任,无须偿还杰瑞公司无力偿还的债务。本案中,丽莎公司和杰瑞公司的合同是杰瑞公司和丽莎公司之间的债权债务关系。丽莎公司无权要求杰瑞公司的股东支付拖欠的货款,法院不应该支持。

2-1-2 公司的权利能力

✎ 案　情

某建材公司的公司章程及登记核准的经营范围是:生产销售各种建材、涂料。1999 年 8 月,该建材公司得知某物资公司有一批灯具滞销,同时又得知某装潢公司急需一批灯具。遂于 8 月 22 日和物资公司签订了一份购进灯具 1000 件,每件 100 元的购销合同。合同约定:建材公司预付物资公司货款的 30% 即 3 万元作为定金。8 月 25 日,建材公司又和装潢公司签订了一份购销灯具的合同。合同约定:建材公司供给装潢公司灯具 1000 件,单价 110 元;装潢公司预付定金 3.5 万元。合同签订后,建材公司发现物资公司已将货卖给别人。装潢公司知道建材公司无法提供灯具的情况后要求建材公司承担违约责任。建材公司以物资公司违约为由向人民法院提起诉讼,要求物资公司双倍返还定金并赔偿建材公司因为物资公司的违约而造成的损失。物资公司主张,建材公司购买灯具超越了其经营范围,属于其权利能力之外的行为,所以该合同为无效合同,拒绝承担违约责任。

➡ 问 题

(1) 物资公司是否造成违约？
(2) 建材公司超越其经营范围订立的合同是否有效？
(3) 公司登记核准的经营范围和公司的权利能力之间关系怎样？

➡ 分析意见

根据公司法的规定,公司作为法人和自然人一样,也具有民事权利能力和民事行为能力,可以独立享有民事权利和承担民事义务。公司的权利能力受到章程的限制。公司章程设定了公司的目的和经营范围,公司必须在此范围内从事经营活动。公司的经营范围是指公司在登记机关登记的公司经营业务的界限和内容,经营范围的确定直接影响和制约着公司的能力。早期的英美法曾奉行"越权无效"原则,依此原则,公司超越经营范围的行为绝对无效,并不得由股东大会追认。其目的在于便于投资者了解公司的经营范围以作出投资决策,也便于公司的交易相对人了解公司的业务以选择交易伙伴。但"越权无效"的原则有下列弊端:(1) 不利于公司自身的发展和获利目的的实现。市场经济形势变化莫测,商机更是转瞬即逝,如果严格遵循越权无效原则,会使企业错失良机。(2) 不利于交易的便捷和安全。在实行越权无效的情况下,如果因为交易一方越权而使双方的交易活动归于无效,交易双方已经履行的义务和享有的权利基于该交易行为被确认无效而被回复到交易以前的状态,尚未实现的双方合理的交易期待就会落空,不利于社会经济的发展。因此,现今各国公司法已基本抛弃了这一立场,确立起一般行为能力和越权有效的原则。根据一般行为能力和越权有效的原则,企业法人应该像自然人一样享有完全的行为能力,能够从事任何的商事行为,即使该活动超出公司章程所规定的经营范围。企业法人超出自己章程所从事的经营活动并不因为企业法人欠缺此能力而无效,第三方公司不得对此种越权行为提出无效之诉讼。我国《合同法》第50条规定:"法人或者其他组织的法定代表人,负责人超越权限订立的合同,除相对人知道或应当知道其超越权限的以外,该代表行为有效。"最高人民法院《关于适用〈中华人民共和国合同法〉若干问题的解释(一)》第10条规定:"当事人超越经营范围订立的合同,人民法院并不因此认定合同无效。但违反国家限制经营、特许经营以及法律、行政法规禁止经营的除外。"

本案中,建材公司和物资公司签订的购销合同并不因为建材公司超越其经营范围而无效。所以物资公司违反合同,构成了违约。公司的权利能力不受登记的经营范围的限制。

2-1-3 公司法的基本原则

✎ 案　情

甲、乙、丙、丁4人共同设立某注册资本为100万元的有限责任公司。其中，甲出资50万元，乙出资20万元，丙出资20万元，丁出资10万元。公司成立后，甲乙丙三方与出资最少的丁订立承包合同，约定公司由丁承包经营，丁每年向三方支付承包金25万元，公司经营利润由丁享有，丁必须保持该公司的股权资本，若出现亏损则由丁弥补损失。这一承包合同的主要条款载入了公司章程。该公司经营一年后，获得未分配利润120万元（已提取法定公积金、公益金）。丁认为，根据承包合同的规定，在其将25万元交付给三方后，余下利润应当由其享有。甲乙丙三方坚持认为，该承包合同违反了公司法关于按出资比例分配公司利润的规定，应属无效，应按各方当初的出资比例分配利润。

⇨ 问　题

（1）该承包合同是否有效？
（2）该合同违反了公司法的哪些基本原则？
（3）本案该如何处理？

⇨ 分析意见

本案中，甲、乙、丙、丁共同设立某注册资本为100万的有限责任公司，且均为该公司的股东，应以其出资对公司承担有限责任。甲乙丙和丁签订了承包合同，约定公司由丁承包经营，丁每年向三方支付承包金25万元，公司经营利润由丁享有，丁必须保持该公司的股权资本。

首先，该承包合同改变了公司法预设的公司内部股东会、董事会、监事会分权制衡的权利分配架构，由丁一人决定公司的经营。

其次，承包合同要求承包的股东按约定对公司保持公司的股权资本，相当于要求其承担补亏义务，实际上使其承担了无限责任，违背了股东有限责任原则。

最后，依据该承包合同的约定，在公司有盈余的情况下，不按出资比例分配公司的利润，违反了公司法关于股东按出资比例分配盈余的规定。公司法规定公司弥补亏损和提取公积金、法定公益金后所余利润，有限责任公司按照股东的出资比例分配，股份有限公司按照股东持有的股份比例分配。有限责任公司的股东以其认缴的出资额为限对公司承担责任。有限责任公司的股东按照实缴的出资比例分取红利。

笔者认为，公司法关于公司内部治理结构的三权分立结构是公司强行法的法律规范,不能由当事人以合同的方式加以改变。公司形态法定主义和公司资合主义是决定公司本质的根本性规则,为强行法。如果允许公司股东以私人之间的契约改变"有限责任,有限权利"以及其他的一些基本规定,公司和合伙的界限就会变得模糊。综上所述,该承包合同违反了公司法的强行性规定,属于无效合同,该合同的一些内容载入了公司章程,那么该公司章程中有关的条款亦因违法而无效。

2-2 公司法的基本制度

2-2-1 公司设立

案 情

厦门五丰对外贸易有限公司(以下称五丰公司)与青岛保税区锦丽思贸易有限公司(以下称锦丽思公司)、青岛合源管道纯净水有限公司(以下称合源公司)签订债务承担合同一份,债权人为五丰公司,本案的被告李旭阳对债务承担连带保证责任。根据合同约定,锦丽思公司与合源公司应共同偿还144万元及利息,李旭阳作为保证人应承担连带还款责任,其承担责任后有权向上述两公司追偿。此后,各债务人未履行还款义务。经查明,锦丽思公司系李旭阳之弟李旭军借用香港某公司执照复印件、香港商人刘某的名义并借用另一公司贷款90万元注册成立的。李旭军在取得锦丽思公司营业执照后,即将用于注册的90万转还他人,而香港某公司和香港商人刘某未实际出资。李旭军在取得锦丽思公司的营业执照后,并未实际组建公司及开展相应的经营活动,而将公司的营业执照交给李旭阳。李旭阳和李旭军是锦丽思公司的实际经营人。锦丽思公司被青岛工商部门吊销营业执照并于本案期间被注销登记。

问 题

(1) 公司的设立需要什么条件?
(2) 锦丽思公司设立是否有效?
(3) 本案的债务应该由谁承担,锦丽思公司是否需要承担债务?

分析意见

公司的设立是指为使公司成立而依法进行的一系列法律行为及所经法律程序的总称。公司的设立不仅包括设立行为,而且也包括公司设立中所经的一系列法律程序。世界各国有关公司的设立在不同历史时期经历了特许主义原则、核准主义原则和准则主义原则等一系列的立法原则。虽然对公司设立的规定不同,但从交易安全的角度出发,均采取了法定主义,规定了设立公司必须符合的条件和遵循的程序。《公司法》第6条规定,设立公司,应当依法向公司登记机关申请设立登记。符合本法规定的设立条件的,由公司登记机关分别登记为有限责任公司或者股份有限公司;不符合本法规定的设立条件的,不得登记为有限责任公司或者股份有限公司。

《公司法》第23条规定,设立有限责任公司,应当具备下列条件:(1)股东符合法定人数;(2)股东出资达到法定资本最低限额;(3)股东共同制定公司章程;(4)有公司名称,建立符合有限责任公司要求的组织机构;(5)有公司住所。第77条规定,设立股份有限公司,应当具备下列条件:(1)发起人符合法定人数;(2)发起人认购和募集的股本达到法定资本最低限额;(3)股份发行、筹办事项符合法律规定;(4)发起人制订公司章程,采用募集方式设立的经创立大会通过;(5)有公司名称,建立符合股份有限公司要求的组织机构;(6)有公司住所。

各种类型公司设立程序除遵循公司法的规定外,还必须遵循《公司登记管理条例》以及《企业法人登记管理条例》的有关规定。本案中,锦丽思公司的设立并没有实际出资,所以设立有瑕疵。

为了保障交易安全和商业活动的良性运行,公司法为公司的设立规定了种种的条件和程序。但是由于利益的驱动,股东出资不到位,公司又领取了营业执照的现象十分常见。本案就涉及瑕疵设立的公司的法律地位认定问题,对此我国公司法没有明确的规定。在世界各国,对于瑕疵设立的公司法律地位的处理原则有英国的瑕疵设立承认主义,美国的瑕疵设立个别承认主义,法、德的瑕疵设立无效否认主义等。概括而言,英美法系国家倾向于承认主义,而大陆法系国家倾向否认主义。瑕疵设立承认主义重在增进交易的效率,同时以牺牲一定的交易安全为代价。大陆法系国家以其一贯的侧重保护交易安全的风格,否定瑕疵设立的公司的法律人格。但是相比注重交易效率的承认原则,否定原则注重理性精神在立法中的贯彻,显得有些刻板和缺乏灵活性。

我国对于瑕疵设立的公司采用比较严格的态度。对于瑕疵设立的公司,一般由行政机关及工商行政部门吊销公司的营业执照,注销公司登记。对于公司在瑕疵设立的存续期间进行的商事行为,我国的司法实践一般由对瑕疵设立公司有责任的发起股东承担。本案中李旭阳和李旭军作为公司的实际经营人,应该承担瑕疵设立公司的债权债务。

2-2-2 公司资本

✍ 案 情

甲、乙、丙、丁四人欲设立一家有限责任公司,四人经过协商,订立了以下的出资协议:甲、乙、丙分别现金货币出资5万、10万、15万。另外,甲用一间面积300平方米的厂房作价15万出资。丁则用客户名单等商业秘密作价10万出资。其中,甲出资的厂房在出资前已经抵押给A银行,并且已经依法办理了抵押物登记手续。乙虽然在工商部门的登记的出资额为人民币20万,但实际的出资额为8万。丙的15万出资有5万是从银行借贷的。后甲、乙、丙、丁四人因为利润分配的时候对相互之间的出资产生争议,遂诉诸法院。

➡ 问　　题

(1) 本案中该公司的成立是否合法?
(2) 甲、乙、丙、丁的出资是否符合我国公司法律的规定?
(3) 商业秘密是否可以作为资本出资?

➡ 分析意见

公司出现后,公司资本制度的立法历来是现代公司法立法的重要内容,有关资本制度的立法形成了一些基本原则,贯穿于公司资本立法的始终。这些原则是公司制度的精髓所在。目前世界上主要有两种资本制度:法定资本制和授权资本制。"法定资本制"是指公司章程中所载明的资本在公司申请设立登记时必须全部由出资人或认股人缴纳或者认购完毕,否则公司不能成立。而"授权资本制"是将公司的资本分为授权资本和发行资本。公司必须在公司章程中载明授权资本的数额,但在公司设立时不必将全部的资本数额缴纳完毕,可以先发行一部分,其余待日后根据公司的经营需要决定是否发行。法定资本制的优点在于有利于保证公司拥有充实的资本,防止利用公司进行欺诈和过度的投机行为,有利于交易安全。而授权资本制下,无论公司确定多大的资本数额,都可以迅速地成立,并且可以根据公司的实际情况随时增加资本,免除了增资的繁琐程序,有较大灵活性,但是又减弱了对债权人利益的保护。我国修改前的《公司法》规定:设立有限责任公司股东出资应当达到法定资本最低限额;有限责任公司的注册资本为在公司登记机关登记的全体股东实缴的出资额。最新修改的《公司法》第26条规定:有限责任公司的注册资本为在公司登记机关登记的全体股东认缴的出资额。公司全体股东的首次出资额不得低于注册资本的百分之二十,也不得低于法定的注册资本最低限额,其余部分由股东自公司成立之日起两年内缴足;其中,投资公司可以在五年内缴足。由此可见我国的资本制度从原来的严格法定资本制向授权资本制发展的趋势。

本案中甲用已经办理了抵押物登记的厂房出资。根据《担保法》规定:在抵押期间,抵押人转让已经办理登记的抵押物的,应当通知抵押人并告知受让人转让物已经抵押的情况;抵押人未通知抵押人或者未告知受让人的,转让行为无效。可见,只要通知抵押权人并告知受让人房屋已经抵押的情况就可以转让已经办理了抵押登记的抵押物。所以甲完全可以用办理了抵押登记的厂房出资。丙用银行借贷的资金出资。我国公司法没有禁止出资人用借贷的资金出资。只要丙是以自己的名义向银行借贷资金,完全可以向公司出资。至于丁以商业秘密作价出资,根据我国新《公司法》第27条的规定,股东可以用货币出资,也可以用实物、知识产权、土地使用权等可以用货币估价并可以依法转让的非货币财产作价出资;但是,法律、行政法规规定不得作为出资的财产除外。对作为出资的非货币财产应当评估作价,核实财产,不得高估或者低估作价。法律、行政法规对评估作价有规定的,从其规定。笔者认为,只要丁的商业秘密可以用货币估价,那么商业秘密可以作为无形的财产作价出资。所以本案中,甲、乙、丙、丁的出资都是合法有效的。公司的设立符合法律的规定,设立有效。

2-2-3 股东和股东权

✎ 案 情

某纺织品有限公司系由原有的一个国有企业改制形成,注册资本为100万,每股人民币1000元,共1000股,实际股东44名。公司成立后,第一届监事会任职期间,董事会、股东大会虽然开过会议,但是公司的财务状况未公开。第一届任期届满,董事会宣布完成毛利收入180万元,但是费用支出高达200万,相当于亏损了20万。股东因此要求查账和审计,但被董事会以种种理由拒绝。故16名股东诉至人民法院,请求判令被告履行召集临时股东大会的法定义务,判令被告履行向股东公开财务报告的法定义务,并由新一任的监事会对公司成立以来的财务账目进行检查。

➡ 问 题

(1) 公司的经营管理层在取得投资者的投资后,如何对投资者负责,接受投资人的监督?

(2) 股东对公司享有哪些权利?

(3) 本案中董事会的做法是否符合公司法的要求?

➲ 分析意见

根据公司法,公司是独立的法人实体,独立地承担权利义务,公司所有权与公司经营权相分离,股东不能直接操纵公司。股东自向公司投资后取得股东资格。无论是自然人和法人都可以成为公司的股东。在我国,只有法律、法规禁止兴办经济实体的党政机关不得成为公司的股东。

股东权,是股东基于其股东地位可以向公司主张的权利。股东权来源于股东的地位或资格,只有公司的股东才能享有股东权。股东权主要有以下分类:

1. 自益权和共益权。凡是股东以自己的利益为目的而行使的权利是自益权,主要包括发给出资证明或者股票的请求权、股份转让过户的请求权、分配股息红利的请求权以及分配公司剩余财产的请求权等。凡股东以自己的利益并兼以公司的利益为目的而行使的权利是共益权,主要包括出席股东会的表决权、任免董事等公司管理人员的请求权,以及查阅公司章程及账册的请求权等。自益权主要是财产权,共益权主要是参与权,两者相辅相成,共同构成了股东的权利体系。

2. 固有权和非固有权。根据股东权的重要程度又可以将股东权分为固有权和非固有权。固有权又称法定股东权,是指非经股东同意,不得以章程或股东大会决议予以剥夺或限制的权利。属于公司法上的强行性规定。反之,其他的可以以公司章程和股东大会决议予以剥夺和限制的权利为股东的非固有权。

本案争议的焦点是股东的知情权问题,股东是否有权要求对公司的财务状况进行查阅和审计,董事会是否具有合理的理由拒绝股东的要求。新修改的《公司法》第34条规定有限责任公司的股东有权查阅、复制公司章程、股东会会议记录、董事会会议决议、监事会会议决议和财务会计报告。股东可以要求查阅公司会计账簿。股东要求查阅公司会计账簿的,应当向公司提出书面请求,说明目的。公司有合理根据认为股东查阅会计账簿有不正当目的,可能损害公司合法利益的,可以拒绝提供查阅,并应当自股东提出书面请求之日起十五日内书面答复股东并说明理由。公司拒绝提供查阅的,股东可以请求人民法院要求公司提供查阅。第98条规定股份有限公司的股东有权查阅公司章程、股东名册、公司债券存根、股东大会会议记录、董事会会议决议、监事会会议决议、财务会计报告,对公司的经营提出建议或者质询。由此:股东要求查账和审计是法定的权利。董事会只有在认为股东查阅会计账簿有不正当目的,可能损害公司合法利益的情况下才可以拒绝提供查阅。并且公司法规定有单独或者合计持有公司百分之十以上股份的股东请求时,应该在两个月内召开临时的股东大会。临时的股东大会由董事会负责召集,这既是董事会的权利也是董事会的法定义务。因此,本案中董事会的行为违反了公司法的要求。股东请求判令被告履行召集临时股东大会的法定义务,判令被告履行向股东公开财务报告的法定义务,并由新一任的监事会对公司成立以来的财务账目进行检查的请求法院应予以支持。

2-2-4 公司债券

✎ 案　情

某股份有限公司由于资金的短缺,无法扩大生产经营规模。为了扩大再生产,筹措资金,公司决定用发行债券的方法向社会公众募集资金。公司召开了董事会,通过了发行公司债券的议案,不久,经公司董事会的提议,召开了临时股东会,通过了发行方案。为了降低成本,董事会决定由公司的销售部门直接发行债券,公司以不正当手段取得了当地两家证券公司的同意,在公司的债券募集文件中注明由这两家证券公司负责承销。又因为公司的净资产只有5800万元人民币,达不到《公司法》规定的6000万元人民币净资产的要求,不符合公司法规定的公司债券的发行条件。为此,公司找到某会计师事务所,要求该会计师事务所为其出具净资产额为6000万的资产评估报告,并承诺拿到报告后立即付给该会计师事务所评估费50万。该会计师事务所于是为其出具了虚假的资产评估报告。此后公司向国务院证券管理部门提交了申请发行公司债券的报告,并提交了公司登记证明、公司章程、公司债券募集办法等文件,获准发行3000万人民币的公司债券。后来经投资者的举报,国务院证券管理部门对该公司的违法行为进行了查处。

⇨ 问　题

(1) 股份有限公司发行债券的条件有哪些?
(2) 本案中该公司的债券发行是否符合我国公司法的规定?

⇨ 分析意见

公司债券,是指公司依照法定程序发行、约定在一定期限还本付息的有价证券。公司债券和公司股份一样是公司资金的重要来源之一。和公司股份相比,公司债券有自身的法律特征。(1) 公司债券的持有人是公司的债权人,不同于公司的股东,只有还本付息的请求权。(2) 公司债券的持有人享有固定的收益,无论公司的经营状况好坏,无论公司能否盈利,都可以获得固定利率的利息收益。而股东是否能够得到收益是有条件的,只有公司的经营状况好,能够盈利的情况下,股东才可以取得股息和红利。

根据最新修订的《公司法》,公开发行公司债券,应当符合下列条件:(1) 股份有限公司的净资产不低于人民币3000万元,有限责任公司的净资产不低于人民币6000万元;(2) 累计债券余额不超过公司净资产的40%;(3) 最近3年平均可分配利润足以支付公司债券一年的利息;(4) 筹集的资金投向符合国家产业政策;(5)债券的利率不超过国务院限定的利率水平;(6)国务院规定的其他条件。公开发行公司债券筹集的资金,必须用于核准的用途,不得用于弥补亏损和非生产性支出。上市公司发行可转换为股票的公司债券,除应当符合上述规定的条件外,还应当符合本法关于公开发行股票的条件,并报国务院证券监督管理机构核准。公司申请公开发行公司债券,应当向国务院授权的部门或者国务院证券监督管理机构报送下列文件:(1)公司营业执照;(2)公司章程;(3)公司债券募集办法;(4)资产评估报告和验资报告;(5)国务院授权的部门或者国务院证券监督管理机构规定的其他文件。

发行人向国务院证券监督管理机构或者国务院授权的部门报送的证券发行申请文件,必须真实、准确、完整。为证券发行出具有关文件的证券服务机构和人员,必须严格履行法定职责,保证其所出具文件的真实性、准确性和完整性。

发行人发行债券必须由具有证券承销资格的证券公司承销。本案中,该股份有限公司由自己的销售部门自行承销公司发行的债券,违反了公司法的规定。该股份有限公司的资产状况不能达到发行债券的条件,无权发行债券,必须偿还给债券购买者,并且赔偿造成的损失。证券监督管理机关可以对该股份公司进行查处。同时,会计师事务所违法开具虚假的验资评估资料,要承担相应的法律责任。

2-2-5 公司的财务会计制度

✎ 案 情

2004年,浙江某股份有限公司发行股票,并在上海证券交易所上市。该公司在股票发行上市期间通过伪造进口设备的融资租赁合同,虚构固定资产。通过伪造材料和产品的合同、虚开进出口发票的手段,虚构会计材料。其中某证券公司为其编制了失实的发行申报文件,上海某会计师事务所为其出具了严重失实的审计报告,某律师事务所为其出具了失实的法律意见书。后被人举报,受到中国证监会的立案调查。

➲ 问 题

(1) 什么是公司的财务会计制度?
(2) 公司的财务会计报告要符合什么样的要求?
(3) 本案中的中介机构是否违反了法律的规定?需要承担怎样的法律责任?

➲ 分析意见

公司的财务会计制度是指公司财务制度和会计制度的总称,具体指法律、法规及公司章程中所确立的一系列公司财务会计规程。公司依法编制公司的财务会计报告是公司建立财务会计制度的核心内容。《公司法》第165条规定:公司应当在每一会计年度终了时编制财务会计报告,并依法经会计师事务所审计。财务会计报告应当依照法律、行政法规和国务院财政部门的规定制作。公司财务会计报告应当包括下列财务会计报表及附属明细表:资产负债表;损益表;财务状况变动表;财务情况说明书;利润分配表。

公司的财务会计报告是反映公司经营状况的重要材料。公司在上市过程中,披露的信息是投资者判断是否投资的重要依据。因此,公司财务会计报告的质量影响着投资者的利益得失。法律要求公司必须确保公司财务会计报告的真实性、准确性和完整性,不得有虚假的记载、误导性陈述和重大遗漏。并且因为公司的财务会计报告的制作需要很强的专业知识,必须经过专业的会计师事务所审计,以确保它的真实性、准确性和完整性,维护广大投资者的合法权益。违反了公司法对于财务会计报表真实性、准确性和完整性的公司和相关的提供虚假的审计报告和失实的法律意见书的社会中介机构应该承担相应的法律责任。《公司法》第203条规定:公司在依法向有关主管部门提供的财务会计报告等材料上作虚假记载或者隐瞒重要事实的,由有关主管部门对直接负责的主管人员和其他直接责任人员处以三万元以上三十万元以下的罚款。第208条规定:承担资产评估、验资或者验证的机构提供虚假材料的,由公司登记机关没收违法所得,处以违法所得一倍以上五倍以下的罚款,并可以由有关主管部门依法责令该机构停业、吊销直接责任人员的资格证书,吊销营业执照。承担资产评估、验资或者验证的机构因过失提供有重大遗漏的报告的,由公司登记机关责令改正,情节较重的,处以所得收入一倍以上五倍以下的罚款,并可以由有关主管部门依法责令该机构停业、吊销直接责任人员的资格证书,吊销营业执照。承担资产评估、验资或者验证的机构因其出具的评估结果、验资或者验证证明不实,给公司债权人造成损失的,除能够证明自己没有过错的外,在其评估或者证明不实的金额范围内承担赔偿责任。情节严重的还可能承担刑事责任。

综上,本案浙江某股份有限公司在股票发行上市期间通过伪造进口设备的融资租赁合同,虚构固定资产。通过伪造材料和产品的合同、虚开进出口发票的手段,虚构会计材料。其行为严重违反了公司法的规定,欺骗投资者以获得不法的利益。目前,我国证券市场尚处在初级发展阶段,股份有限公司通过操纵财务会计报告虚构利润,欺骗广大中小投资者的恶性事件不断发生,严重地打击了中小投资者的投资信心,破坏了我国资本市场的秩序,不利于市场的健康发展。同时,本案中提供虚假审计报告的会计师事务所和提供失实法律意见书的律师事务所也应该受到相应的制裁。直接责任人不但要被吊销从业资格证书,还要承担提供虚假证明文件的刑事责任。

2-2-6 公司合并、分立和形式变更

✍ 案　情

南强公司和群贤公司是业务上的合作伙伴。后因群贤公司欠南强公司货款无力偿还,双方约定以群贤公司全部资产抵债。两个公司进行合并,南强公司吸收群贤公司。群贤公司被吸收后,所有的员工由南强公司妥善安排,其全部债权债务由南强公司承担。之后因为南强公司经营不善,造成公司严重亏损。南强公司的债权人得知这一情况后,纷纷上门讨债。南强公司为逃避债权人的追讨,决定将公司分立为芙蓉公司、囊萤公司和映雪公司三家公司。三家公司签订了分立协议,并约定公司的一些资产由三个公司平均分担,主要的债务由芙蓉公司承担。后债权人找到映雪公司要求其承担债务,映雪公司以分立时约定由芙蓉公司承担债务为由拒绝偿还债务。

➥ 问　题

(1) 公司合并后的债权债务关系如何处理?
(2) 公司分立后的债权债务关系如何处理?
(3) 本案中映雪公司是否有权拒绝偿还债务?
(4) 债权人是否可以向法院起诉要求映雪公司偿还债务?

➥ 分析意见

公司合并,是指两个或者两个以上的公司依照法律的规定合并为一个公司的行为。公司合并的法定形式有吸收合并和新设合并两种。吸收合并是指两个或者两个以上的公司合并后,其中有一个公司(吸收方)存续,而其余的公司(被吸收方)均归消灭的法律行为。新设合并又称创设合并,是指两个或者两个以上的公司合并后,参与合并的公司均归消灭,在此基础上另行成立一个新的公司的法律行为。公司合并后,消灭的公司的股东自然成为合并后存续公司或者新设公司的股东。因合并而消灭的公司的资产及债权债务,一并转移至合并后存在的公司或者新设的公司,无须经过清算程序。本案中,南强公司和群贤公司的合并属于吸收合并。合并后,群贤公司消灭,只剩下南强公司。

公司的分立是指一个公司根据法律、法规的规定,分成两个或者两个以上公司的行为。公司的分立有存续分立和解散分立两种形式。存续分立,是指公司

将其一部分财产或营业依法分出去成立一个或者几个新公司的行为。解散分立,是指公司以其全部财产依法分别成立两个或者两个以上的新公司,并解散原有公司的行为。本案中,南强公司分立为芙蓉公司、囊萤公司和映雪公司的分立方式为解散分立。原来的南强公司分立后不复存在。公司分立后,分立前的公司的债权债务由分立后的公司承继。对于公司的债权人而言,分立引起了债务人主体的变更。公司的分立应当公平善意地进行,如果分立过程中,财产分割不公或者把分立公司作为躲避债务的手段,债权人可以要求法律救济。南强公司为了逃避债务,把公司中经营较好的单独分出来,成立了新的公司。让效益差的空壳公司承担债务,这种做法严重损害了债权人的合法权益,危害社会的经济秩序。公司的合并和分立都要严格按照法律规定的方式和程序进行,为达到违法目的的公司合并和分立是无效的。公司法规定,公司分立时,应当编制资产负债表和财产清单。资产负债表和财产清单表明公司的财务状况和经营业绩,是公司债权人了解公司情况的最主要途径。并且要将分立的消息通知债权人,债权人可以要求公司清偿债务,或是要求公司提供相应的担保或者与公司就债务的分担达成协议。本案中,南强公司的分立没有依照这一法定程序,所以公司分立的法律行为有瑕疵。同时,就公司的分立协议来说,其约定只有在分立的三家公司内部具有约束力,不具有对外的对抗力。因此,映雪公司无权拒绝偿还原南强公司的债务,债权人可以向法院要求映雪公司承担所有南强公司所欠的债务。

2-2-7 公司解散、清算

✍ 案 情

南强公司成立时在公司章程中写明:当公司出现经营困难,难以实现公司成立的目的时,经全体股东的三分之二多数同意可以解散公司。公司成立之初效益一直很好,公司税后的利润在提取了法定公积金、法定公益金、任意公益金后,各股东获得的股利丰厚。后公司开始出现经营困难,经董事会提议,南强公司召开了临时股东会,在股东会上股东中三分之二以上同意解散公司。公司成立了清算组,决定在偿还了银行贷款和债权人的债务后,再支付职工的工资和劳动保险费用。为此职工们认为清算组的清算程序不对。

➡ 问 题

(1) 公司解散的原因有哪些?
(2) 清算组在清算中的职权有哪些?
(3) 南强公司的清算组的清算方案是否符合《公司法》的规定?

➲ **分析意见**

公司的解散是指公司因法律或章程规定的解散事由出现而停止营业活动并逐渐终止其法人资格的行为。公司的解散是公司主体资格消灭的必经程序。从各国的立法看,公司解散可以分为自愿解散和被迫解散两类。自愿解散的原因有以下几点:

1. 公司存续时间届满或章程规定的其他解散事由发生。在公司的章程里规定有经营期限的情况下,公司的经营期限届满,公司就应当解散。除非在公司存续时间届满前,股东会通过决议修改公司的章程使公司继续存续。另外,公司在设立时,可以在公司章程中规定公司的解散事由与清算方法。当解散事由发生时,即可解散公司。

2. 公司的权力机关决定解散。有限责任公司的股东会、股份有限公司的股东大会作为公司的权力机关可以通过决议解散公司;根据公司法的规定,有限责任公司的解散必须经代表三分之二以上表决权的股东通过;股份有限公司的解散必须经出席会议的股东所持表决权的三分之二以上通过。

3. 公司的合并和分立。公司的合并分立过程中会导致部分公司的解散。在吸收合并时,除存续的公司以外,其他参与合并的公司均解散;在新设合并时,所有参与合并的公司均解散。在分解分立时,原来的被分立的公司宣告解散。不同的是,公司合并和分立造成的公司解散无须进行清算。

4. 公司的股东不足法定人数。公司是社团法人,一定数量的股东是公司得以成立的基础。当公司的股东人数减少至低于法定最低人数或仅剩一人时,公司的社团性丧失,此时公司是否应该解散?有些国家的法律要求公司解散。我国新修订的《公司法》规定了一人公司的存在,所以在我国,有限责任公司的股东减至一人时,公司仍有存在的法律依据,不过应该依据法律变更登记成为特殊形式的一人公司。

公司被迫解散有以下几种原因:

1. 法院判决解散。《公司法》第183条规定,公司经营管理发生严重困难,继续存续会使股东利益受到重大损失,通过其他途径不能解决的,持有公司全部股东表决权百分之十以上的股东,可以请求人民法院解散公司。

2. 主管部门命令解散。公司依法被吊销营业执照、责令关闭或者被撤销,公司被迫解散。

3. 公司破产。当公司不能清偿到期债务、达到破产界限时,公司可以自行申请破产或者由债权人申请公司破产。

公司解散后,处分其财产,终结其法律关系,进入清算程序。清算分为破产清算和非破产清算。非破产清算,是指公司资产足以清偿全部债务的情况下进行的清算。本案中南强公司的清算是非破产清算。由公司自行依法组织的清算组按法定程序进行清算。公司财产能够清偿公司债务的,应按下列顺序清偿债务:(1)支付清算费用;(2)职工工资和劳动保险费用;(3)缴纳所欠税款;(4)公司其他债务。本案中,南强公司的清算组决定在偿还了银行贷款和债权人的债务后,再支付职工的工资和劳动保险费用。这样的清偿债务的顺序违反了法律的规定,应当予以纠正。

2-3 有限责任公司

2-3-1 有限责任公司的设立

✎ 案 情

甲、乙、丙拟设立一家生产经营类的有限责任公司,三人约定:甲、乙出资10万元人民币,丁以专利技术作价5万出资。作为公司设立的经费,甲、乙、丙在银行开设了临时账户,支付各种公司设立中的费用。后来,甲、乙足额缴纳了出资,丁却将专利的技术转让给他人,致使公司无法设立。对于在公司设立过程中花费的2万元费用由谁承担,三人发生了争执。

⇨ 问 题

(1)有限责任公司设立的条件是什么?
(2)设立失败的法律后果由谁承担?

⇨ 分析意见

根据《公司法》第23条,设立有限责任公司,应当具备下列条件:

(一)股东符合法定人数;有限责任公司的人数应该在50人以下。

(二)股东出资达到法定资本最低限额;有限责任公司的注册资本为在公司登记机关登记的全体股东认缴的出资额。公司全体股东的首次出资额不得低于注册资本的20%,也不得低于法定的注册资本最低限额,其余部分由股东自公司成立之日起2年内缴足;其中,投资公司可以在5年内缴足。有限责任公司注册资本的最低限额为人民币3万元。法律、行政法规对有限责任公司注册资本的最低限额有较高规定的,从其规定。

(三)股东共同制定公司章程;依《公司法》第25条的规定,有限责任公司章程应当载明下列事项:(1)公司名称和住所;(2)公司经营范围;(3)公司注册资本;(4)股东的姓名或者名称;(5)股东的出资方式、出资额和出资时间;(6)公司的机构及其产生办法、职权、议事规则;(7)公司法定代表人;(8)股东会会议认为需要规定的其他事项。股东应当在公司章程上签名、盖章。

（四）有公司名称,建立符合有限责任公司要求的组织机构。公司的名称是公司独立人格的标志,有限责任公司的名称应该符合法律法规的要求。有限责任公司的组织机构通常包括股东会、董事会和监事会等公司内部权力、决策及监督机构。但规模较小或股东人数较少的有限责任公司,可以不设董事会和监事会,而只设一名执行董事和一至二名监事。

（五）有公司住所。公司的住所是司法地域管辖的重要依据。

有限责任公司的设立较为简单,主要有以下步骤:（1）发起人发起。（2）制定公司章程。（3）经营范围或行业涉及审批的应报政府有关部门审批。（4）缴纳出资。公司全体股东的首次出资额不得低于注册资本的20%。（5）验资。发起人的出资必须经法定的验资机构验资并出具验资证明。（6）办理设立登记手续并领取营业执照。（7）公告公司成立。

本案中,由于丁的违约,没有出资造成公司成立失败。正常情况下的公司成立失败,公司成立的费用由发起人按照出资比例承担。本案中,甲、乙都按约定足额出资,因为丁将技术转让给第三人,造成无法出资。根据《公司法》第28条规定,股东应当按期足额缴纳公司章程中规定的各自所认缴的出资额。股东以货币出资的,应当将货币出资足额存入有限责任公司在银行开设的账户;以非货币财产出资的,应当依法办理其财产权的转移手续。

股东不按照前款规定缴纳出资的,除应当向公司足额缴纳外,还应当向已按期足额缴纳出资的股东承担违约责任。所以本案中,公司成立中的费用应该由有过错的丁承担。

2-3-2 股东的出资和出资转让

✎ 案　　情

王某、蔡某和颜某出资成立了某有限责任公司,其中王某的股份占40%,蔡某和颜某各占30%。由王某担任公司的董事长。公司成立后,经营状况很好,公司一直盈利,规模不断扩大。后来,由于在公司生产经营上的分歧,蔡某和颜某开始对王某不满。后来在一次会议中,王某和蔡某、颜某达成协议。协议约定:由王某来购买蔡某和颜某的总共60%的股份。等王某的购买款项支付后,蔡某和颜某履行股份转让变更登记。后来,王某因嫌转让的价格过高,不履行协议。双方发生争执,诉至法庭。王某要求法院确认该股权转让协议违反法律规定而无效。

⇨ 问　　题

(1) 有限责任公司的股东是否可以自由转让股权？
(2) 本案中的股权转让协议是否有效？
(3) 本案该如何处理？

⇨ 分析意见

　　有限责任公司的股份取得有两种方式：出资取得和受让取得。出资是指股东为设立有限责任公司而进行的直接投资。无论股东以何种形式出资，具体出资多少，股东都应当按期足额缴纳公司章程中规定的各自所认缴的出资额。股东不按照法律规定缴纳出资的，除应当向公司足额缴纳外，还应当向已按期足额缴纳出资的股东承担违约责任。有限责任公司成立后，发现作为设立公司出资的非货币财产的实际价值额显著低于公司章程所定价额的，应当由交付该出资的股东补足其差额；公司设立时的其他股东承担连带责任。有限公司成立后，应当向股东签发出资证明书。出资证明书应当载明下列事项：(1) 公司名称；(2) 公司成立日期；(3) 公司注册资本；(4) 股东的姓名或者名称、缴纳的出资额和出资日期；(5) 出资证明书的编号和核发日期。出资证明书由公司签章。

　　公司成立后，股东依照法律规定的条件和程序可以将其持有的股权转让，受让者因支付对价而成为新股东，取得公司股权。有限责任公司的股东之间可以相互转让其全部或者部分股权。而向股东之外的人转让股权，应当受到必要的限制，转让股份的股东应当将其股权转让的事项通知其他股东，且采取书面形式。其他股东自接到书面通知之日起满30日未答复的，视为同意转让。其他股东半数以上不同意转让的，不同意的股东应当购买该转让的股权，不购买的，视为同意转让。对于股东弃权的，应当作出有利于出让方的解释，视为同意转让。其他股东半数以上同意的，转让顺利进行。其他股东在同等的条件下享有优先购买权。新修订的《公司法》增加了对法院依强制执行进行股权转让的规定。实践中股东负有个人债务时，如自身财产不足清偿，法院为了保障债权人利益，可以对其享有的公司股权进行强制转让。在股东之间的股份转让中，有一种情况是如果因为股权转让使公司成为一人公司，应当如何处理，公司法未作明确规定。由于《公司法》已经规定了一人公司的成立条件，所以在出现因股东转让股权而成为一人公司时，应当按照《公司法》规定的一人公司的条件成立一人公司并向登记机关重新进行登记。

　　股份转让后，股东在公司的法律地位发生变化。如果股权是整体转让，转让方丧失股东资格，受让方成为新股东。在部分转让的情况下，股东的持股数量和比例发生相应的变化。就有限责任公司来说，股份的转让可能影响公司经营的稳定性，所以还需必要的限制。

本案中，王某和颜某、蔡某签订的股份转让协议均基于他们的自由意志。但该转让使得公司的股东只剩下王某一人，成为一人公司。依原来公司法该协议可能引起公司解散，而新的公司法允许一人公司的存在，所以该股权转让协议合法有效。王某事后因为觉得价格过高而不履行协议，以协议不合法为由要求法院判令协议无效不能得到支持。

2-3-3 有限责任公司的组织机构

✎ 案　情

王某是南强有限责任公司的股东和董事长。由于南强公司在业务经营上遇到困难，王某决定转变公司的经营方向，并且将他的这一方案提交到股东会。会上多数的股东觉得新的经营方向风险太大，不利于公司安全健康发展，于是在会上多数否决了王某的提案。王某对此怀恨在心，联合董事会的成员抵制股东会的决议，并且不列席股东会，股东会又不能通过决议罢免他的董事长职务，致使公司的业务瘫痪，公司运行进入僵局。公司的其他股东向法院提起诉讼，要求法院救济。

➡ 问　题

（1）有限责任公司的组织机构的构成如何？各自有什么样的职能？
（2）什么是公司僵局？造成的原因是什么？
（3）本案该如何处理？

➡ 分析意见

有限责任公司的组织机构，根据现代公司治理三权分立的理论分为股东会、董事会和监事会。股东会是公司的权力机构，股东会依法享有下列职权：(1) 决定公司的经营方针和投资计划；(2) 选举和更换非由职工代表担任的董事、监事。决定有关董事、监事的报酬事项；(3) 审议批准董事会的报告；(4) 审议批准监事会或者监事的报告；(5) 审议批准公司的年度财务预算方案、决算方案；(6) 审议批准公司的利润分配方案和弥补亏损方案；(7) 对公司增加或者减少注册资本作出决议；(8) 对发行公司债券作出决议；(9) 对公司合并、分立、解散、清算或者变更公司形式作出决议；(10) 修改公司章程以及公司章程规定的其他职权。股东会是公司治理机构里的最高一级。董事会是有限责任公司的执行机构和决策机构，由股东会选举产生的若干名董事所组成的对内执行公司业务、对股东会负责，对外代表公司的常设机构。规模较小或股东人数较少的有限责任公司,也可不设董事会,而仅设一名执行董事。执行董事的性质及职权与董事会相同。董事会行使下列职权:(1)召集股东会议,并向股东会报告工作;(2)执行股东会决议;(3)决定公司的经营计划和投资方案;(4)制订公司的年度财务预算方案、决算方案;(5)制订公司的年度利润分配方案和弥补亏损方案;(6)制订公司增加或者减少注册资本以及发行公司债券的方案;(7)制订公司合并、分立、解散或者变更公司形式的方案;(8)决定公司内部管理机构的设置;(9)决定聘任或者解聘公司经理及其报酬事项,并根据经理的提名决定聘任或者解聘公司副经理、财务负责人及其报酬事项;(10)制定公司的基本管理制度以及公司章程规定的其他职权。监事会是有限责任公司依法设立的,对监事、经理执行业务的情况进行监督的专门机构。监事会、不设监事会的公司的监事行使下列职权:(1)检查公司财务;(2)对董事、高级管理人员执行公司职权的行为进行监督,对违反法律、行政法规、公司章程或者股东会决议的董事、高级管理人员提出罢免的建议;(3)当董事、高级管理人员的行为损害公司的利益时,要求董事、高级管理人员予以纠正;(4)提议召开临时股东会议,在董事会不履行法律规定的召集和主持股东会会议职责时召集和主持股东会会议;(5)向股东会会议提出提案;(6)依照《公司法》第152条的规定,对董事、高级管理人员提起诉讼;(7)公司章程规定的其他职权。

在公司的日常运行中,股东会、董事会和监事会各司其职,相互合作、相互制约,但当这三个部门之间产生矛盾时,其中的有些机构无法正常工作,甚至可能出现公司的运行瘫痪。这个时候我们就说产生了公司僵局。

本案就发生了非常典型的公司僵局,董事会不履行股东会的决议,也拒绝列席股东会,股东会无法通过决议罢免董事长王某。这时监事会有权向法院提出要求救济,由法院要求董事会履行其法定的职责。监事会也可以直接对董事长王某提起诉讼,要求他赔偿不履行职责对公司造成的损失。

2-3-4 有限责任公司的负责人

✎ 案　情

蔡某为某市一大型数码电器商场的董事及经理。该商场主要经营电脑、mp3、手机等数码产品。在蔡某担任商场经理期间曾未经董事会同意,私自将其私人所有的一辆轿车卖给商场。2004年,蔡某以当地一家电脑公司的名义从国外进口一批电脑设备,并且以该电脑公司的名义和当地一家大型网吧签订了合同,将这批电脑卖给了网吧。蔡某任职的数码电器商场知道这件事情后,认为蔡某的行为违反了竞业禁止的义务,要求法院确认蔡某和网吧签订的合同无效。

➦ 问　题

（1）公司的董事、经理应负怎样的特殊义务？
（2）违反法定义务的董事、经理应当承担怎样的法律后果？

➦ 分析意见

有限责任公司的董事、监事、高级管理人员负有忠实义务和善管义务。善管义务要求董事、监事、高级管理人员像处理自己的事情一样勤勉、谨慎地处理公司事务，是对他们称职与否的要求。忠实义务是指董事、监事、高级管理人员应当遵守法律和公司章程，忠实履行职务，维护公司利益，不得利用其在公司的地位和职权为自己或他人谋取利益。公司法规定了董事、监事、高级管理人员的忠实义务和勤勉义务。忠实义务的对象是公司，而不是公司股东、公司债权人或者其他人。新修改的《公司法》规定了以下几种忠实义务：(1) 不得收受贿赂或者其他非法收入。(2) 不得侵占公司财产。不得侵占公司的财产，不仅包括公司财产的占有权，还包括公司财产的使用权、收益权，还包括公司的无形财产，如公司专利、商业秘密等。(3) 不得非法处理公司财产。董事、高级管理人员不得从事下列非法处理公司财产的行为：(1) 挪用公司资金；(2) 将公司资金以其个人名义或者以其他人的名义开立账户存储；(3) 违反公司章程的规定，未经股东会、或者董事会同意，将公司资金借贷给他人或者以公司财产为他人提供担保。(4) 擅自披露公司秘密。基于董事、经理和高级管理人员在公司享有特殊的地位和职权，他们容易获得不为公众所知悉的公司秘密，如果擅自披露出来会损害公司利益。(5) 篡夺公司机会和违反竞业禁止义务。禁止篡夺公司机会义务是指公司董事不得把属于公司的商业机会转归自己利用，从中谋取利益。竞业禁止义务要求董事、高级管理人员不得为自己或者他人经营与所任职公司同类的业务。(6) 违规自我交易。自我交易是指董事、高级管理人员为自己或他人而与公司进行交易。董事和高级管理人员作为公司股东的受托人，根据代理理论上的禁止自我交易和双方代理理论以及信托法上的禁止受托人和受托财产交易的原理，应该对他们的自我交易行为进行限制。(7) 将他人与公司交易的佣金归为己有。(8) 违反对公司忠实义务的其他行为。同时，《公司法》规定，董事、监事、高级管理人员对公司负有勤勉义务。勤勉义务是善管义务的重要方面。在股东会要求董事、监事、高级管理人员列席会议时，董事、监事、高级管理人员应当列席并接受股东的质询。董事、高级管理人员应当如实向监事会提供有关情况和资料，不得妨碍监事会或者监事行使职权。公司法规定，董事、高级管理人员违反忠实义务获得的收入归公司所有。董事、监事、高级管理人员执行公司职务时违反法律、行政法规或者公司章程的规定，造成损失的，应当承担赔偿责任。

本案中,蔡某为某公司的董事和经理,对公司负有忠实义务。蔡某将自己的汽车卖给其任职的商场,没有经过股东会或者董事会的同意,构成自我交易,违反了忠实义务。蔡某为其他电脑公司经营同类的业务,篡夺了其任职的商场的商业机会,违反了竞业禁止的义务,根据公司法其所得利益归公司所有。但是电脑公司和网吧签订的合同是有效的,以电脑公司而不是蔡某的名义签订的合同,不能因为蔡某违反了竞业禁止义务而认定合同无效。所以买卖合同有效,只是蔡某得到的非法利益归公司所有。

2-3-5 国有独资公司

◆ 案 情

某国家授权投资机构经批准设立了一家生产经营汽车的国有独资公司。该公司的董事会有董事 11 名,由该国家授权投资机构指定了董事长。董事长为公司的法定代表人。董事会中没有职工代表。同样,监事会由国家授权投资机构指派的监事和内部聘任的监事组成,监事会中也没有职工代表。2000 年,公司的资金周转出现严重的危机。为了解决公司资金短缺的矛盾和扩大生产规模,董事会作出了发行公司债券的决议。国务院证券监督管理部门审核了公司提交的申请发行债券的文件后,批准了该公司的申请。该公司和某证券承销机构签订了债券承销协议,并开始在市场上发行公司债券。后来,国家授权投资机构发现该公司未经其同意,擅自发行公司债券,向国务院证券监督管理部门举报,要求该公司停止发行债券。

◆ 问 题

(1) 国有独资公司有什么法律特征?

(2) 国有独资公司在发行债券时,程序上有什么不同于有限责任公司的特别要求?

(3) 国有独资公司的组织机构与有限责任公司有哪些不同?

◆ 分析意见

国有独资公司是指国家单独出资,由国务院或者地方人民政府授权本级人民政府国有资产监督管理机构履行出资人职责的有限责任公司。其特征是:(1) 投资者的单一性。国有独资公司的投资者只有一个,即国家,由国务院或者地方人民政府授权本级人民政府国有资产监督管理机构履行出资人职责。(2) 股东只承担有限责任。国有独资公司的唯一股东与其他有限责任公司的股东一样,仅以对公司的出资额为限承担有限责任,独资股东与投资设立的公司无论在人格上还是财产上都是分离的,股东不对公司债务负直接责任。国有独资公司不同于一般的有限责任公司,国有独资公司不设股东会,由国有资产监督管理机构行使股东会职权。国有资产监督管理机构可以授权公司董事会行使股东会的部分职权,决定公司的重大事项,但公司的合并、分立、解散、增加或者减少注册资本和发行公司债券,必须由国有资产监督管理机构决定;其中,重要的国有独资公司合并、分立、解散、申请破产的,应当由国有资产监督管理机构审核后,报本级人民政府批准。国有独资公司的执行机构是董事会。董事会除了行使《公司法》有关有限责任公司董事会的所有职权外,还可以制订国有独资公司章程报国有资产监督管理机构批准。国有独资公司董事每届任期不得超过三年。董事会成员里应该有公司职工代表。董事会成员由国有资产监督管理机构委派。但是董事会里的职工代表由公司职工代表大会选举产生。国有独资公司的董事长、副董事长由国有资产监督管理机构从董事会成员中指定。国有独资公司的董事长、副董事长、董事、高级管理人员,未经国有资产监督管理机构的同意,不得在其他有限责任公司、股份有限公司或者其他经济组织兼职。国有独资公司设监事会行使监督职能。《公司法》规定国有独资公司监事会成员不得少于5人,其中职工代表的比例不得低于1/3,监事会成员由国有资产监督管理机构委派;但是,监事会成员中的职工代表由公司职工代表大会选举产生。监事会主席由国有资产监督管理机构从监事会成员中指定。国有独资公司在发行公司债券时,必须经国家授权的投资机构的同意。

　　本案中,该国有独资公司在公司管理机构的设置上不符合公司法的规定,首先,国有独资公司的董事会和监事会成员里必须有一定比例的职工代表,本案中的国有独资公司没有职工代表董事和监事。其次,本案中的国有独资公司未经国家授权的投资机构同意擅自发行债券,不符合公司法的要求。国务院证券监督管理部门应该令其马上停止发行债券。

2-4　股份有限公司

2-4-1　股份有限公司的设立

✎ 案　情

　　南强和群贤原为两家国有企业。2002年,为了转换企业经营机制,这两家企业决定进行股份制改造,共同成立一家股份有限公司。经过上级主管部门的同意,两家企业开始筹建股份有限公司。该股份有限公司的注册资本为800万,两家国有企业各投资350万,其余的100万则从南强和群贤两家企业的内部的职工筹集,公司的资本募集完毕后,南强和群贤发起设立了建南股份有限公司,公司召开了发起人会议,选举了组织机构并向工商行政管理部门申请登记。工商登记审查机关经审查,认为建南股份有限公司在设立过程中,有不符合国家法律法规之处,决定对建南公司不予登记。

➡ 问　　题

（1）股份有限公司设立需要什么条件？

（2）股份有限公司的设立有什么方式？

（3）本案中南强和群贤公司在股份有限公司的设立过程中有那些不合法律之处？

➡ 分析意见

股份有限公司是指依公司法设立,股东须有5人以上,全部资本分为等额股份,股东以其所持股份对公司承担责任,公司以其全部资产对公司的债务承担责任的企业法人。

股份有限公司设立有发起设立和募集设立两种方式。发起设立是指发起人认购公司应发行的全部股份而设立公司。募集设立是指由发起人认购公司应发行股份的一部分,其余部分向社会公开募集而设立公司。发起设立的特点是公司应发行额的全部股份由发起人全部缴清,公司即可以登记成立。在发起设立的过程中,公司的全部股份都要由发起人全部认购,社会公众不能参加公司股票的认购。募集设立的特点是发起人可以只认购公司发行股份的一部分,其余的股份必须以公开招股的方式筹集募足,并经过创立大会,公司即可登记成立。

股份有限公司的设立需要以下一些条件:(1)发起人符合法定人数;(2)发起人募集和认购的股本达到法定资本最低限额;(3)股份发行、筹办事项符合法律规定;(4)发起人制定公司章程,采用募集方式设立的经创立大会通过;(5)有公司名称,建立符合股份有限公司要求的组织机构;(6)有公司住所。我国原来的《公司法》规定,设立股份有限公司,应当有5人以上为发起人,其中过半数的发起人在中国境内有住所。发起人可以是自然人也可以是法人。国有企业改建为股份有限公司的,发起人可以少于5人,但应当采取募集设立的方式。但根据新修改的《公司法》规定,将发起人最低人数由原来要求的5人改为2人,并且增加了上限为200人。原《公司法》规定发起人认缴和社会公开募集的股本达到法定资本最低限额,即人民币1000万元。新《公司法》规定股份有限公司注册资本为人民币500万元。公司法的这一修改目的在于鼓励投资创业,促进经济发展和扩大就业。

本案中,南强和群贤公司国有企业改制成股份有限公司时,发起人只有两个,原《公司法》第 75 条规定:"设立股份有限公司,应当有 5 人以上为发起人,其中须有过半数的发起人在中国境内有住所。国有企业改建为股份有限公司的,发起人可以少于 5 人,但应当采取募集设立方式。"所以建南股份有限公司的设立必须用募集设立的方式,本案中采取发起设立的方法违反了公司法的规定。同时原《公司法》规定股份有限公司的股本最低不得低于 1000 万元,所以根据当时的《公司法》,建南公司的设立违反了公司法关于设立方式和最低股本的规定。公司登记机关对建南公司不予登记的决定是正确的。2005 年 10 月 27 日新修订的《公司法》取消了关于国有企业改制为股份有限公司人数少于 5 人时,必须采取募集设立方式的规定。股份有限公司的股本最低不得低于 1000 万元也修改为 500 万元。所以如果根据新《公司法》,本案中建南公司的设立是符合公司法规定的。

2-4-2 股份的发行和转让

✎ 案　情

建南公司为一家股份有限公司,其注册资本为 9000 万元人民币,发行股票 90 万股,经国务院证券管理部门批准,其发行的股票被允许上市交易。公司成立后,连续微利,可供分配的股息、红利难以支付股东股利;2002 年 8 月,为了解决公司资金短缺问题,维护公司股票的信誉,公司董事会决定向社会发行新股,经出席会议的股东所持表决权的半数以上通过。后来董事会认为,此时上报国务院证券管理部门申请发行新股,肯定不能得到批准。于是未报审批就擅自在报纸上刊登发行新股的公告,开始向社会发行股票。后被国务院证券管理部门发现,要求建南公司立即停止发行新股并作出了罚款的处罚决定。9 月该公司董事长王某将其持有的 10 万股转让给了某公司经理颜某。因为被国务院管理部门处罚的事情,该公司的股价一落千丈,所以颜某要求王某收回股票。王某于是指令公司以原来的价格收回了颜某的股票,致使公司遭受了损失。后来,公司的股东发现,要求王某赔偿损失,于是发生纠纷,诉至法院。

➪ 问　题

(1) 股份有限公司股票发行的条件?
(2) 股份有限公司股份转让的限制?
(3) 董事、经理、监事违法转让股份,应当承担怎样的责任?

➲ 分析意见

股份有限公司的资本划分为股份,每一股的金额相等。股票是股份有限公司发给股东的证明其所持股份的凭证。股份发行是指股份有限公司为了筹集资金或其他目的而向投资者出售或分配自己股份的行为。股份有限公司在公司成立前可以为募集资本发行股份,成立后可以为了扩充资本发行新股。公司发行新股,除了符合设立发行的各项条件外,还应该符合以下条件:(1)前一次发行的股份已募足,并间隔一年以上;(2)公司在最近3年连续盈利,并可向股东支付股利;(3)公司在最近3年财务会计文件无虚假记载;(4)公司预期利润率可达同期银行存款利率。新修订的《证券法》第1条的规定中,公司公开发行新股的条件作了一些调整。要求公司具有健全且运行良好的组织机构。只要求公司具有持续盈利能力,财务状况良好,而不是原来要求公司最近3年连续盈利,并可以向股东支付股利。也取消了要求公司的预期利润率可达同期银行存款利率的要求。总的来说,标准变得越来越灵活。原《公司法》规定只有股东大会才有权力作出批准发行新股的方案,而新《公司法》规定可以根据公司章程的规定由股东大会或董事会作出决议,批准发行新股的方案。

原《公司法》规定董事、监事、经理在公司任职期间不得转让所持有的本公司股份。新《公司法》第142条第2款规定:"公司董事、监事、高级管理人员应当向公司申报所持有的本公司的股份及变动情况,在任职期间每年转让的股份不得超过其所持有本公司股份总数的百分之二十五;所持本公司的股份自公司股票上市交易之日起一年内不得转让。"公司法规定,公司不得收购本公司股份。

本案中,建南公司在盈利未能向股东支付股利的情况下,未经股东会的决议就由董事会决议发行新股,不符合原《公司法》对发行新股的条件。但是如果是2006年以后,则只要公司具有连续盈利能力,财务状况良好就符合公司发行新股的条件,如果公司的章程规定可以由董事会决定发行新股,那么建南公司的董事会就有权决定发行公司新股。本案中,建南公司没有经过国务院证券管理部门的批准擅自在报纸上发布公告,显然不符合法定的程序。公司董事长王某转让自己所持股份的行为也违反了当时的公司法的规定,他转让股份所得的利益根据法律应归公司所有。同时王某要求公司回购自己股份的行为也违反了公司法的规定。公司的董事违反法定义务对公司的利益造成损害的,必须承担相应的赔偿责任。

2-4-3 股东大会

✐ 案　　情

建南股份有限公司为某市一家上市公司,王某为公司董事长兼总经理,2002

年,公司欲合并南强股份有限公司。两公司经过会议决定,由南强公司归入建南股份有限公司。建南公司以公司董事长王某的名义,向公司股东寄发开会通知。通知上载明了会议事由为公司的合并等事项,加盖了公司的印章。后来股东临时会议如期召开,大部分的股东均出席了股东大会。但由于事先没安排好,造成大会会场太小,不能容纳所有的股东。所以临时从一楼搬到三楼的大会议室,并且在原一楼的会场门口立了通知牌告诉后面来迟的股东。后来在会议上除了持有公司股份10%的颜某反对并购外,其他股东均赞成建南公司合并南强股份有限公司,故建南公司合并南强公司的决议通过。后来,颜某向某市法院提起诉讼,请求撤销股东会合并决议,理由是这次会议仅有董事长王某的签名,而不是以公司的董事会的名义签署,并且会议的地点临时作了改变,没有事先通知股东,所以该临时股东会的召开不符合法定的程序,要求撤销股东大会的决议。

⇨ 问 题

(1) 股份有限公司的股东大会有什么样的职权?
(2) 股东大会的召开程序怎样?
(3) 本案中,股东会通过的合并决议在程序上是否合法?

⇨ 分析意见

股份有限公司的股东大会是公司的权力机构,行使最高决策权,由全体股东组成。股东大会是全体股东共同行使权力的机构。在公司的组织机构中,股东大会居于最高层,董事会、经理、监事会都对股东大会负责,向其报告工作。股东大会享有对公司重要事项的最终决定权。股东大会行使下列职权:(1) 决定公司的经营方针和投资计划;(2) 选举和更换非由职工代表担任的董事、监事,决定有关董事、监事的报酬事项;(3) 审议批准董事会的报告;(4) 审议批准监事会或者监事的报告;(5) 审议批准公司的年度财务预算方案、决算方案;(6) 审议批准公司的利润分配方案和弥补亏损方案;(7) 对公司增加或者减少注册资本作出决议;(8) 对发行公司债券作出决议;(9) 对公司的合并、分立、解散、清算或者变更公司形式作出决议;(10) 修改公司章程;(11) 公司章程规定的其他职权。

股东大会会议由全体股东出席,分为年会和临时会议两种。股东年会是依照法律或者章程的规定而定期召开的会议,一个业务年度召开一次。临时股东大会是在出现法定特殊情形时,为了在两次股东年会之间讨论决定公司遇到的需要股东大会决策的问题召开的。发生以下情形之一的,应当在两个月内召开临时股东大会:(1) 董事人数不足法律规定人数或者公司章程所定人数的2/3时;(2) 公司未弥补的亏损达实收股本总额1/3时;(3) 单独或者合计持有公司

10%以上股份的股东请求时;(4)董事会认为必要时;(5)监事会提议召开时;(6)公司章程规定的其他情形。股东大会会议由董事会召集董事长主持。对于公司的一般事宜所作的决议,可以采取简单多数的表决方式,即必须经出席会议的股东所持表决权过半数通过。但是股东大会作出修改公司章程、增加或者减少注册资本的决议,以及公司合并、分立、解散或者变更公司形式的决议,必须经出席会议的股东所持表决权三分之二以上绝对多数通过。

本案中,建南公司和南强公司的合并,属于必须由股东大会决定的事由,所以建南公司的董事会必须召开临时股东大会通过合并的提议。建南公司的会议通知是以公司的名义发出的。会议通知上盖有公司印章,由董事长签名,董事长是公司的代表人,可以代表公司签发会议通知,所以建南公司董事会通知符合法律的规定。同时通知中已经说明了会议举行的地点,临时改变了会议地点只是同一地址从一楼改到了三楼,并且在一楼原地点有了通知,基本没有影响股东们参加会议。所以建南公司临时改变股东大会的地点也是符合法律规定的。同时股东们只有占10%股份的颜某反对,其他的一致同意,远远超过了法律规定的三分之二,所以股东大会通过的合并南强公司的决议合法有效。

2-4-4 董事会、经理

☆ 案 情

建南股份有限公司成立于2003年,共有注册资本5000万元人民币,公司设股东会、董事会和监事会。股东会选举王某为公司董事长。建南股份有限公司自2003年10月召开一次董事会会议后,直至2004年10月都没有再召开董事会会议。王某认为,公司运作顺利,不召开董事会也能正常经营,没有必要召开。后因为公司需要增加注册资本必须召开临时股东大会。可是王某突然患病不能主持会议,于是,公司的副董事长颜某以董事会的名义通知全体董事参加临时董事会,讨论公司增加注册资本和召开临时股东会的事宜。公司共有董事11人,其中有3名股东因故未能参加董事会。其他8名董事参加会议,会议由副董事长颜某主持,除了蔡某以外的7名董事都同意召开临时股东大会。董事蔡某认为,董事会没有事先征求他的意见,很不满,在表决前离开了会场。此后,蔡某向法院提出诉讼,要求判令此次的董事会决议无效。

➡ 问 题

(1)股份有限公司的董事会有什么职权?
(2)董事会召开的程序如何?
(3)本案中的董事会决议是否有效?

➲ 分析意见

公司的董事会是代表股东对公司的活动进行管理和指挥的机构,是股份有限公司的常设机构。它既是负责组织实施股东大会决议等决策的执行机构,又是公司的决策机构。对内负责公司的管理,又对外代表公司进行业务活动。董事会拥有广泛的职权,除了公司重大问题归由股东大会决策的事项外,对其他事项都有权进行最终的裁决。对比董事会和股东大会的职权可以看出,很多事项由董事会制订执行,再交由股东大会审议通过,董事会的职权广泛而重大。董事会对股东大会负责,行使下列职权:(1)召集股东大会,并向股东大会报告工作;(2)执行股东会的决议;(3)决定公司的经营计划和投资方案;(4)制订公司的年度财务预算方案、决算方案;(5)制订公司的利润分配方案和弥补亏损方案;(6)制订公司增加或者减少注册资本以及发行公司债券的方案;(7)制订公司合并、分立、解散或者变更公司形式的方案;(8)决定公司内部管理机构的设置;(9)决定聘任或者解聘公司经理及其报酬事项,并根据经理的提名决定聘任或者解聘公司副经理、财务负责人及其报酬事项;(10)制定公司的基本管理制度;(11)公司章程规定的其他职权。董事会会议分为定期会议和临时会议。董事会会议由董事长召集和主持,董事长不能履行职务或者不履行职务的,由副董事长履行职务;副董事长不能履行职务或者不履行职务,由半数以上董事共同推举一名董事履行职务。并且代表 1/10 以上表决权的股东、1/3 以上董事或者监事会有权提议董事会临时会议。董事长应当自接到提议后 10 日内,召集和主持董事会会议。董事会会议一人一票,采取多数通过的表决方式。董事会会议以董事本人出席为原则;董事因故不能出席,可以书面委托其他董事代为出席,委托书中应载明授权范围。董事应该对董事会的决议承担责任。董事会的决议违反法律、行政法规或者公司章程、股东大会决议,致使公司遭受严重损失的,参与决议的董事对公司负赔偿责任。如果能证明某董事在董事会议表决时曾表示异议,并且记载在会议记录上,该董事可以免除责任。

公司法规定股份有限公司每年必须召开两次董事会议。本案中,建南公司一年内没有召开一次董事会议,不符合公司法的规定。建南公司在董事长生病无法召开董事会议的时候,由公司的副董事长颜某代为召集了董事会,同时董事会议有 11 个董事中的 8 人参加了会议,并且在会上有超过半数的董事同意,通过了增资的决议均符合《公司法》的规定,所以本案蔡某的诉讼请求不能得到法院的支持。

2-4-5 监事会

📖 案　情

建南股份有限公司设股东会、董事会和监事会。王某为公司董事长,在组建监事会的时候,聘请了工商局的颜副局长担任公司的监事,另外由王某和公司的其他两名董事担任公司的监事。监事会在成立后,没有正常行使监事会的职权。公司另外聘请蔡某为公司的独立董事。蔡某认为应该重组公司监事会,多次向公司的董事会要求重新建立监事会,以王某为首的董事会不理会其提议。于是,蔡某向人民法院提出诉讼,要求解散公司原监事会,并重新建立监事会。

➡ 问　题

（1）监事会行使怎样的职权？
（2）什么是独立董事？有什么职权？
（3）本案该如何处理？

➡ 分析意见

监事会是股份有限公司依据法律或公司章程设立的,对公司的业务活动进行监督的机关,是公司法明确规定的公司的必设机关。股份有限公司具有股东人数众多、管理机构完备严格的特点,设立监督机构有利于公司股东对公司的业务活动、对董事及经理行使职权的行为进行监督,使得公司机关真正代表股东利益,科学有效地进行经营管理。监事会主要是代表公司股东对公司的业务活动进行监督,因而监事作为监事会成员也主要由股东代表出任,由股东大会选举产生。

作为股份有限公司的监事有一定的资格限制,新修订的《公司法》规定,董事和高级管理人员不得兼任公司的监事。同时国家公务员不得担任股份有限公司的监事,这是由公务员的工作性质决定的,公务员兼任公司的监事不利于公务员反腐倡廉。

监事会有以下职权:（1）检查公司财务。检查公司财务是监事会的一项重要职权,也是监事会对公司业务进行监督的重要手段。监事会有权调查公司的财务状况、财产状况,有权查核簿册文件,并可以请求董事会提出报告。监事会检查公司财务时,可以代表公司委托律师、会计师进行审核。（2）对董事、高级管理人员执行公司职务的行为进行监督,对违反法律、行政法规、公司章程或者股东会决议的董事、高级管理人员提出罢免的建议。（3）当董事、高级管理人员的行为损害公司的利益时,要求董事、高级管理人员予以纠正。（4）提议召开临时股东会会议,在董事会不履行本法规定的召集和主持股东会会议职责时召集和主持股东会会议;监事会执行监督职务过程中发现公司出现重大问题,如亏损严重、经营出现重大问题、董事严重缺额或失职等,急需向股东大会报告,由股东大会讨论决策,则可以提议召开临时股东会会议。(5)向股东会会议提出提案。(6)依照公司法规定,对董事、高级管理人员提起诉讼。这是公司法的最新规定,新《公司法》152条规定,董事、高级管理人员执行公司职务时违反法律、行政法规或者公司章程的规定,给公司造成损失的,应当承担赔偿责任。在这种情况下,股份有限公司连续一百八十日以上单独或者合计持有公司百分之一以上股份的股东,可以书面请求监事会向人民法院提起诉讼。监事会或者董事会、执行董事收到股东书面请求后拒绝提起诉讼,或者自收到请求之日起三十日内未提起诉讼,或者情况紧急、不立即提起诉讼将会使公司利益受到难以弥补的损害的,提起诉讼的股东有权为了公司的利益以自己的名义直接向人民法院提起诉讼。监事会也分为常规会议,每六个月至少召开一次会议,以及临时监事会会议,由监事提议召开。

独立董事是指不在公司担任除董事外的其他职务,并与其所受聘的公司及其主要股东不存在可能妨碍其进行独立客观判断的关系的董事。独立董事除应当具有公司法和其他相关法律、法规赋予董事的职权外,还有以下特别职权:(1)重大关联交易应当由独立董事认可后,提交董事会讨论。独立董事作出判断前,可以聘请中介机构出具独立财务顾问报告,作为其判断的依据。(2)向董事会提议聘用或解聘会计师事务所。(3)向董事会提议召开临时股东大会。(4)提议召开董事会。(5)独立聘请外部审计机构和咨询机构。(6)可以在股东大会召开前公开向股东征集投票权。除此之外,还应当对上市公司重大事项向董事会和股东大会发表独立意见,如提名、任免董事,决定公司董事、高级管理人员的酬金等。

本案中,建南公司聘请工商局的副局长担任公司的监事,违反了监事任职的资格限制,颜某作为公务员不能兼任股份有限公司的监事。同时,其他三名董事兼任监事也不符合法律的规定。建南公司监事会的设立不符合法律规定。股份有限公司监事会每六个月至少要召开一次会议,本案中的建南公司没有按时召开监事会,监事的职责无法执行。所以,建南公司原监事会应解散,重新成立新监事会。

2-5 外国公司分支机构

2-5-1 外国公司分支机构

✎ 案　情

某美国公司为了扩展在中国的业务,拟在中国设立一分支机构,但没有确定分支机构的代表人。在提交的申请书中,将其分支机构的名称定为南强有限责任公司,并载明了公司的业务性质、范围以及欲设分支机构的业务范围;公司所在地以及公司分支机构所在地;董事及公司其他负责人的名字、国籍、住所等;并提交了在中国营业的业务计划书;股东会对请示批准的议事记录等其他需要的文件。中国主管机关在审核后,认为该分支机构的名称不符合公司法的规定,该外国公司没有向其分支机构拨付营运资金,没有提交其公司章程,没有指定分支机构代表人。该公司纠正后,该分支机构成立。该分支机构和上海某一家钢材厂签订了销售合同。钢材厂按合同约定交了货,但分支机构因为资金困难,没有全部付清。这时,该外国公司决定不继续在中国经营,向主管部门申请撤回批准,继而将其分支机构的一部分财产转移回本国。这时被债权人发现,钢材厂向法院提起诉讼,要求美国公司承担其分支机构的债务。

➡ 问　题

（1）什么是外国公司的分支机构?
（2）外国公司分支机构的设立有什么特殊规定?
（3）外国公司分支机构的清算有什么特殊规定?

➡ 分析意见

外国公司是指根据外国法律在中国境外设立的公司。外国公司分支机构是指外国公司依照我国《公司法》的规定,经政府批准,在我国设立的从事生产经营活动的场所或者办事机构。

目前外国公司在我国设立分支机构的形式主要有:(1)外国公司在我国境内设立的从事生产经营活动的分公司、外国银行在我国境内设立的分行;(2)外国公司在我国境内设立的代表机构、代理机构或联络机构;(3)外国公司在我国境内从事勘探、承包经营、承包建筑安装、仓储、转运等作业场所或经营场所。

根据公司法相关规定,在我国设立外国公司分支机构需具备以下条件:(1)必须在中国境内指定负责该分支机构的代表人或者代理人;(2)向该分支机构拨付与其所从事的经营活动相适应的资金。对外国公司分支机构的经营资金需要规定最低限额的，由国务院另行规定。如依据《外资金融机构管理条例》规定，外国银行分行应当由其总行无偿拨给不少于1亿元人民币等值的自由兑换货币的营运资金；(3) 外国公司的分支机构应当在其名称中标明该外国公司的国籍及责任形式。外国公司的分支机构应当在本机构中置备该外国公司章程；(4) 必须向中国主管机关提出申请，经批准后，向公司登记机关依法办理登记，领取营业执照。

根据《公司法》规定，外国公司在中国境内设立的分支机构不具有中国法人资格，其开展经营活动产生的民事责任由所属的外国公司承担。外国公司分支机构仅在其所属外国公司的授权内开展经营活动，以外国公司的名义进行活动。分支机构一般不具有董事会、股东会等独立完整的管理机构，而由外国公司指定的代表人负责管理。外国公司分支机构不具有独立承担民事责任的资格，其从事经营活动而产生的权利和义务均由所属的外国公司承担。但是在民事诉讼中，外国公司的分支机构可以享有诉讼当事人资格。

分支机构的撤销，必须进行清算。清算是当外国公司的分支机构被依法撤销时，为终结其法律上的权利义务关系，对分支机构的债权债务进行清理的行为。为了保护国家、债权人和职工的利益，防止分支机构财产转移出境，新修订的《公司法》第205条规定："外国公司撤销其在中国境内的分支机构时，必须依法清偿债务，按照本法有关公司清算程序的规定进行清算。未清偿债务之前，不得将其分支机构的财产移至中国境外。"

本案中，该美国公司在中国境内设立分支机构时，第一次申请因不符合《公司法》关于指定代理人、拨付资金、名称中注明国籍和责任形式的要求，中国的主管部门拒绝了美国公司关于在中国设立分支机构的申请。后来该公司欲撤销在中国境内的分支机构，在未进行清算，未清偿债务的情况下，私自将分支机构的部分财产转移出国外，严重违反了法律规定，中国有关主管部门应责令其停止违法行为，依法进行清算，否则不予注销登记。至于分支机构和钢材厂之间的债务，因外国公司的分支机构不具有独立承担民事责任的资格，所以外国公司应该承担和钢材厂之间的债务。钢材厂要求该分支机构所属的外国公司承担债务的诉讼请求应该得到法院的支持。

第三章 证 券 法[①]

3-1 证 券 法

3-1-1 证券品种

✎ **案 情**

"327"是国债期货合约的代号,对应 1992 年发行 1995 年 6 月到期兑付的 3 年期国库券为基础券种的国债期货,9.5% 的票面利息加保值补贴率,每百元债券到期应兑付 132 元,发行总量是 240 亿元人民币。

上海证券交易所在 1993 年 10 月 25 日向社会开放国债期货交易。1994 年 10 月后,受国家调整储蓄存款利率等政策的影响,国债期货市场行情火暴,市场成交量大增。与当时的银行存款利息和通货膨胀率相比,327 国债的回报太低。于是有市场传闻,财政部可能要提高 327 国债的利率,到时会以 148 元的面值兑付。11 月市场上传出关于 327 国债要贴息的消息,但无法确定其真实性。327 国债期货的多方对此持肯定态度,空方持否定态度,双方激烈交战,推动交易额直线上升。1995 年 2 月 22 日下午临收市时,该消息被市场确认;同时,1995 年新债法发行的消息在 22 日公布,被市场看做利多消息。故 23 日开盘即出现 327 品种的价格直线上升,空方损失惨重。空头主力上海万国证券公司等因无法承受巨额亏损,铤而走险,于未交纳保证金的情况下,在 23 日收市前 8 分钟内抛出 1056 万口卖单打压期货价格,该数字相当于 327 国债期货的主要品种发行量的 3 倍多。正常情况下,卖出 1 千万口的合约约需要 50 亿元的保证金。从而将 327 国债期货价位从 150.30 元打压到 147.50 元,想以此减少其巨大损失,上海国债市场因此出现异常的剧烈震荡。收市后上海证券交易所电脑盘面出现信息,公告市场出现蓄意违规行为,当晚上交所即宣布与违规有关的交易(即最后 8 分钟的交易)无效。为避免事态的恶化,上海证券交易所宣布从 2 月 27 日开始休市,上海万国证券等公司及有关人员受到了严肃查处。

---

① 本章由朱静秋编写整理。

➲ 问　题

从 327 国债事件中分析我国期货市场应该吸取哪些经验和教训？

➲ 分析意见

327 国债事件充分暴露了我国当时国债期货市场存在的严重问题。327 事件爆发之前，我国期货市场在风险控制、交易规模控制等方面存在较为严重的制度缺陷。

第一，缺乏相关法律法规，监管乏力。1994 年 11 月 22 日，提高 327 国债利率消息刚面世，上海证券交易所的国债期货就出现了振幅为 5 元的行情，未引起注意，许多违规行为没有得到及时、公正的处理。"327 事件"中万国在预期已经造成错误无法弥补巨额亏损时，干脆以搅乱市场来收拾残局。事发后第二天，上交所发出《关于加强国债期货交易监管工作的紧急通知》，中国证监会、财政部颁布了《国债期货交易管理暂行办法》，我国才终于有了第一部具有全国性效力的国债期货交易法规。

第二，保证金过低。327 事件前，上交所规定客户保证金比率是 2.5%，深交所规定为 1.5%，武汉交易中心规定是 1%。保证金水平的设置是期货风险控制的核心。用 500 元的保证金就能买卖 2 万元的国债，这无疑是把操纵者潜在的盈利与风险放大了 40 倍。这样偏低的保证金水平与国际通行标准相去甚远，甚至不如国内当时商品期货的保证金水平，无疑使市场投机气氛更为浓重。

第三，没有涨跌停板制和持仓限量制度。涨跌停板制度是国际期货界通行的制度，而事发前上交所根本就没有采取这种控制价格波动的基本手段，出现上下差价达 4 元的振幅，交易所没有预警系统。当时我国国债的现券流通量很小，国债期货某一品种的可持仓量应与现货市场流通量之间保持合理的比例关系，并在电脑撮合系统中设置。从 327 合约在 2 月 23 日尾市出现大笔抛单的情况看，交易所显然对每笔下单缺少实时监控，导致上千万手空单在几分钟之内通过计算机撮合系统成交，扰乱了市场秩序。

第四，在持仓量与大户的市场操纵行为等方面缺乏完善的制度性约束，使得交易者可轻易进行透支交易。我国证券期货交易所以计算机自动撮合为主要交易方式，按"逐日盯市"方法来控制风险，而非"逐笔盯市"的清算制度，故不能杜绝透支交易。交易所无法用静态的保证金和前一日的结算价格控制当日动态的价格波动，使得空方主力违规抛出千万手合约得以实现。

第五，当时的期货合约设计存在较大问题。期货合约作为套期保值和发现价格的有效工具，其设计必须正确反映现货市场的运作，否则即会增加期货价格背离现货价格与违规操作行为发生的可能性。我国当时国债现货市场规模非常小,与国债期货市场的交易量极不对称。而利率的非市场化决定了期货交易者更多的是为了单纯的投机获利而非套期保值。由于缺乏现货市场的有力支撑,危机的出现也就不可避免。

第六,多头监管的弊端。我国的国债期货交易最初是在地方政府的批准下推出的,《国债期货交易管理暂行办法》颁布前,我国一直没有在法律上明确国债期货的主要主管机构。财政部负责国债的发行并参与制定保值贴补率,中国人民银行负责包括证券公司在内的金融机构的审批和例行管理,并制定和公布保值贴补率,证监会负责交易的监管,而各个交易组织者主要由地方政府直接监管。多头监管导致监管效率的低下,甚至出现监管措施上的真空。1995年到2000年是我国期货市场发展停滞的5年。至2000年12月29日,中国期货业协会终告成立。

327国债期货事件发生后不久,中国证监会与上海证券交易所即联合公布了加强期货市场监管的具体措施,如完善了期货市场的涨跌停板制度,减低了国债期货涨跌停板幅度;减少了国债期货最大持仓量限额;将国债期货交易保证金比率提高到10%;严格了大户报告制度以及每日结算制度和强制平仓制度等。但由于该事件后果非常严重,社会负面影响过大,1995年5月17日,国务院以我国国债期货市场的开放条件尚不成熟为由,决定暂停国债期货交易的试点。

3-1-2 证券监督管理体制

案 情

经海南省证券管理办公室批准,海南长江旅业、中国新兴集团、海南省交通厅等多家股东于1994年12月发起成立了海南凯立中部开发建设股份有限公司(简称海南凯立),注册资本10亿元。1997年3月17日,海南省证管办向国家民委推荐海南凯立作为1996年度计划内预选企业,公开发行股票并上市。1998年2月,证监会通知海南省证管办转告海南凯立,同意其上报发行申报材料,并要求在该材料上注明列入海南省1997年计划内。同年6月27日,海南省证管办向证监会推荐海南凯立申请1997年度公开发行股票。1998年,中国证监会收到海南凯立的申报材料后,曾两次派人到该公司调查,并于1999年8月20日向其上级主管部门作出报告。报告认为海南凯立97%的利润虚假,经研究决定,以海南凯立申报材料虚假为由,取消其股票发行资格。2000年4月28日,中国证监会又向海南省人民政府办公厅发出《关于退回海南凯立公司A股发行预选申报材料的函》,并抄送海南凯立。该函认定海南凯立预选申报材料前3年财务会计资料不实,不符合发行上市的有关规定。经研究,退回其A股发行预选申报材料。2000年8月16日,海南凯立因不服中国证券监督委员会的行政审批行为,向北京市第一中级人民法院提起行政诉讼,状告中国证券监督委员会,该院以39号文属于内部行政行为为由,裁定不予受理。

2000年4月,就在凯立对此裁定上诉期间,又收到了中国证监会以办公厅的名义作出的证监办函(2000)50号文《关于退回海南凯立中部开发建设股份有限公司A股发行预选材料的函》,认定凯立公司"发行预选材料前三年财务会计资料不实,不符合上市的有关规定。经研究决定退回其A股发行预选申报材料"。凯立公司以中国证监会又作出了新的行政行为为由申请撤回了上诉,并于2000年7月针对39号报告中称其97%利润虚假,取消其A股发行资格的表述和50号文认定其前三年财务会计资料不实,退回其A股发行预选申报材料的行为一并提起行政诉讼,要求(1)撤销被告作出的原告申报材料前三年会计资料不实,97%利润虚假的错误结论;(2)撤销被告作出的取消原告A股发行资格并进而退回预选申报材料的决定;(3)判令被告恢复并依法履行对原告股票发行上市申请的审查和审批程序。北京市第一中级人民法院受理了诉讼。

2000年12月18日北京市第一中级人民法院作出了一审判决:(1)被告中国证监会退回凯立公司预选材料的行为违法;(2)责令被告恢复对凯立公司股票发行的核准程序,并在判决生效之后的两个月内作出决定;(3)驳回凯立公司的其他诉讼请求。按照一审判决,其结果只能是中国证监会不再退回凯立公司的预选申报材料,但仍然可以拒绝核准其发行上市。中国证监会不服一审判决,提出了上诉。

二审法院于2001年7月5日作出了终审判决:驳回上诉,维持一审判决。二审法院经过审理认为:(1)50号文认定事实的证据不充分。二审法院认为:"凯立公司的财务资料所反映的利润是否客观真实,关键在于其是否符合国家统一的企业会计制度。中国证监会在审查中发现有疑问的应当委托有关主管部门或者专业机构对其财务资料依照'公司、企业会计核算的特别规定'进行审查确认。中国证监会在未经专业部门审查确认的情况下作出的证监办函(2000)50号文,认定事实证据不充分。"(2)退回行为违法。法院认为凯立公司应当适用核准程序。而按照该核准程序,中国证监会应当作出核准或者不予核准的决定,从而中国证监会50号文退回其预选申报材料的行为违法。一审法院要求其限期重作是正确的。(3)39号文属于行政机关的内部行为,其内容已经被50号文所涵盖,因此,一审判决驳回诉讼请求是恰当的。

➡ 问 题

(1)我国的证券监督管理体制特点是什么?

(2)中国证监会的职责有哪些?它的权限是什么?

➡ 分析意见

世界各国证券监督管理体制主要有三种类型,即专门机构监管、统一机构监管和兼职机构监管。我国《证券法》第7条规定:国务院证券监督管理机构依法对全国证券市场实行集中统一监督管理。国务院证券监督管理机构根据需要可以设立派出机构,按照授权履行监督管理职责。第8条规定:在国家对证券发行、交易活动实行集中统一监督管理的前提下,依法设立证券业协会,实行自律性管理。由此确立的我国证券监管体制的特点有:

1. 以政府监管为主,自律监管为辅的证券监管模式。国务院证券监管机构(中国证监会)在证券监管中占主导地位,而各种自律性组织,如证券交易所、证券业协会等起辅助协调监管作用。

2. 外部监管与内部监管高度统一。相对于证券市场、证券经营机构及投资者而言,政府监管、行业自律监管皆属外部监管,这一点为《证券法》所强调。另外,《证券法》第136条要求证券公司建立健全内部控制制度,采取有效隔离措施,防范公司与客户之间、不同客户之间的利益冲突,并且将其证券经纪业务、证券承销业务、证券自营业务和证券资产管理业务分开办理,不得混合操作。这样使证券公司内部的自营、代理等业务部门之间从人员、财务等方面严格隔离,建立起严格的券商内部自律监管制度。

3. 市场准入制度与退出制度配套。《证券法》第10条指明,公开发行证券,必须符合法律、行政法规规定的条件,并依法报经国务院证券监督管理机构或者国务院授权的部门核准;未经依法核准,任何单位和个人不得公开发行证券。第13、14条还规定了上市公司发行新股应当符合的条件和必须报批的文件。证券公开发行前,应公告公开募集文件,进行信息披露等遵守一系列严格的准入制度的规定,防止欺诈性证券混入证券市场,保护投资人及社会公共利益。同时,对证券违法违规行为明确应当承担的法律后果,直至停止上市、摘牌等。

证券监管机构有权对证券市场进行监督、管理、指导并协调,代表国家依法对证券发行和交易以及有关个人和组织进行全面的监管。在我国,国务院证券监督管理机构依法对证券市场实行监督管理,维护证券市场秩序,保障其合法运行。

该案对我国证券制度产生了较大的影响:

1. 关于初审阶段的审查。证券法实施之后,我国的股票发行进入了核准程序。中国证监会2000年颁布的核准程序主要包括:受理申请程序、初审、发行审核委员会审核、核准发行、复议。但在不同的阶段,中国证监会的权力如何,尚存在许多不明确的地方。本案主要涉及初审阶段。二审判决并没有否认中国证监会在初审中对发行人申请材料真实性作出判断的权力,只是要求这种判断的依据必须根据相关机构的审查确认。据此,中国证监会在初审阶段的合规性审查,包括了对于申请材料形式上的审查和实质真实性的认定两方面,而不仅仅局限于形式性审查。因此,在初审阶段,发行人的申请就有可能被中国证监会打住,并不需要经过发行审核委员会的审核之后,中国证监会就能作出核准或者不予核准的决定。

2. 关于中国证监会对信息披露不实的查处。二审判决虽然承认中国证监会有权审查发行人的申请材料,但是,却判决其必须根据相关机构的审查确认结果作出判断。这实际是剥夺了中国证监会对会计资料的直接审查权。中国证监会本身并不一定比主管机关或者专业机构更为精通会计技术,因此,它对会计资料真实性的确认并不必然正确。然而即使有专业机构的会计技术认定作为保障,但又无法保证专业机构诸如会计师事务所不会弄虚作假。从中国目前的实践来看,这一职责责无旁贷地由中国证监会承担了。中国证监会在查处专业机构的弄虚作假上发挥了重要的作用。《证券法》第180条明确规定了中国证监会有权对会计资料的真实性进行查处的权力。按照本案的二审判决,今后中国证监会在查处信息披露不实上的权力将受到严重限制,中国证监会必须委托主管机关或者专业机构对相关会计资料是否真实作出确认之后,才能以此为根据作出查处。

凯立案的焦点,在于中国证监会对于凯立公司会计财务资料不实的认定是否正确。二审判决最终认为:(1) 中国证监会有权作出这种认定;(2) 中国证监会的认定缺乏事实根据。而事实上,二审法院并没有在审理中对于具体的会计财务事实进行认定,而是规定了中国证监会作出此种认定的方法:必须根据相关机构的确认结果。对于会计资料真实性的认定权,证券法赋予了中国证监会,但是,以何种方法作出这种认定,在法律法规没有规定的情况下,应当是中国证监会的自由裁量范围。而二审判决对中国证监会的这种干涉是否有法律依据值得商榷。行政机构的自由裁量权应当给予适当的尊重。

3-2 证券市场主体法律制度

3-2-1 证券交易所

✎ 案 情

福建实达电脑集团股份有限公司(以下简称实达集团)于2005年4月30日披露2004年年度报告和其他应收款重大事项公告,截至2004年12月31日,实达集团对外大额债权共计7.02亿元,其中有3.76亿元属于受公司主要大股东、实际控制人控制的关联公司欠款,另有3.11亿元大额债权尚未落实是否为关联公司欠款。上述大额债权陆续发生于2001年至2004年间。对于上述对外大额债权和关联公司欠款的发生,实达集团未履行必要的决策审议程序,未及时进行信息披露。

截至2004年12月31日,实达集团对外担保总额为8.97亿元,为实达集团2004年末净资产的2.07倍。除对控股子公司担保4.85亿元,对外担保尚有4.12亿元,其中仅有1.5亿元进行了临时公告披露,其余对外担保实达集团存在以定期报告代替临时公告披露的情况,在其发生时未及时履行信息披露义务。

对外担保中,实达集团尚存在违规为控股股东及公司持股50%以下的其他关联方提供担保1.07亿元。在2004年9月前实达集团在对外担保事项方面未履行合规的决策审议程序,仅以部分董事在决议上签字的方式进行运作。实达集团第二大股东中国富莱德实业公司曾于2000年10月和实达集团第三大股东北京盛邦投资有限公司签订股权转让协议,将持有的实达集团51517818股国有法人股以每股1.75元人民币的价格转让给盛邦投资。在盛邦投资支付了7000万元股权转让款后将上述股权委托给盛邦投资管理,盛邦投资因而成为实达集团的实际控制人。对于上述股权转让及股权托管的重大事项,相关信息披露义务人盛邦投资和中国富莱德实业公司至今未根据有关规定履行报批程序和信息披露义务。2003年8月,北京盛邦投资有限公司提出其与新华信托投资股份有限公司签订信托合同,委托新华信托投资股份有限公司代为持有中国富莱德实业公司拟出让的上述股权,要求中国富莱德实业公司将上述股权转让给新华信托投资股份有限公司,并于2003年12月8日签订了股权转让协议。但在此次股权转让的信息披露上,北京盛邦投资有限公司、中国富莱德实业公司和新华信托投资股份有限公司均未披露北京盛邦投资有限公司委托新华信托投资股份有限公司代为购买和持有上述股权事宜,造成已披露信息存在重大遗漏。实达集团董事王琳同时担任北京盛邦投资有限公司董事长、原董事张卫东原任北京盛邦投资有限公司总裁,未能将上述股权方面的重大事项及时向实达集团董事会报告并督促实达集团和相关信息披露义务人履行信息披露义务,对上述股权信息披露重大违规事项的发生,负有不可推卸的责任。

公司董事王琳、原董事张卫东未履行勤勉尽责义务,在主要股东股权变动的信息披露方面存在重大违规事项的行为严重违反了《上海证券交易所股票上市规则》第2.3条、第3.1.4条的规定及在《董事声明与承诺书》中作出的承诺。根据《上海证券交易所股票上市规则》第16.3条的规定,上海证券交易所2005年6月19日决定对福建实达电脑集团股份有限公司董事王琳、原董事张卫东予以公开谴责。对于上述惩戒,上证所还将抄报福建省人民政府,并将其计入上市公司诚信记录。

➡ 问 题

我国证券交易所的性质、地位是什么？负有哪些职责？

➡ 分析意见

证券交易所是依法设立的,提供证券集中竞价场所的组织,性质为法人组织,本身不参与证券买卖,仅提供交易场所服务,同时也兼有管理证券交易、维护交易市场秩序的职能。我国证券交易所采用会员制,不以盈利为目的,会员由同业的证券机构组成,并向证券交易所交纳会费。

我国证券交易所的设立由国务院决定。证券交易所的职责在于创造公开、公平、公正的市场环境,提供便利条件,以保证证券交易的正常运行,对上市公司披露信息进行监督,督促上市公司依法及时、准确地披露信息。证券交易所的积累归会员所有,其权益由会员共同享有,在其存续期间,不得将其积累分配给会员。证券交易所应当对上市公司披露信息进行监督,督促上市公司依法及时、准确地披露信息。

证券交易所依照证券法律、行政法规制定证券集中竞价交易的具体规则,报国务院证券监督管理机构批准后执行。投资者在证券公司开立证券交易账户,以书面、电话以及其他方式,委托为其开户的证券公司代其买卖证券。证券公司根据投资者的委托,按照时间优先的规则提出交易申报,参与证券交易所场内的集中竞价交易。按照依法制定的交易规则进行的交易,不得改变其交易结果。

证券交易所具有自律的功能,负有监管会员证券公司及上市公司的职责。《证券法》第115条规定:"证券交易所对证券交易实行实时监控,并按照国务院证券监督管理机构的要求,对异常的交易情况提出报告。证券交易所应当对上市公司及相关信息披露义务人披露信息进行监督,督促其依法及时、准确地披露信息。证券交易所根据需要,可以对出现重大异常交易情况的证券账户限制交易,并报国务院证券监督管理机构备案。"同时,《证券法》第118条规定,"证券交易所依照证券法律、行政法规制定上市规则、交易规则、会员管理规则和其他有关规则,并报国务院证券监督管理机构批准"。

3-2-2 证券公司

案　情

光大证券有限责任公司（以下简称光大证券）创建于1996年，是由中国光大（集团）总公司投资控股的全国性综合类证券公司。光大证券于1997年10月至1998年5月期间，利用52名个人股东账户大量买进深惠中股票，截至1998年5月12日深惠中股票停牌日，光大证券共计持有深惠中股票8,857,394股，占该只股票总股本的6.425%。但是，光大证券对上述事实未向上市公司、证券交易所和中国证监会作出书面报告并公告。

上述行为违反了《股票发行与交易管理暂行条例》（以下简称《股票条例》）第47条关于"任何法人直接或者间接持有一个上市公司发行在外的普通股达到5%时，应当自该事实发生之日起3个工作日内，向该公司、证券交易所和证监会作出书面报告并公告"的规定，构成《股票条例》第74条第（八）项所述"未按照规定履行有关文件和信息的报告、公开、公布义务的"行为。同时，上述行为还违反了《证券经营机构证券自营业务管理办法》（以下简称《自营管理办法》）第14条第（二）项关于"证券经营机构从事证券自营业务不得以自营账户为他人或以他人名义为自己买卖证券"的规定，构成《自营管理办法》第35条第（五）项所述"以自己名义为他人或以他人名义为自己买卖证券"的行为。

对光大证券违反证券法规，超比例持有深惠中股票未报告和公告的行为，证监会于1998年8月31日作出以下处罚决定：（1）对光大证券处以罚款100万元；（2）责令光大证券自收到本处罚决定之日起3个月内，将所持有的深惠中股票共计8857394股全部卖出，超比例部分如有盈利予以没收。

问　题

（1）我国证券公司的业务范围怎样？
（2）证券公司受到禁止的业务行为有哪些？
（3）如何防范证券公司经营风险？

分析意见

证券公司是按照公司法规定，经批准从事证券经营业务的有限责任公司或股份有限公司。我国设立证券公司，必须经国务院证券监督管理机构审查批准。我国证券公司经批准可以经营证券经纪业务、证券自营业务、证券承销业务以及经国务院证券监督管理机构核定的其他证券业务。证券公司自营业务必须使用自有资金和依法筹集的资金。自营业务不得假借他人名义或者以个人名义进行,不得将自营账户借给他人使用。

我国《证券法》第125条规定的证券公司经批准可以经营的业务有:(1)证券经纪;(2)证券投资咨询;(3)与证券交易、证券投资活动有关的财务顾问;(4)证券承销与保荐;(5)证券自营;(6)证券资产管理;(7)其他证券业务。并对证券公司的资金实力提出高要求,第127条规定,证券公司经营本法第125条第(1)项至第(3)项业务的,注册资本最低限额为人民币五千万元;经营第(4)项至第(7)项业务之一的,注册资本最低限额为人民币一亿元;经营第(4)项至第(7)项业务中两项以上的,注册资本最低限额为人民币五亿元。证券公司的注册资本应当是实缴资本。国务院证券监督管理机构根据审慎监管原则和各项业务的风险程度,可以调整注册资本最低限额,但不得少于前款规定的限额。

证券公司是我国法定的证券商。按照市场功能来划分,有承销、经纪及自营之分。证券承销,是指证券公司依法获准经营证券承销业务,根据与发行人之间的协议,采取代销、包销、承销团承销等方式直接参与证券发行。证券公司的经纪功能是在证券交易中接受委托,从事证券买卖中介业务。在我国证券交易所上市交易的证券,只有交易所会员可以入市交易,且必须委托证券公司进行买卖。证券公司办理经纪业务,不得受客户的全权委托而决定证券买卖、选择证券种类、决定买卖数量或者买卖价格;证券公司不得以任何方式对客户证券买卖收益或者赔偿证券买卖的损失作出承诺。证券公司及其从业人员不得未经其依法设立的营业场所私下接受客户委托买卖证券。严禁挪用客户的交易结算资金。客户的证券买卖委托,不论是否成交,其委托记录都应当按规定的期限,保存于证券公司。证券公司还可拥有证券自营业务。自营是指依法在证券发行市场和交易市场以自己的名义与账户从事证券买卖,在证券交易市场上自营买卖,通过买进、卖出获取差价收益,既有盈利性,又有风险性,是投资者的组成部分之一。

3-2-3 证券登记结算机构

✎ 案 情

2001年3月30日,经国务院同意,中国证监会批准,中国证券登记结算有限责任公司在北京正式成立。公司为永久存续的有限责任公司,注册资本为人民币6亿元,资本总额为人民币12亿元,上海、深圳证券交易所各出资50%,实行董事会领导下的总经理负责制。公司不以营利为目的,业务范围包括:证券账户和结算账户的设立和管理、证券登记与过户、证券托管与转托管、证券和资金的清算与交收、受发行人委托办理证券权益分配等代理人服务以及中国证监会批准的其他业务。2001年9月,中国证券登记结算有限责任公司上海、深圳分公司正式成立。2001年9月20日，中国证券登记结算有限责任公司分别与上海证券交易所和上海证券中央登记结算公司、深圳证券交易所和深圳证券登记结算公司联合发表公告，宣布自2001年10月1日起，上海证券中央登记结算公司、深圳证券登记结算公司从事的证券登记结算业务均由中国结算公司承接，上海证券中央登记结算公司、深圳证券登记结算公司依法定程序注销。

➪ 问　　题

（1）证券登记结算机构的概念、地位怎样？
（2）证券登记结算机构的职能有哪些？
（3）证券登记结算机构与投资者的法律关系怎样？

➪ 分析意见

　　登记结算系统是整个证券市场的后台核心。证券登记结算机构是为证券交易提供集中的登记、托管与结算服务、不以营利为目的的法人。证券登记是通过一定的记录形式确定当事人对证券的所有权及相关权益的产生、变更、消灭的法律行为。证券托管是根据规定由登记结算机构统一保管证券，并向投资者出具所有权证明的行为。证券结算则是证券交易完成后，对买卖双方应收应付的证券和价款进行核定计算，并在双方账户上进行划拨的行为。证券登记结算机构设立结算风险基金，并存入指定银行的专门账户，用于因技术故障、操作失误、不可抗力等造成的证券登记结算机构的损失；证券登记结算机构以风险基金赔偿后，向有关责任人追偿。从功能上看，证券登记结算机构是专门为证券交易办理存管、资金结算交收和证券过户等业务的中介服务机构。在一个完整的证券市场中，证券登记结算业务是证券交易连续正常进行必不可少的环节，负责这一业务的证券登记结算机构也是证券市场不可或缺的组成部分。

　　从1988年到上海和深圳证券交易所成立前，我国证券市场中股票代客买卖、自营买卖、实物股票过户等整套业务都由证券公司独立完成。随着证券交易所的成立，为其交易提供服务的证券登记结算机构先后出现：1991年1月，深圳证券登记有限公司成立；1993年3月上海中央登记结算有限公司成立。上海证券交易所和深圳证券交易所各自拥有登记结算系统的体制在我国证券市场发展过程中发挥了重要作用。但由于两系统相互独立，越来越难以适应证券市场日益发展的需要。

　　《证券法》第155、158条规定，证券登记结算采取全国集中统一的运营方式。其设立及依法制定章程、业务规则，须经国务院证券监督管理机构批准。2001年3月30日，经国务院同意，中国证监会批准，中国证券登记结算有限公司在北京正式成立，为我国的证券交易提供全国集中统一的证券登记结算服务，集中央登记、中央存管、中央结算三种功能于一体,以它的成立为标志,我国已基本建立以"中央登记、二级托管"为基本内容的中央证券登记结算体制。在这样的体制下,我国证券登记结算机构与发行人、投资者之间的关系如下:

(1) 发行人与登记结算机构的关系。这是基于发行人与登记结算机构所签订的登记服务协议等一系列的契约而产生的。登记结算机构在此基础上接受发行人委托,为发行人服务,作为发行人的股份登记机构提供包括初始发行登记,新增股、配股、送股、转增股登记在内的证券登记,并负责提供股东名册的服务,作为代理机构代表上市公司向其股东提供发放红利的服务。

(2) 投资者与登记结算机构的关系。投资者与证券公司之间有在资金、证券上的委托关系和交易中的行纪关系。证券公司作为登记结算机构的结算会员,即结算参与人,根据登记结算机构业务规则履行结算会员义务,享受相应权利。对于中央登记结算机构在证券交易结算法律关系中的地位问题,存在不同认识。一般认为,中央证券登记结算机构经常被视为中央交收对手,结算参与人之间的债权、债务关系概括转移至中央登记结算机构,中央证券登记结算机构按照银货对付的原则与其参与人进行结算,作为结算参与人的证券公司不能因为其客户违约而对中央证券登记结算机构违约。这是由我国对中央登记结算机构的定位产生的。因此产生的逻辑结果是,证券结算中,普通投资者与登记结算机构之间不存在直接的法律关系。从中央证券登记结算机构履行其中央登记、中央存管、中央结算三大职能的过程看:第一,在登记结算机构行使中央登记职能中,证券登记结算机构为发行人提供股份所有权归属及变更的记录。根据持有体系的不同,纪录中可能会出现投资者的名义,但这不表明登记结算机构的登记行为与投资者有直接法律关系。归根结底,登记结算机构只是作为发行人的股份登记机构而为发行人服务,而非接受投资者的委托。第二,在登记结算机构行使中央存管、中央结算功能中,通过以上对投资者与登记结算机构的关系、证券公司与登记结算机构的关系的分析可知,投资者在其证券商处托管的证券被证券商存管于中央证券登记结算机构,证券登记结算机构作为中央交收对手,与证券公司及其他结算参与人清算交收。在此过程中,普通投资者只是与其委托的证券公司存在委托及经纪关系,而与登记结算机构不存在直接的法律关系。

3-2-4 证券交易服务机构

✎ 案　　情

1997年3月,一位广州的市场分析人士写了一篇《湘中药自信潜力无穷》的文章,并刊登在《亚太经济时报》头版头条。作者在文中推断"湘中药的股价将上涨四五倍"。当年3月20日,山东一位张姓投资者在看了该文之后,分16次买入了 2.75 万股该股,投入资金 343590.37 元。不久湘中药公布 1996 年年度报告,实际情况与该文所述相差甚远。随后,湘中药股价从 13 元跌至 7 元,该投资者割肉出局,亏损近 8 万元。张某在 1999 年向其所在地山东省淄博市张店区人民法院提起诉讼,要求该文作者熊某及刊载文章的《亚太经济时报》赔偿其损失。一审法院认为张某要求赔偿的证据不足,驳回其诉讼请求。张某又上诉至山东省淄博市中级人民法院。二审法院认定该文系严重误导的失实报道,致使张某的权益受到侵害,造成了经济损失,遂于 2001 年 6 月 26 日作出终审判决,股评文章作者熊某赔偿上诉人张某损失 77506.18 元,刊载该文的报纸公开更正,消除影响,并承担连带赔偿责任。这是全国首例股评作者与股评刊登媒体被判承担损害赔偿责任的案件。

问　　题

（1）熊某及《亚太经济时报》报社是否应当对张某的损失承担赔偿责任？为什么？

（2）证券投资咨询机构及其他证券交易服务机构的职能分别是什么？在执业过程中有哪些道德及法律方面的执业要求？

（3）其他有关证券交易服务机构的监管制度有哪些？

（4）如何对其进行有效的监管？

分析意见

在我国,证券投资咨询机构主要有两种类型:一是专门从事证券投资咨询业务的专营咨询机构,另一类是兼作证券投资咨询业务的兼营咨询机构。后者又有两种情况:一是咨询机构在从事其他咨询业务的同时也从事证券咨询业务;二是证券公司在进行研究和为本公司客户服务的同时,也向社会提供咨询服务。目前,我国证券投资咨询机构及其投资咨询人员主要以下列形式为证券投资人或者客户提供证券投资分析、预测或者建议等直接或间接有偿咨询服务:(1) 接受投资人或客户委托,提供证券投资咨询服务;(2) 举办有关证券投资咨询的讲座、报告会、分析会等;(3) 在报刊上发表证券投资咨询的文章、评论、报告,以及通过电台、电视台等公众传播媒体提供证券投资咨询服务;(4) 通过电话、传真、电脑网络等电信设备系统,提供证券投资咨询服务;(5) 监管部门认定的其他形式。

对证券投资咨询机构进行管理是证券市场监管的重要内容,世界各国证券监管机构都制定了相关规定规范证券投资咨询活动。如美国有专门的《投资顾问法》,要求大多数从事投资业务的公司和个人向证券交易委员会登记。我国证券市场是新兴加转轨市场,在投资者中,中小投资者占绝大多数,他们专业投资知识和经验相对不足,迫切需要专业投资咨询服务。这种情况下,监管机构必然会加强对证券投资咨询机构的管理,规范投资咨询活动,以保障投资者的合法权益。我国对证券投资咨询机构的监管主要集中在两个方面:

1. 市场准入监管。《证券法》第169条规定,投资咨询机构、财务顾问机构、资信评级机构、资产评估机构、会计师事务所从事证券服务业务,必须经国务院证券监督管理机构和有关主管部门批准。他们从事证券服务业务的审批管理办法,由国务院证券监督管理机构和有关主管部门制定。第170条规定了相关从业人员的资格认定:必须具备证券专业知识和从事证券业务或者证券服务业务二年以上经验。认定其证券从业资格的标准和管理办法,由国务院证券监督管理机构制定。

2. 行为监管。这主要是要求证券投资咨询机构及证券投资咨询机构业务人员在提供证券投资咨询服务时遵循客观、公正和诚实信用的原则,以行业公认的谨慎、诚实和勤勉尽责的态度,为客户提供证券投资咨询服务。法律、法规在这方面为证券投资咨询机构及证券投资咨询机构业务人员设定了一系列禁止性义务,如《证券法》第171条规定,"投资咨询机构及其从业人员从事证券服务业务不得有下列行为:(一)代理委托人从事证券投资;(二)与委托人约定分享证券投资收益或者分担证券投资损失;(三)买卖本咨询机构提供服务的上市公司股票;(四)利用传播媒介或者通过其他方式提供、传播虚假或者误导投资者的信息;(五)法律、行政法规禁止的其他行为。有前款所列行为之一,给投资者造成损失的,依法承担赔偿责任。"

本案是全国首例股评作者与股评刊登媒体被判承担损害赔偿责任的案件。该案件的判决在证券市场,尤其是证券投资咨询业界产生了极大的反响,也对完善我国证券市场机制有着重要意义。该判决的适用法律、投资行为与文章的关系认定、损失数额认定、损益责任分配等方面引起法律界的广泛争议。法院判决将熊某身份认定为证券分析师。证券分析师行业是证券业的重要组成部分,证券分析师应当成为投资者投资活动的参谋与助手,他们应当利用上市公司正式发布的信息、相关产业信息、经济发展信息为投资者提供相关的分析意见。证券分析师应当尽可能地保证所依据的信息和分析意见客观、真实、可靠,对缺乏基本可信度的信息有必要加以核实。专家们建议,实践中急需建立证券分析师的信息获取、分析业务免责制度。但必须明确,只有在证券分析师完全尽到了诚信和注意义务但仍无法避免事实失真时,才能免除其责任。证券分析师不应对预测行为承担责任,因为证券市场具有不确定性。除非有故意或者重大过失,不能因为预测的误差追究分析师的责任。在这方面,司法的干预是有限度的。法律应鼓励证券分析师利用自己的知识与才能为投资者服务。投资者应参考分析师的意见作出自己独立的投资判断,最终对自己的投资行为负责。

　　此案在证券业及广大投资者中引起广泛关注,学者之间也持不同观点。一种观点认为,我国应当建立证券分析师免责制度,理由是从言论自由角度出发,认为证券分析师仅代表个人观点,供广大投资者参考,不能因为证券分析师的分析结论与客观事实不相符合就承担民事赔偿责任。证券市场的发展离不开证券分析师的推波助澜。若不分青红皂白,只要证券分析师的结论与证券市场客观事实不相符,证券分析师就要承担法律责任,则不利于这一行业的发展。对于判决,有关专家也提出疑问,如在法律适用方面引用了规章作为判决依据,对于责任分配问题,因果关系和损失计算,诉讼的性质和程序,该案都存在问题。另一种观点则认为,由于现实生活中不少证券分析师或股评家从上市公司中得到各种好处,因而违背职业道德,胡编乱造无中生有,诱骗投资者购买上市公司股票,扰乱证券市场秩序,应当受到法律制裁。

　　信息是证券市场上投资者的生命线。股价与信息有着内在联系。证券投资者是在获得有关信息的基础上作出判断证券投资价值,最后作出证券买进或卖出的决定。证券分析师的论断很大程度上能够影响并不具备专业知识的投资者,因而提供或传播虚假信息对投资者的负面影响很大,对证券市场的发展也极为不利,因而受到法律的制裁。世界各国证券法均强调信息披露制度的意义,只是侧重点不同而已。法律规定,证券发行人、上市公司、承销商、大股东等其他市场主体有义务依法向证券投资者披露相关信息,否则需要承担法律责任。

　　本案中,被告没有向投资者披露信息的义务,同样也没有披露、提供、传播虚假信息的权利。当然证券分析师或股评家也不是在任何情况下,只要是与事实不符的观点就要承担相应的法律责任。证券分析师或股评家应对其分析基础的信息的真实性予以交代,说明这些数据、资料的来源或出处,采访某上市公司责任人或专家也应在报刊或杂志上注明时间、地点,引用他人资料也应注明其来源。遵循"客观、中立、公正"原则,分析文章规范,用语准确、论证严谨、论据充分、观点明确而适当。本案股评家支撑其观点很重要的一部分内容源自《香港商报》,但没有对其来源进行说明,使得读者误以为是该文作者自己通过考察后得出的观点,而导致信以为真购买文中所称股票并造成损失。

3-2-5　证券业协会

✎ 案　情

　　2003年4月5日,中国证监会对外公布:大连证券公司被内部人控制;公司经营期间,存在挪用客户保证金、为客户融资买入证券、非法融资等严重违法违规行为。由于大连证券有限责任公司违法违规行为严重,并且公司已经资不抵债,不再具备继续经营的条件,中国证监会根据当时《证券法》第201条"证券公司在证券交易中有严重违法行为,不再具备经营资格的,由证券监督管理机构取消其证券业务许可,并责令关闭"的规定,作出了取消大连证券的证券业务许可并责令其关闭的行政处罚决定。

导致大连证券被关闭的直接原因是由于其发行大量无法支付的高息债券。据报道,大量证券将一年期国债按国债收益凭证卖给投资者,给他们获得高于正常利率1.5%以上的利息,并承诺将募集资金用于国债回购。但实际上,这些资金在投向国债回购的同时,也投向了股票甚至房地产等实业,以致产生财务黑洞,据保守估计达人民币10亿元以上。由此,大连证券成为第一家被中国证监会作出取消证券业务许可并责令关闭的证券经营机构。

2003年6月3日,中国证券业协会公布了关于解除大连证券有限责任公司会员资格的公告:大连证券有限责任公司因严重违规经营,资不抵债,中国证券监督管理委员会于2003年4月3日发布公告撤销该公司。根据《中国证券业协会章程》及《中国证券业协会会员管理办法》的有关规定,经中国证券业协会第三届常务理事会决定,正式解除大连证券有限公司的中国证券业协会会员资格。

➪ 问 题

(1)证券业协会的性质、职责是什么?
(2)证券业协会和中国证监会的法律关系怎样?

➪ 分析意见

证券业协会,又称证券同业公会,是受证券监管机构指导与监督的、由证券经营机构组成的自律性组织,是社会团体法人。我国的证券经营机构必须加入证券业协会,成为其会员,未加入证券业协会的证券经营机构不得营业。我国证券业协会的主要职责是:协助主管部门教育和组织会员实施证券法律、法规;依法维护会员的合法权益,向主管部门反映会员的建议和要求;收集、整理证券信息,为会员提供服务;制订会员应遵守的规则,组织会员单位的从业人员的业务培训,开展会员间的业务交流;对会员之间、会员与客户之间发生的纠纷进行调解;组织会员开展证券业发展及运作的研究;监督检查会员行为,对违反法律、法规或协会章程的按规定给予纪律处分等。

证券业协会的会员包括证券公司、基金管理公司和投资咨询公司。其权力机构为会员大会,选举理事会与管理人员执行协会事务。章程或规则是规定其内部关系的自律性文件,证券业协会章程的内容包括宗旨、运行规则、会员条件、拒绝会员入会的条件和会员的除名条件、会员的权利和义务、经费、财务会计等事项。证券监管机构为保护公众利益、投资者利益及会员利益,有权命令证券业协会改变章程或规则。

中国证券业协会是证券业自律管理的组织,发挥着政府与证券行业间的桥梁作用,维护证券业的正当竞争秩序,促进证券市场的公开、公平、公正,推动证券市场的健康稳定发展。《中国证券业协会章程》第5条规定,证券业协会的职责为:(1)教育和组织会员执行证券法律、法规;向中国证监会反映会员在经营活动中的问题、建议和要求;(2)制定证券业自律规则、行业标准和业务规范,并监督实施;(3)依法维护会员的合法权益;(4)监督、检查会员的执业行为,对违反本章程及自律规则的会员给予纪律处分;(5)对会员之间、会员与客户之间发生的纠纷进行调解;(6)收集、整理证券信息,开展会员间的业务交流,组织会员就证券业的发展进行研究,推动业务创新,为会员创造更大市场空间和发展机会;(7)组织证券从业人员资格考试,负责证券从业人员资格注册及管理;(8)对证券从业人员进行持续教育和业务培训,提高从业人员的业务技能和执业水平;(9)开展证券业的国际交流和合作;(10)法律、法规规定或中国证监会赋予的其他职责。另外,《中国证券业协会会员管理办法》第23条规定:"违反法律、法规、行政规章以及协会自律规则的会员,协会可采取书面或口头的形式进行提醒或质询,并可视情节轻重给予处分"。证券业协会经过法定程序可以行使协会章程所赋予的管理权力,该案件中对大连证券的除名处罚正是其行使权力的表现。

3-3 证券发行与承销法律制度

3-3-1 证券发行

✎ 案　　情

成都红光实业股份有限公司(简称红光公司)前身是国营红光电子管厂,1993年5月改组为定向募集股份有限公司。经批准,该公司于1997年5月向社会公开发行股票,实际募集资金41020万元。半年之后,红光公司公布的1997年财务报表显示:红光公司年度亏损达1.98亿元,平均每股亏损额为0.863元,上海证券交易所依法给与其"ST"处理,成为中国证券市场首家上市当年即亏损的公司。

证监会经过半年多的调查,证实红光公司在股票发行期间及上市之后,存在以下违法、违规行为:(1)编造虚假利润,骗取上市资格。红光公司在股票发行上市申报材料中,采取虚构产品销售、虚增产品库存和违规账务处理等手段,将1996年度实际亏损10300万元,虚报为盈利5400万元,骗取上市资格。(2)少报亏损,欺骗投资者。红光公司上市后,继续编造虚假利润,将1997年上半年亏损6500万元,披露为盈利1674万元,虚构利润8174万元;1998年4月该公司在公布1997年年度报告时,将实际亏损22952万元(相当于募集资金的55.9%)披露为亏损19800万元,少报亏损3152万元。(3)隐瞒重大事项。自1996年下半年起,红光公司关键生产设备彩玻池炉就已出现废品率上升,不能维持正常生产等严重问题,对此红光公司在申请股票发行上市时故意隐瞒,未予披露。(4)未履行重大事件的披露义务。现查实,红光公司仅将41020万元募集资金中的6770万元(占募集资金的16.5%)投入招股说明书中所承诺的项目,其余大部分资金改变投向,用于偿还境内外银行贷款和填补公司的亏损。改变募集资金用途属于大事件,但红光公司对此却未按规定进行披露。(5)挪用募集资金买卖股票。1997年6月,红光公司将募集资金中的14086万元(占募集资金的34.3%)投入股市买卖股票,其中红光公司通过开立217个个人股票账户自行买卖股票,动用9086万元;以委托投资名义,将其余5000万元交由其财务顾问中兴发企业托管有限公司利用11个个人股票账户买卖股票。红光公司在上述股票交易中共获利450万元。(6)涉嫌犯罪。红光公司在股票发行与上市过程中按协议应支付发行上市费用1496万元,占募集资金总额的3.53%,比公开披露需支付的发行上市费用1330万元多166万元,其中白条入账等非正常开支达13万元,从账外支付100万元,有涉嫌犯罪问题。红光公司的上述行为,违反了《股票发行与交易管理暂行条例》、《禁止证券欺诈行为暂行办法》、《证券市场禁入暂行规定》和国家其他有关规定。为此,证监会于1998年10月26日,发文证监查字[1998]75号依法决定对红光公司、承销商、上市推荐人、会计师事务所、资产评估事务所、财务顾问公司、律师事务说等有关中介机构及主要责任人作出了处理。

"红光事件"曝光后,在广大投资者之间产生了强烈反响,1998年12月,上海一名股民姜某向浦东新区法院提起诉讼,要求红光实业股份有限公司董事及中介机构赔偿损失。12月14日法院受理此案。1999年3月,法院以原告损失与被告的违规行为之间无必然的因果关系,且原告所得的股票纠纷案件不属法院受理范围,裁定驳回原告起诉,于是中国首例股民状告上市公司虚假陈述案宣告失败。

➡ 问　题

(1) 股票发行必须具备哪些条件?
(2) 债券发行必须具备哪些条件?

● 分析意见

证券发行是证券发行人以筹集资金为目的,依法向投资者出售代表一定权利的资本证券的行为。证券发行市场是连接资金供求的纽带,由证券发行人、承销商、投资者以及证券监管机构组成,是整个证券市场的重要组成部分。发行可以分为私募发行和公募发行,私募发行以特定的投资者为募集对象;公募发行以同一条件向不特定的投资者广泛募集资金。

目前世界上主要有注册制和核准制两种模式。我国对股票发行实行核准制,公开发行股票,必须符合法律、行政法规规定的条件,并依法报经国务院证券监督管理机构核准。我国对公司债券的发行实行审批制。发行公司债券,必须依照公司法规定的条件,报经国务院授权的部门审批。

针对股票而言,对证券发行的实质性要求主要体现在法律对股票发行必须符合的条件的强制性规定。《证券法》第50条规定:"股份有限公司申请股票上市,应当符合下列条件:(一)股票经国务院证券监督管理机构核准已公开发行;(二)公司股本总额不少于人民币三千万元;(三)公开发行的股份达到公司股份总数的百分之二十五以上;公司股本总额超过人民币四亿元的,公开发行股份的比例为百分之十以上;(四)公司最近三年无重大违法行为,财务会计报告无虚假记载。证券交易所可以规定高于前款规定的上市条件,并报国务院证券监督管理机构批准。"

根据《股票发行与交易管理暂行条例》第8条,设立股份有限公司申请公开发行股票,应当符合下列条件:(1)其生产经营符合国家产业政策;(2)其发行的普通股限于一种,同股同权;(3)发起人认购的股本数额不少于公司拟发行的股本总额的百分之三十五;(4)在公司拟发行的股本总额中,发起人认购的部分不少于人民币三千万元,但是国家另有规定的除外;(5)向社会公众发行的部分不少于公司拟发行的股本总额的百分之二十五,其中公司职工认购的股本数额不得超过拟向社会公众发行的股本总额的百分之十;公司拟发行的股本总额超过人民币四亿元的,证监会按照规定可以酌情降低向社会公众发行的部分的比例,但是最低不少于公司拟发行的股本总额的百分之十;(6)发起人在近三年内没有重大违法行为;(7)证券委员会规定的其他条件。

我国证券法要求证券发行人向证券监管机构提交的证券发行申请文件,必须真实、准确、完整,这是发行申请人的法定义务。具体要求就是申请文件内容反映客观实际情况,不得弄虚作假,不产生歧义,不使人误解,不存在遗漏,使审核者能够根据实际情况作出准予或不准予发行的判断,以保证发行质量,保护投资者的合法权益,维护社会经济秩序和社会公共利益。实践中,违反这一义务的虚假陈述一般分为三种情况:虚假记载、误导性陈述和重大遗漏。虚假记载表现为制作的财务报表不真实,特别表现为财务会计信息失真,如虚增资产负债比例、虚构投资者权益、多报营业收入、少报负债额度等。误导性陈述,是指信息披露文件中的某事项的记载虽为真实但由于表述存在缺陷而易被误解,致使投资者无法获得清晰、正确的认识,其类型有:语义模糊、语句晦涩难懂、部分遗漏等。重大遗漏是指信息披露文件未记载依法应当记载的事项或为避免文件不致被误解必须记载的重大事项。重大遗漏是一种消极的不实陈述,如对有利于公司的信息过量披露,而对不利于公司的信息保持沉默。本案中较为突出的问题是重大遗漏和虚假记载。

不是所有的虚假都构成发行障碍和欺诈上市。根据各国证券立法,只有重大的虚假陈述才构成欺诈上市,形成发行上市的法律障碍,我国证券立法的本意也是如此。其中采纳的重大性标准必须保持两个方面的平衡:一方面,该标准必须使发行人可以合理地决定何为重大信息从而满足及时披露义务;另一方面,该标准也应当充分考虑到投资者作出理性投资决策的需要。该标准非常含糊,难以作出划一的法律释义,很多时候依靠法院在判案中自由裁量。我国《证券法》、《公司法》、《股票条例》等法律、法规中对重大信息的标准有所列举,中国证监会颁布的一系列规则也进行了具体化的规定。从有利于投资判断和保护投资者利益考虑,这些规则中列举的法定披露事项以外的一些信息的披露也构成"重大性"标准,只要这些信息足够影响一般的投资者的判断。例如《招股说明书准则》第3条规定:"本准则的规定是对招股说明书信息披露的最低要求。不论本准则是否有明确规定,凡对投资者作出投资决策有重大影响的信息,均应披露。"

我国证券法还要求为证券发行出具有关文件的专业机构和人员,必须严格履行法定职责,保证其所出具文件的真实性、准确性和完整性。担任红光公司审计的会计师事务所在审计过程中没有对一些重大的应收账款进行必要的查证,也没有对该公司的主要存货进行必要的盘点,轻易下结论,导致公司财务状况严重失真,为欺诈发行做了帮凶。所以,中国证监会也对其及股票发行主承销商等相关中介机构和有关责任人作出处罚。

红光公司的上述行为,违反了《禁止证券欺诈行为暂行办法》第11条关于"禁止任何单位或者个人对证券发行、交易及其相关活动的事实、性质、前景、法律等事项作出不实、严重误导或者含有重大遗漏的、任何形式的虚假陈述或者诱导、致使投资者在不了解事实真相的情况下作出证券投资决定"的规定,构成《股票发行与交易管理暂行条例》第74条第2项所述"在股票发行、交易过程中,作出虚假、严重误导性陈述或者遗漏重大信息"的行为。此外,本案涉案人数多,证明损失数额难度较大,选择适当的计算损失方式也是十分实际的问题。

本案还有一个发人深省的问题是:如何有效地保护广大证券投资者的合法利益,特别是保障证券投资者的利益,这无疑是摆在我们面前的日益突出的重大课题。

3-3-2 证券承销

✍ 案　情

某汽车制造股份有限公司与某证券经营机构订立了新股发行承销协议。协议由证券经营机构包销汽车制造股份有限公司的股票120万股,每股面值8元,承销期为40天。承销协议同时订明:在承销股票过程中,若由于承销方过错而导致发行股票的资料有失准确性、完整性以及由此引起的法律责任由承销方承担。在承销协议订立后,证券经营机构未对汽车制造股份有限公司提供的招股说明书等有关宣传资料的真实性、准确性和完整性进行核查就开始了承销活动。在承销过程中,证券经营机构发现:汽车制造股份有限公司提供的招股说明书及其有关宣传资料中有重大遗漏,即资产负债表中未列明欠国家税款计80万元。于是证券经营机构立即停止了股票的销售活动,同时与汽车制造股份有限公司重新制作招股说明书及宣传资料并发出要约。因重新制作发行宣传资料和停止股票销售活动而造成的损失共计60万元。双方就损失承担问题发生纠纷,汽车制造股份有限公司要求证券经营机构承担主要责任,即承担50万元的损失赔偿。

➲ 问　题

(1) 什么是证券承销法律关系?依据我国现行法律规定,承销商应该具备什么条件?

(2) 在证券承销法律关系中,承销商和发行人各有哪些义务?

(3) 证券承销有哪几种形式?

(4) 本案中,汽车制造股份有限公司对损失是否应该承担主要责任?

➲ 分析意见

承销是指证券发行人委托证券经营机构担任发行工作,证券经营机构借助自己在证券市场上的信誉和营业网点在规定的发行有效期限内销售证券,由此,证券发行人与证券经营机构之间就形成了证券承销法律关系。依我国现行法律规定,证券承销商必须是具有合法资格的证券公司。

我国证券法允许的证券承销方式有:(1) 包销,证券经营机构一次性按照协议把证券发行人要发行的证券全部购入,或者在承销结束时将售后剩余证券全部自行购入的承销方式。(2) 代销,证券经营机构代发行人销售证券时,将未销出去的部分退还给发行人。对于发行人来说,采用包销的方式承销证券,发行风险小,相应地,发行费用也较高。(3)承销团承销,是指两个或两个以上的承销商组成承销团代替发行人向投资者出售证券的承销方式。在承销过程中,主承销商享有的权利和承担的义务较多,并承担主要风险,分销商则起辅助和协调作用,所享有的权利和承担的义务较少。

在证券承销法律关系中,证券公司的义务主要有:(1)证券公司不得以不正当竞争手段招揽业务。(2)证券公司对公开发行募集文件的真实性、准确性、完整性进行核查,发现含有虚假记载、误导性陈述或者重大遗漏的,不得进行证券的销售活动;已经销售的,必须立即停止销售活动,并采取纠正措施。(3)证券公司应当遵守法定的证券承销期限。(4)证券公司在代销、包销期内,对所代销、包销的证券应当保证先行出售给认购人。(5)在承销结束后报告国务院证券监督管理机构。

发行人的义务主要有:(1)采用溢价发行证券的,与承销的证券公司协商确定了发行价格后,报国务院证券监督管理机构核准。(2)保证公开发行募集文件的真实性、准确性、完整性。(3)证券公司代销证券的,发行人应当在代销期满后15日内,与证券公司共同将证券代销情况报国务院证券监督管理机构备案。

本案中,汽车制造股份有限公司对损失应当承担主要责任,证券经营机构承担次要责任。

3-4 证券上市与交易法律制度

3-4-1 证券上市

☞ 案 情

"PT水仙"是我国第一家因连年亏损而依法退市的上市公司。1992年水仙电器改制为股份公司,6月发行A股募集资金约1.5亿元人民币,并于次年1月6日上市;1993年上海水仙能率有限公司成立,注册资本1200万美元,水仙电器持有其50%的股权;1994年10月水仙发行B股募集资金2504万美元,同年11月10日水仙B股上市;1995年上海惠而浦水仙有限公司成立,注册资本5000万美元,总投资计划为7500万美元,水仙电器持有45%股权,次年即亏损2446万元,此后该公司连续亏损;1997年水仙电器决定以1225万美元向合作方美国惠而浦公司出让惠而浦水仙25%股权,水仙持股比例降至20%;1997年水仙电器首度亏损6651万元;1998年上海水仙进出口有限公司成立,注册资本1000万元,水仙出资900万元;1999年5月4日水仙电器开始实行特别处理,简称"ST

水仙";1999年上海水仙进出口公司净利润亏损197万元;1998年、1999年ST水仙连续亏损,每股净资产低于面值;2000年5月12日ST水仙暂停上市,实行特别转让,简称"PT水仙";2000年5月24日,PT水仙公告称上海惠而浦水仙公司的经营状况不再对其产生影响;2000年6月,PT水仙以657万美元向合作方日本能率株式会社出让上海水仙能率45%股权,以73万美元向上海轻工控股(集团)公司出让水仙能率5%股权,此后PT水仙不再持有其股权;2000年PT水仙连续第四年亏损;2001年4月18日PT水仙公布2000年年报,并暂停"特别转让";2001年4月17日PT水仙向上海证券交易所提交《关于申请延长暂停交易期限的报告》,但因已经连续四年亏损,且未能就近期扭亏为盈作出具体安排并提出有效措施,其申请宽限期未获上海证券交易所批准。中国证监会根据《公司法》、《证券法》和《关于发布〈亏损上市公司暂停上市和终止上市实施办法〉的通知》作出决定,由于不再具备持续上市的法定条件,PT水仙股票自2001年4月23日起终止上市。

➡ 问　题

（1）请说明证券上市和证券发行的区别和联系。

（2）根据相关法律,我国公司上市必须具备哪些条件?

（3）证券上市、暂停上市、恢复上市、终止上市的法律特征、法定条件及法律后果分别是什么?

（4）试说明我国证券市场退市制度的必要性和不足。

➡ 分析意见

在证券交易所内挂牌买卖的证券,称为上市证券;该证券的发行人称为上市公司。证券上市有利于上市公司获得连续筹资的机会和扩大竞争影响力,有利于投资者获得进入或退出上市公司的渠道,有利于政府对证券市场的监督。申请股票上市必须报经国务院证券监督管理机构核准。国家鼓励符合产业政策同时又符合上市条件的公司股票上市交易。公司申请其发行的公司债券上市交易,必须报经国务院证券监督管理机构核准。当上市公司因社会经济条件变化或自身经营问题,而不再符合上市条件时,将被暂停上市或终止上市。

通常说来,证券上市是发行人将已经发行的股票、债券等有价证券,在合法的证券交易场所进行买卖的行为与状态。一方面,它是指发行人申请监管部门或交易所批准将其已发行的证券在证券交易所买卖的行为;另一方面是指已发行的证券能够在交易场所被自由、公开买卖的状态。

证券上市不同于证券发行,后者是指发行人直接或通过证券经营机构向特定的人或不特定的社会公众就发行人的股票、债券等证券作出的要约邀请、要约或者销售行为,是证券上市的前提和基础。从法律上说,这是两个不同的环节,适用不同的法律条件,并应经过不同的审核程序。同时,证券上市是证券在交易场所进行的交易,交易的主体是证券持有人,而不是证券发行人;交易的客体是证券,也不是证券发行人。因此,证券上市也不是公司上市。

《证券法》第 55 条规定,上市公司有下列情形之一的,由证券交易所决定暂停其股票上市交易:(1) 公司股本总额、股权分布等发生变化不再具备上市条件;(2) 公司不按照规定公开其财务状况,或者对财务会计报告作虚假记载,可能误导投资者;(3) 公司有重大违法行为;(4) 公司最近三年连续亏损;(5) 证券交易所上市规则规定的其他情形。上市公司连续亏损的,应当及时作出风险提示公告。

与此相关联,《证券法》第 56 条规定,上市公司有下列情形之一的,由证券交易所决定终止其股票上市交易:(1) 公司股本总额、股权分布等发生变化不再具备上市条件,在证券交易所规定的期限内仍不能达到上市条件;(2) 公司不按照规定公开其财务状况,或者对财务会计报告作虚假记载,且拒绝纠正;(3) 公司最近三年连续亏损,在其后一个年度内未能恢复盈利;(4) 公司解散或者被宣告破产;(5) 证券交易所上市规则规定的其他情形。

公司退市不等于破产、解散,虽然公司股票不能在证券交易所提供的交易系统上挂牌交易,但仍属于合法设立的股份有限公司,应该按照《公司法》的规定依法运作,股东权益应该继续得到法律的保护。公司退市后如果没有破产,经公司与特定的证券公司协商并准备成熟后,为其股份提供合法的转让服务。

我国证券市场确立退出机制是有充分的法律依据的。通过退市机制,可以更充分地发挥证券市场的自我更新、社会监督、理性投资、优化资源配置和产业升级功能,从而提高市场内在质量,化解市场风险。这是我国证券产业的市场化进程中从奠定基础阶段到市场化阶段的质的飞跃。对于证券市场来说,退市有利于消化市场风险,确保证券市场运行基础的安全。对于上市公司来说,退市增强了对上市公司的约束力。对于投资者来说,退市促使投资者进行理性投资。

3-4-2 禁止内幕交易

✎ 案　　情

1994 年 1 月 28 日,证监会以证监发字[1994]13 号文对中国农业银行襄樊市信托投资公司上海证券业务部(简称襄樊上证)在代理和自营买卖延中股票过程中的违法行为作出处罚决定。1993 年 9 月 16 日晚,襄樊上证与深圳华阳保健用品公司(简称深圳华阳)双方业务人员洽谈业务时谈及深圳华阳将大量购入延中股票的内容,襄樊上证在得知这一内幕信息后,即于 9 月 17 日至 27 日分三次自营购入延中股票62.78万股,并于10月7日高价抛出。上述行为,已构成国务院证券委员会《禁止证券欺诈行为暂行办法》(以下简称《办法》)第3条、第4条第1款、第2款和第6条第4款所称的内幕交易行为。根据有关证券法规,襄樊上证在这个过程中所获盈利人民币16711808元及现存延中股票余额5300股的潜在市场收益均属非法所得。在该过程中,襄樊上证自营购入延中股票动用资金近672万元,其中绝大部分是占用客户存入的保证金,已构成《股票发行与交易管理暂行条例》(以下简称《股票条例》)第71条第6款所述"挪用客户保证金的"行为,并构成《办法》第10条第10款所述"违背客户真实意志,损害客户利益"的违法行为。同时,襄樊上证在炒作延中股票过程中,在资金渠道、管理人员、信息利用和账务处理上,混淆自营业务与代理业务,已构成《办法》第10条第1款所述"证券经营机构将自营业务和代理业务混合操作"的违法行为。责令襄樊上证将利用内幕交易、没收挪用客户资金获取的全部非法所得罚没,上缴国库;暂停襄樊上证的自营业务两个月,责令其进行内部整顿。

问 题

(1) 证券市场禁止的证券交易行为有哪些?

(2) 内幕交易的构成要件有哪些?

分析意见

本案是我国第一起被查处的内幕交易案。本案是典型的证券经营机构利用内幕信息及挪用客户保证金进行内幕交易。我国《证券法》对内幕交易有体例较为完整的规定。内幕交易又称知情证券交易,是指内幕人员利用地位或职务等便利获取内幕信息,并利用该信息或者使他人利用该信息进行证券交易而牟利的行为。《证券法》第73条将其定义为:证券交易内幕信息的知情人和非法获取内幕信息的人利用内幕信息从事的证券交易活动。其认定的要点有三:内幕人员、内幕信息以及内幕交易行为。

其主要特征是:(1) 主体的特定性,内幕交易行为主体一般为法律规定的直接掌握或获知内幕信息的有关人员,即内幕人员。但现代各国立法有扩张内幕交易主体之趋势,即将以间接方式获得内幕信息者,若非法利用该信息,也作为规制的对象。(2) 信息利用的非法性。信息共享是证券交易中投资者对市场的最起码要求,公平地分享也是交易行为应遵守的基本规则。证券市场是一个开放的市场,所有的投资者都应当基于平等的法律地位和均等的机会获得信息、参与证券交易及其相关活动。而内幕交易者利用其自身的特殊地位和身份或其他途径,获取普通投资者不能得到的内幕信息并非法利用,即利用内幕信息进行内幕交易。(3) 对证券市场秩序的破坏性。内幕交易者利用内幕信息进行内幕交易直接破坏了市场公平、透明的竞争环境,损坏了普通投资者的利益,阻碍了证券市场功能的发挥,因而破坏了正常的证券市场秩序。

内幕交易主体通常分为三类人:公司内部人,指上市公司董事、监事、经理、其他高级管理人员、从业人员、代理人以及具有控制关系的股东、经理,其消息来源于公司,基于内幕人员在公司的地位或其关系,广义上的公司内部人还包括发行公司或上市公司的关联人;市场内部人,是指依据公司业务或合约关系,知悉公司内幕信息的会计师、律师、审计师、公司顾问、证券承销商等其他中介机构及其管理人员;消息领受人,是从内幕信息知悉者处获悉信息的人。《证券法》第74条规定,证券交易内幕信息的知情人包括:(1)发行人的董事、监事、高级管理人员;(2)持有公司百分之五以上股份的股东及其董事、监事、高级管理人员,公司的实际控制人及其董事、监事、高级管理人员;(3)发行人控股的公司及其董事、监事、高级管理人员;(4)由于所任公司职务可以获取公司有关内幕信息的人员;(5)证券监督管理机构工作人员以及由于法定职责对证券的发行、交易进行管理的其他人员;(6)保荐人、承销的证券公司、证券交易所、证券登记结算机构、证券服务机构的有关人员;(7)国务院证券监督管理机构规定的其他人。

证券交易活动中,涉及公司的经营、财务或者对该公司证券的市场价格有重大影响的未公开的信息,为内幕信息。知悉证券交易内幕信息的知情人员或者非法获取内幕信息的其他人员,不得买入或者卖出所持有的该公司的证券,或者泄露该信息或者建议他人买卖该证券。《证券法》第75条规定,证券交易活动中,涉及公司的经营、财务或者对该公司证券的市场价格有重大影响的尚未公开的信息,为内幕信息。下列信息皆属内幕信息:(1)《证券法》第67条第2款所列重大事件;(2)公司分配股利或者增资的计划;(3)公司股权结构的重大变化;(4)公司债务担保的重大变更;(5)公司营业用主要资产的抵押、出售或者报废一次超过该资产的百分之三十;(6)公司的董事、监事、高级管理人员的行为可能依法承担重大损害赔偿责任;(7)上市公司收购的有关方案;(8)国务院证券监督管理机构认定的对证券交易价格有显著影响的其他重要信息。

内幕交易行为是对证券市场法律秩序的直接践踏。《证券法》第76条规定:"证券交易内幕信息的知情人和非法获取内幕信息的人,在内幕信息公开前,不得买卖该公司的证券,或者泄露该信息,或者建议他人买卖该证券。持有或者通过协议、其他安排与他人共同持有公司百分之五以上股份的自然人、法人、其他组织收购上市公司的股份,本法另有规定的,适用其规定。内幕交易行为给投资者造成损失的,行为人应当依法承担赔偿责任。"因此,我国内幕交易的客观方面表现为:(1)内幕信息知悉者利用内幕信息买卖证券,即利用内幕信息与实施证券买卖具有因果关系,行为人买卖证券基于内幕信息。(2)内幕信息知悉者将内幕信息告知他人,使他人利用内幕信息进行交易,从而使他获取利益或避免损失。(3) 内幕信息知悉者根据内幕信息对于他人买卖证券提出倾向性意见。(4) 其他非法获取内幕信息人利用该内幕信息买卖证券或者泄露该内幕信息或者建议他人买卖该证券。

《证券法》第202条还规定了内幕交易者必须承担的法律责任:"证券交易内幕信息的知情人或者非法获取内幕信息的人,在涉及证券的发行、交易或者其他对证券的价格有重大影响的信息公开前,买卖该证券,或者泄露该信息,或者建议他人买卖该证券的,责令依法处理非法持有的证券,没收违法所得,并处以违法所得一倍以上五倍以下的罚款;没有违法所得或者违法所得不足三万元的,处以三万元以上六十万元以下的罚款。单位从事内幕交易的,还应当对直接负责的主管人员和其他直接责任人员给予警告,并处以三万元以上三十万元以下的罚款。证券监督管理机构工作人员进行内幕交易的,从重处罚。"

证券市场的特性在于投资决策来源于投资判断,投资判断来源于信息的占有,信息占有来源于信息公开。一般而言,投资获利与获取信息的提前量成正比,这就要求赋予所有的投资者平等知情权。平等知情权虽不要求投资者同一信息作同一判断,但要求同一信息能以同一时间、同一方式为其所知悉,要求投资者在同一起跑线上平等竞争。信息公开期间知悉内幕信息者有披露信息义务或回避义务,以此维护交易的公平性,保护所有投资者,并最终达成维系投资者对证券市场信心之目的。

3-4-3 禁止操纵证券交易价格

✐ 案　情

广东亿安科技股份有限公司(ST亿安:000008),前身是成立于1989年8月的深圳市锦兴实业股份有限公司,1989年10月在公司内部发行面值10元的股票117.9145万股,1991年6月将其转换为面值1元的标准股票。1992年5月7日,"深锦兴A"在深圳证券交易所挂牌交易。1999年3月2日,广东民营企业亿安集团收购了深圳商贸控股公司持有的深锦兴26.11%的股权,成为深锦兴第一大股东。同年8月11日深锦兴公告更名为广东亿安科技股份有限公司,8月18日股票简称由深锦兴变更为亿安科技。

1998年10月5日起,广东欣盛投资顾问有限公司、广东中百投资顾问有限公司、广东百源投资顾问有限公司和广东金易投资顾问有限公司四家公司,集中资金利用627户个人股票账户及3个法人股票账户,大量买入"深锦兴"(后更名为"亿安科技")股票。持仓量从1998年10月5日的53万股,占流通股的1.52%,到最高时2000年1月12日的3001万股,占流通股的85%。同时,还通过其控制的不同股票账户，以自己为交易对象，进行不转移所有权的自买自卖，影响证券交易价格和交易量，联手操纵"亿安科技"的股票价格，使得"亿安科技"股价一度从1998年8月的5.6元左右，最高飙升到2000年2月的126.31元，涨幅高达21.5倍，成为中国股市中首只拆细后过百元的大股。该股票的异常状况引起中国证监会的注意，并对持有亿安科技股票的主要账户进行重点监控。截至2001年2月5日，上述四家公司通过控制股票账户共实现盈利4.49亿元，股票余额77万股。2001年4月25日证监会作出决定，对联手违规操作"亿安科技"股票的四家公司作出重罚。

问题

(1) 什么是操纵市场？法律特征怎样？
(2) 操纵证券交易价格有哪些手法？怎样认定？

分析意见

操纵市场行为在各国的证券市场屡禁不绝。操纵市场是指以获取不正当利益或转嫁风险为目的，运用不正当手段，人为地操纵证券交易价格或者制造证券交易的虚假价格或者证券交易量的行为。这实质上是一种证券市场的价格垄断行为，操纵者利用非法手段人为扭曲证券交易价格，使公众投资者产生投资决策失误，并以此谋取非法利益。通常认为，操纵市场的主要行为方式有连续交易、对敲、合谋、恶意散布谣言或不实资料等。操纵股价是一种常见而又典型的操纵市场行为，此外还包括操纵证券投资基金等证券的行为。

我国《禁止证券欺诈行为暂行方法》规定，操纵市场行为是指任何单位或个人以获取利益或减少损失为目的，利用其资金、信息等优势或者滥用职权操纵市场，影响证券市场价格，制造证券市场假象，诱导或导致投资者在不了解事实真相的情况下作出证券投资决定，扰乱证券市场秩序的行为。

操纵市场行为有以下特征：(1) 目的特征。获利或减少损失是操纵市场行为者的目的，其实现目的的手段为抬高、压低或固定证券价格和诱使他人买卖证券。(2) 行为特征。我国《证券法》第77条规定："禁止任何人以下列手段操纵证券市场：(一) 单独或者通过合谋，集中资金优势、持股优势或者利用信息优势联合或者连续买卖，操纵证券交易价格或者证券交易量；(二) 与他人串通，以事先约定的时间、价格和方式相互进行证券交易，影响证券交易价格或者证券交易量；(三) 在自己实际控制的账户之间进行证券交易，影响证券交易价格或者证券交易量；(四) 以其他手段操纵证券市场。"可看做是操纵市场行为的要件。(3) 结果特征，即构成操纵市场行为的结果要件，即操纵证券交易价格或者制造证券交易的虚假价格或者证券交易量。

我国《证券法》还于第 203 条规定了操纵市场行为的法律责任:"违反本法规定,操纵证券市场的,责令依法处理其非法持有的证券,没收违法所得,并处以违法所得一倍以上五倍以下的罚款;没有违法所得或者违法所得不足三十万元的,处以三十万元以上三百万元以下的罚款。单位操纵证券市场的,还应当对直接负责的主管人员和其他直接责任人员给予警告,并处以十万元以上六十万元以下的罚款。"

本案证监会的处罚决定本身受到众多责难,被认为事实不清、责任不明、不具有可执行性:对当事人情况认定不明,四庄家中的广东金易投资顾问有限公司早在 1998 年 11 月即被工商部门吊销营业执照,实际早已不存在,处罚决定未予以说明。四庄家违法的事实不清,责任大小亦未确定,之间是否承担连带责任也未明确,由此导致该处罚决定所设定的义务不具有可执行性。处罚决定书中只有没收四家公司违法所得 4.49 亿元的条款,而没有将部分没收所得用于赔偿投资者的说法,从而引发中国证券市场上第一起股东集团诉讼案件。另外,处罚的内容未涉及与操纵案件有关的机构和责任人员,以及以行政处罚代替刑事制裁等。同时本案也暴露出证监会在查处违规行为方面的滞后和不力,证监会在收到深交所关于股价波动异常的报告后并未采取实际措施。

3-4-4 信息持续公开

案 情

2002 年 4 月 23 日,证监罚字[2002]10 号作出了对广夏(银川)实业股份有限公司(以下简称银广夏)的处罚决定,披露银广夏自 1998 年至 2001 年期间累计虚构销售收入 104962.60 万元,少计费用 4845.34 万元,导致虚增利润 77156.70 万元。其中:1998 年虚增利润 1776.10 万元,由于银广夏主要控股子公司天津广夏 1998 年及以前年度的财务资料丢失,银广夏 1998 年度利润的真实性无法确定;1999 年虚增利润 17781.86 万元,实际亏损 5003.20 万元;2000 年虚增利润 56704.74 万元,实际亏损 14940.10 万元;2001 年 1 至 6 月虚增利润 894 万元,实际亏损 2557.10 万元。

具体说,银广夏存在如下违法事实:(一) 银广夏 1998 年度财务报告披露虚假利润 1776.10 万元:1. 银广夏控股子公司武汉世贸在 1999 年 3 月 3 日与购买方武汉商业发展股份有限公司(集团)签订解除 1998 年所售世贸大厦 23 层至 25 层房产协议后,没有根据企业会计准则调减 1998 年销售收入,导致虚增销售收入 5664 万元,虚增利润 2690.40 万元。按银广夏与武汉世贸权益比例计算,银广夏虚增利润 1372.10 万元。2. 银广夏将 1995 年、1997 年配股资金 3000 万元投入广夏银川天然物产有限公司,以收取配股资金利息并冲减财务费用等手段,致使虚增利润404万元。(二)银广夏1999年度财务报告披露虚假利润17781.86万元:1.天津广夏1999年度采取伪造销售、采购合同和发票,伪造银行票据、海关出口报关单,伪造所得税免税文件等手段,致使银广夏虚增利润15981.88万元。2.芜湖广夏1999年度少转玻璃制品销售成本268.23万元,少计利息33.44万元,多提固定资产折旧130万元,多计书报费56.04万元,多计营销费31.98万元,上述合计净虚增利润83.65万元,致使银广夏虚增利润35.98万元。3.银广夏用配股资金投入广夏银川天然物产有限公司和贺兰山葡萄酒公司,分别以收取配股资金利息并以此冲减财务费用等手段虚增利润1764万元。(三)银广夏2000年度财务报告披露虚假利润56704.74万元:1.天津广夏2000年度采取伪造销售、采购合同和发票,伪造银行票据、海关出口报关单等手段,致使银广夏虚增利润52287.38万元。2.芜湖广夏2000年度采用少计销售成本、少计管理费用、少计经营费用等手段,致使银广夏虚增利润277.36万元。3.银广夏下属海韵文化公司在不具有电视片《中国博物馆》产权的情况下,虚构该片广告收入3000万元,致使银广夏虚增利润2670万元。4.银广夏将1999年配股资金10455万元以增资扩股方式投入贺兰山葡萄酒公司,以收取配股资金利息冲减财务费用等手段虚增利润1470万元。(四)银广夏2001年1—6月份财务报告披露虚假利润894万元:银广夏将1999年配股资金10455万元以增资扩股方式投入贺兰山葡萄酒公司,收取配股资金利息894万元并以此冲减财务费用,银广夏虚增利润894万元。银广夏上述行为,违反了1993年修订的《会计法》第10条及1999年修订的《会计法》第13条的规定,构成《证券法》及《股票发行与交易管理暂行条例》(以下简称《股票条例》)第74条所规定的虚假陈述行为。(五)隐瞒重大事项,披露虚假信息:1.隐瞒下属公司的设立、关停情况,(1)1997年3月17日,银广夏董事局作出对深圳广夏软盘配件有限公司、深圳广夏微型软盘有限公司、深圳广夏录像器材有限公司报停和注销的决定,但公司未按有关规定进行披露,并在1999至2001年中报中继续虚假披露;(2)1997年3月18日,银广夏在未履行资产收购相关程序情况下,非法收购大股东深圳广夏文化实业有限公司资产——已关停的深圳广夏软盘配件公司。对此重大事项公司未按有关规定进行披露。2.银广夏1999年、2000年年报均披露1999年配股资金30388.96万元已全部投入承诺的配股资金项目。经查,配股承诺投资项目的投入为17816.88万元,其余配股资金被银广夏董事局及其控股子公司占用及借款,其中支付董事局经费1200万元。3.银广夏在2000年年报中披露,以价值4351万元的超临界萃取设备作为投资,对芜湖广夏华东玻璃制品股份公司进行增资扩股,并在此基础上设立了芜湖广夏生物技术股份公司,公司注册资本7535万元,其中:银广夏出资3337.59万元,持股44.29%;天津广夏出资

2637.25万元,持股35%。经查,芜湖广夏华东玻璃制品股份公司是在2001年3月6日才更名为芜湖广夏生物技术股份公司,注册资本仍为3184万元,股东构成及其持股比例也未发生变化,银广夏持股比例为30%,天津广夏并无出资。银广夏隐瞒重大事实,虚假披露信息行为,构成《证券法》及《股票条例》所规定的虚假陈述行为。

问题

(1) 信息披露的重要性有何体现?其具体要求有哪些?

(2) 上市公司违反持续信息公开的表现形式有哪些?

(3) 虚假陈述的法律特征有哪些?

分析意见

信息是构成证券市场的基本元素之一。某种意义上,证券市场就是信息市场,因此各种信息的传播都会对证券交易造成影响。公布真实的信息,有利于投资者了解市场真实情况,作出正确选择;而散布虚假信息,进行信息误导,则会使投资者作出错误的判断,利益受到损失。但在证券市场上信息总是不对称的,这种不对称既存在于证券的供给者与购买者之间,也存在于具有不同获取信息和分析能力的购买者之间。很多情况下,上市公司公布的相关信息是投资者进行投资的唯一根据。为了确立和维护证券市场投资者的信心,需要通过立法的形式强制证券市场的发行人披露与发行人及其发行的证券有关的信息,由此产生了强制性的信息披露制度。我国对上市公司信息披露的基本法律法规或其他规范性文件有:《证券法》、《公司法》、《上市公司治理准则》、《股票发行与交易管理暂行条例》、《公开发行股票公司信息披露细则》、《公开发行股票公司信息披露内容与格式准则》等。

强制信息披露制度的义务主体主要是指发行人,从发行人参与证券市场的过程及证券本身的流通过程看,可以将证券市场分为发行阶段和交易阶段,因而信息披露制度可分为证券发行中的信息披露制度和证券交易中的持续信息披露制度。在证券发行到上市交易以前,发行人或者承销机构有义务按照有关规定,强制性地向投资者披露与发行人或者其发行的证券有关的信息,这一阶段形成的信息披露制度被称为证券发行中的信息披露制度。按照我国证券法,证券发行阶段需披露的文件主要是发行股票的招股说明书和发行债券的公司债券募集办法及证券获准在证券交易所上市交易后在正式上市前制作的上市公告书,在发行新股或者公司债券时,还应当公告财务会计报告。在证券上市交易后,发行人按照有关规定,强制性地向投资者披露与发行人或者其发行的证券有关的信息,这一阶段形成的信息披露制度称为持续信息披露制度。按照证券法规定,持续信息披露的主要文件包括定期报告和临时报告。定期报告是发行人在法定期限内制作并公告的文件，包括年度报告和中期报告，临时报告是指当发生可能对上市公司股票交易价格产生较大影响、而投资者尚未得知的重大事件时，上市公司应当立即将有关该重大事件的情况向国务院证券监督管理机构和证券交易所提交临时报告，并予以公告，说明事件实质。

信息披露制度是证券法的核心，与投资者利益的保护息息相关，各国都规定了严格的信息披露制度。信息披露的具体要求包括形式上的和实质上的。形式上的要求主要是规范化，即信息披露的具体格式要符合有关规定，信息披露的具体媒介要符合规定。实质上的要求就是披露文件的内容要符合真实性、准确性和完整性的要求。我国《证券法》第63条明确规定，发行人、上市公司依法披露的信息，必须真实、准确、完整，不得有虚假记载、误导性陈述或者重大遗漏。所谓真实性，就是要求披露的文件内容与事实相符，无论是通过书面文件还是通过口头论述，是借用语言形式还是借用行动方式，采用明示还是默示，披露的信息应当是以客观事实或具有事实基础的判断与意见为基础的、以没有扭曲和不加粉饰的方式再现和反映真实状态。所谓准确性就是要求发行人披露的信息在语言上必须有确切的含义，不能模糊不清造成多种解释，而这种确切含义是以普通投资者而非以发行人或者机构投资者的理解和判断能力为标准。所谓完整性就是要求将所有可能影响投资者投资决策的信息都应当披露；在披露某一具体信息时，必须对该信息的所有方面进行周密、全面、充分的揭示；不仅要披露对公司有利的信息，还要披露对公司不利的诸种潜在或者现实的风险。对有法定内容的信息按照有关规定披露，对没有明确规定的信息以该信息是否会影响普通投资者的决策为披露标准。此外，还有及时性方面的要求，即必须依法在规定的期间内以最快的速度公开与公司相关的信息。

虚假陈述是违反信息披露义务的主要形态，除了虚假陈述，违反信息披露义务的表现形态还包括不适当披露。虚假陈述是指证券发行或交易中的有关参与人对证券发行或交易及其相关活动的事实、性质、前景、法律等事项作出不实、严重误导或者存在重大遗漏的虚假披露或诱导，致使投资者在不了解事实真相的情况下作出错误投资决定的行为。通常包括虚假记载、误导性陈述和虚假记载等。虚假陈述的主体主要是那些负有法定信息公开义务的单位或个人，其所陈述的虚假信息通常具有定型化的载体，如招股说明书、审计报告、法律意见书等。

我国规定上市公司信息披露的基本法律法规或其他规范性文件有：《证券法》、《公司法》、《上市公司治理准则》、《股票发行与交易管理暂行条例》、《公开发行股票公司信息披露细则》、《公开发行股票公司信息披露内容与格式准则》等。

3-4-5 上市公司要约收购

✎ 案　情

2003年4月9日,南京钢铁联合有限公司(以下简称南钢联合)发布要约收购南京钢铁股份有限公司(以下简称南钢股份)的提示性公告,披露南钢股份的控股股东南京钢铁集团公司(以下简称南钢集团)与复星集团、复星产业投资、广信科技共同设立南钢联合,南钢集团决定以其所持有的南钢股份35760万股国有股(占南钢股份总股本的70.95%)以及其他资产负债对南钢联合进行出资,占该公司股权的比例为40%,复星集团、复星产业投资、广信科技均以现金出资,占该公司股权的比例为60%。为此,南钢联合拟对南钢股份进行全面要约收购,收购的标的为其余所有股东的全部股票,即240万法人股和14400万流通股,非流通股要约收购价格为每股3.81元,流通股要约价格为每股5.84元。6月12日,南钢联合正式发布要约收购报告书,规定要约有效期为30个自然日,从6月13日起到7月12日止。7月15日,南钢联合发布公告,披露要约期满,要约期内无股东预受要约和撤回预受。

➡ 问　题

(1) 要约收购有几种方式？程序怎样？
(2) 如何认定上市公司收购中的"一致行为人"？
(3) 目标公司可采取的反收购措施有哪些？

➡ 分析意见

上市公司收购是指投资者通过在证券交易所的股份转让活动单独或合计持有一个上市公司的股份达到相当比例、在证券交易所外合法获得对该上市公司股东权益的实际控制达到相当程度,从而导致或可能导致其对该上市公司拥有实际控制权的行为和事实。上市公司收购的方式主要有要约收购和协议收购两种。目前我国要约收购制度确立了强制要约与自愿相结合的原则,包括自愿要约收购和强制要约收购两个组成部分。

要约收购是指收购方通过向目标公司的全体股东发出公开收购要约方式进行的收购,因具有收购方案、收购条件与程序、收购方情况公开等特点,又称为公开收购。要约收购的信息披露主体为收购人和被收购公司。要约收购制度的目的在于,当公司控制权发生或者可能发生转移时,为充分保护被收购公司股东的合法利益,保证中小股东有机会参与交易,并且有可能分享交易溢价。强制要约收购制度要求收购人持有、控制一个上市公司已发行的股份的30%时,继续进行收购的,应当进行全面要约收购,其包含的主要内容为:(1)投资者持有、控制一个上市公司超过30%股份的,继续增持股份或者增加控制的,必须通过要约收购方式增持股份;(2)将控制的概念引入收购制度,以股份权益的归属作为判定持有的依据,而非单纯的直接持有概念,从而将应当履行要约收购义务的收购人(包括股份持有人、股份控制人、一致行动人)全部纳入监管范围,有效地防止了收购人通过分散持股规避要约收购义务的弊端;(3)必须向所有股东所持有的全部股份发出收购要约,保证其与股东均享有参与交易和退出公司的权利;(4)规定了明确的豁免条件,证监会可以根据规定的条件豁免收购人的全面要约收购义务;获得豁免后,可以进行部分要约收购或者以要约收购以外的方式增持股份。

关于关联企业,我国立法上没有明确规定关联企业持有某一上市公司达一定股份时必须履行公告、报告义务。但《股票发行与交易管理暂行条例》第47条规定,任何法人直接或者间接持有一个上市公司发行在外的普通股达到5%时,应当自事实发生之日起三个工作日内,向该公司、证券交易所和证监会作出书面报告,也就是将这种行为视为一人行为。国际上通用的对一致行动人的理解,除了指已被普遍认同的共同持有一个上市公司的关联公司之间所共同持有一个上市公司的股票这一概念之外,还包括通过书面的协议或通过其他手段达成某种默契,一致行动以对某一上市公司股权进行控制或对其股票价格进行操纵的人。我国限于前者。"一致行动人"是上市公司收购中不可或缺的制度,它直接关系到信息披露的公开、公正与公平。"一致行动"在实践中有两类。一是公开披露的"一致行动",多为扩大收购资金来源或出于操作需要、扩大企业影响等。另一类是大量隐蔽的"一致行动",即规避法律的"一致行动",包括:为规避30%以上的要约义务,分散几家公司收购目标公司股份;为解决收购资金来源和收购主体资格进行一致行动;为方便关联交易,由形式上的非关联方持有股权并表决等,此类一致行动的隐蔽性很强,信息不披露,不易认定。

广义的关联公司是指两个以上独立存在而相互间具有业务关系或投资关系的企业体。狭义的关联公司是指被其他公司持有股份但并未达到控制界限的公司。① 关联公司可以降低公司的交易成本,但又会带来许多负面的问题。在关联公司之间,控制公司可以很容易地运用自身的控制地位左右被控制的公司的经营决策,从而使被控制公司的独立法律人格形同虚设。

反收购措施是目标公司为了抵制或者挫败收购人的收购行为而采取的相应措施。反收购措施的结果可能使收购人收购失败或者使收购人付出的收购成本

---

① 参见江平主编:《新编公司法教程》,法律出版社1994年版,第216页。

更高。关于目标公司是否有权采取反收购措施,理论上有不同的认识。英国规定目标公司管理部门未经股东同意不得采取反收购措施,美国模式则赋予目标公司管理部门采取反收购措施的广泛权利。我国证券立法没有涉及反收购措施这一问题。而现实中反收购行为存在诸多问题。2002年9月28日中国证券监督管理委员会颁布的《上市公司收购管理办法》第33条对反收购措施进行了规定:被收购公司的董事、监事、高级管理人员针对收购行为所作出的决策及采取的措施,不得损害公司及其股东的合法权益。收购人作出提示性公告后,被收购公司董事会除可以继续执行已经订立的合同或者股东大会已经作出的决议外,不得提议如下事项:(1)发行股份;(2)发行可转换公司债券;(3)回购上市公司股份;(4)修改公司章程;(5)订立可能对公司的资产、负债、权益或者经营成果产生重大影响的合同;但是公司开展正常业务的除外;(6)处置、购买重大资产,调整公司主要业务;但是面临严重财务困难的公司调整业务或者进行资产重组的除外。

3-4-6 上市公司协议收购

✎ 案 情

2003年9月22日,深圳市康隆科技发展有限公司(以下简称康隆科技)就收购中国高科集团股份有限公司(以下简称中国高科)事宜发布提示性公告,披露该公司于2003年9月19日与中国高科的第一大股东东方时代投资有限公司(以下简称东方时代)签订了《股权转让协议》,并向中国证券监督管理委员会和上海证券交易所报送了《中国高科集团股份有限公司收购报告书》,披露东方时代将其持有的中国高科2660万股社会法人股,通过协议转让的方式出售给康隆科技,合同约定2.30元/股,转让价款合计为6118万元。由于转让前康隆科技已持有2270万股社会法人股,该次转让完成后合计持有中国高科4930万股社会法人股,占其已发行总股本的28.24%,成为中国高科的第一大股东及控股股东。9月27日和10月15日,中国高科董事会发布公告和补充公告,披露其已对康隆科技的资信情况、收购意图、后续计划等进行了必要的调查,同时也查明出让东方时代不存在未清偿对该公司的负债、未解除该公司为其负债提供的担保或者存在其他损害该公司利益的情形。在中国证监会对康隆科技报送的《收购报告书》出具了无异议函后,2004年1月8日,康隆科技公布了《收购报告书》全文,全面披露收购信息。1月14日,中国高科发布公告称,东方时代与康隆科技于1月12日在中国证券登记结算有限责任公司上海分公司办理中国高科股权过户手续完毕。

➲ 问　题

（1）什么是协议收购？其法律特征有哪些？

（2）协议收购与要约收购的区别在哪里？

➲ 分析意见

协议收购是我国上市公司收购的法定方式之一，也是当前我国证券市场上最为常见的上市公司收购方式。本质上，协议收购是收购方与股权出让方自愿磋商达成的，交易本身充分体现当事人的意思自治，但由于涉及的交易标的为上市公司的股份，影响到作为公众公司的上市公司的其他股东的重大利益，因此有必要强化监管其信息披露的真实性、准确性和完整性，必须依法进行，履行符合报告与公告等法定义务。2002年9月28日中国证券监督管理委员会令第10号发布了《上市公司收购管理办法》，其中专章对协议收购进行了规范。该办法第2条规定，本办法所称上市公司收购，是指收购人通过在证券交易所的股份转让活动持有一个上市公司的股份达到一定比例、通过证券交易所股份转让活动以外的其他合法途径控制一个上市公司的股份达到一定程度，导致其获得或者可能获得对该公司的实际控制权的行为。由此扩大了协议收购规则的调整范围，将以协议方式转移上市公司控制权的行为统一纳入收购规则的调整范围，其中包括对挂牌交易股份（即流通股）的协议收购、对非挂牌交易股份（即非流通股）的协议收购及收购上市公司控股股东的协议收购，从而全面规范了协议收购行为。

常规形式的协议收购与要约收购易于区分。从根本上看，协议收购与要约收购的交易主体数量不同，披露地点也不同。协议收购的要约对象应当是特定的和范围有限的股东，而要约收购的要约对象必须是被收购公司的所有股东。协议收购的披露时点为达成协议后，而要约收购是向国务院证券监督管理机构报选上市公司收购报告书之日起十五日后。但这两者本身都是市场交易行为，共同点是两者在收购时均须发出收购要约，都有一个要约和承诺的过程。

两者的重要区别在于要约对象的广泛性，要约如果面向全体被收购公司股东发出，属于要约收购；而协议收购的要约对象应当限定于特定范围内股东。但当出现关联协议收购时，情况就稍显复杂。所以，具有下列情形的，即应当被认定为具备了非常规形式要约收购的基本特征：首先是一系列关联协议收购的交易参与者范围较为广泛，收购方主观上具有规避要约收购的意图，交易在客观上可以达到要约收购的效果，但又规避了要约收购的信息披露要求和实质性规制，使得被收购公司股东未能在交易前拥有与收购相关的充分信息，同时也导致在被收购公司股东之间实行交易歧视和不公平待遇。其次，收购要约的公开程度在要约收购的情况下，只有收购要约达到相当公开的程度，被收购公司全体股东才有机会在信息充分的情况下参与，同时在要约公开的情况下，就可能产生需要减轻或消除对被收购公司股东产生的市场压力和强迫性问题。当一系列关联协议收购要约信息失去秘密性，成为一定程度的公开信息时，就不应排除被认定为要约收购的可能，因为此时实际上要约的信息已经具有相当的公开性，产生了要约收购规则力图避免的对股东的压力和不公平待遇，符合非常规形式的要约收购应有的特征。另外，由于收购的被收购公司股份数量与公司控制权直接相关，因此低于一定比例的交易通常不会影响被收购公司的控制权，从而也没有必要进行过分的干预。

第四章 商业银行法[①]

4-1 商业银行概述

4-1-1 商业银行分支机构的设立

✐ 案　情

　　1998年9月,某商业银行北京市分行为服务高科技企业,在北京市某科技园区设立了"某商业银行北京市分行高科技园区支行",对外办理吸收存款和企业结算业务。但在报中国人民银行审批时,中国人民银行审查发现支行的安全防范设施不符合有关规定,且部分拟任职的高级管理人员不具有任职资格,于是不予批准。但该支行在未获得审批的情况下擅自开始对外营业。

　　中国人民银行经检查发现了该分支机构的违法经营,立即责令该支行停止营业,并罚款8万元。支行撤销后,其负责人马某也受到了处罚。

⇨ 问　题

　　（1）中资商业银行设立分支机构需要具备什么条件?
　　（2）中资商业银行设立分支机构的程序?
　　（3）未经批准设立分支机构,有何法律责任?

⇨ 分析意见

　　1. 商业银行设立的分支机构主要是指分行、分行级专营机构(包括银行卡中心、票据中心、资金营运中心等)、支行、自助银行设施等。商业银行的分支机构不具有法人资格,在总行授权范围内依法开展业务,其民事责任由总行承担。商业银行对其分支机构实行全行统一核算,统一调度资金,分级管理的财务制度。

　　我国《商业银行法》和中国银行业监督管理委员会颁布的《中资商业银行行政许可事项实施办法》对中资商业银行设立分支机构规定了详细的条件和程序。以本案中设立支行为例,国有商业银行和股份制商业银行拟设立支行的,应

[①] 本章由张振宇编写整理。

当符合以下条件:(1)在拟设地同一地级或地级以上城市设有分行、视同分行管理的机构或分行以上机构且正式营业 1 年以上,资产质量良好;(2)拟设地已设立机构具有较强的内部控制能力,最近 1 年无重大违法违规行为和因内部管理混乱导致的重大案件;(3)具有拨付营运资金的能力:上一级管辖行拨付营运资金不得低于人民币 1000 万元或等值的自由兑换货币;拨付给支行的营运资金累计不得超过拨付行资本净额或营运资金的 60%;(4)已建立对高级管理人员考核、监督、授权和调整的制度和机制,并有足够的专业经营管理人才;(5)银监会规定的其他审慎性条件。

2. 设立境内分支机构须经筹建和开业两个阶段。

在筹建阶段,国有商业银行和股份制商业银行的分行筹建申请由其总行向拟设地银监局提交,由银监局受理并初步审查,银监局自收到完整申请材料之日起 4 个月内作出批准或不批准的书面决定。分行级专营机构的筹建申请由其总行向银监会提交,由银监会受理、审查并决定。银监会自受理之日起 4 个月内作出批准或不批准的书面决定。中资商业银行筹建支行由分行或视同分行管理的机构提交申请,由所在地银监分局或所在城市银监局受理、审查并决定。银监局自收到完整申请材料或直接受理之日起 4 个月内作出批准或不批准的书面决定。中资商业银行在一个城市一次只能申请设立 1 个支行。

在开业阶段,不同分支机构的程序分别是:(1)对于分行的开业申请,应向拟设地银监局提交,由银监局受理,并自受理之日起 2 个月内作出核准或不予核准的书面决定;(2)对于分行级专营机构的开业申请,应向银监会提交,由银监会自受理申请材料之日起 2 个月内作出核准或不予核准的书面决定。分行和分行级专营机构应在收到开业核准文件并领取金融许可证后,到工商行政管理部门办理登记,领取营业执照;(3)支行的开业申请,应向筹建受理机关提交,由筹建受理机关受理,并自受理之日起 2 个月内作出核准或不予核准的书面决定。支行应在收到开业核准文件并领取金融许可证后,到工商行政管理部门办理登记,领取营业执照;(4)中资商业银行设立自助银行的申请,由所在地银监分局或所在城市银监局受理,银监局审查并决定。银监局自收到完整申请材料或直接受理之日起 3 个月内作出批准或不批准的书面决定。

3. 商业银行未经批准设立分支机构的,由国务院银监会责令改正,有违法所得的,没收违法所得,违法所得五十万元以上的,并处违法所得一倍以上五倍以下罚款;没有违法所得或者违法所得不足五十万元的,处五十万元以上二百万元以下罚款;情节特别严重或者逾期不改正的,可以责令停业整顿或者吊销其经营许可证;构成犯罪的,依法追究刑事责任。对于直接负责的董事、高级管理人员,则由银监会取消其一定期限直至终身的银行业任职资格。

非法设立的分支机构在对外开展经营中引起的债权债务,应当由设立它的上级银行承担。《商业银行法》第22条规定,商业银行的分支机构不具有法人资格,由此引起的民事责任由总行承担。在诉讼中,商业银行的分支机构虽不具备法人资格,但属于《民事诉讼法》第49条规定的"其他组织",具有诉讼主体资格,分支机构在总行授权范围内开展业务时引起民事诉讼的,应以分支机构作为诉讼主体,而不应以其总行作为诉讼主体。商业银行的分支机构承担民事责任不以其总行授权其经营管理的财产为限,如果其经营管理的财产不足以承担民事责任,超过部分的民事责任由其上级行直至总行承担。

4-1-2 商业银行的业务

✎ 案 情

2002年4月,上海的吴先生到花旗银行上海分行的一家支行,准备办理个人外币储蓄业务。银行工作人员告知他:凡是存款总额低于5000美元的客户,每月需缴纳6美元或者50元人民币的理财服务费。吴先生觉得不能接受,遂提出按照中国的法律只接受储蓄服务,而不要理财,不交纳理财服务费。但花旗银行不同意。吴先生认为花旗银行作为在中国经营公众储蓄业务的金融机构,理应遵守《商业银行法》、《储蓄管理条例》、《消费者权益保护法》及相关法规,吸收社会公众存款既是法律赋予银行的权利,同时也是其法定义务。花旗银行对存款人强制收取理财服务费的做法违反了中国法律,是对中小客户的歧视。于是一纸诉状将花旗银行上海分行告至上海市浦东新区法院。花旗银行答辩称:被告每月确实收取6美元或者50元的服务费,这是符合《外资金融机构管理条例》规定的行为,且已到中国人民银行备过案。收取服务费适用于所有存款额低于5000美元的客户,不是单独针对原告,不存在歧视。被告没有侵害原告的任何合法权益,应当驳回原告的诉讼请求。该案经浦东新区法院和上海市第一中级人民法院两审终审,驳回了原告的诉讼请求。

不仅外资银行在中国收取理财服务费,近几年国内许多中资银行也开始仿效外资银行对小额账户收费。2005年7月1日开始,建设银行深圳分行宣布对日均存款余额小于500元(即账户中一年内每一天的余额相加,除以365天得到的平均数低于500元)的小额账户,收取10元管理费,同时按最低的0.01%的年利率计息。这意味着,499元存一年,利息仅得4分钱,还要交10元钱的管理费,钱会越存越少。该行解释说,此举是为了减少低效账户占用银行系统资源,有利于向客户提供更加全面、快捷、优质的服务。但很多人对建设银行的做法表示不解,认为是对小储户的歧视,伤害了低收入人群利益。

➡ 问 题

（1）商业银行是否可以对存款账户收费？
（2）商业银行收费应当遵守哪些原则和程序？

➡ 分析意见

1. 我国商业银行的业务主要可分为存款、贷款业务和中间业务。在我国银行业多年的发展中，只对中间业务如资金结算等按照国家有关规定或银行业协会统一的定价标准收取费用，对居民存款业务则不收取任何费用，但也无专门规定禁止收费。2003年出台的《商业银行服务价格管理暂行办法》，第一次对于商业银行服务收费问题作出了明确规定。

随着我国银行业市场的不断对外开放，各商业银行的市场化程度不断提高，国家对银行的管制逐渐减少。外资银行进入中国后，其原先的经营模式也引入中国。多数银行在经营中发现，在同样的账户管理成本下，大额存款和小额存款带来的收益有巨大差别，因此逐渐开始对小额账户进行收费。这种收费的出现，是市场机制自主调节的结果，本身属于各商业银行自主定价的范围，是商业银行丰富业务品种，提高服务质量，自主经营的需要。国家对商业银行的收费不进行强制干预，而应当由市场机制进行调节。《外资金融机构管理条例》第22条规定："外资金融机构的存款、贷款利率及各种手续费率，由外资金融机构按照中国人民银行的有关规定确定。"但在2003年之前，中国人民银行对此问题并无专门规定。因此花旗银行对小额储户收取服务费，并及时到主管部门备案，不能认定收费违法。法院判决驳回原告的诉讼请求是正确的。

尽管商业银行收费属于市场自主调节范围，但由于我国过去长期实行银行存款账户不收费的惯例，加之银行业还未实现充分竞争，如果完全放开银行的收费，不仅公众难以接受，而且银行自行定价难免损害公众利益。因此银监会和国家发展和改革委员会于2003年6月26日颁布了《商业银行服务价格管理暂行办法》。该办法明确规定，商业银行服务收费实行市场调节价和政府指导价两种方式，以市场调节价为主，政府指导价为辅。实行政府指导价的项目主要是涉及广大居民和企业利益的收费项目，包括办理银行汇票、银行承兑汇票等人民币基本结算类业务。对一些直接影响广大居民利益的收费项目，如储蓄存款、取款等，银行在定价时要遵守一些限制性规定，如办法规定商业银行办理收付类业务实行"谁委托，谁付费"的收费原则，不得向委托方以外的其他单位或个人收费。不允许对人民币储蓄开户、销户、同城的同一银行内发生的人民币储蓄存款及大额以下取款业务收费。

2. 商业银行在收费定价中应当遵循的原则有：（1）合理、公开、禁止不正当竞争原则。商业银行制定价格、提供银行服务应当遵循合理、公开、诚信和质价相符的原则,提供服务应以银行客户为中心,努力改善服务质量,提升服务水平,禁止形成价格同盟,搞价格垄断;(2)定价权限集中原则。《商业银行服务价格管理暂行办法》规定,商业银行的收费定价权限应集中在总行,由总行统一设立或变更收费项目、调整收费基准价格和浮动幅度;对外国银行分行,则指定主报告行,由主报告行统一管理;(3)统一定价管理原则。《商业银行服务价格管理暂行办法》要求商业银行对实行市场定价的服务项目制定系统内统一的定价管理制度,做好内部管理工作。要求商业银行收费定价集中统一管理,主要是避免出现因银行分支机构自行定价扰乱市场秩序、损害银行客户利益的行为。

商业银行制定服务价格的程序是:服务价格拟定后,应至少于执行前15个工作日向中国银行业监督管理委员会报告,并应至少于执行前10个工作日在相关营业场所公告。同时应抄送中国银行业协会。商业银行实行市场调节价的服务项目及服务价格,由中国银行业协会通过适当方式公布,接受社会监督。

4-2 商业银行的业务管理

4-2-1 对商业银行负债业务的管理(1)

✎ 案　情

1997年12月10日,原告个体工商户信某为办理业务结算,在被告新港商业银行处设立了账号为201080413835、户名为信某的账户。账户设立后,新港商业银行向信某提供了银行存折,信某以该存折办理业务结算。截至2001年11月6日,在新港商业银行向信某提供的存折上,记载的账户余额为298287.79元。而当信某到银行办理结算时,新港商业银行提出:根据银行内部的底单显示,信某账户内的存款余额应为198287.79元,该存折的记载有误。双方为此发生纠纷,信某向人民法院提起诉讼。

原告认为存折是双方存款合同关系的有效凭证,要求被告根据存折上记载的存款余额298287.79元进行兑付。被告则辩称:根据银行结算记账规则,存款账户应与存折记载的金额相符,要求按其内部底单的记载确定原告存款余额。银行经对原告在银行的往来账目、存取款电脑记录等进行审计,认为信某所持存折上记载的存款余额错误。

法院经审理,于2004年1月作出判决:原告信某持有的账号为201080413835的存折有效。被告新港商业银行应当于判决生效后10日内,按照存折记载的数额298287.79元支付原告。被告不服一审判决提出上诉,二审法院经审理,驳回上诉,维持原判。

⇨ 问　　题

银行存单与底单记载内容不一致时,应当以何为准,举证责任如何承担?

⇨ 分析意见

本案是因存单纠纷引起的案件。实践中,银行在办理存款或结算业务时,应交付给储户载明存款内容的存折,同时银行内部也有相关的凭证予以记录。通常情况下,二者应当记载一致,但也存在如本案中所举的储户所持存单与银行的底单不一致的情况,导致储户与银行之间的纠纷。

最高人民法院于 1997 年 11 月 25 日出台了《关于审理存单纠纷案件的若干规定》(以下简称《存单纠纷规定》),其中第 5 条第(2)项规定:"人民法院在审理一般存单纠纷案件中,除应审查存单、进账单、对账单、存款合同等凭证的真实性外,还应审查持有人与金融机构间存款关系的真实性,并以存单、进账单、对账单、存款合同等凭证的真实性以及存款关系的真实性为依据,作出正确处理。"具体可包括两种情况:(1)持有人以上述真实凭证为证据提起诉讼的,金融机构应当对持有人与金融机构间是否存在存款关系负举证责任。如金融机构有充分证据证明持有人未向金融机构交付上述凭证所记载的款项的,人民法院应当认定持有人与金融机构间不存在存款关系,并判决驳回原告的诉讼请求。(2)持有人以上述真实凭证为证据提起诉讼的,如金融机构不能提供证明存款关系不真实的证据,或仅以金融机构底单的记载内容与上述凭证记载内容不符为由进行抗辩的,人民法院应认定持有人与金融机构间存款关系成立,金融机构应当承担兑付款项的义务。

根据上述规定,如果持有人提供的存款凭证为真实凭证,则银行将承担证明存款关系是否存在的举证责任。本案中,原告信某在被告新港商业银行处开设账户,新港商业银行向信某出具了存折,双方形成了存款合同关系。原告信某提供了真实的存折,双方对存折的真实性并无异议,仅是对存款余额有争议,此时应当由被告银行承担举证责任,证明信某的存款余额为 198287.79 元,而非 298287.79 元。

被告新港商业银行在诉讼中举出多项证据证明自己的主张。被告提交的证据包括:(1)信某在新港商业银行设立账户后的存取款原始凭证,以此证明存款余额;(2)信某账户自开户至 2001 年 11 月 6 日的存取款电脑记录,以此证明所持存折上记载的存款余额错误;(3)经新港商业银行申请,法院委托大方公信会计师事务所对信某在新港商业银行设立的账户存取款情况进行审核后出具的报告,以此证明认定信某账户内存款余额为 198287.79 元是正确的。

存单与银行底单出现了重大差异,且原告以存折为重要证据主张存款余额为 298287.79 元,而被告举出的证据证明存款余额为 198287.79 元,此时应当认定何者为有效?《最高人民法院关于民事诉讼证据的若干规定》第 73 条规定:"双方当事人对同一事实分别举出相反的证据,但都没有足够的依据否定对方证据的,人民法院应当结合案件情况,判断一方提供证据的证明力是否明显大于另一方提供证据的证明力,并对证明力较大的证据予以确认。因证据的证明力无法判断导致争议事实难以认定的,人民法院应当依据举证责任分配的规则作出裁判。"本案中,《存单纠纷规定》已经明确银行承担存款关系真实性的举证责任,因此银行对所主张事实应当提交充分证据。但银行所提交的证据如银行底单、存取款记录等,其上数字均由新港商业银行的职员填写,并由新港商业银行的职员复核确认。所有证据均是其单方制作的书证,会计师事务所的审核报告也是以新港商业银行单方制作的书证为基础。因此法院认定被告银行所举证据缺乏证明力,无法证明信某所持存单记载的存款金额不真实。银行仅以其内部底单的记载来主张存折上的存款余额为误写,理由不能成立。因此法院作出了银行败诉的判决。

4-2-2 对商业银行负债业务的管理(2)

✎ 案 情

顾某在交通银行上海分行办理了一张太平洋借记卡。2003 年 5 月 22 日晚 8 时,顾某持借记卡到中国银行上海市南京东路支行的自助银行取款。在进门时,看到该自助银行门禁上有一个装置,上面有"进门前请先刷卡并输入密码"的提示语。顾某按提示刷卡并输入密码后,自助银行的门却没有打开,无法入内在 ATM 机上进行刷卡取款的操作,顾即离开。6 月 10 日,顾某在交通银行的 ATM 机上取款时,发现其借记卡内的资金短少了 10068 元,遂向警方报案。经查,2003 年 5 月至 8 月,罗某和陈某结伙先后在中国银行上海市南京东路支行、上海交行市南支行、中国工商银行武汉市分行长江分理处、上海浦东发展银行温州市分行营业部等金融机构设立的自助银行门禁系统上安装盗码器,共窃取 23 个人的银行借记卡磁条信息和密码,使用窃取的磁条信息和密码伪造成银行借记卡,再通过 ATM 机从银行取款 11 万余元,其中包括顾某的 1 万元(开支手续费 68 元)。法院判决罗、陈二人犯金融凭证诈骗罪、信用卡诈骗罪,分别判处其有期徒刑十五年、十四年。但追缴到的赃款仅有 6000 元。顾某遂要求交通银行上海分行赔偿其存款损失,银行以储蓄合同中约定"凡是通过交易密码发生的一切交易,均应视为持卡人亲自所为,银行不应承担责任"的格式条款拒绝赔偿。于是顾某向法院提起诉讼,请求判令被告给原告支付 10068 元及此款从

2003年6月9日起至判决生效之日止的银行活期存款利息,并负担本案诉讼费用。

法院于2004年12月20日作出判决,被告上海交行应自本判决生效之日起十五日内,给付原告顾某10068元及此款自2003年6月9日起至本判决生效之日止的银行活期存款利息。案件受理费413元,由被告上海交行负担。宣判后,双方当事人均未上诉,一审判决发生法律效力。

⇨ 问　　题

利用自助银行等实施的犯罪活动,造成储户利益损失的,应由谁承担责任?

⇨ 分析意见

本案中,原告顾某与被告交通银行上海分行之间订立了储蓄合同,储户将资金存入银行,银行则负有保障储户的资金安全、并依合同支付存款本金和相应利息的义务。《合同法》第107条规定:"当事人一方不履行合同义务或者履行合同义务不符合约定的,应当承担继续履行、采取补救措施或者赔偿损失等违约责任。"因此,银行违反合同义务造成储户利益损失的,应当负赔偿责任。此案争议问题的焦点在于商业银行对于所设立的自助银行是否存在管理疏漏,违反了其法定和合同义务。

自助银行是近几年我国银行业出现的一种创新型服务设施,它是指商业银行在营业场所以外设立的自动取款机(ATM)、自动存款机(CDM)等通过计算机、通信等科技手段提供存款、贷款、取款、转账、货币兑换和查询等金融服务的自助设施。自助银行既方便了储户,也降低了银行经营成本。但同时,自助银行的无人值守性也给资金安全带来了一定的风险,如计算机黑客侵入、机器故障、操作失误等均可能使储户的资金遭受损失。

商业银行对其设立的自助银行负有维护和管理的义务。《商业银行法》第6条规定:"商业银行应当保障存款人的合法权益不受任何单位和个人的侵犯。"自助银行与普通的银行服务方式一样,都是一种交易场所和方式,不能因为形式的不同而减轻银行本身负有的安全保障义务。自助银行降低了银行经营成本,同时为银行能更多地吸纳存款和增加盈利提供了机会。银行作为自助银行的拥有者,有条件了解自助银行的构造和工作原理,有机会及时掌握通过自助银行实施各种犯罪的情报,有能力改进和加强自助银行的功能。而储户作为普通的使用者,无能力也不可能对自助银行提供的服务进行审查和识别。因此银行应当负有采取积极措施保障交易安全的义务。

现实中,犯罪分子常常利用自助银行的管理漏洞实施犯罪行为,犯罪手段也体现出高科技性和隐蔽性。如本案中,罪犯在自助银行门禁上安装盗码器,普通的储户对自助银行门禁上的新装置究竟是银行安装的,还是犯罪分子加装的,客观上无法作出辨别。犯罪分子之所以能在自助银行的门禁系统上安装盗码器并得逞,是由于银行对设立的自助银行缺乏有效的维护和监管措施,银行管理存在较大疏漏。银行应当加强对自助银行的安全防范措施,保障交易场所安全、防范犯罪发生、提醒储户各种可能出现的犯罪手段。银行还可以通过日常巡查的方式,及时发现和消除安全隐患,以确保储户的存款安全,维护储户的合法权益。银行负担自助银行等设施带来的经营风险,既符合风险分配的原则,也有利于督促银行加强内部管理,保障资金安全。

被告银行辩称:"太平洋借记卡的《办卡须知》已经向持卡人明示,凡通过交易密码发生的一切交易,均应视为持卡人亲自所为,银行不负责任"。但是,本案中密码的泄露不是由于储户的过错造成的,而是犯罪分子利用银行管理的漏洞,在自助银行门禁系统上加装盗码器,盗取了原告借记卡上的信息和密码。原告作为普通的持卡人,对密码被盗和借记卡被复制的后果没有过错,而应由银行承担责任。办卡须知中的"凡是通过交易密码发生的一切交易,均应视为持卡人亲自所为,银行不应承担责任"属于格式条款,免除了银行的义务,加重了储户责任,有违公平原则,此条款无效。

因此,银行应当对顾某的被盗存款承担赔偿责任。本案中,储户遭犯罪行为侵害发生在中国银行的自助银行,但银行卡上有"银联"联网标识,能通过全国银行卡联合组织的其他成员银行进行跨行交易。因此,中国银行只是交通银行的代理行,对储户的赔偿责任应当由发卡行即交通银行承担。

4-2-3 对商业银行负债业务的管理(3)

✎ 案 情

1997年8月15日,潘某在中国银行上海市市东支行开设定期一本通存折,2000年10月16日在市西支行某分理处存入存折23181.54美元、2144.75港元,存期均为12个月。2002年7月,潘某打算动用该笔资金时,发觉存折内的美金、港币竟然于2002年2月4日分别在市西支行和市中支行被提取。而且更令他惊讶的是,取款单上还签了他的名字,取钱时使用了他的身份证,但潘某根本就没有取过这些钱。

2002年8月,他就此事和市西支行交涉,要求银行方面给予赔偿,但遭到银行拒绝,还收回了那本定期一本通存折。潘某认为,自己并未实际领取该笔资金,由于银行未尽到保管责任,才致使存折内的资金被他人冒领,银行应该给予赔偿。于是,潘某将市西支行告上静安法院,要求赔偿原存入银行内的美金、港币和相应到期的利息。同年11月中旬,潘某又追加中国银行市中支行为本案共同被告,要求其承担赔偿责任。

法院受理后,委托司法鉴定中心对银行方提供的几份材料上的字迹作鉴定。司法鉴定结论表明:取款单据等材料上的签名字迹、填写字迹均不是潘某本人书写所形成的。经调查,冒领者是在了解潘某的个人资料后,伪造了潘某的身份证,于 2002 年 1 月 25 日以潘某的名义在市西支行给存折挂失,还按规定要求提供了伪造的身份证、存款账号和币种说明,银行方面在与开户的资料进行核对后,7 天后为挂失申请人调换新存折,冒领人在此时设定了新的密码。而市中支行下属的一家分理处,也于 2 月 4 日接到冒名为潘某的密码挂失申请,并办理了密码挂失业务。同日,冒名者使用伪造的身份证和挂失后自己设定的密码,用新的定期一本通存折,在市中支行提取港币 500 元。在当天市西支行提取了 23181.54 美元、1738.21(含利息)港元。

银行辩称,用于存折和密码挂失的身份证都是伪造的,银行方并非专业人员,对提供的证件及资料,只能凭肉眼直观进行审查判断其有效性,不负有对其鉴别真实与否的能力与义务。所以,银行对存款被冒领没有责任。同时,冒领者能提供潘某的个人信息,这说明潘某对个人储蓄资料保管不善,曾泄露过自己的信息和储蓄存款资料,而致他人获取了潘某个人身份信息和存折相关信息并加以伪造,才导致存款被冒领,损失应该由潘某自己承担。

➡ 问　题

(1)存款挂失应当履行什么程序?

(2)存款被冒领,银行是否应当承担赔偿责任?

➡ 分析意见

1. 在法律意义上,存单或存折属于合同凭证,表明存款人与银行之间的存款合同关系。银行在接到存款人交付的存款金额并出具存单、存折后,即与储户成立存款合同关系,双方依存单所记载的内容享有权利和履行义务。储户享有要求银行按照存单、存折记载的内容支付本金及相应利息的权利,银行则负有保护存款人的合法权利,按期支付存款本息的义务。

《储蓄管理条例》第 30 条规定:存单、存折分为记名式和不记名式。记名式的存单、存折可以挂失,不记名式的存单、存折不能挂失。记名式存单丢失的,存款人可以通过挂失来防止他人冒领。挂失的程序是:储户遗失存单、存折或者预留印鉴的印章的,必须立即持本人身份证明,并提供储户的姓名、开户时间、储蓄种类、金额、账号及住址等有关情况,向其开户的储蓄机构书面申请挂失。在特殊情况下,储户可以用口头或者函电形式申请挂失,但必须在五天内补办书面申请挂失手续。储蓄机构受理挂失后,必须立即停止支付该储蓄存款;受理挂失前该储蓄存款已被他人支取的,储蓄机构不负赔偿责任。挂失七天后,储户需与储蓄机构约定时间,办理补领新存单(折)或支取存款手续。如果是委托他人代办挂失手续的,根据中国人民银行在《关于办理存单挂失手续有关问题的复函》中的规定:储户委托他人代为办理挂失手续,只限于代为办理挂失申请手续,挂失申请手续办理完毕后,储户必须亲自到储蓄机构办理补领新存单或支取手续。

2. 根据规定,在储户办理存折挂失的过程中,银行应当承担的义务是:(1) 审查证件,(2) 核实该存款是否被支取,(3) 为储户办理挂失手续。

本案中涉及伪造身份证冒领存款问题。对于身份证明的伪造,中国人民银行《储蓄所管理暂行办法》第59条规定:"定期储蓄存款提前支取时,必须认真核对存款人身份证明,委托他人支取的,还需核对委托人的身份证明,并作相应记录,必要时也可向发证机关查对。"该条规定了储蓄机构对于身份证件的核实义务。审判实践中,《最高人民法院关于林木香诉中国工商银行福州支行仓山办事处、中国农业银行闽侯县支行、闽侯县闽江信用社赔偿案件如何适用法律问题的复函》(最高人民法院[1991]民他字第31号)中确认了银行对于身份证明的伪造负有实质审查责任。同时,中国人民银行关于执行《储蓄管理条例》的若干规定第38条规定:"储蓄机构若发现有伪造、涂改存单和冒领存款者,应扣留存单(折),并报告有关部门进行处理。"

因此,在存款被冒领案件中,银行是否承担责任,取决于银行在办理存单、存折等挂失时,是否未尽到应尽的审查义务,操作是否违反有关储蓄的法规、规章及规程。

实践中,储蓄机构在办理储户的存单、存折和密码或印鉴挂失止付时,银行以现有的工作条件只能由工作人员用眼睛察看,尚没有特别方式鉴别身份证的真伪。况且有些违法犯罪分子使用的造假技术,即使是鉴定专家也很难当场鉴别。此时,银行能否以此作为抗辩?法律规定在取款时银行应当审验身份证件的目的在于保证银行支付行为的真实无误,银行作为专业从事储蓄业务的机构,应当针对出现的问题不断改进工作方法,加强工作人员的责任心,确保对储户款项的正确支付,不能以自己不能辩明身份证的真伪而将错误支付的后果转嫁到储户身上。中国人民银行颁发的《银行结算办法》第24条规定:"银行办理结算,因错付或被冒领的,应及时查处,如造成客户资金损失,要负责资金赔偿。"因此银行的抗辩理由明显不能成立。

本案由静安法院作出一审判决,中国银行上海市西支行、市中支行在潘某存款被冒领一案中负有责任,应当赔偿潘某原存入的外币及相应到期利息。

4-2-4 商业银行资本充足率

✎ 案 情

在近年来我国的银行改革进程中,提高商业银行的资本充足率以降低金融风险始终是重要内容之一。为提高国有商业银行的资本充足率,近年来国家多次采取措施充实国有商业银行资本金。1998 年,财政部发行 2700 亿元特别国债,注资四大国有银行,综合考虑各行风险资产、现有资本净额和贷款呆账等因素,分别注资中国工商银行 850 亿元、中国农业银行 933 亿元、中国银行 425 亿元、中国建设银行 492 亿元。通过注资使其资本充足率达到 8%。1999 年,为实现国有银行的商业化经营,财政部斥资 1.4 万亿人民币向四大国有商业银行收购不良资产,从账目上剥离不良贷款,转给四家政府全资所有的资产管理公司。2004 年,财政部又以国家外汇储备 450 亿美元,分别注资中国银行和中国建设银行,使中行与建行摆脱了不良资产和债务,两家注册总资本分别达到 1864 亿元、1942.3 亿元人民币。

在四大国有银行获得财政支持的同时,国内的多家中资股份制银行也通过上市融资或发行债券等方式补充资本金。2005 年 5 月,交通银行在香港联交所上市,募集资金达 146.4 亿港元,2005 年,中国民生银行经中国人民银行批准,在全国银行间债券市场发行 14 亿元次级债券。招商银行在全国银行间债券市场发行 50 亿 3 年期金融债券,使得该行的资本充足率达到 9% 以上。

➪ 问 题

(1) 为什么资本充足率指标对于商业银行至关重要?
(2) 我国目前对于商业银行的资本充足率有何要求?
(3) 商业银行资本金的来源有哪些?

➪ 分析意见

1. 商业银行的经营业务存在较大的金融风险,关系到公众利益和社会稳定。因此商业银行经营必须坚持安全性原则,尽可能地降低金融风险。资本充足率是衡量商业银行抗风险能力的重要指标。所谓资本充足率,是指商业银行持有的资本与商业银行风险加权资产之间的比率。国际上中央银行间的权威机构——国际清算银行于 1988 年专门通过了《关于统一国际银行的资本衡量和资本标准的协议》,简称《巴塞尔协议》。《巴塞尔协议》规定银行资本包括核心资本和附属资本两类。核心资本包括股本和公开准备金,附属资本包括未公开准备金、资产重估准备金、普通准备金或呆账准备金等。

市场经济环境中客观存在着金融风险,资本金是银行经营的基础,也是对银行自身的风险约束。银行与一般的工商企业相比,其业务直接涉及公众利益,一旦出现支付风险会在社会上产生连锁反应,对经济整体的破坏力极大。因此,银行业要受到比其他行业更为严格的经营约束。资本充足率的高低代表着商业银行应付金融风险能力的高低。资本金的多少,决定着一家银行的支付、清偿能力,它不仅是维持银行经营活动正常运行的保证,也是应付偶发性资金短缺,从而维护存款人的正当利益和公众对银行的信心的保证。中国加入WTO后,国内的中资银行与外资银行之间的竞争更趋激烈,资本充足率对一家银行的国际活动、国际地位有很大的影响,国际评级机构也把资本充足率作为银行评级的重要尺度,从而在很大程度上影响到一家银行的国际金融活动能力。因此,资本充足率指标对于银行是至关重要的。

2. 资本充足率是世界各国普遍实行的考核商业银行经营安全性的重要监测指标。《巴塞尔协议》规定银行的资本对风险加权化资产的标准比率目标为8%,其中核心资本至少为4%。为了建立适合我国国情的资本监管框架,缩小我国资本监管制度与国际标准的差距,逐步实现我国银行监管制度与国际惯例接轨,促进银行业公平竞争,银监会专门制定了《商业银行资本充足率管理办法》,于2004年3月1日正式实施。《商业银行资本充足率管理办法》第7条规定:"商业银行资本充足率不得低于百分之八,核心资本充足率不得低于百分之四。"同时还对资本充足率的计算方法和信息披露等作了详细的规定。

3. 商业银行资本金的来源主要有以下途径:第一,股东注资。商业银行的资本金,首先来自其股东的注资。国有商业银行是国有独资的,应由代表国家所有权的国家财政注资。但由于受财政收入的限制,国家财政向国有商业银行大量补充资本金的可能性较小;其他股份制银行可以由其股东注资;第二,资本市场融资,包括商业银行发行债券和上市。近年来国家大力支持商业银行积极利用国际、国内资本市场募集股本,已有多家商业银行在国内、海外证券市场上市或发行债券,这样不仅能提高资本充足率,同时还可实现所有权多元化,规范商业银行的治理结构。

4-3 商业银行的贷款法律制度

4-3-1 信用贷款发放

☑ **案　情**

古某于2000年担任某商业银行中山分行信贷部主任,其舅舅陈伟光为深圳光速电子通讯有限公司(以下称"光速公司")董事长。2002年1月,陈伟光找到古某,提出"光速公司"向该分行贷款1000万元的请求。古某明知中山分行受地域限制不能提供贷款,但考虑到亲属关系,答应给予一定照顾。2002年8月,古某应邀到"光速公司"考察,被陈伟光弄虚作假的表面现象所迷惑。当陈提出以其公司在东莞市大岭山镇所有的200亩土地使用权作担保,贷款人民币1000万元时,古某在未对该土地使用权进行认真的贷前审核的情况下,就答应给予贷款。2002年12月1日,陈伟光从该行得到贷款1000万元,后经营亏损,致使该款至今无法追回。中山市公安局以古某涉嫌违法向关系人发放贷款罪对此案立案侦查。2004年4月,经对古某依法审判,判决构成向关系人发放贷款罪,处以刑罚。

➡ 问　　题

(1)什么是商业银行的关系人?商业银行在向关系人贷款时应遵守哪些规定?

(2)违法向关系人发放贷款的法律责任是什么?

➡ 分析意见

1. 关系人,根据《商业银行法》的规定包括:(1)商业银行的董事、监事、管理人员、信贷业务人员及其近亲属;(2)前项所列人员投资或者担任高级管理职务的公司、企业和其他经济组织。

商业银行在发放贷款时,应当按照《贷款通则》等规定,履行严格的申请、评估、调查、审批、签约、发放等程序。我国商业银行法并不绝对禁止向关系人贷款,只是为了防范向关系人贷款过程中因其特殊关系而容易出现的贷款审查不严等情况,设置了两条限制性规定,即商业银行不得向关系人发放信用贷款;向关系人发放担保贷款的条件不得优于其他借款人同类贷款的条件。

2. 违反规定向关系人发放贷款,将承担行政责任,情节严重的追究刑事责任。《商业银行法》规定,金融机构办理贷款业务,违反规定,向关系人发放信用贷款;或向关系人发放担保贷款的条件优于其他借款人同类贷款的条件的,给予警告,没收违法所得,并处违法所得1倍以上5倍以下的罚款,没有违法所得的,处10万元以上50万元以下的罚款;对该金融机构直接负责的高级管理人员、其他直接负责的主管人员和直接责任人员,给予撤职直至开除的纪律处分;情节严重的,责令该金融机构停业整顿或者吊销经营金融业务许可证。

对于违法向关系人发放贷款,情节严重的,构成违法向关系人发放贷款罪。对此,我国《刑法》第186条规定:"银行或者其他金融机构的工作人员违反法律、行政法规规定,向关系人发放信用贷款或者发放担保贷款的条件优于其他借款人同类贷款的条件,造成较大损失的,处五年以下有期徒刑或者拘役,并处一万元以上十万元以下罚金;造成重大损失的,处五年以上有期徒刑,并处二万元以上二十万元以下罚金。单位犯前款罪的,对单位判处罚金,并对其直接负责的主管人员和其他直接责任人员,依照前两款的规定处罚。"违法向关系人发放贷款罪的追诉标准是:个人违法向关系人发放贷款,造成直接经济损失数额在十万元以上;单位违法向关系人发放贷款,造成直接经济损失数额在三十万元以上。

本案中,古某作为直接负责贷款业务的银行主管人员,违反法律规定,向其舅舅任董事长的光速公司发放贷款,对担保物未尽严格的审查义务,致使贷款到期无法收回,直接经济损失1000万元,已经构成违法向关系人发放贷款罪。

4-4 商业银行的接管和终止

4-4-1 商业银行的接管和终止

✍ **案　　情**

1998年6月21日,中国人民银行发表公告,刚刚诞生2年10个月的海南发展银行被关闭,这成为新中国金融史上第一家因支付危机而被关闭的商业银行。

海南发展银行成立于1995年8月,它是在合并原海南省5家信托投资公司和28家信用社的基础上组建而成,成立时的总股本为16.77亿元,海南省政府以出资3.2亿元成为其最大股东。是海南省唯一具有独立法人地位的股份制商业银行,其总行设在海南省海口市,并在其他省市设有少量分支机构。资产规模达160多亿元。

海南发展银行在经营过程中不断暴露出许多严重问题,不良资产比例高,资本金不足,支付困难,信誉差。1997年底,海南发展银行兼并28家有问题的信用社之后,其自身信用基础也出现动摇,公众开始挤兑,几个月的挤兑行为耗尽了海南发展银行的准备金,而其贷款又无法收回。为维护公众利益和金融秩序,国家曾调拨34亿元资金救助,但仍无济于事。为防止风险蔓延,国务院和中国人民银行1998年6月21日宣布关闭海南发展银行,从关闭之日起至正式解散之日前,由中国工商银行托管海南发展银行的全部资产负债,其中包括接收并行使原海南发展银行的行政领导权,业务管理权及财务收支审批权;承接原海南发展银行的全部资产负债,停止海南发展银行新的经营活动;配合有关部门实施清理清偿计划,对于海南发展银行的存款,则采取自然人和法人分别对待的办法,自然人存款即居民储蓄一律由工行兑付,而法人债权进行登记,将海南发展银行全部资产负债清算完毕以后,按折扣率进行兑付。6月30日,在原海南发展银行各网点开始了原海南发展银行存款的兑付业务。由于中国工商银行的良好信用,兑付业务开始后并没有造成大量挤兑,大部分储户只是把存款转存工商银行,现金提取量不多,没有造成过大的社会震动。托管完毕后,海南发展银行正式解散。

⊃ 问　　题

（1）商业银行托管的条件是什么？
（2）商业银行托管如何进行？
（3）商业银行托管的后果是什么？

⊃ 分析意见

1. 商业银行提供存款、贷款等多种金融服务,关系到社会公众的利益。因此银行一旦出现信用危机,必须立即处置,以免造成波动。我国《商业银行法》对出现问题的商业银行规定了托管措施,也称接管。《商业银行法》第 64 条规定:商业银行已经或者可能发生信用危机,严重影响存款人的利益时,国务院银行业监督管理机构可以对该银行实行接管。接管的目的是对被接管的商业银行采取必要措施,以保护存款人的利益,恢复商业银行的正常经营能力。

2. 在商业银行已经或者可能发生信用危机,严重影响存款人的利益时,首先由国务院银行业监督管理委员会作出接管决定,并予以公告。商业银行的接管自接管决定实施之日起开始。国家银监会确定一家接管银行作为接管组织,自接管开始之日起,由接管组织行使商业银行的经营管理权力。接管期限届满,国务院银行业监督管理机构可以决定延期,但接管期限最长不得超过二年。

本案中,海南发展银行出现了严重的信用危机,中国人民银行（机构改革后主管机关为银监会）指定中国工商银行托管其全部的资产负债和业务管理。工商银行自身具有的良好信用,加之托管中采取自然人和法人分别对待的办法,最大限度地维护了公众利益,避免了挤兑危机的出现,稳定了金融秩序。

3. 接管期限届满前,如果被接管银行被合并或者被依法宣告破产,则接管终止,进入合并或破产清算程序。如果接管期限届满时,被接管银行已经恢复正常经营能力,则接管终止,被接管银行恢复正常经营。

在商业银行接管过程中,如果发现银行有违法违规经营、经营管理不善等情形,不予撤销将严重危害金融秩序、损害社会公众利益的,根据 2001 年 12 月 15 日起施行的《金融机构撤销条例》规定,应当依法撤销。对于商业银行依法撤销的,应当成立清算组;清算组由中国人民银行、财政、审计等有关部门、地方人民政府的代表和被撤销的金融机构股东的代表及有关专业人员组成。清算期间,清算组行使被撤销的金融机构的管理职权,清算组组长行使被撤销的金融机构的法定代表人职权。托管机构不承担被撤销的金融机构债务,不垫付资金,不负责被撤销的金融机构人员安置。托管费用列入被撤销的金融机构清算费用。清算组应当书面通知债权人申报债权,并进行登记。被撤销的银行财产经清理、核实后,清算组应当制作清算方案。清算财产的支付顺序是:(1)先支付个人储蓄存款的本金和合法利息;(2)剩余财产应当清偿法人和其他组织的债务;(3)清偿债务后的剩余财产,经清算应当按照股东的出资比例或者持有的股份比例分配。

4-5 违反商业银行法的法律责任

4-5-1 违反商业银行设立

案 情

胡某,男,38岁,因做生意亏损,便想通过非法手段牟取暴利。1999年3月下旬,胡在北京复兴路22号租下一套70余平方米的临街房屋,按照储蓄所的通常样式加以设计、装修。胡某私刻了"中国开发银行储蓄所管理处"和"中国开发银行行政专用章"印章,伪造了姓名为"王京成"的假居民身份证,并招聘营业部主任、会计、保安员、营业员、出纳员、储蓄员等工作人员若干名。一切准备就绪后,胡以"中国开发银行储蓄管理处副处长王京成"的身份,以"中国开发银行储蓄管理处"的名义开始了犯罪活动。但不久就被群众举报,胡某被公安机关抓获。

1999年9月2日,北京市海淀区人民检察院以被告人胡某犯擅自设立金融机构罪,向海淀区人民法院提起公诉。法院判决:被告人胡某未经中国人民银行批准,非法设立银行的储蓄分支机构、私刻印章、伪造身份证明、租赁房屋作为经营场所、招聘工作人员、悬挂储蓄所标牌,其行为已构成擅自设立金融机构罪,且情节严重,但系犯罪未遂。依照《中华人民共和国刑法》第174条第1款、第53条之规定,判决被告人胡某犯擅自设立金融机构罪,判处有期徒刑三年零六个月,罚金人民币十万元。

问 题

非法设立商业银行,需承担怎样的法律责任?

分析意见

本案是一起典型的非法设立商业银行案件,因其情节严重,已经构成了擅自设立金融机构罪,受到刑事处罚。

商业银行经营业务具有高风险性,关系到公众利益和社会稳定。因此,商业银行的设立必须经过国家主管部门的审查批准,禁止个人或单位擅自设立商业银行。《商业银行法》和《银行业监督管理法》均规定:设立商业银行,应当经国务院银行业监督管理机构审查批准。未经国务院银行业监督管理机构批准,任何单位和个人不得从事吸收公众存款等商业银行业务,任何单位不得在名称中使用"银行"字样。

擅自设立商业银行,将承担行政责任,情节严重的追究刑事责任。《银行业监督管理法》第43条规定:"擅自设立银行业金融机构或者非法从事银行业金融机构的业务活动的,由国务院银行业监督管理机构予以取缔;构成犯罪的,依法追究刑事责任;尚不构成犯罪的,由国务院银行业监督管理机构没收违法所得,违法所得五十万元以上的,并处违法所得一倍以上五倍以下罚款;没有违法所得或者违法所得不足五十万元的,处五十万元以上二百万元以下罚款。"《刑法》第174条规定:"未经国家有关主管部门批准,擅自设立商业银行、证券交易所、期货交易所、证券公司、期货经纪公司、保险公司或者其他金融机构的,处三年以下有期徒刑或者拘役,并处或者单处二万元以上二十万元以下罚金;情节严重的,处三年以上十年以下有期徒刑,并处五万元以上五十万元以下罚金。"

4-5-2 市场禁入法律责任

✎ 案　情

深圳发展银行成立于1987年12月,是中国大陆首家公开上市的股份制商业银行,在金融市场具有较高的知名度和较强的影响力。但随着经营规模的日益膨胀,深发展也出现了一些违规经营的情况。1996年3月至1997年4月,深发展先后动用3.11亿元资金直接炒作本公司股票,非法获利9034万元。这一行为违反了《商业银行法》关于商业银行不得从事股票业务的规定,也违反了国家关于上市公司不得买卖本公司股票的规定。

1997年6月13日,中国证监会作出处罚决定:给予深圳发展银行行长贺云撤职处分,并认定贺云为证券市场禁入者,自决定之日起5年内不得担任任何上市公司和从事金融证券业务机构的高级管理人员职务。同时,对深圳发展银行处以罚款,没收非法所得,将其非法持有的深发展股票全部售出,盈利上交国库。

➡ 问　题

(1) 金融机构高级管理人员包括哪些?担任高级管理人员需具备什么任职条件?

(2) 什么是市场禁入?何种情况下将对高级管理人员实施市场禁入处罚?

➡ 分析意见

1. 金融机构高级管理人员,是指金融机构法定代表人和对经营管理具有决策权或对风险控制起重要作用的人员,主要包括金融机构的法定代表人和其他主要负责人,包括银行及其分支机构的董事长、副董事长、行长、副行长、主任、副主任等。

担任金融机构高级管理职务的人员,应接受和通过银监会的任职资格审核。中国人民银行2000年3月24日颁布的《金融机构高级管理人员任职资格管理办法》对此作了专门规定:

金融机构高级管理人员一般应满足以下基本条件:(1) 能正确贯彻执行国家的经济、金融方针政策;(2) 熟悉并遵守有关经济、金融法律法规;(3) 具有与担任职务相适应的专业知识和工作经验;(4) 具备与担任职务相称的组织管理能力和业务能力;(5) 具有公正、诚实、廉洁的品质,工作作风正派。

同时,有下列情形之一的,不得担任金融机构高级管理人员:(1) 因犯有贪污、贿赂、侵占财产、挪用财产罪或者破坏社会经济秩序罪,被判处刑罚,或者因犯罪被剥夺政治权利的;(2) 曾经担任因违法经营被吊销营业执照或因经营不善破产清算的企业法定代表人,并对此负有个人责任或直接领导责任的;(3) 对因工作失误或经济案件给所任职金融机构或其他企业造成重大损失负有个人责任或直接领导责任的;(4) 个人负有数额较大的债务且到期未清偿的;(5) 提供虚假材料等弄虚作假行为的;(6) 有赌博、吸毒、嫖娼等违反社会公德不良行为,造成不良影响的;(7) 已累计两次被中国人民银行或其他监管当局取消金融机构高级管理人员任职资格的;(8) 其他法律、法规规定不能担任金融机构高级管理人员的。

2. 市场禁入是对被处罚人从事金融证券业务的任职资格的禁止。被处罚人将在一定期限内或者终身不能担任金融机构的高级管理人员。对于金融证券行业的从业人员,市场禁入是一项严厉的处罚措施。

《商业银行法》明确规定"商业银行在中华人民共和国境内不得从事信托投资和证券经营业务",同时我国《证券法》也规定上市公司不得炒作自己的股票。而本案中,深圳发展银行作为商业银行,动用资金炒作自身股票,已经违反了《商业银行法》和《证券法》的规定,构成了严重违规行为。根据中国证监会1997年3月3日颁布的《证券市场禁入暂行规定》第4条,上市公司的董事、监事、经理和其他高级管理人员有"利用公司资金买卖本公司证券的"行为或对该行为负有直接责任或直接领导责任的,除依法给予行政处罚外,中国证监会将视情节,认定其为市场禁入者。对于深发展违规炒作自己股票的案件,中国证监会依此规定认定贺云为市场禁入者。

2003年12月27日修订的《商业银行法》第89条规定:"商业银行违反本法规定的,国务院银行业监督管理机构可以区别不同情形,取消其直接负责的董事、高级管理人员一定期限直至终身的任职资格,禁止直接负责的董事、高级管理人员和其他直接责任人员一定期限直至终身从事银行业工作。"《金融机构高级管理人员任职资格管理办法》中对市场禁入作了具体规定,高级管理人员有违规行为的,将被处以最低1年,最长终身的取消任职资格处罚。

第五章 信 托 法[①]

5-1 信托法概述

5-1-1 信托的概念与特征

✎ **案　情**

《中华人民共和国信托法》第2条规定了信托的定义:"本法所称信托,是指委托人基于对受托人的信任,将其财产权委托给受托人,由受托人按委托人的意愿以自己的名义,为受益人的利益或者特定目的,进行管理或者处分的行为。"

在一堂信托法学课程上,王教授在为学生讲解该定义时,学生甲乙丙三人分别就该定义的理解提出了如下三种看法:

学生甲认为,该定义在界定委托人与受托人之间关于"(信托)财产权"的关系时,未像大多数有现行成文信托法国家的立法例(如英、美、日、韩等)那样采用"转移"一词,而是使用了"委托"一词,如此规定有违信托制度的本质。既然是委托,则信托财产的所有权并未转移给受托人,而是仍由委托人保留,受托人只是取得了信托财产的管理权,那么我国的"信托制度"又如何与委托代理、行纪等法律制度相区别? 可见,该定义用"委托"是不科学的。[②]

学生乙认为,该定义使用的是"委托给"而非仅仅是"委托"。所谓"委托给"就是"委托"加"给",具体而言"委托"是设立信托的意思表示,而"给"则是将财产的所有权转移给受托人。因此,"委托给"实际上就是一种财产所有权转移的表述,从这个意义上说,我国信托法的定义与其他国家并无实质区别。[③]

学生丙认为,仅仅从我国《信托法》关于"信托"定义所使用的某一字眼上理解,是很难准确把握该定义的实质的。结合信托法的其他具体条文规定所体现的精神,他认为,我国《信托法》既没有将信托财产的所有权保留给委托人,也没有转移给受托人或者受益人,而是回避了关于信托财产所有权归属的问题,转而

[①] 本章由张明亮编写整理。
[②] 参见吴弘、贾西凌、程胜:《信托法论:中国信托市场发育发展的法律调整》,立信会计出版社2003年版,第42页。
[③] 参见钟向春、周小明:《信托活动中的主要法律问题与对策》,载《中国金融》2001年第11期。

强调信托财产的独立性原则。之所以这样规定,是因为信托制度作为英美法系的舶来品与我国传统民法物权理论相互协调与折中的结果,是我国《信托法》的一大特色。①

➡ 问　　题

针对以上三种互不相同的理解,你如何评价?你认为哪种理解更加准确?并说明理由。

➡ 分析意见

关于甲的意见,他注意到了"委托"与"转移"之间存在差别,这的确是正确理解我国《信托法》规定的信托制度的重点所在。但问题在于他没有正确认识委托行为的性质及其在信托关系中的作用。

按照我国《合同法》分则的规定,委托是委托人与受托人双方之间的一种约定,由受托人处理委托人事务。而根据受托人在处理委托事务的过程中与第三人之间的法律关系的不同,委托关系又可以具体分为委托代理、行纪与信托等法律关系。可见委托是产生一切委托事务的基础性要件,信托自不例外。因此在信托定义用"委托"一词以区分信托与代理、行纪的理由不能成立,即使在英美信托法中,委托合同也是信托关系成立的最主要的法律形式,可见因为"委托"一词即断定信托财产的所有权归委托人所有的观点也是错误的。

关于乙的意见,其很大程度上是受到了英美法信托制度中受托人享有信托财产"法定所有权"(legal title)观念的影响。在"双重所有权"架构下,受托人对信托财产享有法定所有权是英美法信托制度的关键要素之一,但我国是"一物一权"思想根深蒂固的大陆法系国家,在此前提下移植信托制度势必要注意其与既存法律体系的协调性问题。如果一味按图索骥,仅凭"委托"与"委托给"的一字之差就得出信托财产所有权转移给受托人的结论,不仅令人有玩"文字游戏"的牵强感,更无法在现有物权体系下解释受托人对"信托财产"本身不得享有任何积极利益的问题,因此也是无法令人信服的。

丙的意见既是立法者如此立法的意图所在,也是目前我国法律界对"信托"定义认识的主流观点。② 通过对我国信托法条文的整体分析与把握,应当说丙的意见是成立的。

需要注意的是,虽然回避信托财产所有权归属的立法技术在形式上避免了

---

① 参见黄来纪:《试论我国〈信托法〉的特点》,载《政治与法律》2002年第1期。
② 参见王清、郭策:《〈中华人民共和国信托法〉条文诠释》,中国法制出版社2001年版,第5页;徐孟洲主编:《信托法学》,中国金融出版社2004年版,第98页。

信托制度本土化过程中的理论冲突,但其副作用在于造成了"信托财产"所有权人的缺位。现实中经常发生委托人、受托人和受益人就信托财产权属问题发生纠纷的案例,由于法律意义上的所有权人的不明晰,造成了法律适用上的困难与不统一。

5-1-2 信托与委托代理的比较

✎ 案　情

股民李某于 2004 年长线投资持有 20000 股 M 上市公司股票,但其对 M 公司的主营业务并不十分熟悉。2005 年底,李某同时收到 A 基金公司的"股东表决权委托劝诱书"和 B 信托公司的"表决权信托要约",二者均希望获得在 A 公司股东大会会议上行使李某持有的 20000 股股票表决权的权利。假设 A 公司和 B 公司的投票立场相同(即忽略投票实质因素对李某股东权益的影响),且李某有意委托其中一家代表参加 M 公司的股东大会会议。但现在面对该两份书面文件,李某不知其在法律上有何差异,对其股东权利义务各有何影响,因此决定就此事向律师进行咨询。

➪ 问　题

假设你是李某的咨询律师,请为李某出具一份法律意见书,为其解释表决权代理与表决权信托的法律依据及区别。

➪ 分析意见

首先,应当明确表决权代理与"表决权信托"机制在我国的法律依据。

1. 关于表决权代理。

《中华人民共和国民法通则》第 63 条规定:"公民、法人可以通过代理人实施民事法律行为。

代理人在代理权限内,以被代理人的名义实施民事法律行为。被代理人对代理人的代理行为,承担民事责任。

依照法律规定或者按照双方当事人约定,应当由本人实施的民事法律行为,不得代理。"

《中华人民共和国公司法》第 107 条规定:"股东可以委托代理人出席股东大会会议,代理人应当向公司提交股东授权委托书,并在授权范围内行使表决权。"

2. 关于表决权信托。

表决权信托(voting trust),是指股东根据表决权信托协议将其股份(含表决权)转移到受托人名下,其自身成为股份的"利益所有人"而成立的信托。在表决权信托中,受托人持有的表决权与受益人(通常是委托人)所享有的股份受益相分离。受托人通过股份登记的变更获得独立行使股份的表决权,这使受托人在受托期间行使表决权不受原股份所有权人的干预,受托人因之而可能获取对公司的实质控制权。

表决权信托最早产生于美国公司法,在该机制下,股权所包含的权利——受益权和控制权(表决权)相分离,分别由原股东和受托人享有,这种制度安排有利于享有受益权的股东与获得公司经营管理控制权的受托人的功利最大化。[1]

我国《公司法》虽没有规定"表决权信托机制",但我国《信托法》第7条规定:"设立信托,必须有确定的信托财产,并且该信托财产必须是委托人合法所有的财产。本法所称财产包括合法的财产权利。"股权作为一种合法的财产权利,在没有法律明文限制或禁止的情况下完全可以成为信托财产,可见,"表决权信托"在我国亦不存在法律障碍。

二者在法律权利义务及具体操作程序上的区别主要有以下几点:

(1)两者的权利客体不同。虽然对于表决权代理的代理人和表决权信托的受托人而言,均获得了替代委托人出席股票发行公司股东大会上并行使表决权的权利,但是二者的权利客体却是不同的:表决权代理的客体是股票上附着的表决权,但是作为"表决权信托",虽名称中含有"表决权"三字,实际上客体却是"股权"本身。对此有必要简要阐明。

从表决权信托的鼻祖——美国法律的规定看,"表决权信托的创立是股东根据信托协议条款的规定转让他们股份的法定所有权于一个或几个表决权信托受托人的过程;信托受托人在规定期间内根据指定目的享有受让股份上的专有表决权,而所有权中的其他权利如股息权和其他财产分配权归属于受益人——通常是指原股东。"[2]

而根据信托法一般原理的分析也可以得出相同的结论:信托是一种财产管理制度,其客体首先必须是财产或者财产权利,其次具有管理使用与受益可以相分离的特征。而表决权属于股权中的共益权,属于股东行使参与公司管理决策的权利,无法用确定的金钱单位予以衡量,因此并不具有财产权的属性;而且委托人所享有的受益权亦非表决权的权能,而是股权的受益权能——"分红权",

---

[1] 参见覃有土、陈雪萍:《表决权信托:控制权优化配置机制》,载《法商研究》2005年第4期。
[2] Steven L. Emanuel. Corporations, CITIC Publishing House 2003, p.440.

因此,表决权信托的真正客体应该是股权,而非表决权。

(2) 股权归属的不同。在表决权代理关系中,委托人只是委托代理人行使股权的表决权,股权本身的所有权并不发生转移。而在表决权信托关系中,据上所述,由于其客体是股权本身,因此,欲成立表决权信托,委托人必须将信托财产——股权交付给受托人,根据《公司法》,股权的交付只有"股份转让"一种形式,换言之,受托人要行使股权的表决权就只有成为股权人。

(3) 办理的程序要求不同。在表决权代理的场合,代理人只要向股票发行公司出具委托人的表决权代理授权委托书即可;而在表决权信托的场合,根据《公司法》第140条第1款的规定:"记名股票,由股东以背书方式或者法律、行政法规规定的其他方式转让;转让后由公司将受让人的姓名或者名称及住所记载于股东名册。"以及《信托法》第10条"设立信托,对于信托财产,有关法律、行政法规规定应当办理登记手续的,应当依法办理信托登记。未依照前款规定办理信托登记的,应当补办登记手续;不补办的,该信托不产生效力"的规定,委托人与受托人必须到股票发行公司办理股东名册变更登记。

(4) 办理的时间限制不同。在表决权代理的场合,对于委托人授权代理人的时间并无限制;而在表决权信托的场合,由于涉及股份的转让,根据《公司法》第140条第2款的规定:"股东大会召开前二十日内或者公司决定分配股利的基准日前五日内,不得进行前款规定的股东名册的变更登记。但是,法律对上市公司股东名册变更登记另有规定的,从其规定。"表决权信托的办理时间受到限制。

(5) 表决权行使的权限不同。在表决权代理的场合,代理人的权限只限于被代理人特别授予者为限。而在表决权信托的场合,对于信托文件没有特别约定的表决事项,受托人可以自行决定如何行使表决而不受委托人干预,这也是信托作为财产管理制度与代理最大的区别所在。

(6) 解除的规定不同。在表决权代理的场合,根据《合同法》规定,委托合同的当事人双方均有任意解除权,可随时提出解除合同。而《信托法》对信托合同双方当事人的解除权都是有限制的:对于受托人的解除权,《信托法》第38条第1款规定:"设立信托后,经委托人和受益人同意,受托人可以辞任。本法对公益信托的受托人辞任另有规定的,从其规定。"对于委托人的解除权,《信托法》第23条规定:"受托人违反信托目的处分信托财产或者管理运用、处分信托财产有重大过失的,委托人有权依照信托文件的规定解任受托人,或者申请人民法院解任受托人。"

第50条规定:"委托人是唯一受益人的,委托人或者其继承人可以解除信托。信托文件另有规定的,从其规定。"

5-1-3 信托与赠与的比较

✎ 案　情

刘富与刘琼系同胞兄弟,现刘富居于南方某市,刘琼居于北方老家。刘富德才兼备,担任某大型企业董事长,生活富足;刘琼不学无术,无稳定工作,有赌博、酗酒等恶习,生活无基本保障。某日,刘富回乡省亲,见刘琼之状况于心不忍,意欲赠与刘琼一笔财产以使其免受衣食无着之苦,又担心刘琼获得赠与后,将财产挥霍于赌博酗酒等活动。于是,刘富决定就此问题向律师进行咨询。

➪ 问　题

假设你是刘富的咨询律师,请对此问题运用信托法的原理为李某出具一份法律意见书。

➪ 分析意见

以信托法原理解决该问题,首先要明晰"赠与"与"信托"两种法律行为的区别。

依我国《合同法》的规定,赠与是赠与人将自己的财产无偿给予受赠人,受赠人表示接受赠与的合同;依《信托法》的规定,信托是指委托人基于对受托人的信任,将其财产权委托给受托人,由受托人按委托人的意愿以自己的名义,为受益人的利益或者特定目的,进行管理或者处分的行为。二者主要区别如下:

1. 赠与是一种财产流转关系,赠与人以财产所有权转移给受赠人为目的,信托则是一种财产管理关系,委托人以通过受托人的财产管理行为达到受益人享有受益权为目的。因此,在赠与法律关系中,一旦赠与财产交付受赠人,受赠人即获得了赠与财产的完全所有权,可以按照自己的意志对赠与财产进行任意使用与处分而不受赠与人干涉;而在信托关系中,受益人只取得信托财产的受益权,而并不享有信托财产的占有、使用与处分权能。委托人对信托财产的运用可利用信托条款为自己保留一定的控制权,或者通过控制受托人间接控制或者影响信托财产的管理与处分。

2. 与赠与相比,信托所具有的财产管理功能具有的优越性具体表现在:

（1）具有长期规划功能。如果赠与人并不希望将财产立即交付给受赠人,而是要在受赠人达到一定年龄之后或者在若干年后再交付,或者在此期间赠与人只希望将财产上的收益赠给受益人,在这些情况下,就无法通过赠与达到目的。而信托则具有长期规划的功能。

（2）信托的弹性空间远较赠与大得多。信托利益本身可分为本金和收益,呈现出多样化的色彩,单纯的赠与无法提供这样的弹性空间。

(3)信托设立时,受益人只要能够确定即可,而不必在信托设立时就存在,很显然,赠与不能如此。

对于像本案例中刘琼这样无法合理管理财产的成年人(学理上称为"禁治产人"),美国信托法上有"浪费者信托"(spendthrift trust)制度,是指委托人为保障特殊成年人(指具有浪费财产习惯或者赌博、吸毒等不良嗜好的人)的生活同时防止财产被受益人挥霍浪费而设立的一种信托。它与一般信托相比具有如下特点:

1. 委托人在设立信托文件中明确禁止受益人将受益权用于清偿债务或者转让他人;

2. 在设立信托文件中明确规定受益人利用信托受益的"禁止事项",一旦违反,委托人即享有变更或者终止受益人受益权的权利;

3. 浪费者信托因受益人的过错而终止的,信托财产所有权归信托文件指定的人或者委托人本人。

可见,浪费者信托中受益人受到的法律保护要比受赠人完善得多。一方面,信托因有专业管理人为受益人经营管理信托财产,这样,使信托财产保值增值更有保障;另一方面,受益人滥用受益权及其权益的可能性被大大削弱,从而有力地保障了委托人设立信托保障"禁治产人"基本生活之目的的实现。

我国《信托法》虽没有明文规定"浪费者信托",但其具体条文的设计却为我国的信托委托人利用"信托文件"设立实质意义上"浪费者信托"提供了坚实的法律依据:

《信托法》第47条规定:"受益人不能清偿到期债务的,其信托受益权可以用于清偿债务,但法律、行政法规以及信托文件有限制性规定的除外。"

第48条规定:"受益人的信托受益权可以依法转让和继承,但信托文件有限制性规定的除外。"

第53条规定:"有下列情形之一的,信托终止:

(一)信托文件规定的终止事由发生;

(二)信托的存续违反信托目的;

(三)信托目的已经实现或者不能实现……"

第54条规定:"信托终止的,信托财产归属于信托文件规定的人……"

综上所述,本案刘富完全可以在律师的帮助下依据"浪费者信托"的机理,结合我国信托法的具体规定,设计一份严谨的信托文件,同时将本想直接赠与刘琼的财产委托给值得信赖并对刘琼具有一定监督能力的亲戚、朋友或者组织,由其以受托人的身份占有和管理信托财产,并按信托文件的约定,定期定量地给予刘琼信托财产的受益。

5-1-4 信托的种类

✎ 案　情

王某与李某于 2003 年 5 月 18 日签订证券投资信托合同,合同约定,王某出资人民币 10 万元设立信托财产,指定李某为受托人,由李某利用该信托财产从事 A 股股票交易,受益人为王某的养子侯某,信托合同规定该信托期限为 2 年,到期是否续展由委托人决定;若信托终止,信托财产归委托人所有。

2005 年 5 月 17 日,信托合同规定的期限届满,由于王某与侯某的关系恶化,王某决定不再展期终止信托。此时的信托财产为 A 公司股票 6000 股、B 公司股票 4000 股。同时,王某并与李某约定于 2005 年 6 月 1 日去证券公司办理股票过户登记手续。2005 年 5 月 28 日,A 公司股票大幅上涨,李某在征得王某同意的情况下,将 6000 股 A 公司股票卖出,获得收益 1 万元。

侯某得知此事后,向李某请求给付该一万元收益,李某以王某已指示其信托终止为由予以拒绝,并称该收益应归王某所有。侯某遂向人民法院起诉李某,要求其给付该 1 万元信托收益。

➡ 问　题

假如你是本案的主审法官,你是否会支持侯某的诉讼请求？并说明理由。

➡ 分析意见

按照信托是否依照当事人的意愿设立或者存续,信托可以分为意定信托和法定信托。意定信托是指委托人或者信托当事人主动地人为设立的信托,常见的信托合同、遗嘱信托都属于意定信托,意定信托是信托的最主要的表现形式。法定信托,是指依法律规定而不依委托人或者信托当事人的意思表示而成立或者存续的信托。[①]

我国《信托法》承认并规定了"法定信托",但对其采取了十分谨慎的态度,纵观《信托法》全文,只有第 55 条一处规定了法定信托,这充分体现了我国信托法尊重当事人意思自治和财产权自主的价值取向,值得肯定。

《信托法》第 54 条规定:"信托终止的,信托财产归属于信托文件规定的人……"

第 55 条规定:"依照前条规定,信托财产的归属确定后,在该信托财产转移

[①] 何宝玉:《信托法原理研究》,中国政法大学出版社 2005 年版,第 26—27 页。

给权利归属人的过程中,信托视为存续,权利归属人视为受益人。"

由于现代财产权利的种类日渐丰富和复杂,有些财产权利的转移需要申请、审查甚至变更登记等法定程序,这就势必使财产转移的过程耗费一定的时间。在信托终止的情形,信托财产的归属确定后信托财产转移给权利归属人前,如果存在这样一个较长的期间,且该期间中信托财产产生收益,那么该收益应归属确定的信托财产所有人还是原受益人?

依据《信托法》第55条的规定,我国立法者的态度是将此段期间内原信托当事人之间的关系直接以法律的形式规定为"(存续的)信托关系",而不论信托是否基于原信托当事人的意愿是否终止,这就是典型的法定信托。

具体到本案,2005年5月17日,王某经决定终止信托关系,且依据信托合同,其本人是信托终止后信托财产的权利归属人,这两点都是合法有效的,应当受到法律保护。但问题是王某与李某同时约定,到2005年6月1日才去办理股票过户登记,从2005年5月18日至2005年6月1日这个期间,虽然王某与李某以合同形式约定的信托(意定信托)已经终止,但是适用《信托法》第55条规定的"法定信托",此期间信托财产收益归属于原受益人侯某所有。

综上,法院应当支持侯某要求给付一万元信托财产收益的诉讼请求。

5-2 信托的设立、变更与终止

5-2-1 信托的设立

✎ 案　情

胡甲、胡乙为胡老汉的儿子,胡小甲是胡甲的独子,胡小甲今年(2005年)8岁,胡乙无子女,胡丙是胡老汉的侄子。胡老汉生前,因胡甲和胡乙不孝,胡丙承担了为胡老汉养老送终的义务。胡老汉去世前立下一份书面遗嘱,决定在其死后,遗产平均分割为两份,一份归胡丙所有,另一份设立信托,受托人为胡丙,受益人为胡小甲,胡丙每月从信托财产中支付一定的抚养费给胡小甲,至胡小甲成年后,信托终止,信托财产归胡小甲所有。对于该遗嘱,胡丙一直不知情。胡老汉在临终前公布了遗嘱。

胡老汉死后,胡丙表示愿意接受胡老汉的一半遗产,但是拒绝担任信托的受托人。

胡甲认为根据我国《信托法》第13条第2款规定:"遗嘱指定的人拒绝或者无能力担任受托人的,由受益人另行选任受托人;受益人为无民事行为能力人或者限制民事行为能力人的,依法由其监护人代行选任。"在胡丙拒绝担任信托财产受托人的情况下,他选任自己为该信托的受托人。胡丙对此表示同意。

但胡乙认为,根据我国《信托法》第 8 条规定:"设立信托,应当采取书面形式。书面形式包括信托合同、遗嘱或者法律、行政法规规定的其他书面文件等。采取信托合同形式设立信托的,信托合同签订时,信托成立。采取其他书面形式设立信托的,受托人承诺信托时,信托成立。"遗嘱信托属于"采取其他书面形式设立信托的"情形,既然受托人拒绝承诺,那么依据法律规定,信托根本没有成立,因此也就不存在"受益人",更不存在"受益人另行选任受托人"的问题。据此,他认为既然信托无法成立,则遗嘱关于信托财产的条款无效,该部分财产应按法定继承处理,由胡甲和胡乙继承。

为此,胡乙向人民法院起诉胡丙,请求法院确认该信托未成立,并按法定继承分割该部分财产。

⇨ 问　　题

假如你是该案的主审法官,你将如何处理胡乙的诉讼请求?并说明理由。

⇨ 分析意见

本案涉及我国《信托法》颁布实施以来,受到法律界批评和争议最多的一个问题——继承开始后,在"遗嘱指定的人拒绝或者无能力担任受托人的"情况下,遗嘱信托的效力认定问题。单从胡甲和胡乙各自引证的《信托法》法条来看,二者的诉讼请求都言之有理,应该受到法院支持。但问题是该两个法条均出自《信托法》的第二章"信托的设立",若依据第 13 条的规定可以认为此时信托未成立,若依第 8 条的规定则可以认为信托成立但需要变更受托人。同一法律的同一章节条文之间在逻辑上存在如此明显的矛盾,自然受到了广泛的批评。

立法的失误可以等待法律的修改进行弥补,但是法院对待当事人的诉讼请求,却不得以法律无明确规定为由拒绝裁判。为此,我国法律界人士通过对我国《继承法》相关条文的整体研究,找到了一个解决该问题的权宜之计。

目前法律界对该问题的通说认为:"遗嘱信托"的成立适用《继承法》关于"遗嘱"有效性的规定,遗嘱有效成立的,遗嘱信托亦随之有效成立。在"遗嘱指定的人拒绝或者无能力担任受托人的"情况下,遗嘱信托虽然成立,但并未生效,待由受益人或者受益人的监护人另行选任的受托人接受信托时,信托方才生效。[①]

这样的解释虽然调和了法条之间的矛盾,但显然有牵强之感,毕竟第 8 条已经使用了"成立"的字眼。

---

① 参见王清、郭策:《中华人民共和国信托法条文诠释》,中国法制出版社 2001 年版,第 20 页。

因此对于本案的处理,依据通说,应当驳回胡乙的诉讼请求。同时,胡甲选任自己为受益人的行为是合法有效的。

5-2-2 以诉讼、讨债为目的设立的信托无效

✎ 案　情

三T服务公司是一家以提供"排忧解难"服务为业务的企业,其主要业务包括替当事人道歉、讨债、资信调查、私人侦探等服务项目。郑某对其朋友赖某享有一笔金钱债权,多年讨要未果。某日,郑某看到三T公司的广告后来到该公司,经过与公司业务人员协商后与三T公司签署了一份信托合同,合同约定,郑某以该笔债权设立信托,受托人为三T公司,受益人为郑某。三T公司负责该笔债权的催讨,必要时三T公司可以以自己的名义向人民法院起诉赖某,债权实现后归郑某所有,郑某以实现债权数额的20%给付三T公司报酬。

合同生效后,三T公司遂以自己的名义向人民法院起诉赖某,要求清偿债务。赖某以信托设立无效提出抗辩,请求驳回三T公司的诉讼请求。

➲ 问　题

假如你是本案的主审法官,你将如何处理三T公司的诉讼请求?并说明理由。

➲ 分析意见

委托人以诉讼或者讨债为目的而设立的信托无效,这是各国信托法的一项通行规则。我国《信托法》第11条也规定:"有下列情形之一的,信托无效……(四)专以诉讼或者讨债为目的设立信托……"

这样规定的理由如下:

1. 关于诉讼信托无效

法律否认诉讼信托的有效性,主要是为了避免当事人"滥诉"以及非律师人员利用信托"助诉揽讼",借以谋取不正当的个人利益。这些现象既可能导致司法秩序的混乱,也造成了司法资源的浪费。与《信托法》第11条规定相呼应的法律规定是《律师法》第14条:"没有取得律师执业证书的人员,不得以律师名义执业,不得为牟取经济利益从事诉讼代理或者辩护业务。"

2. 关于讨债信托无效

我国《信托法》审议通过之时,企业之间相互拖欠形成"三角债"的现象甚为严重,各种讨债手段五花八门,甚至出现了专门以讨债为主营业务的讨债公司,它们有些采取非法甚至野蛮的手段,因为讨债而发生债务人或者债权人合法权

益受到侵害的事件时有发生。有鉴于此,我国《信托法》明确禁止当事人借信托之名行讨债之实的行为。

关于在审判实践中如何具体认定"诉讼、讨债信托"的构成要件(律师不在此限),有学者归纳如下:(1)受托人与委托人之间的关系非常单薄,或者根本素昧平生。因为这样的情形很难符合信托"基于信任而托付"的特点。(2)受托人以讨债、揽讼为业而成立信托的。(3)从接受信托到提起诉讼的时间间隔很短。①

综上所述,本案中郑某与三T公司签订的以讨债和诉讼为目的的信托无效,法院应当驳回三T公司的诉讼请求。

5-2-3 设立宣言信托的效力

✎ **案　情**

孙某与李某曾系战友,退伍后一同转业至A市,关系亲如兄弟。某日,李某不幸遭遇车祸身亡,其同事在整理其办公室遗物时,发现了一份遗嘱,遗嘱规定将其遗产全部遗赠给孙某。事后查明,李某系孤儿,生前除妻子外无其他亲属,其与妻子感情不和;其妻在李某死后不久发现已怀有身孕(李某生前并不知情),并最终产下一子李小某。

李小某出生后,孙某认为自己再占有李某的遗产既不符合其生前本意也不符合自己的做人原则,但又不放心把全部财产再赠与李某的妻子,于是在他人的指点下在公开发行的某报纸上刊登了声明,声称将李某遗产从自己的个人所有财产中独立出来设立信托,自己担任受托人,指定李小某为受益人;在李小某成年以前,每月从信托财产中支付李小某一定数额的抚养费,至李小某成年后若信托财产仍有剩余则信托终止,剩余财产归李小某所有。

声明发布后,孙某开始履行自己的承诺。

后由于投资失败,孙某欠下巨额债务,部分已无力清偿。孙某的一个债权人钱某在得知孙某有一笔财产设立了信托之后,经过事实调查和法律咨询,向人民法院起诉孙某,主张孙某设立信托的行为无效,请求强制执行孙某设立信托的财产。

➡ **问　题**

假如你是本案的主审法官,你是否会支持钱某的诉讼请求?并说明理由。

---

① 参见何宝玉:《信托法原理研究》,中国政法大学出版社2005年版,第121—122页。

➡ 分析意见

对于本案的正确理解,应当注意两个重要的法律问题:

1. 关于未为"胎儿"保留遗产份额的遗嘱信托的效力认定问题。

《继承法》第28条规定:"遗产分割时,应当保留胎儿的继承份额。胎儿出生时是死体的,保留的份额按照法定继承办理。"《最高人民法院关于贯彻执行〈中华人民共和国继承法〉若干问题的意见》第45条规定:"应当为胎儿保留的遗产份额没有保留的应从继承人所继承的遗产中扣回。"这两条规定确立了我国继承法中的"胎儿继承份额保留"制度。据此,法院应当首先确认,无论孙某是否发表设立信托的声明或者该声明是否具有法律效力,李某的遗嘱均不产生剥夺李小某继承权的效力,因此,应由李小某(时为胎儿)和孙某平均分割李某的遗产,即李小某对遗产财产享有一半的所有权。

2. 关于"宣言信托"的效力认定。

按照英美信托法理论,委托人通过对外宣言自己担任一定的财产的受托人而设立的信托被称为宣言信托,即委托人对外宣布,将自己所有的一定财产独立出来,为他人利益或者公共利益目的设立一项信托。可见,本案中孙某的公开声明行为就属于典型的"宣言信托"。

然而,大陆法系国家信托法理论普遍不承认宣言信托,主要原因一是委托人作为唯一的受托人持有信托财产,与其固有财产难以有效区分,管理上可能出现问题。如利用宣言信托逃避债务,损害债权人利益。二是认为与信托的定义不符。依信托的定义,设立信托必须有财产权的转移或者其他处分行为,但宣言信托显然不具有这样的特征。

我国《信托法》并没有直接规定"宣言信托"的效力问题,但是该法第8条规定:"设立信托,应当采取书面形式。

书面形式包括信托合同、遗嘱或者法律、行政法规规定的其他书面文件等。采取信托合同形式设立信托的,信托合同签订时,信托成立。采取其他书面形式设立信托的,受托人承诺信托时,信托成立。"

由于到目前为止,尚没有法律或者行政法规规定设立信托可以采用"公开宣告"的方式,因此可以得出我国信托法对"宣言信托"持否定态度的结论。

据此,对于本案的处理,我们可以得出如下结论:

1. 李某遗产的一半归李小某所有,孙某应当向李小某返还。

2. 孙某以"公开宣告"的方式设立的信托因不具有《信托法》规定的"书面形式"而归于无效。孙某在将遗产的一半返还给李小某之后,剩余的信托财产(姑且如此称呼)应当用于清偿其债权人的债务。

5-3 信托财产

5-3-1 信托财产的独立性与委托人之债权人的保护

案 情

据报载,某一家高科技公司近日以其大部分财产设立信托。由于该公司欠多家银行的高额贷款尚未还清,相关银行听闻后大为紧张,担心该公司因此破产,从而造成欠银行的贷款到期后无力清偿的局面。

问 题

假设你是某银行的法律顾问,面对这样的状况,你将如何依据我国《信托法》的规定提出解决该问题的法律意见书?

分析意见

对于本案的法律分析,可从如下三个层次展开:

1. 债务人(即委托人)将其财产交付信托后,其债权人是否不得再就该信托财产执行?

依信托法学原理和我国《信托法》的规定,"独立性"是信托财产最重要的特征——具体表现为"与委托人其他财产相区别"(《信托法》第15条)、"与受托人固有财产相区别"(第16条)和"非依法定情形不得强制执行"(第17条)三个方面。一般认为,信托一经产生,该信托所设定的财产即"自我封闭"——不论是受托人个人固有财产的债权人,还是受托人所管理的其他信托财产的债权人,都不能对该信托财产申请强制执行。

2. 债务人如果以信托方式脱产废债,债权人是否有救济途径?

这个问题又可以分为两种情形:

(1) 若债权人在信托设立之前已经对该信托财产享有担保物权,自可依《信托法》第17条第1款第(一)项的规定直接向法院申请强制执行信托财产。

(2) 若债权人并无上述担保物权,且其债务人(委托人)设立信托的行为直接危害了债权人债权利益的实现,则债权人此时可依《信托法》第12条第1款:"委托人设立信托损害其债权人利益的,债权人有权申请人民法院撤销该信托"的规定向法院申请撤销该信托行为。

在此应特别注意该撤销诉权的"损害债权人"要件——只有在债务人(即委托人)除信托财产无法清偿债务时,债权人的撤销请求才会得到法院的支持,这样规定也是为了保护信托关系的稳定和受益人的合法权益。

嗣后,信托财产所有权又回归债务人,债权人自可对该财产申请强制执行。需要特别提请债权人注意,该条第3款同时规定:"本条第一款规定的申请权,自债权人知道或者应当知道撤销原因之日起一年内不行使的,归于消灭。"

3. 若债务人将其财产全部信托,而债权人又丧失了撤销权,债权人应怎么办?

在这种情况下,债权人可以从如下两个角度尝试实现或者部分实现自己的债权:

(1)债权人应确定债务人(委托人)与受托人间的信托契约存续期间以及信托期间届满后,信托财产是回复债务人所有之状态还是归第三人所有——如果是信托期间届满后信托财产仍归债务人所有,债权人应把握时间,再行强制执行。

(2)信托财产可以分为本金与孳息。本金名义上属于受托人所有,委托人的债权人自不能强制执行,但债权人可注意孳息之受益人为何人——孳息之受益人如为债务人,则债权人可于孳息转移至债务人名下时,申请强制执行该孳息——即信托财产的收益。

5-4 信托关系

5-4-1 委托人的权利与义务

✍ 案 情

2004年3月,夏某出资人民币50万元与A证券公司签订了"证券投资信托合同",合同约定夏某的妻子李某为受益人,A公司为受托人,且该50万元只能用于投资在上海证券交易所上市的A股股票。

2005年底,上交所推出的某A股股票"权证交易",市场反应空前热烈。于是夏某以委托人的身份要求A公司变更信托合同的财产管理方式,以便将信托财产用于权证投资。李某得知此事后,认为权证交易投机风险太大,遂以受益人身份向A公司表示不同意变更信托财产管理方式。A公司工作人员面对两份相反的指示,对于该如何处理产生了分歧,于是决定向公司法务顾问进行咨询。

➡ 问 题

假设你是A公司的法务顾问,请阐明你对此问题的处理意见。

➡ 分析意见

信托的变更,广义上说,包括信托目的、信托条款和信托当事人的变更;狭义上说,主要是指"信托管理方式条款"的变更。此处只讨论狭义的信托变更。

信托财产的管理方式在信托设立确定以后,常可能发生当事人无法预料的变化,从而导致确定的管理方式不利于或者不是最有利于信托目的的实现。在此情况下,不允许变更信托财产的管理方式显然不尽合理,既不利于委托人信托目的的实现,也不利于受益人受益权的实现。尤其考虑到我国当前的实际情况——我国正处在经济体制从转换到完善的历史阶段和世界贸易组织框架下的全球经济一体化进程中,使得当事人设立信托时确定的信托财产管理方式很难预料到未来的变化,如外汇管制的放松、金融衍生工具投资的开发等。因此,我国《信托法》第 21 条规定:"因设立信托时未能预见的特别事由,致使信托财产的管理方法不利于实现信托目的或者不符合受益人的利益时,委托人有权要求受托人调整该信托财产的管理方法。"而根据《信托法》第 49 条第 1 款规定:"受益人可以行使本法第二十条至第二十三条规定的委托人享有的权利。受益人行使上述权利,与委托人意见不一致时,可以申请人民法院作出裁定。"信托受益人也享有同样的权利。

但需要注意的是,公益信托不适用《信托法》第 21 条的规定。《信托法》第 69 条规定:"公益信托成立后,发生设立信托时不能预见的情形,公益事业管理机构可以根据信托目的,变更信托文件中的有关条款。"可见,对于公益信托,公益信托财产管理方式的变更需经公益事业管理机构批准或者决定,委托人或者受益人均不得直接要求受托人予以变更。

至于本案,根据《信托法》第 49 条第 1 款后半段的规定,A 公司可作如下处理:

1. 请夏某和李某自行协商,尽量消除分歧达成一致。

2. 若经协商仍未达成共识,则请李某或者夏某申请法院裁定,A 公司可按照法院的裁定办理。

5-4-2 受托人的权利与义务

✎ 案　　情

2004 年 11 月,A 公司出资人民币 1000 万元与 B 期货公司签订"期货投资信托合同",合同约定,A 公司为受益人,B 公司为受托人,受托人管理信托财产的方式为买卖伦敦金属交易所(LME)上市交易的各种有色金属期货合约。从 2005 年 2 月起,B 公司开始以信托财产买进一年期铜看跌期货,与此同时现货市场铜价小幅上涨。但 B 公司不为所动,持续买进铜看跌期货,直至 1000 万元全部用尽。2005 年底,因交割期临近且现货铜价达到历史新高,公司已无力追加所持有的期货合约的交易保证而被交易所强制平仓。不但信托财产全部损失殆尽,且额外损失 3000 余万元。

事后,A 公司向人民法院起诉 B 公司,要求 B 公司赔偿因投资失误所造成的信托财产损失 1000 万元;B 公司对于 A 公司的诉讼请求,认为该 1000 万元属于信托财产管理的合理损失,不应当由其承担赔偿责任。

➡ 问　　题

假如你是该案的主审法官,你将如何处理该案?

➡ 分析意见

受托人的责任可以分为信托内部责任和信托外部责任。在信托内部,受托人以信托财产为限,按照信托文件的规定,向受益人支付信托利益;同时,受托人在处理信托事务的过程中正常费用和产生的债务,由信托财产承担。在信托外部,主要是对就与受托人就信托财产进行交易的第三人承担的责任受托人应当以信托财产、固有财产承担无限责任,除非当事人另有约定。①

我国《信托法》中关于受托人的责任问题有如下法条规定:

第 32 条规定:"共同受托人处理信托事务对第三人所负债务,应当承担连带清偿责任。第三人对共同受托人之一所作的意思表示,对其他受托人同样有效。

共同受托人之一违反信托目的处分信托财产或者因违背管理职责、处理信托事务不当致使信托财产受到损失的,其他受托人应当承担连带赔偿责任。"

第 34 条规定:"受托人以信托财产为限向受益人承担支付信托利益的义务。"

第 36 条规定:"受托人违反信托目的处分信托财产或者因违背管理职责、处理信托事务不当致使信托财产受到损失的,在未恢复信托财产的原状或者未予赔偿前,不得请求给付报酬。"

第 37 条规定:"受托人因处理信托事务所支出的费用、对第三人所负债务,以信托财产承担。受托人以其固有财产先行支付的,对信托财产享有优先受偿的权利。

受托人违背管理职责或者处理信托事务不当对第三人所负债务或者自己所受到的损失,以其固有财产承担。"

据以上的理论和法律依据,确认本案 1000 万元损失的责任承担问题关键在于受托人在整个期货投资过程中有无"违背管理职责、处理信托事务",明确这一点,则该案的审理就从信托实体问题转化为诉讼证据认定的问题。

至于举证责任的分配问题——到底是由受益人证明受托人存在过错还是由

---

① 参见何宝玉:《信托法原理研究》,中国政法大学出版社 2005 年版,第 241 页。

受托人证明自己没有过错?即对本案到底适用"谁主张谁举证"还是"据证责任倒置"?

对此问题,无论是《信托法》还是《民事诉讼法》均无相应的规定,因此只能从学理的角度加以探讨。笔者认为,鉴于信托制度"财产管理制度"的属性以及"期货投资决策过程高度的专业技术性以及受托人与受益人在此过程中高度的信息不对称性",应适用"举证责任倒置"更具合理性。

5-4-3 受益人的权利与义务——受益人放弃受益权的处理

🔘 案　情

2001年王明出资30万元人民币与某证券公司签订了一份证券投资信托合同,受益人为同时考上大学的儿子王光与女儿王靓,信托期限为9年,信托合同载明,该信托设立的目的在于为王光、王靓提供在校学习和毕业后两年内合理的生活费用。2005年,王靓本科毕业后并没有继续深造,而是找到了一份待遇优厚的工作,王光则由于不学无术而一事无成。于是,王靓向王明和证券公司提出,放弃其对该信托享有的受益权。王明对王靓放弃受益权表示同意,但由于王光在读大学期间交友不慎,染上了赌博的恶习,因此王明向证券公司提出,将王靓的受益权变更由其自己享有,王靓对此表示赞同。王光得知此事后,向证券公司提出,根据有关法律规定,证券公司无权将王靓放弃的受益权变更给王明,而只能作为其他受益人的王光享有。证券公司最终采纳了王光的主张,将王靓放弃的受益权变更给了王光。

王明对此感到无法接受,信托是自己设立的,钱是自己出的,不把受益权转移给儿子也是为了儿子好,而且放弃受益权的女儿也表示同意,为什么就是不能把自己变更为受益人呢?于是,王明去咨询律师。

➡ 问　题

假如你是王明的咨询律师,你将如何解答王明的疑问?你能否帮王明想出一个解决问题的办法?

➡ 分析意见

《中华人民共和国信托法》第46条规定:"受益人可以放弃信托受益权。全体受益人放弃信托受益权的,信托终止。部分受益人放弃信托受益权的,被放弃的信托受益权按下列顺序确定归属:(一)信托文件规定的人;(二)其他受益人;(三)委托人或者其继承人。"

也就是说,在部分受益人放弃受益权的场合,委托人和放弃受益权人的意愿对于被放弃的受益权的归属是毫无影响的。

从表面上看,由于当初王明与证券公司签订信托合同时,对于部分受益人放弃受益权的,被放弃的信托受益权的归属未作规定,证券公司将王靓放弃的受益权变更给王光是符合法律规定的。王明似乎对此无计可施。

但信托合同明确载明:"该信托设立的目的在于为王光、王靓提供在校学习和毕业后两年内合理的生活费用"。那么只要王明有证据表明在王光独自享有该信托受益权时,其受益金额已大大超过了王光在学校维持合理生活的费用,而且该收益有可能被用于与学习和生活无关的不良活动,那么依据《信托法》第53条的规定:"有下列情形之一的,信托终止……(二)信托的存续违反信托目的……"

可见,在王光独自享有信托受益权之后,王明完全可以已"信托的存续违反信托目的"为由向证券公司要求终止信托。

5-4-4 受益人的权利与义务——受益权的转让及其限制

案 情

2003年5月,黄某向洪某借款人民币10万元,双方约定黄某于2005年4月前归还。2005年3月,黄某出资人民币15万元与某证券公司订立"证券投资信托合同",在该合同中,黄某指定自己为受益人,同时载明"受益人的受益权不得用于清偿受益人的债务。"

2005年4月,洪某向黄某要求清偿债务,黄某以其无力偿还为由予以拒绝。经查,黄某除该信托受益权外,无其他可以用来偿还债务的财产。洪某于是要求黄某以该信托受益权偿还债务。黄某拿着信托合同和《信托法》对洪某说:"法律规定了信托文件限制受益权用于清偿债务,受益权就不得用于清偿债务。"

洪某对信托法的规定百思不得其解,于是来到一家律师事务所进行咨询。

问 题

假设你是洪某的咨询律师,你将如何向洪某解释《信托法》的相关规定?你是否可以帮他讨回债权?

分析意见

受益权的转让包括受益人的自愿让与和受益人用受益权清偿债务两种情况。

受益人自愿让与的情况有两种观点:一种认为,受益权作为受益人享有的一种私权、财产权,应当允许受益人按照自己的意志自由让与,但具有人身专属性质和法律禁止转让的权利除外;另一种观点认为,受益人是由委托人在设立信托时指定的,受益权具有一定的人身属性,若允许受益权自由转让,有可能违背委托人设立信托的本意,因此,应当禁止受益权的自愿让与。

应当说,两种观点都有其合理性,但考虑到在委托人不愿接受受益权自由转让的情形,信托当事人可以在信托文件中自行约定限制转让,因此,我国《信托法》采取了"以自由转让为原则,以禁止转让为例外"的立法体例,应当说是非常科学的。《信托法》第48条规定:"受益人的信托受益权可以依法转让和继承,但信托文件有限制性规定的除外。"

对于受益人用受益权清偿债务,我国《信托法》第47条规定:"受益人不能清偿到期债务的,其信托受益权可以用于清偿债务,但法律、行政法规以及信托文件有限制性规定的除外。"

需要特别注意的是,在用受益权清偿债务的场合,对于"信托文件有限制性规定"的情形存在一个例外,那就是当委托人兼任受益人(自益信托)的,如果委托人在信托文件中限制受益权清偿到期债务是为了达到规避债权人追索目的的,该信托合同应属无效合同。对此虽然我国《信托法》无具体的规定,但因为信托合同也是一种合同,所以此时的债权人可以援引《合同法》中关于"无效合同"的规定,主张信托合同无效——《合同法》第52条规定:"有下列情形之一的,合同无效……(三)以合法形式掩盖非法目的……"

综上所述,在本案中洪某可以向法院主张黄某的信托合同无效,进而要求执行黄某用于设立信托的财产。

5-5 信托业法律制度

5-5-1 房地产融资信托的规制与规避

✍ **案　　情**

大象国际信托投资股份有限公司于2004年3月向市场推出了"高校学生公寓优先收益权信托产品"的推介书。该推介书规定:"由于经营管理或者其他原因房信集团(注:资金信托产品拟投入的房地产开发单位)如未能按期足额取得物业经营优先收益权收入,造成偿还信托资金困难,房信集团承诺用其自有财产按期足额给付。由于校方原因学生公寓未能充分使用,高校(注:资金信托产品拟投入的房地产开发单位的合作单位)保证以校方经费补足","该信托产品的预期收益率为4.7%"。

投资者邢某看到该推介书后,对于信托投资公司开出的条件有些动心,但是又对该种信托产品的相关法律规定不是很熟悉,对信托公司的承诺将来能否兑现有些担心。于是,邢某拿着该信托投资产品推介书找到了一位律师进行咨询。

➡ **问　题**

假设你就是邢某的咨询律师,请按照我国现行法律法规的规定对该问题予以解答。

➡ **分析意见**

首先要明确的是,该信托产品属于"房地产融资信托"。

"房地产融资信托"是指房地产开发商借助较权威的信托责任公司的专业理财优势和其运用资金的丰富经验,通过实施信托计划,将多个指定管理的开发项目的信托资金集合起来,形成具有一定投资规模和实力的资金组合,然后将信托计划资金以信托贷款的方式运用于房地产开发项目,待房地产项目开发成功后,为信托受益人带来信托收益。

其次,目前我国法律法规对于房地产融资信托的规制有"一法两规",即《信托法》、《信托投资公司管理办法》和《信托投资公司资金信托业务管理暂行办法》,其中"两规"对房地产融资信托有以下较为明确的禁止性规定:

《信托投资公司管理办法》第 32 条:"信托投资公司经营信托业务,不得有下列行为……(三)承诺信托财产不受损失或者保证最低收益……"

《信托投资公司资金信托业务管理暂行办法》第 4 条:"信托公司办理资金信托业务时应遵守下列规定……(四)不得承诺信托资金不受损失,也不得承诺信托资金的最低收益;(五)不得通过报纸、电视、广播和其他公共媒体进行营销宣传。信托投资公司违反上述规定,按非法集资处理,造成的资金损失由投资者承担"。

《信托投资公司资金信托业务管理暂行办法》第 6 条:"信托投资公司集合管理、运用、处分信托资金时,接受委托人的资金信托合同不得超过 200 份(含200 份),每份合同金额不得低于人民币 5 万元(含 5 万元)"。

最后,要认识到虽然存在上述法律禁止性规定,但也有不少房地产融资信托项目在推出时有针对性地采取了规避手段,具体来说:

第一,信托计划虽不公开承诺保底,但是往往通过一些方式暗示提供保底保证。本案例推介书中"房信集团承诺用其自有财产按期足额给付"、"高校保证以校方经费补足"的规定即属于"暗示提供保底保证"。

第二,信托计划虽不保证最低收益,但几乎无一例外都有预期收益率,而且很多信托产品的预期收益率可精确到小数点后 2 至 3 位。如,北京商务中心区土地开发项目资金信托计划的预期收益率为 4.8%,"三环新城"经济适用住房开发建设项目资金信托计划的预期收益率为 4.5%。本案例推介书中亦有此类规定。

第三,信托投资公司利用分解项目的方法将原本一个项目分解为若干项目,从而达到规避"接受委托人的资金信托合同不得超过200份(含200份)"的限制。

上述法律规避行为无疑将影响投资者的决策。对于非专业知识的投资者来讲,极可能基于对"承诺保底"和"预期收益"的信赖作出投资决策——购买该信托产品。但当"承诺保底"与"预期收益"不能兑现时,委托人的权利如何救济?

《信托投资公司管理办法》第75条规定:"信托投资公司违反本办法第三十二条规定的,由中国人民银行责令限期改正,并处以1万元以上3万元以下的罚款;对直接负责的主管人员和其他直接责任人员依法给予纪律处分,并由中国人民银行取消高级管理人员的任职资格和从业人员的从业资格。构成犯罪的,由司法机关予以追究刑事责任"。

《信托投资公司资金信托业务管理暂行办法》第21条规定:"信托投资公司违反本办法规定的,由中国人民银行按照《金融违法行为处罚办法》及有关规定进行处罚;情节严重的,暂停或者直至取消其办理资金信托业务的资格。对有关的高级管理人员,中国人民银行可以取消其一定期限直至终身的任职资格;对直接责任人员,取消其信托从业资格"。

审视以上现有法律规定不难看出,如果"承诺保底"与"预期收益"不能兑现,信托投资公司只可能承担行政责任与刑事责任,但这两种责任形式均不能为委托人提供直接的权利救济。

综上所述,购买此类房地产信托融资产品,一旦投资者与信托公司之间就信托公司的违规承诺产生纠纷,投资者的利益是很难获得保障的。

第六章 期货法①

6-1 期货与期货市场

6-1-1 期货市场的功能

✎ 案 情

1997年3月,浙江省某粮油总公司总经理与业务合作单位黑龙江省某粮油集团,代表双方单位达成了常年供应大豆合同协议,通过黑龙江省由某集团收购现货大豆,每月发往浙江省某粮油总公司。1997年初,美国大豆期、现货价格连续上涨,已经上升到一个相对历史高位区,当时预计CBOT大豆期货价格将会在900美分/蒲式耳左右构成顶部区。受此影响,我国大连期货大豆也攀升到3380元/吨左右,但黑龙江产地现货大豆还处于2850元/吨的较低水平。另一方面,随着玉米、小麦的供大于求,美国扩大了大豆的种植面积,巴西、阿根廷等国家大豆也获得了丰收。上述两家公司决定:在大连期货市场9707、9709两个月合约上分四次开仓,卖空大豆。不久,CBOT市场随着大豆交割月交易结束,美国芝加哥市大豆仓库汇集了近百万吨大豆现货,结果期、现货市场连环一路下跌,带动国际大豆价格持续下跌,回到2800元/吨左右的现货水平。仅此一个回合的套保交易,加上大豆交货交割后,就净盈利几百万元。②

➲ 问 题

请分析上述案例中给出的信息,说说你对期货市场功能的理解。

➲ 分析意见

上述案例中,美国、大连期货市场大豆期货价格的上涨和之后的下跌,体现了期货市场的价格发现功能。与期货交易相比,现货交易多是分散的,现货交易所反映的价格以及供求关系的信息也是零散和片面的,准确和真实程度较低。用现货市场的价格指导经营决策时,现货价格的滞后性往往也会造成决策的失

---

① 本章由张沁编写整理。
② 参见 http://www.hhqh.com.cn/last.asp? id=1969,和合期货网,访问时间:2006年1月17日。

误。期货市场是一个公开、公平、高效、竞争的市场,所有的期货合约买卖都必须在期货交易所内公开竞价进行,不允许场外交易,保证了交易价格的全面性;期货交易的参加者众多,且大都对交易的商品行情有丰富的经验和科学的预测、分析方法,保证了交易价格的可靠性;期货交易的价格必须通过期货交易所公布于众,保证了价格的公开性。期货交易是一种远期交易,通过期货市场的价格可以反映出交易者对于未来价格的预期。

两公司抛出大豆期货并获得盈利的做法,是充分利用期货市场套期保值功能的例证。套期保值,是指把期货市场当作转移价格风险的场所,利用期货合约作为将来在现货市场上买卖商品的临时替代物,对其现在买进准备以后售出商品或对将来需要买进商品的价格进行保险的交易活动。主要包括买入套期保值和卖出套期保值两种方法,上述案例属于前一种。1997年初国际大豆期货价格持续上涨,紧随其后的是在供求关系的调节下,各地大豆种植面积的扩大以及大豆的大丰收。由此可以预见大豆的期货价格已经进入了一个高位区,随着现货大豆大量涌入市场,期货市场的大豆价格必定会下降。本案中的两公司利用现货价格与期货价格之间的差异抛售期货合约,获得了盈利,正是利用期货市场与现货市场之间的价格差,规避了价格下跌的风险。等期货市场的价格回落之后,两公司即可以买入大豆实现平仓。

6-2 期货交易所法律制度

6-2-1 期货交易所的职责

☞ 案 情

1995年9月1日,广东汇储期货经纪有限公司(下称汇储公司)申请成为海南中商期货交易所(下称中商所)全席结算会员,开始从事期货交易,并声明其受该交易所规章的制约。至1997年7月30日,汇储公司持有R708共2600手,R709、R710若干;当天正常交易闭市后,中商所根据以中期交所发(1997)43号《关于严格控制R708合约市场风险有关多项的通知》,1997年7月30日将保证金提高至10%,汇储公司递出现保证金不足,应加保证金9688162.91元。7月31日暂停交易,汇储公司追加保证金479000元,并于8月1日开市前追加保证金9250000元,至此保证金全部补足并已超出40837.09元。但当日交易闭市后,汇储公司又出现保证金不足情况,应追加保证金16805845.41元。8月5日,汇储公司在开市前未补足保证金,而保证金率再次提高至25%。8月7日,中商所以中期交所发(1997)50号《关于8月8日其R708合约缩小涨跌停及限制等的通知》决定:自1997年8月8日起,R708合约缩小涨跌停板限制为每吨正负20元即可交易。8月11日R708合约的交易保证金率提高至30%;8月13日,提高至80%。期货市场价格自8月4日至8月15日连续八日跌停;8月14日、18日分别对汇储公司所持R708强制平仓177手和125手;并平仓了大量的R709和R710。至8月18日,汇储公司仍持有R708多头2298手。19日中商所将汇储公司所持的R708多头2298手按交割处理。8月28日,中商所通知汇储公司:由于你司在票据交换日之前未向本所交存足额货款,其中2298手构成违约,根据本所《交割制度》,现决定从你司账户划收相当于货款总值20%违约金,计25645680元;不足部分14743975.71元,限你司七日内补足。汇储公司接到通知后,没有按时补足交割违约金。后中商所分别于1998年5月25日、1999年8月16日、1999年9月1日向汇储公司发出催收欠款函,要求汇储公司交付有关拖欠款项未果。

1998年12月1日,厦门大学会计师事务所《关于海南中商交易所R708合约动用风险准备金的专项审计报告》中表明,中商所为汇储公司垫付了违约金14743975.71元。

中商所认为,在期货交易市场行情发生剧烈变化之时,汇储公司没有及时减仓,也未能及时注入足够的保证金,至交割日又不能交存足额的货款,已构成违约。汇储公司认为,1997年7月30日,汇储公司所持R708合约2600手的保证金已出现严重不足,中商所违反交易规则,没有对汇储公司进行强制平仓,导致后来需追加巨额保证金的后果。8月1日开市前,汇储公司补加保证金925万元,但该日开始后市场行情变化巨大,汇储的保证金立即又出现不足。中商所又未进行强制平仓,导致后来需追加保证金1680万余元的严重后果。中商所也违反公平、公正、诚实信用原则。中商所在8月14日这天对汇储持有的R708合约仅强制平仓177手,而在同一天却对上海中期、海南金达的持仓分别强制平仓2707手、2558手,减仓比例高达93.12%和92.75%。中商所几次召开大户会议,讨论、研究R708合约问题时,均没有通知汇储公司参加。由于汇储公司受到不公正对待,致使中商所遭受巨大损失。[①]

➡ 问 题

(1)案例中中商所的做法是否违法。

(2)你是否支持汇储公司的观点?请说明理由。

---

① 参见 http://www.pkufli.net/Finance_Case_View.asp? CaseID=1949,http://www.pkufli.net/Finance_Case_View.asp? CaseID=3578,金融法网,访问时间:2006年1月20日。

➲ **分析意见**

结合《期货交易管理暂行条例》和《期货交易所管理办法》的规定,期货交易所的主要职责有:(1)提供期货交易的场所、设施和服务;(2)设计期货合约、安排期货合约上市;(3)组织、监督期货交易、结算和交割;(4)保证期货合约的履行;(5)制定和执行《期货交易管理暂行条例》第35条规定的风险管理制度;(6)制定并实施期货交易所的业务规则;(7)发布市场信息;(8)监督会员期货业务,查处会员违规行为;(9)监管指定交割仓库的期货业务;(10)监督结算银行与本所有关的期货结算业务;(11)中国证监会规定的其他职能。

从中可以看出,期货交易所负有制定有关期货交易的业务规则,监督会员的交易行为,并对会员的违规行为进行查处的职能。期货交易所制定的有关期货交易的业务规则包括:(1)期货交易、交割和结算制度;(2)经纪和自营业务规则;(3)风险控制制度和交易异常情况处理程序;(4)保证金的管理和使用制度;(5)标准仓单的生成、流转、管理及注销等规则;(6)期货交易信息的发布办法;(7)违规、违约行为及其处理办法;(8)交易纠纷的处理方式;(9)需要在交易规则中载明的其他事项。期货交易所制定的交易规则涉及期货交易的各个方面,期货交易所的会员在进行期货交易时,必须遵守期货交易所制定的交易规则。交易所对会员负有监督的职能,如果发现会员有违反交易规则的情况,交易所有权对会员进行惩处。

联系本案来看,广东汇储经纪有限公司是海南中商所的会员,应该遵守中商所的《交易规则》和《结算制度》。根据案情交代,由于期货市场行情出现变化,中商所作出了提高R708合约交易保证金率的决定。在第一次提高R708合约保证金率后,汇储公司出现保证金不足,但随后补足了保证金。在第二次及以后几次提高保证金率的情况下,汇储公司保证金又出现不足,但汇储公司没有补足。中商所在期货行情发生较大变化的情况下,提高了某种合约交易的保证金率,其目的是为了控制交易风险。根据上述期货交易所制定的交易规则内容之第(3)、(4)项,中商所的行为是符合法律规定的。汇储公司作为中商所的会员,应该遵守中商所的决定及时补足保证金,但汇储公司没有持续这么做,违反了交易所的交易规则。根据上述期货交易所职能之第(8)项,中商所有权对汇储公司的违规行为进行处罚。本案中,中商所对汇储公司所持有的R708、R709、R710合约进行了一定程度的平仓,之后汇储公司手上剩余的R708合约进入实物交割。由于汇储公司在2298手R708合约进入交割时没有在中商所交存足够的货款,中商所遂认定汇储公司违约,作出了向汇储公司收取货款总额20%的违约金的决定。中商所的做法符合法律法规对期货交易所职能的规定,是合适的。

关于汇储公司的观点,分析如下:

首先,汇储公司认为,1997年7月30日,其所持R708合约2600手的保证金已出现严重不足,中商所没有对汇储公司进行强制平仓,导致后来需追加巨额保证金的后果。从案情来看,汇储公司在7月30日虽然出现保证金不足,但是其在8月1日开市前补足了保证金,所以作为中商所而言,没有权利也没有时间对汇储公司的R708合约进行强制平仓。其次,在汇储公司保证金出现不足的情况下,汇储公司认为中商所对汇储公司的平仓违反了公平、公正、诚实信用原则,在8月14日这天对汇储持有的R708合约仅强制平仓177手,而在同一天却对上海中期、海南金达的持仓分别强制平仓2707手、2558手,减仓比例高达93.12%和92.75%,汇储公司的这种说法也很牵强。中商所对汇储公司已经进行了强制平仓,至于平仓的比例没有统一的标准。虽然在数据上比例很悬殊,但是交易所对会员的平仓受到期货市场行情的制约,不能仅看表面的数据就认定交易所有失公正。仅根据该种说法以及汇储公司提出的关于中商所在召开大户会议时没有通知汇储公司等情况,仍然无法认定中商所在此次平仓中有失职行为。

6-3 期货经纪公司法律制度

6-3-1 期货经纪公司的设立、变更和解散

✍ 案 情

1995年12月,张兆鹏在中国金谷公司上海中山北二路证券交易营业部(下称"营业部")开设期货交易账户。同年12月18日与营业部签订补充协议一份,约定张兆鹏在营业部操作股票及期货等证券业务。但双方没有签订"期货交易客户委托合同"、"期货交易风险说明书"等合同。之后,自1996年1月11日起至同年3月12日,张兆鹏在期货账户共投入资金288万元,并当面口头向营业部下达期货交易指令,进行涉及上海粮油商品交易所、上海商品交易所、天津联合期货交易所及北京商品交易所等的上海胶版、海南咖啡、天津绿豆等期货交易。自同年2月9日和29日起,张兆鹏陆续在营业部出具的期货交易"客户结账单"和"期货交易订单"上签字确认。其中"客户结账单"反映了客户当日的期货交易记录、期货持仓记录和账户资金状况。至此,张兆鹏用当面、电话或书面形式共委托营业部进行497笔期货交易(其中张在275笔期货交易订单和142笔客户结账单上签字确认),亏损保证金共计1323915.43元。期间,张兆鹏于1996年6月18日至1997年1月3日,陆续从期货账户中提取资金共计1529000元。1997年2月26日,营业部在未书面通知张兆鹏追加保证金的情况

下,对上述20手合约强行进行平仓,亏损27600元。

另外,营业部系中国金谷国际信托投资有限公司下属分支机构,经营范围为代理买卖上海证券交易所上市或市内上柜的有价证券、证券代保管、证券投资咨询等业务。①

➡ **问　　题**

(1) 金谷公司上海中山北二路证券交易营业部是否有权进行期货交易?

(2) 结合期货交易的特点,分析《期货经纪公司管理办法》中有关设立期货经纪公司及其分支机构的规定。

➡ **分析意见**

根据期货法规的规定,设立期货经纪公司必须满足法定的要件,包括最低注册资本、从业人员资格、经营场所、交易设施、管理制度等方面的要求。②满足法定条件之后,必须经过中国证监会的审批,取得证监会颁发的期货经纪业务许可证,并在国家工商行政管理局登记注册。根据规定,期货经纪公司可以申请设立营业部。申请设立营业部的期货经纪公司必须具备下列条件:(1) 申请人前一年度没有重大违法违规记录。(2) 拟设营业部的负责人及从业人员具备任职资格。(3) 期货经纪公司对拟设营业部有完备的管理制度。(4) 拟设营业部有符合经纪业务需要的经营场所和设施。(5) 中国证监会根据审慎监管原则要求的其他条件。③满足上述条件的期货经纪公司可以申请设立营业部,经过证监会批准,取得经营许可证,并在工商行政管理局登记注册。营业部不是独立的法人,它只能在期货经纪公司的授权范围内开展业务,所产生的民事责任由期货经纪公司承担。

从本案看,上海中山北二路营业部系中国金谷国际信托投资有限公司下属分支机构,经营范围为代理买卖上海证券交易所上市或市内上柜的有价证券、证券代保管、证券投资咨询等业务。该营业部的业务范围仅限于证券交易,没有取得进行期货交易的特许资格。所以,本案中,该营业部没有资格进行期货交易,它与张兆鹏签订的协议是无效的。

关于《期货经纪公司管理办法》中对期货经纪公司及其分支机构设立的相关规定,笔者认为,法律之所以采用严格的审批制,与期货交易、期货市场的独特之处分不开。

---

① 参见 http://www.pkufli.net/Finance_Case_View.asp?CaseID=999,北京大学金融法研究中心网站,访问时间:2006年2月18日。
② 参见《期货交易管理暂行条例》第21条,《期货经纪公司管理办法》第5条。
③ 参见《期货经纪公司管理办法》第7条。

在期货市场这个风险配置市场上,从个体参与者的微观层面看,有人在利用市场投机,有人在套保;从参与群体的中观层面看,有群体在利用市场作风险管理,有的群体在试图利用、甚至扩大市场价格的扭曲和非理性,以谋取潜在利益;但从宏观层面看,期货市场是一个通过多空双方广泛参与、预期价格变动、保证金杠杆等市场机制完成社会风险自动配置的场所。其中,通过充分竞争和理性决策,人们可以进行风险转移、风险管理,也可以得到一个可供参考使用的合理价格。但在市场种种不完备约束条件下,如资金操纵、信息不对称等,市场可能使风险转移反向,殃及那些风险厌恶者,让市场投机者获利,甚至市场也会形成价格乖离。所以说,与现货市场相比,期货市场是一个高风险的领域,其风险的易发性和严重性远较其他市场风险为甚,投资主体结构是一个重要的风险触发源。稳定、理性、结构合理的投资主体是一个成熟期货市场的基础和内在的稳定因素,尤其对处于发展中的中国期货市场而言,投资者的培育和建设对期货市场的平稳运行、经济功能的顺利发挥进而对流动性、风险控制有着尤其深远的意义。

所以,构建一个稳定、合理的投资主体结构是有效控制期货市场风险的重要措施,《期货经纪公司管理办法》对于期货经纪公司及其分支机构设立的相关规定,从本质上正是出于这个立法目的。通过设置市场准入条件,筛选理性、专业的期货交易主体进入期货交易市场,减少因为投资主体的非理性行为而导致的价格扭曲,将期货交易的风险控制在一定范围之内,从而促进期货市场对交易风险进行合理配置。

6-3-2 期货经纪商的权利和义务

✍ 案 情

1995年10月2日,杨伟与海南海信期货经纪有限公司苏州办事处(下简称海信公司苏州办事处)签订一份期货交易委托合同书,约定杨伟委托该办事处代理其进行郑州商品交易所、北京商品交易所及海南中商期货交易所(以下简称中商所)交易范围内的期货交易,委托方式为书面委托。与此同时,杨伟还签署一份由海信公司制作的期货交易风险揭示书,填具开户登记表。杨伟的客户代码定为800005,交易保证金标准为5%。同日,杨伟即向该办事处缴纳交易保证金人民币10万元。同年10月19日、10月23日、11月8日,杨伟又三次向该办事处缴纳交易保证金共92万元。杨伟通过海信公司在中商所800005代码下的交易时间为1995年10月24日至同年1996年1月16日,自1995年10月19日至同月23日,办事处收取杨伟交易手续费为单边每手30元,自1995年10月24日至同年12月19日,交易手续费调整为单边每手25元;自1996年1月起,又调整为单边每手32.5元。1996年1月16日后,杨伟交易保证金账户已无资金。

通过调查,杨伟于1995年10月19日至1996年1月16日间,共委托海信公司苏州办事处在中商所交易期货合约1960手,实际交易2648手,交易手续费共计6.7775万元,平仓亏损共计73.672万元。杨伟交付的保证金102万元在扣除上述手续费和平仓亏损后,余额应为人民币21.5505万元。海信公司认为该款项也是杨伟委托交易后的正常亏损。但表示委托单及结算单已经被盗,对该剩余保证金的亏损情况不能举证。①

➡ 问 题

联系期货经纪公司的权利与义务的相关规定,分析本案中海信公司、海信公司苏州办事处是否存在违法行为?杨伟的损失应当由谁承担?

➡ 分析意见

期货经纪公司的权利包括:(1)佣金请求权。期货经纪公司是以获取期货佣金为目的的公司,每一笔期货交易之后,期货经纪公司都可以向客户收取手续费。本案中,自1995年10月19日至同月23日,海信公司苏州办事处收取杨伟交易手续费为单边每手30元,自1995年10月24日至同年12月19日,交易手续费调整为单边每手25元;自1996年1月起,又调整为单边每手32.5元。体现了期货经纪公司的佣金请求权。(2)保证金请求权。保证金是期货交易者进行期货交易时交纳的一定比率的履约保证金,用来作为确保买卖双方履约的一种财力担保。如本案中保证金比率是5%。(3)强制平仓权。当客户所持未平仓合约与当日交易结算价的价差亏损超过一定比率后,客户又未在规定期限内缴纳追加保证金的,期货经纪公司有权将客户在仓合约强行平仓,以降低保证金水平和减少风险。本案中没有体现期货经纪公司的强制平仓权。(4)留置权。在期货交易中,当客户不履行给付佣金、违约金等费用时,期货经纪公司作为债权人,可以行使留置权。本案中对此也没有体现。

期货经纪公司的义务包括:(1)风险提示义务。期货经纪公司负有向客户提示风险的义务,并且必须在营业场所置备期货交易相关法规、期货交易所交易规则、经纪业务规则及其细则供投资者查阅。本案中,杨伟签署了一份由海信公司制作的期货交易风险揭示书,证明海信公司履行了向杨伟提示风险的义务。(2)执行客户交易指令的义务。期货经纪公司应当在客户的授权范围内,执行

---

① 参见 http://www.pkufli.net/Finance_Case_View.asp?CaseID=1691,北京大学金融法研究中心网站,访问时间:2006年2月20日。

客户的交易指令,以期货公司自己的名义,为客户的利益进行期货交易。本案中,杨伟委托海信公司苏州办事处交易了 1960 手,但该办事处共交易了 2648 手,可以看出其中的 600 余手交易没有得到杨伟的委托,该办事处没有正确履行执行客户交易指令的义务。该 600 余手期货交易的亏损后果应该由海信公司承担。(3)向客户报告的义务。本案中没有交代。(4)替代履约义务。由于期货经纪公司是以自己的名义订立交易合同,所以期货经纪公司必须承担合同义务,或为实物交割,或为金钱给付,都属于期货经纪公司的替代履约义务。本案中没有体现。(5)交付及转移交易结果的义务。包括交付和转移期货合约以及交易所获得的利益。本案中,海信公司苏州办事处没有指令而进行的 600 余手交易,应该由海信公司赔偿杨伟的损失。对于杨伟保证金亏损的余额 21 万余元,也理应归还。其余损失属于正常的交易损失,应当由杨伟自己承担。

6-4 期货交易基本法律制度

6-4-1 期货交易主体资格限制制度

✍ 案 情

1998 年 11 月 29 日,赵健与上海住总物资总公司(下称住总公司)下属的期货交易部签订期货交易合同书、委托代理协议书、风险揭示声明书、调拨自己授权书,约定赵健在其交易专用账户内存入的保证金只能用于有关交易所的商品交易,住总公司不得将赵健的该款项挪作他用。1999 年 3 月 4 日,赵健投入保证金 5 万元,开始在期货交易部从事商品期货交易。交易部出具保证金 5 万元的收据给赵健。2000 年 3 月 8 日交易部终止期货交易。此后,赵健向法院起诉要求住总公司返还保证金 5 万元,并赔付 5 万元。

法院经审理查明,住总公司下属期货交易部在代理赵健进行期货交易期间,没有经过工商行政部门的核准登记,没有代理业务资格。赵健所提供的有关住总公司期货交易部成交合约清单与上海商品交易所提供的成交清单不符,住总公司下属期货交易部也无法提供代理赵健进行期货入市交易的证据。

➡ 问 题

分析上述案例,假设你是受理此案的法官,你认为该如何处理?为什么?

➡ 分析意见

期货交易是高风险的职业,对于交易主体有着相当严格的要求。根据 1999 年 9 月 1 日施行的《期货交易管理暂行条例》第 28 条规定,在期货交易所内进行期货交易的,必须是期货交易所会员。期货交易所会员应当是在中华人民共和国境内登记注册的企业法人。该条例第 8 条第 2 款规定,期货交易所会员由期货经纪公司会员和非期货经纪公司会员组成。期货经纪公司会员只能接受客户委托从事期货经纪业务,非期货经纪公司会员只能从事期货自营业务。设立期货经纪公司除了要满足相应的实质条件之外,还必须经过中国证监会批准,取得中国证监会颁发的期货经纪业务许可证,并在国家工商行政管理局登记注册。

从本案的案情看,首先住总公司下属的期货交易部不属于独立的企业法人;其次,案情没有涉及该期货交易部是否得到中国证监会的批准,但从该交易部如此草率地终止自己的业务看,很可能没有取得期货经纪业务许可证;最后,法院调查得出,该期货交易部没有到工商行政管理局进行登记注册。综上可以得出结论,住总公司下属的期货交易部没有代理他人进行期货交易的资格,属于违反法律规定擅自进行期货经纪业务的行为,该期货交易部与赵健签订的商品期货交易合同无效。住总公司应当返还保证金,并支付相应利息。关于 5 万元的赔偿责任,由于没有法律依据,不予支持。

6-4-2 期货交易保证金制度

✎ 案　情

1995 年 7 月 7 日俞元楼、俞冬青与南京中期期货经纪有限公司(下称中期公司)签订了国内期货、期权、远期合约及现货业务委托代理协议书等文件。约定:乙方(俞元楼、俞冬青)在进行期货、期权、远期合约及现货交易时,应按照甲方(南京中期公司)的要求在其账户内存有足够数额的保证金,并随时按甲方的要求存入追加保证金;甲方提出追加保证金要求后,乙方应及时和充分地执行,否则甲方在不事先通知的情况下,有权对乙方的部分或全部开口头寸予以强行平仓;甲方在制定和修改保证金水平方面拥有绝对自主权等。同年 9 月 12 日,南京中期公司发出《关于降低交易保证金,提供强行平仓标准的通知》,规定强行平仓标准调整为南京中期公司规定的初始保证金的 100%;当客户保证金达到或低于公司初始保证金的 120% 时,向客户发出追加保证金通知,客户需在通知规定的时间内将追加资金打入南京中期公司,在追加保证金到账前,客户不得开新仓;当客户保证金低于初始保证金的 100% 时,南京中期公司有权在不通知客户的情况下,对该客户所持有头寸进行强制性部分或全部平仓。10 月 18 日,俞氏账户上尚存保证金 19724.64 元,未平合约所需保证金 18908.53 元,保证金低于初始保证金的 120%。根据双方约定及南京中期公司的规定,在此情况下,南京中期公司应向俞发出追加保证金通知书。但南京中期公司未能提供合法有效的证据,证明其在 10 月 18 日履行了上述义务。10 月 19 日原告在未收到追加保证金通知书的情况下,自行在南京中期公司南通分部追加保证金22500元,并成交了6手绿豆,当时实际可运用资金应为负583.18元。10月19日13时30分,南京中期公司以电报形式向俞元楼发出了一份未明示期限及金额的追加保证金通知。10月20日开盘后,南京中期公司即对俞元楼仓内的45手绿豆进行了强制平仓,此次强制平仓给俞元楼、俞冬青造成经济损失42600元。此后,经原告多次与南京中期公司所属的南通办事处交涉,双方于10月27日达成协议,南通办事处支付给俞元楼1万元人民币,并承诺对其继续交易的手续费给予优惠,累计至3万元为止。俞元楼和俞冬青收取1万元后不愿再继续交易,南通办事处承诺优惠3万元手续费未能兑现。①

⊃ 问　题

(1) 分析交易保证金的作用。
(2) 在保证金的运行中南京中期公司的做法存在哪些错误?

⊃ 分析意见

期货交易保证金是指交易者按照期货合约价格的一定比率交纳的少量资金,②交易者只要交纳交易保证金作为履行期货合约的财力担保,就可以参与期货合约的买卖。作为期货交易的最主要的特征之一,期货交易保证金具有非常重要的作用,表现在以下几个方面:(1) 期货交易保证金降低了期货交易成本,用少量的资金就可以进行大量的交易,发挥了期货交易的资金杠杆作用,促进期货市场套期保值功能的发挥。(2) 期货交易保证金制度保证了每一笔交易都有与其面临风险相适应的资金,为期货合约的履行提供了财力担保。(3) 通过提高或者减低保证金比率,可以控制投机的规模,稳定期货市场。

从保证金的性质看,它是一种补偿金,其目的是防止交易者违约。对期货经纪公司而言,在客户的保证金水平低于某一限度时,经纪公司有权对客户进行强制平仓。当对违约者进行强制平仓时,希望这种补偿金能够足以弥补平仓造成的亏损,避免违约者转嫁风险。正因为期货交易保证金具有的重要作用,法律对于期货交易保证金的收取、运用和管理等都进行了严格的规定,期货经纪公司如果要向客户收取保证金,收取的比率不得低于中国证监会规定的标准;客户的交易保证金必须与自由资金分户存放,保证金仍属于客户所有;对保证金必须做到专款专用,除了按照中国证监会的规定为客户向期货交易所交存保证金、进行交

---

① 参见 http://www.pkufli.net/Finance_Case_View.asp?CaseID=802,北京大学金融法研究中心网站,访问时间:2006年2月22日。
② 对于该比率的规定,各国均不相同,但一般都在5%—20%之间。

易结算之外,严禁期货经纪公司将客户的保证金挪作他用。期货经纪公司在客户保证金不足而客户又未能在期货经纪公司统一规定的时间内及时追加时,应当将该客户的期货合约强行平仓。但是,进行强制平仓必须满足两个要件:一是期货经纪公司必须履行追加保证金通知义务。保证金制度的本意在于控制期货交易风险,防止因交易者的过度投机而产生不理性的市场波动。由于期货市场的瞬息万变,客户出现保证金不足是十分正常的情况,追加客户保证金的通知义务是对客户的一种警示,目的在于敦促客户追加保证金,以降低期货交易经纪公司的交易风险,如果没有履行通知义务便强行平仓,不仅有损于客户的利益,也与该制度的立法本意相悖。追加保证金通知必须及时并以适当的方式作出,及时是指期货经纪公司应当在客户的保证金未能达到双方约定时即行通知;适当的方式是指应当按照交易惯例以书面的方式作出。二是期货经纪公司对客户进行强制平仓应当遵守适度性要求。强制平仓的目的在于通过卖出适当数量的期货合约,使得客户保证金足以维持剩余的在仓合约。期货经纪公司进行强制平仓应当与客户保证金的短缺数量相适应,做到适度与公平。

  从本案中看,中期公司的错误之处在于:(1) 在1995年10月18日这一天,俞元楼、俞冬青的保证金低于初始保证金的120%,按照法律的规定以及南京中期公司发出的《关于降低交易保证金,提供强行平仓标准的通知》的要求,南京中期公司应当向俞发出追加保证金的通知。按照及时以及适当方式的要求,中期公司应当在18日当天以书面的形式发出通知。但从案情陈述中可以看出,中期公司无法提供相应的证据证明这一事实。虽然10月19日俞在未收到追加保证金通知书的情况下,自行在南京中期公司南通分部追加保证金22500元,但这仅仅是俞的自觉行为,并不能证明中期公司履行了通知义务。10月19日13时30分,南京中期公司以电报形式向俞元楼发出了一份未明示期限及金额的追加保证金通知。该通知也无法证明中期公司正确履行了及时通知义务。(2) 根据南京中期公司发出的《关于降低交易保证金,提供强行平仓标准的通知》的规定,当客户保证金低于初始保证金的100%时,南京中期公司有权在不通知客户的情况下,对该客户所持有头寸进行强制性部分或全部平仓。10月19日,俞的保证金账户实际可运用资金为负583.18元,低于初始保证金的100%。20日中期公司即对俞元楼的在仓绿豆进行了全部平仓。通知中的"强制性部分或全部平仓"并不是给予期货经纪公司选择的权利,而是要求期货经纪公司按照各个客户保证金的短缺情况进行部分或者全部的平仓,以体现公平和适度的价值。显然,南京中期公司也没有遵守适度性的要求,强制全部平仓的行为不当。

第七章 票 据 法[①]

7-1 票据概述

7-1-1 票据的设权性、文义性

✐ 案　情

上海市甲建材经营部与苏州市乙建材公司自1998年10月至2000年10月之间有购销关系,故甲于2000年8月22日签发了一张用途为购货的转账支票给乙,金额为236255.23元。2000年8月30日,该支票因存款不足而遭银行退票,乙随即将支票退还于甲。2000年10月18日,甲再一次签发了一张用途为购货的转账支票给乙,金额为15万元。此次支票又由于使用旧支票而再次遭银行退票。由于两张退票所载金额不一致,引起双方争议,苏州市乙建材公司遂以甲建材经营部为被告向法院提起诉讼。

诉讼中,原告乙请求判决甲承担2000年8月22日签发的支票所载之金额236255.23元;被告则辩称,2000年8月22日签发的支票已由原告于2000年8月30日退还给被告,由被告作废,而重新于2000年10月18日签发了15万元的支票给原告。原告无法提供第一次签发的票据原件,故被告不应支付该笔票据金额。另外,被告称原告所交付的部分货物存在质量问题,合格货物价值96000元,故被告只愿意支付96000元货款。

⇨ 问　题

(1) 原告苏州市乙建材公司主张236255.23元的票据权利是否应当获得支持?

(2) 被告上海市甲建材经营部是否可以以原告交付货物存在质量问题为原告主张票据权利的抗辩?

📖 分析理由

票据最原始、最简单的功能是它的支付功能,在现实交易过程中,以票据特

[①] 本章由叶微娜编写整理。

别是支票代替现金作为支付工具,使得交易更为迅速、准确、安全。票据作为支付工具,区别于现金支付手段,具有其自身的特点,其中包括票据的设权性与文义性。票据的文义性,是指票据上的权利义务、票据债权人和债务人、票据行为的效力等内容,均完全依票据上记载的文字而确定,不得依票据以外的内容确定票据上的权利义务;即使票据上记载的内容与实际情况不相符合,也应以票据所载文义为准,不得对其进行任意解释,也不得根据票据以外的其他证据对其进行补充或变更。而票据的设权性则指票据权利的产生必须始于票据的作成,票据权利不能脱离票据而独立存在;反之,无票据就无票据上的权利,一旦票据丧失或灭失,权利人则不能直接向票据义务人主张票据上的权利,而只能通过其他的法定程序对权利进行救济。

本案中的两个问题均可以通过这两个原理解答。第一个是原告持第二次签发的、金额为15万元的票据,向被告主张236255.23元的票据权利的问题。首先,被告第一次签发的、金额为236255.23元的票据早已被原告在遭银行退票后退还,被告在原告退还票据后将其作废,即被告第一次签发的票据已经不存在,原告依据该张票据而享有的金额为236255.23元的票据权利也随即丧失;其次,原告持有15万元的票据向被告主张权利,根据票据的文义性,票据权利人所享有的权利必须完全依据票据上的文字记载,因此被告应向原告支付的金额也应当与原告所持有的票据上记载的金额完全一致。故原告苏州市乙建材公司主张236255.23元不应获得法院的支持,而只能享有支票金额上记载的15万元的票据权利。第二个问题是原告交付的货物出现质量问题是否可以作为被告抗辩的理由。同样根据票据的文义性,票据义务人所应当承担的义务也应当根据票据的记载确定。原告所持的票据金额为15万元,被告即应当根据该张支票承担15万元金额的票据责任,以其他属于票据以外的理由内容为票据上的抗辩,不能获得支持。被告所称原告所交付的货物存在质量问题,属于票据基础关系的范围,就此被告应当就基础关系另行起诉。因此,本案最终应当判决被告上海市甲建材经营部向苏州市乙建材公司履行票据义务,支付金额15万元,同时支付相应的滞纳金,原告的其他诉请应当不予支持。

7-1-2 票据的无因性

案　情

2003年5月底,江西省××纺织公司(下称江西公司)向江西省××银行(下称江西银行)出具了一张盖有"中国××银行汇票专用章"并在"付款行全称"栏内写着"中国××银行广州分行"字样的票面金额为300万元的银行承兑汇票(票号为:00063110),请求江西银行贴现。江西银行在审查该银行汇票时查明:该汇票由广东省××贸易公司(下称广东公司)作为出票人委托中国××银行广州分行于2003年3月26日签发,汇票到期日为2003年9月26日,票面收款人为杭州市××服装有限公司(下称杭州公司)。后因杭州公司与江西公司签订尼龙布买卖合同,杭州公司即将该银行汇票背书转让给了江西公司,故江西公司请求江西银行贴现。江西银行随即向中国××银行广州分行查询票据的真伪,该行于2003年5月27日复函江西银行称:"以上银承为我行签发承兑"。江西银行确信票据的真实性后,于6月3日与江西公司签订了《银行承兑汇票贴现合同》,将该银行承兑汇票予以贴现。

同年9月中旬,江西银行要求付款行中国××银行广州分行付款时,收到该行签发的《拒付理由书》,该理由书称:因广东公司诉杭州公司买卖合同纠纷一案,应广东公司的申请,广州市中级人民法院已经下达民事裁定书和协助执行通知书,将中国××银行广州分行签发的上述00063110号银行承兑汇票冻结。江西银行立即电告中国××银行广州分行及其他票据前手债务人,要求其按照承兑汇票的约定付款,但该行及票据的其他前手债务人均提出抗辩称:法院已经冻结银行承兑汇票,故其不能支付。江西银行在多次催促各方付款均被拒绝后,依据《票据法》第68条的规定,以自己所持票据的所有前手作为被告向法院提起诉讼。

➡ 问　　题

（1）中国××银行广州分行及其他票据前手债务人是否可以以票据被法院冻结为由进行抗辩,拒付票据款项?

（2）广州市中级人民法院是否有权对本案中的票据进行冻结?

📖 分析理由

本案的关键在于各被告的抗辩理是否成立。支持各被告抗辩成立的意见认为,法院依据公权力裁定冻结了该银行汇票,而原告主张付款是对自己私权利的保护;当私权利和公权力发生冲突时,私权利应当服从公权力。作为票据持有人,应当服从法院的冻结裁定,等待裁定撤销后再行使票据权利;作为本案的票据债务人,也只能通过行使抗辩权,即拒绝付款的方式服从于法院的裁定,故其拒绝承兑的抗辩理由能够成立。

票据具有无因性。票据的无因性是指票据只要具备票据法上的条件,票据关系即可成立,票据行为赖以发生的原因在所不问;票据权利的行使只以持有票据为必要,持票人无须证明其取得票据的原因。也就是说,票据持有人行使票据请求权具有绝对性,只要没有票据法规定的票据债务人能够拒付的理由和条件,票据债务人必须承担见票无条件付款的责任和义务。正是由于票据的无因性,导致了票据法上的抗辩相较民法上的抗辩,有很大的区别。票据法上的抗辩为促进票据的流通,设置了"抗辩切断制度",即背书前手或者出票人,不得以其与其他票据债务人之间原有抗辩事由,对善意的、支付相当对价的票据受让人进行抗辩,原有的抗辩事由被阻断于授受票据的直接当事人之间。票据是流通的票据,规定票据无因性的目的就在于维护票据的流通性与安全性,保护持票人的合法权益。

本案中,江西银行在确认票据的真伪性后才向江西公司进行贴现,作为善意贴现的江西银行,其前手均不得以票据法规定以外的抗辩事由对其拒付。以法院冻结裁定为不履行支付票据款项义务的抗辩事由,不属于票据抗辩的范围,因此不存在合法依据。事实上,就法院冻结裁定来说,这一裁定本身就是没有法律依据的。法院可以根据申请或依职权对当事人的财产进行冻结,但可转让的票据在被冻结时就已经经过了多次的背书转让,在所有权上也随之发生了多次变更,冻结流通中的票据实质上属于冻结案外人的财产,因此也是违法的。

7-1-3 票据的要式性

✎ **案　　情**①

1996年1月22日,原告广东省深圳市赛格进出口公司(以下简称赛格公司)根据与案外人深圳市联京工贸有限公司、无锡市北塘恒昌车辆贸易总公司(以下简称恒昌公司)签订的代理进口摩托车发动机协议,对外开立了信用证。为此,恒昌公司按照约定签发了金额分别为450万元和650万元,到期日分别为同年11月16日、12月16日的两张银行承兑汇票,收款人均为赛格公司,并均由被告郊区农行承兑。但在交付原告赛格公司前,签发人恒昌公司又将这两张银行承兑汇票遗失。之后恒昌公司于1996年8月2日在《南方日报》登报声明汇票作废,又于同年9月2日向无锡市郊区人民法院申请公示催告。无锡市郊区人民法院于当天通知被告郊区农行停止支付,但在法律规定的公示催告期届满时,恒昌公司并未向无锡市郊区人民法院申请除权判决。恒昌公司后来交付给原告赛格公司的,是遗失的银行承兑汇票第一联(此联由承兑行支付票款时作借方凭证)复印件和被告郊区农行于1996年8月28日出具的说明函。在银行承兑汇票第一联复印件上的汇票签发人签章栏内,加盖了郊区农行的汇票专用章,但是并没有恒昌公司的签章。郊区农行说明函的内容是:由于银行承兑汇票被出票人遗失,出票人已登报声明作废,因此同意在遗失汇票的底联复印件上加盖本行汇票专用章,作为收款人向本行收款的有效依据;汇票到期后,收款人必

---

① 摘自 http://www.court.gov.cn/popular/200304010061.htm,作者有部分删改。

须派员凭此复印件结算票面款项。赛格公司按复印件记载的日期,在到期后持上述遗失汇票第一联的复印件向郊区农行提示付款时,遭到郊区农行拒付,因此提起诉讼。

问 题

（1）恒昌公司于11月16日、12月16日分别签发的两张承兑汇票是否有效？

（2）恒昌公司签发的两张汇票遗失后向赛格公司交付的复印件是否有效？

（3）赛格公司应当提起何种诉讼胜诉的几率较高？

分析理由

本案的关键在于首先确定恒昌公司签发的两类文件的效力,以确定赛格公司是否享有票据上的效力。如果赛格公司享有票据上的权利,则可就该权利提起票据纠纷的诉讼；如不享有,则只能就基础的债权债务关系提起一般的民事欠款纠纷的诉讼。

有关恒昌公司于11月16日、12月16日分别签发的两张承兑汇票的效力。如上一案例中所述,票据是设权证券,票据权利的产生必须始于票据的作成,票据权利不能脱离票据而独立存在,无票据就无票据上的权利。一旦票据丧失或灭失,权利人则不能直接向票据义务人主张票据上的权利,而只能通过其他法定程序对权利进行救济。《票据法》第20条规定："出票是指出票人签发票据并将其交付给收款人的票据行为。"案外人恒昌公司虽然签发并经被告郊区农行承兑了两张银行承兑汇票,但是这两张银行承兑汇票在向原告赛格公司交付之前即被恒昌公司遗失,因此恒昌公司并未完成出票的票据行为,赛格公司也未实际持有该银行承兑汇票,故赛格公司不可能就这两张汇票主张权利。

有关恒昌公司签发的两张汇票遗失后向赛格公司交付的复印件的效力。票据属于要式证券。票据的要式性指的是票据制作的格式、记载事项等必须由法律严格加以规定,当事人必须遵守,否则将会影响票据的效力甚至导致票据无效。同时,票据的签发、转让、承兑、付款、追索等行为也必须严格按照票据法规定的程序和方式进行方为有效。如我国《票据法》第8条规定,票据金额以中文大写和数字同时记载,二者必须一致,二者不一致的,票据无效；第9条规定,票据上的记载事项必须符合票据法的规定,票据金额、日期、收款人名称不得更改,更改的票据无效。根据《票据法》第22条的规定,汇票必须记载的事项包括表明"汇票"的字样、无条件支付的委托、确定的金额、付款人名称、收款人名称、出票日期、出票人签章,"汇票上未记载前款规定事项之一的,汇票无效"。本案中,赛格公司据以主张票据权利的、由恒昌公司向其交付的银行承兑汇票第一联复印件上,虽然有"汇票"字样、金额、付款人名称、收款人名称等复印内容,但并没有出票人恒昌公司的签章,亦未经郊区农行同意承兑;同时另附的郊区农行说明函中,又对支付限定了条件,这些内容都不符合票据法第 22 条对汇票的规定。因此,复印件上虽有郊区农行加盖的汇票专用章,由于违反了第 22 条有关票据要式性的规定,也不能作为有效的汇票使用,不能产生汇票的效力。故赛格公司也不能持此复印件请求实现票据上的权利。

《票据法》第 18 条规定:"持票人因超过票据权利时效或者因票据记载事项欠缺而丧失票据权利的,仍享有民事权利,可以请求出票人或者承兑人返还其与未支付的票据金额相当的利益。"赛格公司虽因票据无效而丧失了票据上的权利,但是由于它为恒昌公司代理进口的代理行为,仍然享有对恒昌公司的债权,这一权利并未丧失。原告赛格公司可以以一般民事债权债务纠纷提起诉讼,应当获得支持。

7-2 票据法律关系

7-2-1 票据法律关系概述

案　　情①

1998 年 3 月 13 日,青岛澳柯玛集团销售公司(以下简称澳柯玛销售公司)与利津县物资配套公司(以下简称利津物资公司)签订了一份工矿产品购销合同,双方约定由澳柯玛销售公司向利津物资公司供应澳柯玛系列产品,总价值 1 亿元人民币,结算方式为银行承兑汇票。为此,利津物资公司与中国银行利津支行(以下简称利津中行)于 1998 年 3 月 14 日签订了编号为 98001-1 至 98001-20 的 20 份银行承兑契约,各份契约均约定承兑汇票金额为 500 万元;承兑申请人(利津物资公司)应于汇票到期 7 日前将应付票款足额交付承兑银行(利津中行),如到期日之前承兑申请人不能足额交付票款时,承兑银行对不足支付部分的票款转作逾期贷款。利津物资公司、利津中行分别在上述 20 份承兑协议上签章。同日,利津物资公司、利津中行、澳柯玛销售公司及青岛澳柯玛电器公司(以下简称澳柯玛电器公司)四方签订了一份银行承兑保证协议,协议约定澳柯玛销售公司和澳柯玛电器公司为利津中行与利津物资公司签订的合同编号为 98001-1 至 98001-20 的银行承兑契约承担连带保证责任;如果利津物资公司违约,利津中行有权直接向保证人追偿,澳柯玛销售公司和澳柯玛电器公司保证在

---

① 改编自法公布(2000)26 号中华人民共和国最高人民法院民事判决书。

接到利津中行书面索款通知后5个营业日内清偿;保证人如违约未按期代为清偿到期债务,利津中行有权委托保证人的开户金融机构直接扣收其账户中的存款或直接扣收保证人的其他财产权利,并可视情况按担保总额的2%向其收取违约金。利津物资公司、利津中行、澳柯玛销售公司、澳柯玛电器公司分别在合同上签章。1998年3月28日,山东省利津县公证处对上述银行承兑保证协议进行公证。

协议签订后,利津中行如约对利津物资公司签发了20张银行承兑汇票,编号为VII00103276至VII00103295,各张汇票上均载明:出票人利津物资公司,收款人澳柯玛销售公司,付款人利津中行,金额500万元,出票日期为1998年3月14日,到期日为1998年9月14日,并均载明"不得转让"的字样。利津中行在上述汇票的承兑人一栏签章承兑。同年9月5日和9月10日,澳柯玛销售公司因未足额供货而将其中的11张共计5500万元的汇票分两次退回给利津中行。之后,澳柯玛销售公司于9月10日和11日将其余的编号为VII00103276至VII00103284的9张共计4500万元银行承兑汇票分别委托其三家开户银行向利津中行提示付款。利津中行以"与澳柯玛销售公司有约定的债权债务关系、澳柯玛销售公司违约"为由拒绝付款,同时将汇票扣留,并于9月23日开出拒付证明。1999年7月5日,澳柯玛销售公司向山东省高级人民法院提起诉讼,请求判令利津中行对上述4500万元银行承兑汇票承担付款责任并赔偿相应损失。

▶ 问　题

(1) 分析本案中原告、被告及各方主体之间的法律关系。
(2) 原告澳柯玛销售公司与被告利津中行之间存在几种不同的法律关系?
(3) 澳柯玛公司是否可以"与澳柯玛销售公司有约定的债权债务关系、澳柯玛销售公司违约"为由进行抗辩、拒绝付款?

📖 分析理由

分析本案各方主体之间的法律关系之前,应当首先理清票据法上的法律关系包括哪些内容。票据法上的法律关系包括基于票据本身产生的票据法律关系和与票据有关的法律关系两类。基于票据本身产生的票据法律关系即票据关系,是指由票据法所确认和规范的,当事人之间基于票据行为发生的票据上的债权债务关系,即持票人与票据上的签名人之间的一种权利义务关系;它作为一种特殊的法律关系,受票据法调整。与票据有关的法律关系又包括票据基础关系和票据法上的非票据关系。票据基础关系是指票据授受之前当事人之间存在的关系,主要包括票据原因关系、票据资金关系与票据预约关系;它属于民法上的与票据有关的法律关系,并不受票据法的调整,而受民法的调整。票据法上的非票据关系则指由票据法直接加以规定、与票据行为有密切联系但并非基于票据行为直接发生的法律关系;它并非基于当事人之间直接的票据行为,但仍由票据法确认他们之间发生的特定权利义务关系,如票据返还关系、怠于追索通知的损害赔偿关系等。

本案中主要涉及的主体包括利津物资公司、利津中行、澳柯玛销售公司以及澳柯玛电器公司四方。首先,在票据关系这一层面上讨论,主要牵涉利津物资公司、利津中行与澳柯玛销售公司三方。在这三方主体中,利津物资公司是出票人,利津中行为承兑人,澳柯玛销售公司为持票人;其中,澳柯玛销售公司作为持票人,享有向债务人请求支付票据金额的权利。其次,持票人澳柯玛销售公司与出票人利津物资公司之间存在工矿产品买卖的合同关系,即票据原因关系。再次,承兑人利津中行与出票人利津物资有限公司、保证人澳柯玛销售公司和澳柯玛电器公司之间均存在票据资金关系。票据资金关系是付款人与出票人或其他资金义务人之间发生的法律关系,它既可以产生于委托,也可产生于约定。出票人可以以存款、债务或信用等资金关系委托付款人付款,也可以与付款人之间订立其他合同加以约定。本案中利津中行与利津物资公司之间存在编号为98001-1至98001-20的20份银行承兑契约,利津中行、利津物资公司与澳柯玛销售公司、澳柯玛电器公司之间又存在编号为98001-1至98001-20的银行承兑连带保证契约,故案中产生了如上所述的资金关系。

综上,基于原告所持票据,原、被告之间存在票据上的权利义务关系;基于票据资金关系,原、被告之间又存在民法上的一般债权债务关系。

票据关系与票据资金关系之间,存在着既有分离又有牵连的关系。持票人所取得的票据权利基于独立的票据权利;付款人也并不因为与出票人之间有资金关系而成为当然的票据债务人,是否承兑或付款完全由其自己选择;但票据一经承兑人承兑,付款人就不得以没有资金关系为由抗辩持票人。基于原、被告之间的票据关系,由于票据已经被告承兑,被告应当履行其票据上的义务对原告付款。但是,根据《票据法》第13条第2款规定:"票据债务人可以对不履行约定义务的与自己有直接债权债务关系的持票人进行抗辩。"《最高人民法院关于审理票据纠纷案件若干问题的规定》第15条规定:"票据债务人依照票据法第12条、第13条的规定,对持票人提出下列抗辩的,人民法院应予支持:(一) 与票据债务人有直接债权债务关系并且不履行约定义务的……"由于原、被告之间又存在民法上的一般债权、债务关系,原告对被告又负有直接的债务且不加履行,因此被告有权据此进行抗辩。在出票人利津物资公司未在到期日之前依照约定将相关资金划入付款人利津中行的账户上,而持票人澳柯玛销售公司仍然持汇票向付款人(承兑人)提示付款时,付款人利津中行有权以资金关系行使抗辩权,拒绝承担相应的付款责任。

7-2-2 付款请求权与追索权

✍ 案　情

1996年2月初,盐城市华旗针织有限公司(以下简称华旗公司)与宁波市国康针织服装有限公司(简称国康公司)签订文化衫购销合同一份,约定:由华旗公司送货至上海指定仓库,数量为3605打,货物包装物由华旗公司提供,每10打1个纸箱。签约后,原告华旗公司按国康公司要求将货物交付给被告上海经营部。

同年3月3日,被告张家港市润亨印花有限公司上海经营部(以下简称润亨经营部)在收货后与原告华旗公司以及国康公司签订一份协议,协议约定:3550打文化衫按被告上海经营部与国康公司订立的合同单价计算,扣除被告上海经营部已预付给国康公司的货款,余款由被告上海经营部开出3月20日银行期票;但原告与国康公司须在3月6日前开出增值税发票,开出免检证书以及产地证明,并将70只纸箱送到被告上海经营部,如办不到四项手续影响被告上海经营部出口,被告上海经营部即可向银行办理撤票手续。协议订立当日,被告上海经营部向原告交付了一张载明签发日期为1996年3月20日、收款人为原告、金额为32万元的转账支票。国康公司亦出具证明承诺如原告未办妥手续,则保证给予被告上海经营部办理退票手续。同年3月11日,原告向被告上海经营部开出5张增值税发票,被告上海经营部亦收到了发票。同年3月29日,原告与被告上海经营部协商调换支票,由被告上海经营部从原告处收回了载明签发日为1996年3月20日的转账支票,之后被告上海经营部又于1996年4月5日签发了一张收款人为原告、金额为人民币32万元的转账支票。原告收到该支票后,背书转让于上海市蓝威龙贸易公司,上海市蓝威龙贸易公司于同年4月11日向银行提示付款,但因存款不足而遭退票。同年6月12日,原告向其后手上海市蓝威龙贸易公司清偿了票据款人民币32万元。

张家港市润亨印染有限公司上海经营部是被告张家港市润亨印花有限公司设立在上海的分支机构,现原告以应由被告承担票据责任为由诉至法院。

➡ 问　题

(1)分析本案中票据关系人付款请求权的行使。
(2)分析本案中票据关系人追索权的行使。
(3)原告华旗公司可追索的金额如何计算?

📖 分析理由

本案是一起典型的票据再追索权纠纷,付款请求权是指持票人向票据主债务人或其他付款义务人请求依票据所载的金额付款的权利,它是票据上的第一次请求权,是主票据权利。行使付款请求权的权利人必须是持票人,包括收款人(即第一持票人)、最后的被背书人(即最后持票人)及汇票或本票付款后的参加付款人。其中,第一持票人取得付款请求权的方式为原始取得,持票人不经由其他前手权利人而最初取得这一权利;最后持票人与汇票、本票付款后的参加付款人取得付款请求的方式为继受取得,此时持票人是通过从有处分权人处受让票据从而取得这一权利。本案中,原告华旗公司经背书将票据转让给上海市蓝威龙贸易公司,后者以继受取得方式取得付款请求权,之后以持票人身份向银行提示付款,行使其提示付款权。

与付款请求权相区别,追索权是票据上的第二次请求权,一般是持票人在行使付款请求权遭拒绝,或有其他法定原因票据不获付款时,向其前手请求偿还票据金额及有关费用的权利。追索权行使的主体包括两种:一种是最后持票人,当其所持票据到期不获付款或承兑,或有其他法定原因无法请求付款或承兑时,可行使追索权,称为最初追索权;另一种是因清偿而取得票据之人,票据债务人如果清偿了最后持票人的追索金额,则取得持票人的地位,可以对其他票据债务人继续行使追索权,此称为再追索权。依据《票据法》第17条的规定,持票人对前手的再追索权,自清偿日或被提起诉讼之日起3个月不行使,则票据权利就消灭。追索权的行使具有选择性,持票人行使追索权时,可以不依承担票据债务的先后顺序,任意选择票据债务人中的一人或数人或全体进行追索。本案中,上海市蓝威龙贸易公司经原告背书转让成为最后持票人,在向银行提示付款时却因存款不足遭退票,退票后向原告请求清偿票据款是最初追索权的行使;原告作为背书人首先向其后手清偿了票据款,从而获得向其前手的再追索权。原告与被告上海经营部之间并无直接的购销合同关系,被告上海经营部是为履行三方协议约定的贷款结算方式而直接向原告出票,故原告仅可向票据的出票人行使票据上的再追索权。被告虽非本案票据关系当事人,但出票人系被告设立的分支机构,没有可独立支配的财产,没有承担票据责任的基础,故原告向被告行使再追索权依法应予支持。关于原告可请求的数额,依照《票据法》第71条、第94条第1款关于再追索权的规定,有权要求其前手支付已清偿的票据款以及该款自清偿日起至再追索清偿日止按中国人民银行规定利率计算的利息。

7-2-3 票据权利的善意取得

✎ 案　情

1998年9月11日,原告中国农业银行白银市分行营业部(以下简称农行白银营业部)签发了两张银行承兑汇票,票号分别为VIV04264358、VIV04264359,出票人均为白银有色金属公司(以下简称白银有色公司),收款人均为重庆市有色金属总公司(以下简称重庆有色公司),票面金额均为500万元,汇票到期日均为1999年3月11日,其他各项必要记载事项齐全。农行白银营业部在汇票上加盖钢印予以承兑。重庆有色公司取得上述两张汇票后背书转让给被告重庆创意有色金属材料有限公司(以下简称创意公司)。创意公司于1998年9月10日与被告重庆市二轻工业供销总公司(以下简称二轻公司)签订了一份购销镀锌板1761T合同,为支付货款将上述汇票又背书转让给了二轻公司。同年9月15日,二轻公司向被告中国工商银行重庆市分行渝中支行两路口分理处(以下简称工行两路口分理处)申请贴现。工行两路口分理处经审查两张汇票以及二轻公司提供的贴现申请书、工矿产品购销合同及增值税发票复印件等文件后,于同月17日为二轻公司办理了贴现手续,支付了贴现款,并由此取得了汇票。

1998年12月24日,农行白银营业部向甘肃省高级人民法院提起诉讼,以创意公司与二轻公司之间无真实的商品交易关系和债权债务关系,工行两路口分理处违法违规贴现为由,请求判定创意公司、二轻公司、工行两路口分理处不享有票据权利,并解除承兑人的付款责任。

法院在审理中查明:1998年9月17日,在二轻公司将汇票贴现后,创意公司即与二轻公司解除合同,并在二轻公司退还的贴现款中向二轻公司支付25万元;同时原告方提出的证据亦可证明二轻公司与创意公司之间以镀锌板商品交易为名,实际为套取银行资金,并无实际交易。工行两路口分理处在办理贴现手续时,曾于1998年9月12日就汇票真实性问题向农行白银营业部进行查询,在农行白银营业部证明该两张汇票真实、确系该行承兑的情况下,工行两路口分理处向二轻公司办理了相关的贴现手续并由此通过背书转让的方式取得了汇票。

➲ 问　题

(1) 被告工行两路口分理处是否应当享有票据的付款请求权?

(2) 本案中原告农行白银营业部同时以工行两路口分理处、创意公司、二轻公司三者为被告提起诉讼是否合适?

📖 分析理由

本案的关键在于辨明被告工行两路口分理处是否享有票据上的付款请求权。由于工行两路口分理处是为二轻公司贴现而从其处经背书并取得票据,故有两种可能:如果二轻公司为有处分权人,则工行两路口分理处依背书转让方式从有处分权人处受让票据,通过继受即可取得付款请求权;如果二轻公司为无处分权人,只要工行两路口分理处受让票据时为善意取得,则其仍应当享有付款请求权,只有当其为恶意或有重大过失时,才不得享有付款请求权。首先应当解决的是二轻公司到底为有权处分人还是无权处分人?《票据法》第10条规定:"票据的签发、取得和转让,应当遵循诚实信用的原则,具有真实的交易关系和债权债务关系。"根据诉讼过程中法院查明的事实,创意公司与二轻公司之间并无真实交易关系,属于恶意串通骗取非法收入,故二轻公司应当为无权处分人。

工行两路口分理处在向二轻公司贴现时是否具有恶意或重大过失?善意取得,是指票据受让人依票据法规定的转让方式,善意或无重大过失地从无处分权人手中受让票据,从而取得票据权利。《票据法》第12条规定:"以欺诈、偷盗或者胁迫等手段取得票据的,或者明知有前列情形,出于恶意取得票据的,不得享有票据权利。持票人因重大过失取得不符合本法规定的票据的,也不得享有票据权利。"第13条第1款规定:"票据债务人不得以自己与出票人或者与持票人的前手之间的抗辩事由,对抗持票人。但是,持票人明知存在抗辩事由而取得票据的除外。"

对于票据权利善意取得的要件,我国票据法并未从正面加以规定。一般来说,善意取得的构成,应当具备以下四个要件:(1)受让人从无处分权人处取得票据;(2)依票据规定的转让方法取得票据;(3)基于善意或无重大过失而取得票据;(4)付出对价而取得票据权利。根据案情叙述与以上分析可知,本案(1)、(2)、(4)要件均已具备,就第(3)要件,诉讼中农行白银营业部亦未能提出证据证明工行两路口分理处在取得本案所涉汇票之时,已经知道其他前手之间存在抗辩事由的事实。其实,根据法院查明,工行两路口分理处在办理贴现时,已经按照中国人民银行颁布的《商业汇票承兑、贴现与再贴现管理暂行办法》第19条、《支付结算办法》第93条有关"持票人申请贴现时,须提交贴现申请书、经其背书的未到期商业汇票、持票人与出票人或其前手之间的增值税发票和商品交易合同复印件"的规定履行了必要的审查义务,并且曾就汇票真实性问题向农行白银营业部进行查询,在得到肯定的答复后方办理相关的贴现手续。由此,持票人工行两路口分理处在取得票据时履行了必要的审查义务,并不存在重大过失的情形。因此,被告工行两路口分理处应当享有票据的付款请求权。

此外,本案票据关系中,创意公司经收款人重庆有色公司背书转让后取得票据,之后又背书转让给二轻公司,工行两路口分理处在办理相关贴现手续后以背书转让的方式取得票据。因而,工行两路口分理处是本案所涉两张汇票的最终持票人,即票据权利人。创意公司、二轻公司在将票据背书转让给其后手之后,已不再是本案所涉汇票的持票人。农行白银营业部以创意公司、二轻公司作为一审的共同被告提起诉讼有所不当。

7-2-4 票据抗辩

✐ 案　情

2002年6月9日,某甲贸易公司(被告)与某乙化妆品有限公司(原告)签订化妆品购销合同。合同签订之后某甲贸易公司以付款为由,先后向某乙化妆品有限公司签发了四张金额分别为4万元、7万元、11万元、15万元,到期日分别为2002年10月12日、11月1日、12月20日、2003年1月1日的商业承兑汇票。签发的同时,某甲贸易公司在汇票上签章承诺,本汇票已经本单位承兑,到期日无条件付款。某乙化妆品有限公司收到票据后即按约定给某甲贸易公司发出货物。某甲贸易公司在收到货物后在法定质量异议期内向某乙化妆品有限公司提出质量异议。之后,某乙化妆品有限公司持上述四张汇票于到期后委托银行收款时,均被银行以付款人无款支付等为由拒付。某乙化妆品有限公司以某甲贸易公司为被告,向法院提起票据纠纷诉讼。在法院审理过程中,某乙化妆品有限公司承认其所供的少量唇膏存在质量问题。一审法院判决某甲贸易公司仅以某乙化妆品有限公司所供产品存在质量问题而拒绝履行其票据义务,其行为不能形成票据法意义上的抗辩;某甲贸易公司辩称的产品质量问题属另一法律关系,应另案处理,某甲贸易公司应当付款。一审判决后,某甲贸易公司提起上诉。二审法院经审理后认为,某甲贸易公司提出的抗辩理由成立,一审法院仅强调票据关系的无因性而对某甲贸易公司提出的抗辩部分未加审理,致本案有关货物质量问题事实不清,同时裁定撤销原判,发回重审。

➲ 问　题

（1）某甲贸易公司的抗辩属于何种抗辩？抗辩理由是否成立？
（2）票据抗辩与票据无因性的关系如何？

📖 分析理由

从票据法的理论和我国票据法的规定看,票据抗辩权的行使是一个极为复杂的问题。就票据法理论而言,票据抗辩依抗辩事由和抗辩效力的不同,可分为两类:一类称作物的抗辩,又称为客观抗辩或者绝对抗辩;是指由于票据行为本身无效或者票据行为有瑕疵或者票据权利不存在，一切票据债务人或特定票据债务人可以对票据上的一切债权人进行的抗辩；另一种称为人的抗辩，又称为主观抗辩或者相对抗辩，是指因为票据之外的属于特定的票据当事人主观上的原因，使一切票据债务人或特定票据债务人可以向该特定票据债权人进行的抗辩。其中，人的抗辩还可以分为两种，包括一切票据债务人可以对抗特定票据债权人的抗辩和特定票据债务人可以对抗特定票据债权人的抗辩。后一种只能发生在特定的票据债权人与债务人之间，主要基于当事人之间的原因关系，票据债务人可以以原因关系的违法、无效、不存在，或者票据取得的欠缺对价等原因对抗债权人的付款请求。

我国《票据法》第13条第2款规定："票据债务人可以对不履行约定义务的与自己有直接债权债务关系的持票人，进行抗辩。"本案中，某甲贸易公司与某乙化妆品有限公司之间存在购销合同的关系，同时根据该购销合同签发了纠纷所涉的汇票，现该汇票未经背书转让，由直接接受汇票的某乙化妆品有限公司作为持票人起诉，双方之间在存有票据债权债务关系的同时又有直接的民事债权债务关系。在这种情况下，根据上述第13条第2款的规定，某乙化妆品有限公司所持有的汇票能否兑现，取决于在原有的购销行为中其是否已经依约履行了供货义务。尽管某乙化妆品有限公司持有某甲贸易公司承兑的汇票，如果某乙化妆品有限公司不依约履行供货义务，某甲贸易公司就有权在乙化妆品公司持票要求兑付时依据票据法的明确规定提出抗辩。而根据案情事实，某甲贸易公司已在法定的质量异议期间内，向某乙化妆品有限公司提出了质量异议，某乙化妆品有限公司在庭审时亦自行承认所供少量货物确有质量问题，因此，某甲贸易公司的抗辩事由成立，在本案中具备了法定的抗辩事由，可以行使抗辩权。

从一审判决的角度说，票据是无因证券，原则上票据原因关系与票据关系应当分离，票据关系一经成立，即与原因关系相脱离而不受原因关系的影响。但票据无因性规定的立法本意本在保护票据的流通性，以防票据债务人对抗善意的持票人，因此在并不涉及善意第三人的时候，票据关系与原因关系也非决然分离。如果票据经背书转让，票据债务人面对的是授受票据的原当事人以外的善意第三人，此时，新产生的票据债权债务关系即具有一定的独立性，其与作为授受票据原因的一般民事债权债务关系相分离，不受原因关系的影响。但是，在票据未经背书转让给任何第三人以前，在直接授受票据的当事人之前，既存在票据法的债权债务关系，也存在原有的一般民法上的债权债务关系——票据原因关系，并且这两种债权债务关系是完全重复一致的，其主体也是相互重叠的，票据行为上的债权债务关系产生并从属于民事行为的债权债务。此时，票据法规定票据债务人可以对不履行约定义务的与自己有直接债权债务关系的持票人进行抗辩,可以在保障票据的流通性的同时尽可能地防止当事人利用票据关系进行舞弊行为,避免当事人由于原因关系和票据关系的分离而增加诉讼成本。

7-2-5 票据抗辩的限制

✎ 案　情

1997年1月,被告苏州市浩明电子有限公司(以下简称"浩明公司")因业务需要,向原告中国银行合肥支行(以下简称"合肥中行")申请开具银行承兑汇票,总金额1188万元,并以其持有的、通过背书转让取得并由被告中国农业银行商丘经济开发区支行(以下简称"商丘开发区农行")承兑的五张银行承兑汇票出质。合肥中行经审查浩明公司与收款人间的购销合同,并电询商丘开发区农行,对浩明公司出质的汇票真实性进行书面确认后,即与浩明公司订立承兑协议,承兑了收款人分别为苏州三诚电子元件有限公司、苏州美星水处理有限公司、苏州诚怡电容器研究所、合肥市电容器厂及苏州清华电子衡器有限公司等十张汇票。之后浩明公司亦交付了该五张出质汇票,票号分别为 IXIV05476890、IXIV05476891、IXIV0547890(4)、IXIV0547890(5)、IXIV05478907,金额分别为200万、150万、350万、200万、288万元。并对该五张银行承兑汇票进行了质押背书。

1997年1月29日,合肥中行与浩明公司又订立了一份补充协议,约定:浩明公司出质给合肥中行的五张银行承兑汇票于到期时由合肥中行直接向商丘开发区农行托收,所得款项直接归还合肥中行,以结清合肥中行承兑的十张汇票票款。1997年6月9日,IXIV05476890、IXIV05476891(汇票票面金额350万元)到期,合肥中行向商丘开发区农行托收票款,经协调,商丘开发区农行以另行承兑汇票的方式付款。至同年6月30日、7月20日,IXIV0547890(4)、IXIV0547890(5)、IXIV05478907汇票到期,合肥中行按中国人民银行规定的票据交换方式向商丘开发区农行提示付款,商丘开发区农行均以出票人票据资金不到位为由拒付并退票。

➡ 问　题

(1) 商丘开发区农行的抗辩理由属于何种抗辩?
(2) 商丘开发区农行的抗辩理由是否成立?

📖 分析理由

票据抗辩依抗辩事由和抗辩效力的不同,可分为物的抗辩和人的抗辩。物的抗辩,又称为客观抗辩或者绝对抗辩,是指由于票据行为本身无效或者票据行为有瑕疵或者票据权利不存在,一切票据债务人或特定票据债务人可以对票据上的一切债权人进行的抗辩。人的抗辩,又称为主观抗辩或者相对抗辩,是指因为票据之外的属于特定的票据当事人主观上的原因,而使一切票据债务人或特定票据债务人可以向该特定票据债权人进行的抗辩。由于物的抗辩的客观性与绝对性,物的抗辩可以针对任何票据债权人,而不具有任何限制;而对人的抗辩,由于其相对性,则存在票据抗辩的限制。票据抗辩的限制,也叫票据抗辩切断制度,即是将票据抗辩中人的抗辩限制于直接当事人之间,不允许特定人之间的抗辩扩大到其他人之间的票据法律关系中去。

我国《票据法》第13条第1款规定:"票据债务人不得以自己与出票人或者与持票人的前手之间的抗辩事由,对抗持票人。"在实践中一般包含两种情形,票据债务人不得以自己与出票人之间的抗辩事由对抗持票人,亦不得以自己与持票人的前手之间存在的抗辩事由对抗持票人。在本案中,票号为IX-IV0547890(4)、IXIV0547890(5)、IXIV05478907的三张到期汇票由商丘开发区农行承兑,商丘开发区农行为第一付款人。商丘开发区农行拒付的理由在于出票人票据资金不到位,即票据资金关系的欠缺,而由于有关票据基础关系的抗辩并非基于票据本身的原因,属于人的抗辩,因此这一抗辩理由只能在承兑人与出票人之间行使。一旦该三张票据流转至直接当事人以外的人,即应当适用上述第13条第1款的规定,商丘开发区农行与出票人之间直接当事人的抗辩即应该切断,而不得用以对抗任何非直接当事人,因此商丘开发区农行对于合肥中行的抗辩理由不得成立。

抗辩权是否正当行使是票据纠纷案件的核心问题,票据法和票据纠纷的全部内容最终归结为票据抗辩,因此票据诉讼活动必然紧紧围绕抗辩与抗辩限制展开。票据法的主要功能在于维护和促进票据的流通和信用,票据法本身的价值取向也应当是限制抗辩,保障票据债权的实现,因此票据法上的票据抗辩的事由必须是法定的,抗辩范围不得任意扩大,而抗辩切断制度的目标就在于将票据抗辩中人的抗辩限制于直接当事人之间,在保护正当持票人或善意取得人的同时,也保障票据的流通,否则将必然损害票据的功能和价值。

7-3 票 据 行 为

7-3-1 票据行为概述

✍ **案　　情**

2001年6月11日,江苏省某甲机械制造公司(以下简称甲公司)与原告江西省某丙轧钢公司(以下简称丙公司)之间签订特种钢材买卖合同,约定:由丙公司向甲公司供应特种钢材,甲公司在验收丙公司货物合格后向丙公司付款,货款总额为 800 万元,债务履行期限为 2001 年 12 月 1 日。同时,两公司与江西省某乙进出口贸易公司(以下简称乙公司)之间签订三方协议,约定:由乙公司对甲公司债务承担连带保证责任。2001 年 11 月 2 日,丙公司合同义务履行完毕,并经甲公司验收合格。同年 11 月 13 日,甲公司与乙公司合谋,捏造签订购销合同一份,由甲公司向乙公司开出即期商业汇票一张,金额 800 万元,其后甲公司持汇票和购销合同向被告江苏省某丁银行(以下简称丁银行)申请承兑。银行审查甲公司账户后,发现账户资金充足,故对该汇票予以承兑。乙公司于 1998 年 12 月 11 日将该汇票背书转让给丙公司。丙公司随后向银行提示付款,银行发现甲公司经营不力且账户资金不足,拒绝兑付该汇票。丙公司遂向法院提起票据纠纷诉讼,要求银行兑付该汇票。

➡ 问 题

(1) 甲公司向乙公司的出票行为是否有效？
(2) 丁银行是否应当对案中所涉票据承担付款责任？

📖 分析理由

票据行为的独立性,即票据行为的独立原则,是指同一票据上如有数个票据行为时,各票据行为均依其票据上所载文义,分别独立发生效力,其中一个行为无效,不影响其他行为的效力。因此票据具有要式性、文义性、无因性,当票据行为实质上无效而形式上有效时,即应当适用票据行为的独立原则。这一原则设置的理由在于票据是流通证券,当同一票据上有多个票据行为时,前提行为是否存在无效或可撤销事由,一般持票人仅能从票据的形式外观上加以判断,而不可能知悉其实际的效力,为了保护善意持票人和促进票据的流通,就不可能要求持票人判断所有之前票据行为的实际效力。如我国《票据法》第 6 条规定:"无民事行为能力人或者限制民事行为能力人在票据上签章的,其签章无效,但是不影响其他签章的效力。"第 5 条第 2 款规定:"没有代理权而以代理人名义在票据上签章的,应当由签章人承担票据责任;代理人超越代理权限的,应当就其超越权限的部分承担票据责任。"第 14 条第 2 款规定:"票据上有伪造、变造的签章的,不影响票据上其他真实签章的效力。"

因此,在本案中能否适用上述原则应当首先确定该张票据是否实质上无效,其次该张票据是否形式上有效,如果满足这两个要件,就应当适用该原则。《票据法》第 21 条第 2 款规定:"不得签发无对价的汇票用以骗取银行或者其他票据当事人的资金。"票据行为成立的实质要件包括票据能力和票据真实善意意思表示。本案中,甲公司故意签发无对价的汇票,其出票行为系其与乙公司串通虚构交易,骗取某银行的资金,其出票行为不符合行为善意的要求,因此该出票行为依法应当无效。其次,在形式要件上,票据必须按照票据法规定的格式作成并予以交付,就本案案情,甲公司签发该汇票并交付给收款人乙公司,其出票行为也符合票据法对出票行为的形式要求。

尽管甲公司的出票行为因欠缺善意意思表示的实质要件而无效,但由于其形式有效,对于丙公司来说,它作为善意第三人无法从票据本身获知该等信息,其善意地信赖甲、乙公司和某银行对该票据负有票据义务,这种对于票据文义的善意信赖是法律应予保护的,是维护交易安全和维护票据流通性的内在要求。因此本案情形下,可以适用票据行为独立性的原则,甲公司的出票行为无效并不影响其后其他票据行为的效力。只要甲、乙两公司和某银行的签章真实,其就应当对票据权利人丙公司承担票据义务。

7-3-2 票据行为的构成要件

✍ 案　情

2002年7月11日,A公司与B公司签订买卖合同,A公司向B公司购买若干钢材,总货款为800万元。同年7月28日,A公司为支付货款,向B公司签发了一张出票人为A公司的定日付款汇票,汇票金额为800万元人民币,付款人为C银行,收款人为B公司,付款日为2002年8月8日。A公司将汇票交付给B公司之后,由于B公司尚欠D公司钢锭货款800万元,故B公司又于同年8月5日将汇票背书转让并交付给D公司,但B公司在背书时未对背书的日期加以记载。2002年8月6日,D公司向C银行提示承兑,要求C银行对该汇票进行承兑,C银行对该票据进行承兑并付款后要求A公司支付票据款项,A公司以该票据未记载背书日期为由拒绝付款,C银行于是以A公司为被告向法院提起诉讼。

➡ 问　题

(1)案中所涉汇票是否为有效汇票?
(2)A公司的抗辩是否成立,即是否应当对C银行承担票据责任?

📖 分析理由

票据行为成立的构成要件包括实质要件和形式要件。其中实质要件指行为人必须具有票据能力,且意思表示真实、有效;形式要件一般包括票据记载、票据签章与票据交付三个方面。

票据记载是票据行为成立的首要条件,我国《票据法》对各种票据行为的票据记载均有明确具体的规定。票据记载事项根据其效力的不同,一般可以分为必要记载事项、可记载事项、不产生票据效力的记载事项和不得记载事项四类。绝对记载事项指行为人在为票据行为时必须在票据上记载的事项,不加记载则会导致票据因此无效,如我国《票据法》第22条规定,"汇票必须记载下列事项:(一)表明'汇票'的字样;(二)无条件支付的委托;(三)确定的金额;(四)付款人名称;(五)收款人名称;(六)出票日期;(七)出票人签章。汇票上未记载前款规定事项之一的,汇票无效",该规定的七项内容即为绝对必要记载事项。相对必要记载事项指行为人为票据行为时应在票据上加以记载,如未记载则依票据法的规定执行,但票据并不因此而无效,如《票据法》第23条规定:"汇票上记载付款日期、付款地、出票地等事项的,应当清楚、明确。汇票上未记载付款日期的,为见票即付。汇票上未记载付款地的,付款人的营业场所、住所或者经常居住地为付款地。汇票上未记载出票地的,出票人的营业场所、住所或者经常居住地为出票地。"《票据法》第24条规定的是可记载事项,即任意记载事项,"汇票上可以记载本法规定事项以外的其他出票事项,但是该记载事项不具有汇票上的效力。"

  对于本案中产生争议的事项集中在背书日期,除此之外该背书行为的实质要件及其他形式要件均符合法律的相关规定。根据票据法的规定,票据上应当记载的事项案中所涉汇票均有所记载,并且汇票上也并未对禁止记载的事项加以记载,汇票背书具有连续性,因此汇票本身应为有效。至于背书行为的背书日期,根据《票据法》第29条规定,"背书由背书人签章并记载背书日期","背书未记载日期的,视为在汇票到期日前背书",该背书行为应为有效,背书行为的日期推定为在票据到期日以前。因此,本案中B公司的背书转让行为有效,C银行对D公司进行付款后取得合法的票据权利,A公司的抗辩不能成立,不得以汇票未记载背书日期为由拒绝付款。

7-3-3 票据代理

✍ 案　情

  1998年12月至1999年6月,原告上海宝山场北混凝土搅拌场与被告浙江省东阳市路桥建筑工程有限公司驻上海办事处之间持续有三碴混合料购销合同关系。在这一期间内,由原告供货,被告驻上海办事处付了部分货款。至1999年10月9日,被告驻上海办事处为履行未了货款,签发了一张中国建设银行上海市分行AZ914082支票给原告,该支票出票人为浙江省东阳市路桥建筑工程公司(沪),收款为上海宝山场北混凝土搅拌场,付款行为建设银行上海市第二支行,出票日期为1999年10月9日,出票人账号为055025-00233341206,金额人民币39,853.5元。原告收票后,即向银行提示付款,同年10月10日被中国农业银行上海市宝山支行告知因存款不足付款被退票。之后原告向被告驻上海办事处交涉,该办事处周德华出具欠条表示该欠款于1999年底付清。至年底未付清欠款,原告向法院提起诉讼。

经法院审理查明,浙江省东阳市路桥建筑工程公司(沪)的原开户行为建设银行上海市第四支行,开户日期1996年7月9日,账号5041-00026101545,申请单位浙江省东阳市路桥建筑工程公司(沪)。周德华已于1998年7月30日被原告撤职,其被撤职后被告已经依法将有关印章收回,周德华在交回印章后,又私刻了单位公章,又于1998年12月30日到建设银行上海市第二支行开设了账号,并出具了支票。这一系列行为被告并不知晓,也无任何过错。审理期间,2000年6月22日东阳市公安局函告原上海市南市区人民法院,周德华因涉嫌伪造公司印章罪,已于1999年11月20日立案侦查。

➡ 问　　题

(1) 被告与周德华之间是否构成代理关系?
(2) 案中所涉票据是否有效?被告是否应当向原告承担票据责任?

📖 分析理由

票据行为的代理,是指代理人基于被代理人的授权,在代理权限内以被代理人的名义实施票据行为,法律后果由被代理人承担。本案中周德华出具案中所涉票据之时,已经被被告撤职,并且被告已经将交付其的印章收回,其私刻印章并出具支票,因此并不存在被代理人的授权,属于无权代理。

票据代理中的无权代理是实践中经常发生引起纠纷的问题,表见代理则是无权代理中的一个特殊问题。票据行为中的无权代理,是行为人在没有代理权的情况下以代理人的名义在票据上签章的行为,其实质就是没有代理权。在形式要件上,无权代理的票据行为一般并不欠缺,因此外观上符合有权票据代理的一切要件。与民法中的无权代理相区别,一般民事代理中,无权代理的法律效果一定程度上取决于本人的意思,本人是否追认直接关系到第三人要求由谁来承担行为的责任;而在票据法上,根据我国《票据法》第5条第2款的规定,"没有代理权而以代理人名义在票据上签章的,应当由签章人承担票据责任;代理人超越代理权限的,应当就其超越权限的部分承担票据责任"。

对于表见代理,我国《票据法》并未作出明确规定,但仅从票据理论上说:第一,票据作为流通证券,极为注重行为的形式与外观,注重保护善意第三人,以维护票据流通性与安全性,因此相较之下更易构成表见代理;第二,票据法作为民法的特别法,票据法中未加规定的制度,应当准用民法的有关规定。根据《合同法》第 49 条规定:"行为人没有代理权、超越代理权或者代理权终止后以被代理人名义订立合同,相对人有理由相信行为人有代理权的,该代理行为有效。"

可见,是否适用表见代理的规则,对于案件的处理结果有截然相反的影响。根据票据法理论,成立表见代理,应当具备如下要件:(1)本人未对代理人进行授权,故代理人没有实施票据行为的代理权;(2)客观上存在着使第三人相信代理人有代理权的事实理由;(3)第三人主观上属善意,不知道或不应当知道代理人与本人之间不存在代理关系;(4)票据在形式上具有票据代理的形式要件。在本案中,争议涉及的号码为 AZ914082 的票据上所盖的财务专用章与被告所确认的建行四支行所留存印鉴相一致,票据格式填写完整,符合票据规定,系有效票据;被告撤销周德华职务并未告知原告,并且周德华仍沿用被告名义对外继续从事经营活动,原告对于实情并不知晓。因此,本案满足表见代理的四个要件,应当构成票据行为的表见代理,同时由于出票人浙江省东阳市路桥建筑工程有限公司(沪)已经由被告浙江省东阳市路桥建筑工程有限公司撤销,因此应当由被告承担票据上的付款义务。

未对表见代理及其责任作出规定,是我国《票据法》的一大疏漏。将表见代理视为无权代理,不利于充分保护善意持票人的合法利益,促进票据的流通。表见代理中,相对人接受票据一般是基于被代理人的信用和代理关系;实践中,被代理人的支付能力一般也较代理人强,因此,为充分保护善意持票人利益、增强票据信用功能与流通性,应当对票据上的表见代理制度加以适用。

7-3-4 几种主要的票据行为

✎ 案 情

2000 年 5 月 20 日,江苏省××市 A 国际技术贸易公司(以下简称 A 公司)开具了 IIX454323R 的银行汇票一份,汇票上载明事项:收款人为××市 B 技术发展公司(以下简称 B 公司);兑付地点为××市;兑付银行为 C 银行;账号为 0190132562200;金额为 50 万元;汇款人为 A 公司。在该汇票的背面,收款人栏内盖有"××市 B 技术发展公司××县分公司"的公章;背书人栏内盖有"××县供销社"公章。

2000 年 5 月 22 日,B 公司原法定代表人林某向 D 银行××县支行(以下简称 D 支行)出具了一份证明:"今有××市 B 技术发展公司法人代表林某向江苏省××市 A 国际技术贸易公司结算货款 50 万元整,以汇票支付形式偿还××县供销社借款,请给予结算方便"。B 公司实际上在 2000 年 5 月 11 日即免去林某的总经理职务,并任命章某为 B 公司总经理。D 支行据此证明及上述汇票,实际结算兑付给××县供销社 50 万元。B 公司发现上述汇票被兑付,向 D 支行追偿,追偿无果,即以D支行为被告向人民法院提起诉讼。

❂ 问　题

（1）案中所涉汇票背书是否连续？

（2）D支行在兑付汇票据时是否存在过错？是否应当由其承担票据责任？

📖 分析理由

票据背书的连续,是指在票据转让中,转让票据的背书人与受让票据的被背书人在票据上的签章依次前后衔接,自票据收款人（第一被背书人）开始,到持票人（最后被背书人）为止,所有的背书均是前一背书的被背书人即为后一背书的背书人,前后背书在形式上均相连续而没有中断。我国《票据法》第31条规定:"以背书转让的汇票,背书应当连续。持票人以背书的连续,证明其汇票权利;非经背书转让,而以其他合法方式取得汇票的,依法举证,证明其汇票权利。前款所称背书连续,是指在票据转让中,转让汇票的背书人与受让汇票的被背书人在汇票上的签章依次前后衔接。"最高人民法院《关于审理票据纠纷案件若干问题的规定》第50条规定:"依照票据法第三十一条的规定,连续背书的第一背书人应当是在票据上记载的收款人,最后的票据持有人应当是最后一次背书的被背书人。"

认定背书的连续一般认为有三项要素:(1)各背书在形式上均为有效,只有在背书人签章上不合规则或无背书人签章的才为背书不连续;而实质上的无效签章,如伪造背书、无权代理人背书等不影响背书的连续。(2)连续的背书应为同一性质,如转让背书中夹有非转让背书,背书的连续性仅指转让背书的连续。(3)即上述的背书记载应有连续性。

至于本案中所涉IIX454323R银行汇票,首先,汇票正面收款人栏内记载为"××市B技术发展公司",而在背面收款人栏内却盖有"××市B技术发展公司××县分公司"的公章;其次,汇票的持票人也并非背书连续的票据的最后被背书人。因此,很显然汇票转让时,转让汇票的背书人与受让汇票的被背书人在汇票上的签章并没有前后衔接,票据的背书是不连续的。

票据本身背书并非连续,但银行却加以付款。我国《票据法》第57条规定:"付款人及其代理付款人付款时,应当审查汇票背书的连续,并审查提示付款人的合法身份证明或者有效证件。付款人及其代理付款人以恶意或者有重大过失付款的,应当自行承担责任。"该条中的"恶意"应当是指故意的主观状态,即付款人明知持票人不是正当持票人而故意不加审查;而"重大过失"则是指付款人稍加注意则应当发现背书不连续但由于其疏忽而没有发现。最高人民法院《关于审理票据纠纷案件若干问题的规定》第70条也规定:"付款人及其代理付款人有下列情形之一的,应当自行承担责任:(一)未依票据法第五十七条的规定对提示付款人的合法身份证明或者有效证件以及汇票背书的连续性履行审查义务而错误付款的……(四)其他以恶意或重大过失付款的。"本案中,被告对一张背书明显不连续的汇票进行付款,显然没有尽到一定的注意义务,被告只需稍加注意即可发现背书不连续而未发现,或者甚至发现背书不连续而仍予以付款,因此本案中的被告 D 支行主观上存在重大过失,应当自行承担责任。

7-4 票据瑕疵与票据丧失

7-4-1 票据伪造

✎ 案 情

1995 年 12 月 24 日,被告某合作公司与香港商人陈某约定:某合作公司用 400 万港元从陈某手中购买香港某银行开出的 050760 号和 050767 号本票两张,金额分别为 260 万和 240 万港元。陈某在上述两张本票的收款人空白栏内填入某合作公司后,某合作公司当日即持票到被告某工商银行办理兑付。由于该行与香港某银行无直接业务关系,便建议某合作公司到某中国银行(原告)办理兑付。同月 25 日,某工商银行与某合作公司一起到某中国银行办理兑付业务。某中国银行(是香港某银行在海外的联行)审查后,认为该两张本票票面要件相符,密押相符,便在本票上盖了"印押相符"章,某合作公司与某工商银行分别在两张本票后背书签章。某中国银行即将 500 万元港币划入某工商银行账内,某工商银行又将此款划入某合作公司账户。某合作公司见款已入账,在认为没有问题的情况下将 400 万元人民币划到陈某指定的账户上。某中国银行工作人员在划出 500 万元港币汇账后,便把两张本票留作存根归档,至 1996 年 8 月 22 日,有关人员在检查中发现后,方从档案中取出这两张本票,并向香港某银行提示付款。同月 30 日,某中国银行接到香港某银行的退票通知书称此两张本票系伪造,拒绝付款。某中国银行即日向某工商银行退回本票并说明理由,要求其将 500 万元港币归还。某工商银行接票后当日即函复某中国银行请求控制合作公司在某中国银行的港币账户。此时陈某已不知去向。某中国银行以某工商银行与某合作公司为共同被告向法院提起诉讼。

➦ 问 题

(1) 本案中所涉票据是否有效?
(2) 案中的本票伪造人陈某、香港某银行、某工商银行、某合作公司及某中国银行分别应当承担怎样的票据责任？

📖 分析理由

认定票据有效与否的唯一标准是票据形式是否符合票据法的要求，票据是要式证券，它必须具备票据法规定的形式。无效票据产生的原因一般是票据上的记载事项违反票据法的规定，具体体现为两种情况：一是票据上的记载事项不齐全，从而引起票据无效；二是虽然票据上的记载事项齐全，但其记载不符合票据法的规定，从而引起票据无效。反之，只要票据在形式上符合票据法的要求，票据即生效力，至于出票人有无票据能力、意思表示是否真实、签章是否真实等均不能导致票据的无效。本案中所涉及的两张本票并不欠缺法定应记载的事项，形式上符合票据法要求，因此应当认定为是有效的；根据票据行为的独立性，该两张本票虽然实际上并非由香港某银行作出，但不能否定其效力。

票据伪造是指无权限之人以行使票据权利为目的，假冒他人或虚构人名义签章的行为。票据伪造的法律后果，即票据伪造后对伪造人、被伪造人、真实签章人、持票人及付款人产生的法律效力，是票据伪造的重要内容。一般情形下，对于伪造人，由于其未在票据上以自己的名义签章，因此仅应负民事和刑事责任，而不负票据上的责任；对于被伪造人，伪造人未经其授权而将签章强加于票据，不反映被伪造人真实意思，因此不承担票据上的责任；对于票据上的真实签章人，根据票据独立原则，真实签章有效，应当对持票人承担付款责任；对于付款人，由于其付款仅负有形式上的审查义务，只要付款人尽到形式审查的义务均不再承担再次付款的责任，只有在因重大过失而付款的情形下才应承担再次付款的责任。

根据以上分析，本案中涉及的两张伪造本票上既无伪造人签名，亦无陈某签名，因此伪造人及陈某不应负有票据上的责任，但二人应当承担民法上的侵权责任，如果构成刑法上的诈骗或伪造有价证券罪，还应当承担相应的刑事责任。香港某银行作为被伪造人，其出票人的签章系伪造，只要香港某银行可以举证所伪造的签章并非其自身所为，即不应承担票据责任。某工商银行、某合作公司均是本票上的真实签章人，其背书转让本票后，均应根据其各自签章时票据所载文义，承担保证其后手所持本票付款的责任。但是根据《香港票据条例》第92条规定，"凡已背书即期本票须于背书后合理时间内，作出付款提示，如不作上述提示，则背书人责任即告解除"，由于某中国银行在对该本票付款后八个月之后才向其前手行使追索权，早已超过了有效的付款提示期限，因此不能要求某工商银行和合作公司再承担票据上的责任。虽然某中国银行丧失了票据权利，但仍可以依据民事上的赔偿请求权，请求某工商银行和合作公司根据各自过错的大小承担民事赔偿的法律责任。

7-4-2 票据变造

✎ 案　情

　　1996年7月5日,上海市三林服务公司(以下简称三林公司)为偿付与某食品加工部的货款,签发了金额为人民币382.20元的中国农业银行上海分行的转账支票一张(号码为IXIII0547631),未记载收款人名称即向食品加工部交付了支票。7月7日,有人持该支票到被告上海市双康饲料厂(以下简称双康饲料厂)购买饲料,此时,该转账支票的大小写金额均为人民币7382.20元,并且未有任何背书。被告双康饲料厂收下支票当日,在背书人与被背书人栏内盖下自己的印章作为背书,再以持票人身份将支票交给中国农业银行上海分行甲支行某营业所,由该所于当日通过中国农业银行上海分行乙支行某营业所从原告三林公司银行账户上划走人民币7382.20元,转入被告双康饲料厂账户。同年7月底,原告三林公司与开户银行对账时,发现账上存款短缺7000元,经双方核查,发现该转账支票金额与存根不同,已被改写。经协商无果,原告三林公司向法院提起诉讼,诉称转账支票金额已被涂改,请求确定该票据无效,并判令被告双康饲料厂承担原告经济损失7382.20元;支票金额有明显涂改痕迹,两农业银行被告未按规定严格审查,错划款项,造成原告经济损失,也应承担责任。

➡ 问　题

　　票据各方当事人对变造后的票据应当承担怎样的责任?

📖 分析理由

　　票据变造,是指无权更改票据内容之人,对票据上签章以外的记载事项加以改变的行为。我国《票据法》规定,票据上的记载事项应当真实,不得变造;第9条第2款规定:"票据金额、日期、付款人名称不得更改,更改的票据无效。"根据《票据法》第14条第3款规定,票据变造的效力主要包括:(1)票据经变造后,票据仍然有效;(2)签章在变造之前,签章人依变造之前的记载事项负责;(3)签章在变造之后的,签章人依变造之后的记载事项负责;(4)不能辨别签章在变造之前或变造之后的,视为签章在变造之前,签章人依变造之前的记载事项负责;(5)变造人在票据上签章的,对其签章时票据上的文义负责;未在票据上签章的,不承担票据责任,但应依刑法和民法的规定,追究其相应的民事责任或刑事责任。

　　根据上述原理,本案中原告三林公司属于变造前的签章出票人,因此应当仅对该转账支票上原记载的金额382.20元承担责任;那么原告三林公司账款上短缺的7000元责任应由谁承担？银行在付款时仅需履行形式上的审查义务,甲支行与乙支行对转账支票的审核手续为印鉴是否相符、日期是否有效以及大小写金额是否一致已经加以审核,至于发生存根与原件不一致的情况,银行不应承担责任。票据变造人并未在票据上签章,票据在交付被告双康饲料厂之前,也未有任何收款人的签章;被告双康饲料厂亦无法证明谁是其前手,即谁是饲料的购买者,以及支票变造的时间与变造者。《票据法》第31条对票据背书转让作出了严格规定:"以背书转让的汇票,背书应当连续,持票人以背书的连续,证明其汇票权利;非经背书转让,而以其他合法方式取得汇票的,依法举证,证明其汇票权利。前款所称背书连续,是指在票据转让中,转让汇票的背书人与受让汇票的被背书人在汇票上的签章依次前后衔接。"如果背书不连续,或者持票人不能证明其以其他合法方式取得票据,则持票人不能享有票据上的权利,票据债务人可拒绝付款。本案被告双康饲料厂取得转账支票未经前手背书,只是自己在背书人与被背书人栏中盖上公章,应当承担造成所涉票据背书的不连续的责任;由于其不能以其他合法方式证明自己是合法的票据权利人,因此被告双康饲料厂不能享有票据权利,其取得的票据上的利益应全部返还,原告三林公司多支付的7000元应由被告双康饲料厂返还。

第八章 破 产 法[①]

8-1 破产能力

8-1-1 破产能力

✎ 案 情

　　2006年3月张某、王某、李某三人开办一合伙企业,经营服装生意,因服装市场的持续低迷,加上管理不善,合伙企业持续亏损。2007年8月,经会计核算后,合伙企业的亏损达14万元,且由于服装市场近期无回暖迹象,勉强经营下去可能造成更大的损失,经过张某、王某、李某三人的商议,向法院提出了破产清算的申请,人民法院经审查认为该合伙企业已经资不抵债,符合破产申请的条件,即受理该破产申请,按照《中华人民共和国企业破产法》的相关规定进行了相关的破产程序。

➪ 问 题

　　该合伙企业是否具有破产能力?能否根据我国的新《破产法》申请破产?

📖 分析理由

　　破产能力源于德国破产法理论,是指债务人能够适用破产程序而被宣告破产的资格。破产能力依赖于法律的规定,其意义在于限定破产人的范围,即只有依据法律规定具有破产能力的债务人才能成为破产人,没有破产能力的债务人,不允许适用破产程序清偿债务。

　　各国破产能力的立法模式各不相同,对自然人的破产能力和法人的破产能力规定也各异。对于自然人的破产能力,主要存在商人破产主义和一般破产主义。商人破产主义主要形成于中世纪的意大利,即主张在债务人不能清偿债务时,只对以营利为目的的商人适用破产程序,对一般人适用民事强制执行程序,采商人破产主义的有意大利、比利时、法国等;一般破产主义主张对所有不能清偿债务的债务人均适用破产程序,不论其是否商人,如英国、美国、日本等。这些

[①] 本章由叶微娜、尹刚编写整理。

国家的破产分为消费性破产和经营性破产两种。20世纪以后各国均采用一般破产主义,破产程序适用所有具备破产原因的自然人。各国破产法还规定,自然人的破产能力可以延展到遗产之上。

对于法人的破产能力,各国法律主要依照法人性质加以确定。法人依其性质可分为公法人、公益法人和企业法人。公法人是以行使社会公共管理职能为目的而设立的国家政府机关,通常不允许破产,但也有例外,如美国以公司法注册成立的地方上的市、县政府机构就具备破产能力。公益法人是非营利性的社会组织,大多数国家的法律规定公益法人具备破产能力,同时又通过特别立法对某些类型的公益法人的破产能力加以限制或排除。而企业法人的破产能力被各国法律普遍承认,但对于特别行业如公共事业的企业法人的破产能力仍予以限制或排除。

我国新《企业破产法》对破产能力限定为企业法人领域,对于合伙企业等特殊的非企业法人组织形式的破产能力的规定,没有将其纳入到新《企业破产法》中,而是作为一个援引条款,可以比照新《企业破产法》的规定执行,即第135条规定:"其他法律规定企业法人以外的组织清算,属于破产清算的,参照适用本法规定的程序。"主要原因是考虑到合伙企业等特殊的非企业法人组织形式的企业出资人对企业债务承担无限连带责任,当这类企业破产时,可能连带涉及合伙人和出资人的个人财产。在没有规定个人破产的情形下,也不便规定此类企业的破产,否则相关制度肯定缺位。但是,将来待相关制度建立以后,则可以由特别法或者单行法予以补充性的规定,所以必须有一个原因条款,提供对特殊情形的例外支持。由此可见,上述法院的做法是有法律根据的。

8-2 破 产 原 因

8-2-1 破产原因

✎ 案　情

××市国浩水泥厂是一家国有企业。2007年8月8日,××市××银行作为国浩水泥厂的债权人,向××市中级人民法院申请国浩水泥厂破产。经××市中级法院审查:国浩水泥厂仅有资产73.7万元,债务159.7万元,亏损额达86万元,资产负债率为46.1%。市中级法院受理申请后,在规定时间内通知了债权人,并于2007年9月3日在报上公告要求债权人申报债权,规定10月8日召开第一次债权人会议。2007年10月8日法院主持召开了第一次债权人会议,确认:国浩水泥厂有24家债权人,各种债务累计159.7万元,其中××银行的部分债务为有抵押权债权。据此,××市中级法院裁定国浩水泥厂破产。

⊃ 问 题

国有企业破产原因是什么?

📖 分析理由

破产原因是适用破产程序所依据的特定法律事实。它不是指导致债务人陷入经济困境而不能清偿债务的原因,而是指法院据以启动破产程序,进行破产宣告的法律标准。对于债务人的破产原因,各国主要有列举主义与概括主义两种立法模式。列举主义的立法方式主要在英国、加拿大、澳大利亚等英美法系国家适用,即在法律中列举规定数种破产行为,债务人具备法律列明的破产行为之一的,便认定发生破产原因。概括主义的立法方式则主要在法国、德国、日本等大陆法系各国适用,即法律仅对破产原因作定义性规定,着眼于破产发生的一般原因而非具体行为。近年英美法系各国破产立法也有淡化列举主义,改行概括主义的趋势。也有如西班牙、葡萄牙等国同时采取两种方式,在立法上既作概括性规定,又作列举性规定。

在实行概括主义的大陆法系国家中,对破产原因的法律规定又可分为两种情况。一种是以不能清偿作为唯一的破产原因,普遍适用于所有债务人,采取此种做法的主要有法国、奥地利等;另一种是以不能清偿作为破产的一般原因,而把债务超过作为破产的特殊原因,分别适用于不同债务人,德国、日本等国均采取此种做法。在后一种立法例下,债务超过一般仅适用于法人特别是股份公司、有限公司等及继承遗产破产;而不能清偿则适用于自然人及其他非法人企业。

我国新《破产法》在破产模式上采取的是概括式的立法模式。我国新《破产法》第2条对于所有破产主体原因作出了明确而统一的规定,即"企业法人不能清偿到期债务,并且资产不足以清偿全部债务或者明显缺乏清偿能力的,依照本法规定清理债务"。"企业法人有前款规定情形,或者明显丧失清偿能力可能的,可以依照本法规定进行重整"。由此看出,新《破产法》关于破产原因采取的是概括式立法模式,将破产原因界定为不能清偿并且资产不足以清偿全部债务或者明显缺乏清偿能力。2006年1月1日起施行的新《公司法》在关于公司破产的规定上,也取消了以前单独规定公司破产原因的做法,而改采与新《破产法》相同的标准,其第191条规定:"公司被依法宣告破产的,依照有关企业破产的法律实施破产清算。"这基本上实现了我国立法关于破产主体适用破产原因的统一性。即新《破产法》于2007年6月1日施行后,我国所有的企业法人将适用统一的破产原因,其内容为不能清偿到期债务并且资产不足以清偿全部债务或者明显缺乏清偿能力。

8-3　和解与重整制度

8-3-1　和解

✎ 案　情

西安市秦汉饲料厂是一家国有企业,拥有固定资产1500多万元,现有职工300余人。企业主要生产饲料、添加剂等,主要在本地销售。随着市场竞争日益加剧,自2005年起企业连年亏损,政府及该企业主管部门曾试图挽救,但由于企业设备老化,产品单一,未收到预期效果。至2007年初,秦汉饲料厂累计负债1200万元,被迫停产。政府部门不愿再予扶持,银行也不愿再借贷资金,企业生存无望。在此情形下,秦汉饲料厂报经其上级主管部门同意后,向西安市中级人民法院申请宣告破产。2007年8月,秦汉饲料厂又提起整顿申请。

➡ 问　题

秦汉饲料厂向法院申请破产后,能否再提起和解整顿程序?

📖 分析理由

和解是指具备破产原因的债务人,为避免破产清算,而与债权人会议达成协议,经法院许可后生效的法律程序。它是人民法院受理债权人破产申请后,以预防和避免债务人宣告破产为目的,由债务人和债权人达成的中止破产程序进行的协议以及围绕该协议的履行而设置的一项制度。整顿是指在和解协议发生法律效力之后,债务人的上级主管部门或者企业股东会(无上级主管部门的企业)对企业采取的,以改善经营管理,提高企业效益为目的的措施。

破产制度在维护社会经济秩序,保障债权人、债务人合法权益等方面有着重要的意义。但破产制度也有其不足之处,如无财产担保的债权人通过破产清算而得到清偿的比例很小,大部分债权无从实现;债务人企业解体消灭,不仅造成职工失业等问题,对社会财富与生产力来说也是一种损失等。所以,预防破产发生的和解、整顿及重整制度应运而生。1883年,比利时颁布了名为《预防破产之和解制度》的法律。此后,各国也效仿相继制定了有关和解和整顿的法律。

我国新《破产法》用专门一章规定和解制度,从第95条到第106条皆是。第95条针对破产和解提起的主体和受体作出了规定:"债务人可以依照本法规定,直接向人民法院申请和解;也可以在人民法院受理破产申请后,宣告债务人破产前,向人民法院申请和解。债务人申请和解,应当提出和解协议草案。"由此可见,只要符合其他要求,秦汉饲料厂可以在向法院申请破产后,再提起和解整顿程序。

8-3-2 重整

案 情

仙琚医院成立于 2004 年 8 月 26 日,注册资本 1000 万元,其中北京仙琚兴业医院管理有限公司(以下简称兴业公司)出资 950 万元,占注册资本的 95%,浙江仙琚置业有限公司(以下简称置业公司)出资 50 万元,占注册资本的 5%。公司经营范围包括内科、内分泌科、外科、泌尿外科、妇产科、计划生育专科、优生学专科等。

由于管理不善等因素,截至 2006 年 9 月 30 日,会计师事务所审计报告显示,仙琚医院资产总额 992.68 万元,负债总额 2151 万余元,净资产为 -1159 万余元。于是,2006 年 10 月,仙琚医院以无力清偿到期债务,且资产不足以清偿全部债务为由向海淀区人民法院提出破产偿债申请,之后,又于 2006 年 12 月向卫生行政管理机关申请停业,申请停业的期限为 1 年。

海淀区法院于 2006 年 12 月 22 日裁定仙琚医院进入破产还债程序,并予以公告。经债权申报,仙琚医院破产案申报债权人人数为 45 人,申报债权总额为 2200 万余元。①

问 题

该案件中仙琚医院是否适用破产重整程序?

分析理由

重整制度发端于 19 世纪末 20 世纪初的英美法系国家,其主要目的在于通过一系列特殊法律手段和程序的运用,实现对出现破产原因或有出现破产原因危险的企业的维持和未来事业的发展,促进企业复苏,进而清理债务,保护债权人的利益,维护社会经济秩序稳定。它与破产清算、破产和解共同构成现代破产法律三大制度。简单而言,所谓重整是指已经出现破产原因的债务人企业不立即进行破产清算,而是与债权人协商确定一个重整方案,债权人通过债权数额减让或者债权延迟到期等安排,帮助债务人继续存续,并恢复其盈利能力的一项程序。重整制度具有以下的功能:(1)重整制度维持了企业的营业,从而避免了企业营运价值的落空,弥补清算制度造成的社会资源的浪费。所谓营运价值(going concern value),就是企业作为营运价值实体的财产价值,或者说,企业在持续营业状态下的价值。许多情况下,企业的营运价值高于它的清算价值,即高于它

---

① 引自 http://management.mainone.com/law/2007-08/111332.htm,访问日期:2007 年 9 月 30 日。

的净资产通过清算变价所能获得的价值回收。我国一些企业的破产试点表明：破产财产变现困难，变现成本高，财产变卖所得大大低于账面价值，清算费用耗尽全部破产财产的情形时有发生。在破产程序不确定、司法介入未必奏效、清算费用居高不下的情况下，重整是值得提倡的避免社会资源浪费的路径选择；(2)重整制度运用多种手段对困境企业进行整理，帮助企业复兴，提高资源配置效率。重整法律制度可以通过内部经营机制的调整，治理结构的优化提高企业运营效率，最终促使社会资源的优化配置，这种调整直接涉及资源配置方式的改变，具有主动性和直接性；(3)保留了企业职工的就业机会，使企业不因裁员而引起社会动荡，可以有效地维护社会稳定，实现了现代社会所要求的秩序、效率与公平。

正因为破产重整程序具有如此众多的优点，2007年6月1日实施的新《破产法》也将破产重整制度引入了我国。在本案中，如果仙琚医院能够提出合适的重整计划，如通过调整投资人的方式消除破产原因以挽救自身，并经过相关的程序表决通过，那么仙琚医院的行为就符合重整制度的特点，属于重整程序意义上的计划方案。因此，本案应当适用重整程序。

8-4　破产实体法

8-4-1　破产财产

✎ 案　　情

宁夏××无线电厂是隶属于宁夏回族自治区重工业厅的国有企业，建厂于1970年。主要生产扬声器、黑白电视机、交流收音机、半导体收音机、高中档收录机等产品，拥有职工250人，离退休职工40余人，有6个持有企业法人营业执照的分支机构和公司。后因长期管理不善，从1987年起连年亏损，资不抵债，无力清偿到期债务。该厂经其主管部门自治区重工业厅批准，于1992年5月28日向宁夏回族自治区高级人民法院提出破产申请。

宁夏回族自治区高级人民法院在接到申请人的破产申请后，经审查认为符合立案条件，依法予以受理。受理后，依照《中华人民共和国企业破产法(试行)》的有关规定，于1993年1月17日、29日先后在《宁夏日报》、《人民法院报》刊登公告，通知债权人申报债权。同年2月24日，宁夏高级人民法院主持召开了第一次债权人会议。经审查，宁夏高级人民法院认为该厂因管理不善等多方面原因，导致连年亏损，至1992年底负债总额已达1354万余元，资不抵债，无力清偿到期债务，并难以扭转亏损局面并裁定该厂破产，进入破产程序。

成立破产清算组之后,清算组会同宁夏资产评估公司、自治区土地管理局完成了对宁夏××无线电厂及其在6个分支或联营机构里的实有资产的清算、评估作价工作,确定其实有资产价值为1027万元,其中包括固定资产620万元,流动资产127万元,土地作价245万元,经破产清算组收回的债权35万元。在本案申报债权的有效期间,有81户债权人申报债权,经宁夏高级人民法院审查,有78户债权人具备债权人资格。经委托自治区审计事务所验证,78户债权人申报债权总额14075405.51元。其中,在中国人民银行宁夏分行7951794.20元债权中,本金5787152.25元系抵押债权。为了妥善安置破产企业职工,经自治区人民政府企业破产工作领导小组同意,对宁夏××无线电厂进行整体拍卖。经过多方联系协商,宁夏宁光电工厂愿出资570万元整体购买该厂,并安置破产企业所属职工。

▶ 问　题

宁夏××无线电厂的哪些财产在破产财产的范围之内?

📖 分析理由

破产财产是指依破产程序分配给破产债权人的破产人的财产。在破产财产的构成范围上,各国破产立法主要采用的有固定主义与膨胀主义两种形式。日本、德国、美国等国采用的是固定主义的立法方式,在这一立法方式下,破产宣告时债务人所有的财产包括将来行使的财产请求权为破产财产,即破产宣告时破产财产的范围已经确定。英国、法国、瑞士及我国台湾地区采用的是膨胀主义的立法方式,是指破产财产不仅包括债务人被宣告破产时所有的财产,而且包括其在破产程序终结前新取得的财产,破产财产的范围在破产宣告后仍然有所扩大。

我国新《破产法》将破产财产改称为债务人财产,但两者只是称呼上的不同,并没有本质差别。我国破产法在破产范围上采用的是膨胀主义立法原则。根据《破产法》第30条以及最高人民法院《破产规定》的规定,破产财产由下列财产构成:(1)破产财产受理时属于债务人的全部财产;(2)破产财产受理后至破产程序终结前取得的财产。但是《破产规定》第71条也明确规定了破产财产的例外。

(一)债务人基于仓储、保管、加工承揽、委托交易、代销、借用、寄存、租赁等法律关系占有、使用的他人财产;

(二)抵押物、留置物、出质物,但权利人放弃优先受偿权的或者优先偿付被担保债权剩余的部分除外;

(三)担保物灭失后产生的保险金、补偿金、赔偿金等代位物;

(四)依照法律规定存在优先权的财产,但权利人放弃优先受偿权或者优先偿付特定债权剩余的部分除外；

（五）特定物买卖中，尚未转移占有但相对人已完全支付对价的特定物；

（六）尚未办理产权证或者产权过户手续但已向买方交付的财产；

（七）债务人在所有权保留买卖中尚未取得所有权的财产；

（八）所有权专属于国家且不得转让的财产；

（九）破产企业工会所有的财产。

本案中，根据破产清算组的资产评估，宁夏××无线电厂的破产财产应当包括其所有实有资产。对于其投资成立的6个持有"法人执照"的分支或联营机构的投资及收益应包括在破产财产范围之内。

在破产财产之外，部分财产不应当属于破产财产范围之内，包括：债务人基于仓储、保管、租赁等关系占有、使用的他人财产；抵押物、留置物、出质物；担保物灭失后产生的保险金、补偿金、赔偿金等代位物；依照法律规定存在优先权的财产；所有权专属于国家且不得转让的财产；破产企业工会所有的财产；由此，宁夏××无线电厂对中行宁夏分行的抵押物不能作为破产财产进行分配，中行宁夏分行对5787152.25元的抵押债权有优先受偿的权利。

8-4-2 破产债权

✍ 案　　情

××市金度汽车厂系××市全民所有制企业，自2004年以来一直因经营不善严重亏损，于2006年8月向××市中级人民法院提起破产申请。经查明，该汽车厂资不抵债已达4500万元，其中部分债务状况如下：(1) 该汽车厂欠××市工商银行贷款2200万元未清偿，贷款时曾提供该企业一套进口成套设备作抵押，该套设备现值1500万元；(2) 该汽车厂的债权人之一甲公司因追索250万元贷款而在一个月前起诉该企业，此案尚在审理中；(3) 乙公司曾为该汽车厂向××市建设银行借的一笔500万元的贷款作为保证人，现乙公司以保证人身份向汽车厂申报债权。

➡ 问　　题

(1) ××市工商银行的2200万元贷款应当如何处理？

(2) 甲公司与汽车厂之间尚未审结的追索货款之诉应当如何处理？

(3) 乙公司是否可以以保证人身份向汽车厂申报债权？

📖 分析理由

破产债权是指在破产宣告前成立的、对破产人发生的、经依法申报确认并可以由破产财产中获得公平清偿的财产请求权。破产宣告前发生的无财产担保的债权、放弃优先受偿权的有财产担保的债权以及虽有财产担保但债权数额超过担保物价值部分的债权均属于破产债权的范围。

对于本案中三项不同的债权,应逐一分析。

第一,××市工商银行的2200万元贷款,其中有部分贷款是以价值1500万元的进口成套设备作为抵押。在进行破产债权登记时,有抵押的债权与没有抵押的债权应当分别进行登记,在该2200万元债权中,其中1500万元属于有抵押的债权,剩余的部分属于无抵押的债权。故1500万元应先从抵押设备中优先拨付,剩余的700万元可申报破产债权。

第二,甲公司与汽车厂之间尚未审结的追索货款,该项货款属于尚未确定的或有债权,根据我国新《破产法》第47条的规定:"附条件、附期限的债权和诉讼、仲裁未决的债权,债权人可以申报。"在破产程序中可以由受理破产的法院合并一并审查。同时根据第20条的规定:"人民法院受理破产申请后,已经开始而尚未终结的有关债务人的民事诉讼或者仲裁应当中止;在管理人接管债务人的财产后,该诉讼或者仲裁继续进行。"本案中甲公司向汽车厂请求给付的货款诉讼,属于此种情况,法院的处理应当是中止诉讼,由甲公司向受理破产案件的人民法院申报债权。

第三,乙公司以保证人身份向汽车厂申报债权问题。根据新《破产法》第51条规定:"债务人的保证人或者其他连带债务人已经代替债务人清偿债务的,以其对债务人的求偿权申报债权。债务人的保证人或者其他连带债务人尚未代替债务人清偿债务的,以其对债务人的将来求偿权申报债权。但是,债权人已经向管理人申报全部债权的除外。"本案中,乙公司作为汽车厂向××市建设银行一笔500万元贷款的保证人,在汽车厂清偿之前,是否可以向法院申报破产债权,应当视情况而定。如果××市建设银行已经向法院申报了债权,则乙公司无权再就该笔债权作为保证人向法院申报;如果××市建设银行并未向法院申报债权,且乙公司在申报债权的期限届满以前得知其不参加债权申报的情形,则可以在其保证的债务数额范围内,向法院申报破产债权并参加破产财产的分配。

8-4-3 破产费用和共益债务

✒ 案 情

2005年7月9日,安徽省××市某纺织厂职工李某6岁儿子在某纺织厂院内玩耍时,因电线老化触电身亡。事故发生后,杨某找到该纺织厂和供电公司要求赔偿。供电公司与李某达成协议赔偿6万元。而某纺织厂与李某未能达成协议,李某遂诉至法院要求赔偿。经查,该厂已于2007年2月14日宣告进入破产程序,法院遂依法判令该厂破产清算组承担赔偿李某儿子死亡损失费用5万余元。

问 题

该笔赔偿款项是否属于共益债务?应当如何清偿?

分析理由

共益债务,是指在破产程序开始后,为了全体债权人的共同利益以及破产程序的顺利进行而负担的债务。从国外的规定看,一些国家和地区的破产法将破产费用和共益债务统称为财团债权或者财团债务,如日本破产法规定,一些破产请求权为财团债权,德国破产法将破产费用和共益债务统称为财团债务,其中将破产费用统称为破产程序费用,将共益债务统称为其他财团债务。前者包括破产程序的诉讼费用以及管理人和债权人委员会成员的报酬以及垫款;后者包括:因管理人的行为或者因管理、变价及分配破产财团而产生的费用;因破产程序开始后而产生的双务合同产生的债务;因财团不当得利所产生的债务。我国新《破产法》对共益债务作了专门的规定。

新《破产法》第42条规定:人民法院受理破产申请后发生的下列债务,为共益债务:

(一)因管理人或者债务人请求对方当事人履行双方均未履行完毕的合同所产生的债务;

(二)债务人财产受无因管理所产生的债务;

(三)因债务人不当得利所产生的债务;

(四)为债务人继续营业而应支付的劳动报酬和社会保险费用以及由此产生的其他债务;

(五)管理人或者相关人员执行职务致人损害所产生的债务;

(六)债务人财产致人损害所产生的债务。

按照此规定,该项赔偿应当属于共益债务无疑。

有关破产清算人的法律地位问题。对于破产清算人在破产程序中的法律地位如何,国外基本上有代理说、职务说和破产财团代表说三种观点。代理说将民法上的代理人理论引入破产管理人之中,认为破产管理人实质上是代表被代理人的利益,以被代理人的名义参与破产事务的代理人;职务说认为破产关系是国家强制执行机关与全体债权人、破产人之间的公法关系,破产清算人为强制执行机关的公务员,其行为是一种职务行为;代表说实质上是英美法上的信托说的概括,以承认破产财团在破产程序中的独立地位为基础,认为清算人就是这种人格化财产的代表人。国内学界在这一问题上也颇有争议,主要的观点包括特殊机构说、破产企业法定代表人说、清算法人机关说、双重地位说和破产财团代表说等。一般认为,清算人既不是政府机构,也不是债权人或债务人的代理人,而是依破产法的规定在破产宣告后成立,接管破产财产并负责对其进行保管、清理、估价、处理和分配的独立的专门机构,它同时被赋予代表破产企业开展必要的民事活动、登记债权及对相关权利进行确认的职责。根据上述第二点,在破产清算人清算职权范围内产生的债务,其民事责任主体应当是某纺织厂的破产清算组,而不能是某纺织厂本身。

通过以上分析可知,本案中某纺织厂对李某应承担的赔偿款属于共益债务,根据新《破产法》第43条的规定:"破产费用和共益债务由债务人财产随时清偿。债务人财产不足以清偿所有破产费用和共益债务的,先行清偿破产费用。债务人财产不足以清偿所有破产费用或者共益债务的,按照比例清偿。债务人财产不足以清偿破产费用的,管理人应当提请人民法院终结破产程序。人民法院应当自收到请求之日起十五日内裁定终结破产程序,并予以公告。"本案法院在执行阶段可以裁定该笔赔偿款从破产财产中优先拨付。

8-4-4 破产的相关权利及其行使

❖ 案 情

江西省××市嘉陵电缆厂系原电子工业部所属的三线军工企业,主要生产特种电子线缆,截至2001年8月底,该厂在职职工1598人,离退休职工251人。账面资产总计19865.32万元,账面负债总计26599.62万元,因资不抵债,经上级主管部门同意,于2002年7月9日向××市中级人民法院申请宣告破产。7月11日××市中级人民法院受理申请后,公告债权人申报债权。部分债权人在申报债权过程中,分别提出了如下给付请求:

1. 某女士于2000年5月被嘉陵电缆厂保安人员殴打致伤,住院治疗8个月,要求赔偿医疗费16895元;

2. 中国建设银行××市分行向嘉陵电缆厂提供贷款855万元,债务人电缆厂以其厂房土地向中国建设银行××市分行设置了抵押;

3. 某贸易公司与该电缆厂签订的合同,因该电缆厂被宣告破产而终止,贸易公司要求赔偿由此造成的损失30000元;

4. 该电缆厂副总经理以电缆厂的名义借用某服装公司小轿车一辆,供其亲属使用,现该服装公司要求返还。

❓ 问　题

（1）上述债权人申报债权中哪些债权能够成为破产债权？

（2）上述债权人申报债权中哪些可以行使取回权、别除权、撤销权等相关权利？

📖 分析理由

破产债权是基于破产宣告前的原因而发生的，能够通过破产分配由破产财产公平受偿的财产请求权。新《破产法》第107条对破产债权作了一般性的规定，即"人民法院受理破产申请时对债务人享有的债权统称为破产债权。"单从该条文看，似乎比原《破产法》对破产债权的范围大了一些，因为此条没有例外条款的规定。后又通过第93条、第104条、第107条、第110条、第113条、第124条等条文，分别对于重整和和解中破产债权的处理、破产债权在整个清偿中的顺序、破产终结程序后未清偿的破产债权的处理等方面，进行了单独的规定。根据上面的规定第1项第3项属于破产债权。

其他不列入破产债权的、破产的相关权利还包括取回权、别除权、抵销权和撤销权。其中，取回权是指破产清算人接管的破产人财产中有不属于破产财产的他人财产时，该财产的权利人享有的不依破产程序而取回的权利，包括因非破产法上原因产生的一般取回权和因破产法上原因产生的特殊取回权两种。取回权的发生依据是依物权关系而非债权债务关系，本案中嘉陵机械厂的第4项债权即该机械厂副总经理以机械厂名义借用某服装公司的小轿车，就属于一般取回权的范围，机械厂应该从副总经理亲属处取回借用某服装公司的小轿车，返还某服装公司。

区别于取回权，别除权指的是债权人不依破产程序，就破产人的特定财产单独优先受偿的权利，它实际是基于破产宣告前已存在于破产财产上的担保物权而产生的一种权利。我国新《破产法》并未直接使用"别除权"这一概念，因此依据《民法通则》和《担保法》成立的抵押权、质权和留置权是别除权的基础权利。本案中第2项债权中国建设银行××市分行向嘉陵电缆厂提供的855万元贷款，由于债务人电缆厂以其厂房土地向债权人中国建设银行××市分行设置了抵押，因此债权人中国建设银行××市分行基于该抵押权享有取回权。

8-5　破产程序法

8-5-1　破产程序的开始

📝 案　情

尚志市一面坡葡萄酒厂（以下简称葡萄酒厂）是以生产"紫梅"、"香梅"、

"金梅"等牌色酒的全民所有制企业,拥有职工 919 名,固定资产原值 880 万元,截止到 1992 年末亏损 1877 万元,其上级主管部门尚志市工业局同意葡萄酒厂破产。1993 年 5 月 21 日,葡萄酒厂向尚志市人民法院递交破产申请书。

葡萄酒厂破产案受理后,法院了解到尚志市工业局虽几次对葡萄酒厂进行整顿,也没有改变葡萄酒厂的亏损局面。到 1990 年该厂已亏损 714.9 万元。为摆脱债务,重整旗鼓,尚志市工业局将葡萄酒厂一分为五,设立了干酒分厂、啤酒分厂、白酒分厂、果酒分厂、药酒分厂等五个分厂。葡萄酒厂以总厂名义保留,留有个别领导,承担债务。五个分厂则向总厂租赁设备,并在工商管理部门领取企业法人执照。经营一年后,五个分厂也亏损停产。葡萄酒厂即总厂破产,关于分厂,尚志市人民法院认为,葡萄酒厂成立分厂时,没有对企业的债权债务进行清理,所有的债务仍由葡萄酒厂负担,分厂租赁总厂的设备,分厂自己没有独立的资产,缺乏独立承担民事责任的能力,虽然领取了企业法人营业执照,实际上不具备企业法人资格。分厂不破产,将损害债权人的利益。经葡萄酒厂的上级主管部门同意,决定将五个分厂一并破产。

为了保护企业财产的安全,防止财产流失,能够使全体债权人得到公平清偿,应债权人尚志市工商银行的申请,尚志市人民法院于 1993 年 5 月 21 日裁定,查封葡萄酒厂及分厂的全部厂房设备等固定资产和流动资产,冻结银行存款,并宣告葡萄酒厂破产,成立清算组。

⇨ 问 题

(1) 企业进入破产程序后、破产宣告前,对破产企业的财产是否适用财产保全?企业破产程序的开始还会对企业、债权人及其他主体产生哪些效果?

(2) 本案中法院决定将五个分厂一并破产的行为是否正确?为什么?

📖 分析理由

破产案件的受理是破产程序开始的标志,法院经审查认为破产申请符合法定条件而予以接受,并因此开始破产程序的司法行为。破产程序的开始对债务人、债权人、其他人以及其他的民事程序都会发生一定的约束和影响。

在民事程序上,一旦破产案件被受理,一切有关债务人的财产和财产权利的民事诉讼、其他民事执行程序和其他财产保全都应当中止;那么主持破产清算的法院是否可以对破产企业的财产适用财产保全?这里应当中止的"其他"程序中的"其他"实际上指的是非依破产程序所生的法律文书的个别执行程序,对于主持破产清算的法院是否可以适用,并没有禁止性的规定,实践中分两种情形来对待。一般情况下,企业在进入破产程序后,债权人会议仍可能与破产企业达成和解协议,如果企业经过整顿能够履行和解协议,并且清偿到期债务,法院就可裁定终结破产程序,使企业起死回生。在这种情形下,如果对企业财产进行财产保全,或者即使待达成和解协议后再解除保全措施,仍然会影响企业的正常经营,给企业正常生产带来不利,因此一般情况下不宜对企业财产进行财产保全。还有一种情况,即与本案类似的情形,如果企业的破产是由债务人本身进行申请,不存在和解整顿的可能性,或者企业在进入破产程序后,有损害全体债权人利益的行为,为保护全体债权人的利益,对破产企业的财产及财产权利进行保全,也是符合破产法立法精神的。

此外,破产程序的开始对债务人、债权人及其他相关人也会产生一定的约束力。对于债务人来说,债务人负有对财产进行保全、说明和提交的义务,并且不得在正常生产经营的费用以外,对个别债权人进行个别清偿。对于债权人来说,债权人只能通过破产程序行使权利,有担保债权人必须在人民法院准许下才能行使优先受偿权。其他相关人还包括银行等,在本案中债务人的开户行即遵照人民法院的通知,对债务人的账户进行冻结,停止任何对债务人债务进行清偿的结算业务。

葡萄酒厂五个分厂一并破产的问题涉及到破产能力与破产财产的问题。我国新破产法采用的是企业法人破产主义,只要具备了一定的条件,企业法人都可以申请破产,本案件中葡萄酒五个分厂具备破产能力。本案中,葡萄酒厂的五个分厂成立时,并未对企业的债权债务进行过清理,所有的债务仍由葡萄酒厂负担,并且分厂的设备也是向总厂租赁使用的,因此虽然五个分厂均一一领取了企业法人营业执照,但在实质上并不具备企业法人资格,分厂的财产的所有权实质上也由总厂享有,而不能独立承担法律责任。因此本案中法院的做法是正确的。这种情况在实践中也被不少企业利用作为逃避债务的手段。不少债务人为逃避债务,将自己分为若干,让其中的一个承担全部债务,然后使其破产,借此消灭债务,严重侵害了债权人利益,法院在司法实践中制止用分厂化整为零等办法逃避债务的行为。

8-5-2 债权人会议

案 情

河南省××县××机械厂始建于1991年,是当地最大的国有企业之一,并曾被多次评为"××县财政支柱企业"。但自2000年以来,该厂在计划经济向商品经济转轨的过程中,一方面由于行业竞争环境的变化,另一方面也由于机械厂自身生产和经营管理方面的诸多问题,至2003年9月,企业累计亏损达3678.79万元。在既无资金又无财产的情况下,××机械厂全厂停工停产,并因严重亏损不能清偿到期债务于2004年5月24日向××县人民法院申请破产。

2004年5月25日，××县人民法院在法院公告栏及××机械厂公告栏内均张贴了受理公告，并于6月9日在《人民法院报》公告栏内刊登了该受理公告。公告中明确通知:第一次债权人会议于2004年6月15日召开，并向30个已知债权人发出了申报债权及第一次债权人会议召开日期的通知。

2004年6月15日至18日，第一次债权人会议由××县人民法院院长李某主持召开。合议庭向到会债权人通报了受理××机械厂申请破产案的审查情况，××机械厂生产经营、债权债务和现有财产情况以及合议庭对已申报登记的债权人资格审查情况和申报债权额的情况，指定××县第一制药厂为债权人会议主席，并宣读了债权人会议的职权和其他相关事项。在××县第一制药厂主持下，到会债权人讨论、审查了各债权人申报的债权及有关证据，最后经有表决权的债权人表决，第一次债权人会议上有表决权债权人1/2以上、无财产担保债权总额2/3以上表决权通过作出了两项决议:(1)通过了债权人资格审查意见；(2)通过了48个单位对××机械厂的普通债权应纳入破产清算范围之内。

➡ 问 题

(1)××县人民法院受理破产申请和发布公告的行为是否正确合法？
(2)第一次债权人会议的议事程序是否正确合法？

📖 分析理由

债权人会议是由债权人组成的代表全体债权人参加破产程序的意思表示机关。本案讨论的内容涉及第一次债权人会议召开的程序规则。

第一次债权人会议一般规定由法院召集。我国《破产法》第62条规定:"第一次债权人会议由人民法院召集，应当在债权申报期限届满后十五日内召开。"而有关债权申报期限，《破产法》第14条规定:人民法院应当自裁定受理破产申请之日起二十五日内通知已知债权人，并予以公告。通知和公告应当载明下列事项：

（一）申请人、被申请人的名称或者姓名；
（二）人民法院受理破产申请的时间；
（三）申报债权的期限、地点和注意事项；
（四）管理人的名称或者姓名及其处理事务的地址；
（五）债务人的债务人或者财产持有人应当向管理人清偿债务或者交付财产的要求；
（六）第一次债权人会议召开的时间和地点；
（七）人民法院认为应当通知和公告的其他事项。

本案中，××县人民法院于受理破产申请后第二日即公布了受理申请的公告,符合法律的规定,但其在公告中明确第一次债权人会议的时间为6月15日,这是不合法的。因为根据上述第62条及第14条的规定,第一次债权人会议必须在债权申报期限届满后才能召开,即至少在发布公告三个月后才能召开,××县人民法院召集的第一次债权人会议明显提前于法定时间,这一提前召开极有可能使许多债权人不能参加债权人会议从而影响债权人的利益。

债权人会议的成员包括全体债权人,不论其享有债权的性质及数额;债权人会议召开时,所有已申报权利的债权人不论是否享有表决权,均可出席并发表意见;债权人会议的主席由人民法院从有表决权的债权人中指定,负责主持和召集债权人会议;债权人会议决议必须由出席会议有表决权的债权人过半数通过,且其所代表的债权额必须占无财产担保债权总额的1/2以上。从上述表述可见,本案中债权人会议在召开过程中对于会议议事的这些程序并未违反。至于债权人会议的职权,根据我国《破产法》第61条规定,债权人会议行使下列职权:

（一）核查债权;

（二）申请人民法院更换管理人,审查管理人的费用和报酬;

（三）监督管理人;

（四）选任和更换债权人委员会成员;

（五）决定继续或者停止债务人的营业;

（六）通过重整计划;

（七）通过和解协议;

（八）通过债务人财产的管理方案;

（九）通过破产财产的变价方案;

（十）通过破产财产的分配方案;

（十一）人民法院认为应当由债权人会议行使的其他职权。

本案中××机械厂第一次债权人会议通过的两项有关债权人资格和债权审查的决议在该范围之内,因此也是合法的。

8-5-3 破产宣告

✍ 案　　情

大同市兴业农工商开发公司（以下简称兴业公司）是隶属于××县张家湾镇农工商联合公司的村办集体所有制企业,后变更并领取企业法人营业执照。注册资金40万元,其中固定资金10万元,流动资金30万元,主营干鲜果品、蔬菜,兼营服装鞋帽、日用百货、家用电器、五金等零售兼批发业务。该公司因经营管理不善,亏损严重,虽经多方采取措施仍未扭转局面,对外负债高达289万元,已无力清偿。经其上级公司同意,向大同市××县人民法院申请破产。

××县人民法院经审查大同市农村经济审计事务所对兴业公司开业以来经营状况的全面审计报告，查明：兴业公司累计利润亏损78万元，账面现有资产25.3万元，可收回债权44万元，对外负债289万元，资产负债率达417%。其中最大的一笔129余万元的债务，系该公司副经理在与山西大同市毛纺织厂的毛毯购销业务中贪污应付货款逃匿，大同法院判决兴业公司给付货款及利息损失所致。兴业公司已严重亏损，资不抵债，根本无力清偿到期债务，符合法定的破产条件，兴业公司的破产申请应予受理。根据《中华人民共和国民事诉讼法》第199条的规定，裁定兴业公司申请破产案进入破产还债程序。

××县人民法院作出裁定后，当即书面通知已知债权人向法院申报债权，同时通知并告示兴业公司及其职工保护好企业财产，通知企业开户银行停止办理清偿债务的结算业务，并在《人民法院报》上发布了受理破产案件公告。后××县人民法院在法定期间内主持召开第一次债权人会议，通报兴业公司破产事实的审查情况，明确债权人会议的职权，公布债权申报情况并审查确认债权数额，进行债权人与债务人的和解协商。会议上债权债务双方未能达成和解协议，部分债权人不同意企业破产。

⇨ 问 题

（1）兴业公司因副经理的经济犯罪而导致公司资不抵债，××县人民法院能否宣告兴业公司破产？

（2）债权人会议上部分债权人不同意破产，是否影响××县人民法院宣告兴业公司破产？

📖 分析理由

破产宣告，是法院对已具备破产条件的债务人所作出的宣告其为破产人的司法行为。根据我国新《破产法》的规定，只要是企业法人都具有破产能力，所以如果兴业农工商公司真的具备了资不抵债的条件，法院可以根据我国新《破产法》进行破产宣告。

本案中有两点值得讨论。第一，有关公司职工经济犯罪导致资不抵债的问题。我国新《破产法》规定只要符合一定的条件，即严重亏损及不能清偿到期债务，而不论该债务是如何形成的，都可以进行破产宣告。大同市农村经济审计事务所对兴业公司经营状况的审计结果表明，兴业公司已是严重资不抵债，无力清偿到期债务，由经济犯罪引起的债务是否影响对公司依法予以破产，应当从债务的性质分析。兴业公司内部人员贪污应付货款，并不影响企业对外的债权债务关系，兴业公司仍然是合同关系中的债务人，即使由于该项债务导致企业资不抵债，其与一般债务仍并无区别。至于该项贪污款，可以作为企业应收款计算，待追回后作为破产财产予以分配。

第二,债权人会议上债权人表示不同意企业破产的问题。破产宣告是一种司法审判行为,因此只能由法院依法进行,法院以外的任何机关和个人都无权宣告债务人破产。依现行法律对债权人会议职权的规定,债权人会议有权审查有关债权的证明材料、确认债权有无财产担保及其数额、讨论通过和解协议草案以及讨论通过破产财产的变价和分配方案,债权人会议虽然被赋予了较大的权利,但相关法律并未规定其可以否决法院的破产宣告。因此本案中,在部分债权人不同意破产,而又不能和债务人达成和解协议的情况下,××县人民法院有权根据债务人的具体负债情况,宣告该债务人破产。

8-5-4 破产变价、分配与破产程序的终结

案　情

某公司因经营管理不善等多种原因造成严重亏损,不能清偿到期债务,经其上级主管部门某商业局批准向某市人民法院提出破产申请。经某市人民法院审查发现:拥有120余名职工的某公司前身为某商场,是劳动就业局为解决城镇待业青年就业问题而兴办的企业,后易名为某公司,转归某商业局主管。该公司创建伊始,因没有营业场所,缺乏必要的流动资金而先天不足,期间主要靠银行贷款、租赁场地维持生计,加之管理不善等原因一直处于严重亏损状态。虽经主管部门多次整顿,仍无明显起色,已累计外债450余万元,债权人多达100多个,而其目前全部资产仅有330万元,严重资不抵债。不仅如此,某公司还卷入了一系列的诉讼中。因其信誉降低,为企业提供贷款的某工商银行为收回贷款,向某市人民法院起诉追偿逾期贷款,为此某市人民法院查封了该公司的5个下属商场和仓库;因欠外地债务,外地某中级人民法院异地查封了该公司价值达180万元的主营商场和仓库,该公司68名职工也以工会主席为诉讼代表追偿拖欠职工的工资和集资款,其他债权人也纷纷上门讨债,公司经营活动已陷入全面瘫痪状态,如继续维持必将加大政府部门的包袱,扩大债权人的损失,影响职工情绪的稳定。某公司遂决定向法院申请破产,某法院决定对此案立案审理。

问　题

本案件中的破产财产如何分配?

📖 分析理由

本案中破产人为某公司因无力清偿到期债务,经其上级主管部门同意后申请破产,某市人民法院依法立案受理了该案,从而开始了破产程序。开始破产程序的目的,在于公平分配债务人的财产,以满足多数债权人的清偿要求。如果在破产程序进行中,债务人已无财产可供分配或者债权人已无受偿的可能,或者债权人已经通过某种破产程序外的方式获得公平清偿,或者债权人已经接受破产分配,继续进行破产程序已无必要,法院可依职权或依申请,裁定终结已开始的破产程序。本案即是一起因破产财产分配完毕而终结破产程序的案件。

破产程序的终结,可能意味着破产程序预期目标的实现,也可能意味着预期目标的不能实现。破产程序的终结,有破产申请受理前的终结、破产申请受理时的终结和破产申请受理后的终结三种情形,它们在终结的事由、终结的程序和终结的效果方面都有所不同。

破产程序终结的原因,是指引起破产程序终结的法律事实。破产案件可以由于一系列原因而结束,其中包括最后分配完毕等正常原因,也包括不存在申请债权者等非正常原因。(1)因破产人无财产可供分配而终结。如果破产人根本没有可供分配的财产,破产程序的进行就变得毫无意义,此时也应当宣告破产案件终结。新《破产法》第120条第1款规定,破立人无财产可供分配的,管理人应当请求人民法院裁定终结破产程序。(2)因最后分配完结而终结。当破产人有财产可供分配时,可能会历经包括中间分配与最后分配在内的多次分配;在这种情况下,一旦最后分配完毕,破产案件便因目的达到而宣告终结。这是最为正常、最为常见的破产程序终结。

新《破产法》第120条第2款规定,管理人在最后分配完结后,应当及时向人民法院提交破产财产分配报告,并提请人民法院裁定终结破产程序。

当破产案件出于上述某种原因应该宣告终结时,程序上往往先由债务人或者管理人等向法院提出相应申请,法院对申请经过审查核实后,再作出终结破产案件的裁定;此种审查一般是形式上的。新《破产法》第120条第3款规定,人民法院应当自收到管理人终结破产程序的请求之日起15日内作出是否终结破产程序的裁定。裁定终结的,应当予以公告。

本案中破产财产根据破产法规定顺序分配完毕后,人民法院裁定终结了破产程序。

本案参与资产分配的破产债权总额为450万元,经破产分配,受偿率为66.99%。那么,破产程序因破产分配而终结,债权人未能受足额清偿的,能否继续向破产人请求清偿?如何对待这个问题,因破产免责主义和不免责主义之立法例而有所差别。在免责主义立法例下,破产人对其依破产程序未能清偿的债务不再负清偿责任;但是破产免责的效力不及于破产人的保证人、连带债务人以及其他提供担保的人。在破产不免责主义立法例下,破产程序终结后,债权人未能依破产程序受偿的债权部分,可依据债权表的记载,对破产人的其他财产予以强制执行。我国施行的是破产免责主义,破产人对其依破产程序未能清偿的债务不再负担清偿责任。

第九章 保 险 法[①]

9-1 保险法概述

9-1-1 保险的概念和要素

☞ 案 情

某牙医预付保健服务公司提供了一套健康服务方案,该方案主要由下列内容组成:(1) 服务公司首先与许多雇主签订合同,由这些雇主每月向服务公司支付一定的费用,从而保证在这些雇主的雇员需要之时,可以享受特定的牙齿保健服务;(2) 同时,服务公司还与牙医签订合同,由后者提供这些特定的牙齿保健服务,但是不管其提供了多少服务,服务公司将每月向牙医支付固定的费用;(3) 此计划的参与者只能享受该组织指定的牙医所提供的牙齿保健服务;(4) 服务公司一般要求牙医协会提供一份由第三方出具的履约保证书,以保证牙医会在约定的年度履行约定的服务;(5) 此计划不提供意外事件的看护、住院病人的医疗和身体看护,也不提供规定区域之外的或门诊的医疗服务。犹他州的保险委员会认为,该计划已侵入了犹他州法典注释所定义的保险范围,所以该计划构成了保险活动,该服务公司也属于应受到保险监管的健康维持组织(HMO),因而,禁止该公司开展此项应经特殊许可的业务。(根据犹他州法典的有关规定,保险合同是指根据此合同,某人将基于可确定的风险机率向另外的人赔偿、支付或给予特定的或可探明的金钱或利益。)

服务公司率先提起了诉讼。盐湖城的地区法院支持了保险委员会的调查结果,驳回了服务公司的诉求。服务公司继续提起上诉,上诉法院发现,根据保险的定义,保险合同所涉及的风险,对保险公司而言,是指那些支付了保险费的人都可能碰到的风险,当合同所指称的意外事件发生时,保险公司就应承担因此而导致的费用。很显然,在上述的牙齿保健服务计划中,存在着一定的风险,即计划的参与者可能会需要牙齿护理,而且,这种风险可能波及所有的计划参与者。但是,上诉法院发现了更为关键的一点:该计划中风险不是由服务公司承担的。

---

① 本章由张苏编写整理。

无论计划的参与者是否需要保健服务,服务公司支付给牙医的费用都是一样的,在参与者不需要保健服务时,对服务公司而言,并不比参与者需要保健服务时更省钱。由于服务公司并没有承担任何风险,因而,上诉法院认定,该计划所涉及的合同不是一种保险合同。①

⇨ 问 题

(1) 保险的构成要素主要有哪些?
(2) 上诉法院根据什么认定该服务公司的活动不构成保险?
(3) 在该健康服务计划中,风险由谁承担?

⇨ 分析意见

保险的构成要素存在于三个方面:第一,危险存在。保险与危险同在,无危险则无保险可言。特定的危险事故是保险成立的前提,是首要要素。第二,多数人参加保险。保险是建立在"我为人人,人人为我"这一社会互助基础之上的,其基本原理是集合危险,分散损失。只有众多的社会成员参加保险,其所缴纳的保险费才能积聚成为巨额的保险基金,从而确保少数人的意外损失获得足额且及时的补偿。第三,损失填补。保险的功能并非消灭危险。危险是客观存在的。从严格意义上说,保险本身也不可能消灭危险。保险的功能就是投保人以支付保险费为代价,将投保人承担的危险损失机会转嫁给保险人承担,即在将来可能发生保险事故时,由保险人对危险损失给予补偿。

根据犹他州法典的有关规定,保险合同是指根据此合同,某人将基于可确定的风险机率向另外的人赔偿、支付或给予特定的或可探明的金钱或利益。据此可以将保险的三要素归纳为:风险、风险在被保险人和保险人之间的转移以及保险人对风险的承担。判定本案中的医疗服务计划是否构成保险行为,就要通过保险的这三要素进行分析。盐湖城地区法院在审理本案时认为,服务公司要求牙医协会出具履约保证书,说明该组织在这个计划中承担了风险,并据此认定服务公司的活动构成保险。但是,上诉法院则认为,虽然履约保证书的存在说明该保证书的持有人承担了风险,但是本案中的原告(服务公司)并没有许诺对意外事件的发生支付任何利益。法律总是规定保险人应该保持巨大的存款和财产储备,以确保在风险发生时保险人有能力支付赔偿。但本案的原告并不需要保持这种储备,无论风险是否发生,原告除了按照合同向牙医支付每月固定的费用外,不需要支付任何额外的金额。因此,本案中原告并没有从事保险,因为它没

---

① 君之:《一不小心成了保险公司》,北大法律信息网,http://chinalawinfo.com,法学文献,商法。该上诉案件名称为 Prepaid Dental Services, Inc. v. Day。

有承担风险。上诉法院在本案中的表述为：危险是基本的因素，危险事件责任的转移也同等重要。不过，再进一步深入探讨时会发现，上述案例既存在着风险，也存在着风险的转移和风险的承担，只是承担风险的是订立牙齿保健服务契约的第三方，即牙医在费用一定的情况下，满足契约条件、要求提供牙齿保健服务的人越多，牙医的医疗支出就越高。牙医会不会由此而不提供服务？显然不会，服务公司手中握着控制牙医的杀手锏，即由第三方出具的履约保证书。

通过对保险构成要素的分析可以得出结论，本案中牙医与计划的参与者之间不存在契约关系，风险也并不是由服务公司承担的，而是通过服务公司这一中介，在上述三方之间转移的。因此，本案中的服务公司并没有从事保险。

9-1-2 保险的分类

案 情

2003年5月，原告夏某的母亲所在单位在被告中国人寿保险股份有限公司宜昌西陵区支公司（以下简称人寿保险西陵支公司）为原告购买"学生、幼儿平安保险"一份（该保险保险期间为1年，附加有意外伤害医疗保险），并按规定交纳了保险费。2004年1月7日，原告乘坐李某驾驶的摩托车在本市城区发生交通事故，致使原告受伤，经宜昌市第一人民医院门诊治疗，用去医疗费1313.90元。因原告在另一家保险公司（泰康人寿保险公司）购买的四季长乐终生分红人身保险亦附加有意外伤害医疗保险，因此，事故发生后，原告持医疗费发票原件等相关资料到该公司要求理赔，该公司依保险合同为原告赔付医疗保险金1263.90元（实际支付的医疗费1313.90元，免赔额50元）。之后，原告持医疗费发票复印件等相关资料到被告处索赔，被告以该附加保险是一种财产性质的保险，应适用损失补偿原则为由拒赔。

一审法院认为：原告在被告处投保的"学生、幼儿平安保险"是对被保险人因疾病或遭受意外伤害造成死亡或身体残疾，由保险人按约定给付保险金的保险；其附加的意外伤害医疗保险，亦是以被保险人身体因遭受意外伤害需要治疗为给付保险金条件的保险，其性质应属人身保险。因此，被告应按照保险法中关于人身保险合同的赔付原则支付原告保险金。被告关于该附加保险是一种财产性质的保险，应适用损失补偿原则理赔的答辩观点无法律依据，不予采纳。判决被告中国人寿保险股份有限公司宜昌西陵区支公司给付原告夏某医疗保险金1011.12元[（1313.90元－50）×80%]，诉讼费由被告人寿保险西陵支公司负担。一审宣判后，人寿保险西陵支公司不服，上诉至湖北省宜昌市中级人民法院。二审法院认定事实同一审。二审法院认为：《中华人民共和国保险法》第52条规定，人身保险合同是以人的寿命和身体为保险标的的保险合同。根据《中华人民共和国保险法》第 92 条第 2 款的规定,意外伤害保险划分在人身保险之中,属人身保险业务的范畴。本案夏某要求保险公司理赔其意外伤害住院的医疗费,人寿保险西陵支公司以夏某意外伤害医疗保险属财产保险为由拒绝无法律依据。依照《中华人民共和国民事诉讼法》第 153 条第 1 款规定,判决驳回上诉,维持原判。

⇨ 问　　题

（1）人身保险与财产保险相比,有什么特征？
（2）本案中的意外伤害医疗保险是人身保险还是财产保险？

⇨ 分析意见

本案争议的焦点为意外伤害医疗保险是人身保险,还是财产保险。《中华人民共和国保险法》中所称保险包括财产保险和人身保险两大类。根据《保险法》第 52 条的规定,人身保险合同是以人的寿命和身体为保险标的的保险合同。它与财产保险合同相比,具有以下特征:第一,被保险人只能是自然人,保险标的是人的生命或身体;第二,由于人的生命是无价的,不能用金钱衡量,因此,保险金额的确定,不以保险标的的价值为依据;第三,人身保险合同是给付性合同。由于意外伤害医疗保险是以被保险人身体遭受意外伤害需要治疗为给付保险金条件的保险,故意外伤害保险附加医疗保险的性质应属人身保险的性质。同时,人身保险合同的给付性决定了保险人不应限制投保人的投保金额,也决定了人身保险可以重复投保。因此,保险人应根据保险法的规定,按不同的保险合同分别给付保险金,不应适用损失补偿原则。本案中,原告在被告处投保的"学生、幼儿平安保险"是对被保险人因疾病或遭受意外伤害造成死亡或身体残疾,由保险人按约定给付保险金的保险,其附加的意外伤害医疗保险,亦是以被保险人身体因遭受意外伤害需要治疗为给付保险金条件的保险,其性质应属人身保险。因此,被告应按照保险法中关于人身保险合同的赔付原则支付原告保险金。被告关于该附加保险是一种财产性质的保险,应适用损失补偿原则理赔的观点是没有法律依据的。

在目前的保险理赔实践中,将人身保险中的附加医疗保险按照财产保险的"损失补偿原则"进行理赔,几乎是所有保险公司的操作惯例,显然不符合现行保险法关于人身保险合同的理赔规定。这种做法虽然投保人充分履行了交纳保险费的义务,但被保险人却不能享受应该享受的权利（即出险后获得保险金的权利）,就不能体现保险合同当事人权利义务对等的原则,对投保人来说无疑是不公平的。因此,保险公司在处理人身保险赔偿事宜时,只要被保险人提供的有关证明和资料能够确认保险事故及相关费用已经发生,保险公司就应按照保险合同履行给付保险金的义务。本案中,保险人对被保险人发生保险事故的事实及支付的相关费用并不否认,故一、二审法院判决支持了原告的诉讼请求。

9-1-3 保险的功能和作用

✎ 案　　情

2002年5月,姜某与某汽车销售有限公司签订了一份汽车购销合同,在该合同中明文约定:姜某委托该汽车销售有限公司为其购买某品牌轿车一辆,约定金额为120000元。同年6月1日,受托人某汽车销售有限公司为姜某购置该款轿车,并开具"机动车销售统一发票",金额为120000元。同日,购车人姜某就所购轿车在某保险公司投保,投保主险为机动车辆损失险,保险金额为180000元;机动车辆第三者责任险,赔偿限额为100000元。投保人共交纳保险费6733元。同年12月17日,姜某驾驶该投保车辆时与他人车辆相撞造成该车报废。12月25日,投保人姜某向保险公司提出索赔要求,要求保险公司按照保险合同的约定向其履行保险责任,赔偿承包车辆的损失180000元。但是,保险公司以投保人姜某购买轿车的金额为120000元,即保险价值是120000元,而其向保险公司投保保险金额为180000元,保险金额超过保险价值的部分应为无效为由,只同意向投保人姜某支付保险赔偿金120000元,致使双方产生纠纷。姜某遂诉至法院,以保险公司对其所有的轿车投保价值为180000元予以承保并签订保险合同为由,要求保险公司向其赔偿180000元。法院经审理认为:从事保险活动必须遵守法律、行政法规,遵循自愿和诚实信用的原则,而诚实信用原则要求投保人必须如实地陈述有关保险标的的情况。本案中的投保人姜某购买轿车的实际价值是120000元,但是姜某却向保险公司投保保险金额为180000元的机动车辆损失险,超过该车实际价值的部分达60000元。按照保险法律的规定,财产保险合同的保险金额不能超过保险标的的保险价值,否则,超过的部分无效。最终判决保险公司赔偿姜某人民币120000元。

➲ 问　　题

(1)保险的功能主要包括哪些?
(2)本案中姜某的行为属于何种行为?
(3)对于超过实际价值投保的保险合同应如何认定其效力?

➲ 分析意见

本案主要涉及超额投保的问题。诚实信用原则是民商法的基本原则之一。由于保险合同的特殊性,保险法律对于保险合同的善意程度要求较其他民事法律要求更高,形成了保险活动中所应当遵循的最大诚信原则。因此投保人关于保险标的实际状况的告知显得极其必要。同时,在保险标的的保险价值范围内确定保险金额也是保险法中的规定。我国《保险法》规定:"保险金额不得超过保险价值,超过保险价值的,超过部分无效。"以防止出现谋取非法利益的道德危险,保护保险人的合法利益。

从保险的功能上看,主要是损失填补、防灾减损以及分散投资风险,其中补偿被保险人因意外事故所受到的财产损失是保险的直接功能。这是通过保险公司的损失赔付,以较小代价换取具有更大价值的财产或者人身安全的方法。它是以社会公共基金对个别社会成员的损失进行弥补,达到分散风险,消化损失的目的。保险的目的在于分散由于保险事故发生给当事人造成的损失,而不是从根本上消灭危险,保险也不可能消灭危险。保险的含义是:通过投保人与保险人建立的保险合同关系,在保险有效期限内,使当事人在保险事故发生后能够从保险公司处得到补偿或者保险金。当然,这种损失填补的获得是以投保人支付保险费为代价的。由此可见,保险的损失填补功能,只是填补保险成员的实际损失,它不能作为某个成员获取利益的途径。本案中,投保人以 120000 元的价格购买了车辆,而投保了 180000 元,保险的金额超过了保险的价值,其中保险车辆的保险价值 120000 元相对应的部分是有效的,保险人应当依约履行保险责任;而超过保险车辆保险价值的部分,即投保人姜某向保险公司投保的 180000 元的保险金额与保险车辆的 120000 元的保险价值的差额部分应为无效,法院也正是据此作出判决。

同时,保险公司在与姜某签订保险合同时,应注意到保险价值与购车发票上的金额有差异,并应提请投保人注意,对此进行修改。这是保险人在订立合同阶段应尽的义务。对于未尽义务而产生的损失,保险公司也应当承担部分的责任。因此,在未查明投保人主观是否为恶意的情况下,对于因超额保险造成的投保人多缴纳的保险费用,保险公司应当按比例退还投保人。

9-1-4 保险的概念、内容与性质

✎ 案　　情

2004 年 11 月 20 日,23 岁的小周无证驾驶一台无牌照的摩托车,沿辽中县政府路行驶至辽中县保险公司路口处,与司机刘某驾驶的制动效能不合格的客车相撞。被送到辽中县人民医院抢救的小周最终死亡。11 月 22 日,经辽中县公安局鉴定,小周系颅脑损伤死亡。该交通事故经辽中县公安局交通警察大队认定为,大客车司机刘某和小周各负事故的同等责任。不久,小周父母向辽中县人民法院提起诉讼,将司机、车主、运输公司和保险公司告上法庭,要求被告赔偿

抢救费、丧葬费、死亡补偿金等共计13万余元及精神抚慰金5万元。法院开庭审理后查明,肇事大客车为被告高某所有,刘某是其雇用的司机;大客车挂靠在台安县运输公司名下。2004年1月14日,被告高某以台安县运输公司名义向中国人民财产保险股份有限公司台安支公司投保了机动车辆保险。开庭时保险公司辩称,公司与原告无合同关系,不能对原告进行赔付。但法院认为,根据新施行的《道路交通安全法》有关规定,机动车发生交通事故造成人身伤亡、财产损失的,由保险公司在机动车第三者责任强制保险责任限额范围内予以赔偿。超过责任限额的部分,由有过错的一方承担责任;双方都有过错的,按照各自过错的比例分担责任。而且,现在保监会已明确了各保险公司以现有的机动车第三者责任保险暂时替代机动车第三者责任强制保险。因此,保险公司应在保险合同和道路交通安全法约定限额内对事故受害人进行无条件赔偿。同时,原告遭受了巨大的精神打击,请求赔偿精神损害抚慰金于法有据。最终,法院判决保险公司赔偿原告经济损失4.7万余元;被告(车主)高某赔偿经济损失1.99万元,赔偿精神抚慰金2万元。台安县运输公司对被告(车主)高某的赔偿承担连带赔偿责任。

⇨ 问 题

(1) 广义的保险法和狭义的保险法各包括哪些内容?
(2) 本案中法院判决保险公司赔偿原告损失的依据是什么?

⇨ 分析意见

保险法是调整保险关系的法律规范的总和。保险法有广义和狭义之分,狭义的保险法仅指以《保险法》命名的法律,如《中华人民共和国保险法》;广义的保险法除狭义的保险法之外,还包括其他法律、行政法规中关于保险的规定。本案就是依据《道路交通安全法》中关于保险的规定审理的一起交通事故人身损害赔偿纠纷。

小周在驾驶摩托车时与大客车相撞死亡,其父母将大客车司机、车主和保险公司全部告上法庭。保险公司认为自己与原告无合同关系,不能进行赔偿。法院经审理认为,根据《道路交通安全法》有关规定,机动车发生交通事故造成人身伤亡、财产损失的,由保险公司在机动车第三者责任强制保险责任限额范围内予以赔偿。超过责任限额的部分,由有过错的一方承担责任;双方都有过错的,按照各自过错的比例分担责任。另外,《道路交通安全法》第17条规定:"国家实行机动车第三者责任强制保险制度,设立道路交通事故社会救助基金。具体办法由国务院规定。"虽然目前国务院尚未出台关于第三者责任强制保险制度的具体规定,但这并不影响保险公司向本案受害人直接支付保险赔偿金。由保险公司向受害人直接支付保险赔偿金,也符合保险设立的宗旨和人文主义精神。而且,现在保监会已明确了各保险公司以现有的机动车第三者责任保险暂时替代机动车第三者责任强制保险。因此,保险公司应在保险合同和道路交通安全法约定限额内对事故受害人进行无条件赔偿。法院最终判决保险公司赔偿原告经济损失于法有据。

9-2 保险合同法律制度

9-2-1 保险合同的概念和特征

✈ 案 情

2001年4月12日,某保险公司提供保险合同文本与谢某签订了机动车辆保险单,保险单包括了盗抢险在内的机动车辆全部险种。双方约定:保险期限自2001年4月13日至2002年4月12日,保险单所附"机动车辆盗抢险特约条款"第1条规定:"保险车辆因全车被盗、被抢劫或被抢夺3个月以上,经公安机关立案侦查未获者,保险人对其直接经济损失按保险金额计算赔偿,赔偿后保险责任终止,该车辆权益归保险人所有。"2001年11月30日,谢某投保的车辆被盗,谢某在保险单规定的24小时内向当地公安局报案并通知了保险公司。2001年12月20日,某公安分局接外地某市公安局电传,通报该车被查获且扣押在当地。2002年1月2日,某公安分局派员前往外地某市提取该车,但因购车人阻挠未果,该车一直扣押在外地某市公安局。2002年3月,谢某向某保险公司索赔,保险公司以被盗车辆在3个月内经公安机关立案侦查,已查明投保车辆下落为由,拒绝赔付保险金。谢某遂向人民法院起诉,要求某保险公司承担保险责任。

谢某认为,自己与保险公司订有机动车盗抢险保险合同,现投保车辆被盗已经超过3个月,被保险人至今未能获得被盗车辆的使用权,根据保险合同约定已经构成保险事故,保险公司应承担保险责任。保险公司认为,根据机动车辆盗抢险的有关规定和解释,机动车辆被盗3个月以内,经公安机关侦查,查明车辆下落的,保险人不承担保险责任。谢某的车辆虽被盗,但在1个月内已经被公安机关查获,保险事故并未发生,因此不应承担保险责任。

法院经审理认为,谢某投保的车辆虽然在3个月内已查明下落,但公安机关尚未破获该车被盗一案,现有证据也不能证明现占有人恶意取得,谢某请求返还车辆的权益无法实现。保险公司提供的与机动车辆保险相关的法律文件,在机动车辆保险单中没有列举。投保人有权从保险人那里获得有关保险人免责条款的详细解释,且没有详查与财产保险相关的法律文件的义务。判决保险公司支付谢某赔偿金及逾期付款违约金,谢某将与保险车辆权益相关的原始票据交某保险公司所有。

▷ 问　题

（1）某保险公司提供的保险合同文本在性质上属于何种合同？

（2）合同中约定的"保险车辆因全车被盗、被抢劫或被抢夺3个月以上,经公安机关立案侦查未获者",对其中的"未获者"应如何解释？

▷ 分析意见

保险合同是一种格式合同。格式合同,是指保险合同的条款是由保险人单方面预先制定而成立的标准化合同。特征是订立保险合同时,投保人只能被动地服从、接受或者拒绝保险方所提出的条件,具有较强的附和性。因此,在订立保险合同时,投保人只能被动地服从、接受或者拒绝保险方所提出的条件,这显然是对合同自由的一种极大限制,使投保人、被保险人和受益人处于极其不利的地位。为了对此加以平衡,在对保险合同进行文义解释时,通常采取不利于保险人的解释原则。《保险法》第31条规定:"对于保险合同的条款,保险人与投保人、被保险人或者受益人有争议时,人民法院或者仲裁机构应当作有利于被保险人和受益人的解释。"

本案争议的焦点在于如何对保险单所附"机动车辆盗抢险特约条款"进行解释,该保险单所附"机动车辆盗抢险特约条款"第1条规定:"保险车辆因全车被盗、被抢劫或被抢夺3个月以上,经公安机关立案侦查未获者,保险人对其直接经济损失按保险金额计算赔偿,赔偿后保险责任终止,该车辆权益归保险人所有。"这其中对"未获者"可以作出几种解释,如未查明下落者、未被公安机关控制者或未被保险人实际取得者。某保险公司认为应理解为"未查明下落者",而谢某认为应理解为"未被保险人实际取得者"。当出现上述情况时,就需要运用我国法律确立的不利解释的原则,对保险合同所用文字或条款作有利于被保险人而不利于保险人的解释。所以应选择对谢某最有利的解释,即"未被保险人实际取得者",根据这一解释,某保险公司应当承担保险赔偿责任,因此本案法院的判决是正确的。

9-2-2　保险合同的当事人和关系人

✎ 案　情

肖某是某工厂的职工,2001年3月,该工厂为其职工投保了五年期"人身意外伤害满期还本保险",保险期限为2001年3月22日起至2006年3月21日止,保险金额 5000 元。保险合同签订后,该厂按照合同约定交纳了保险费。2003 年 12 月 25 日,被保险人因意外事故死亡。被保险人的妻子与被保险人所在单位同时向保险公司申请索赔,双方对保险收益争执不下。被保险人的妻子认为,保险金是被保险人或受益人的一笔预约财产权利,这种权利是被保险人伤亡后由本人或受益人享受。如合同中未指明受益人,保险金也应由与被保险人有血缘、婚姻关系的法定继承人享受,且单位投保时也承诺了这个要求。被保险人的单位却认为,该厂给职工办这项保险,是为了应付职工因意外事故死亡后所需的丧事和善后抚恤费用,以减少企业的经济开支。保险公司根据法律的规定和保险理论,将保险金给付被保险人的妻子,该厂遂起诉至法院。法院审理认为,保险受益人必须由被保险人指定或同意,而且被保险人具有变更受益人的权利。虽然本案保险合同中未注明被保险人的受益人,但按保险法律理论,未指定受益人,则被保险人的法定继承人为受益人。所以,被保险人的妻子有权领取这笔保险金。

➲ 问　　题

（1）本案中的当事人有哪些?
（2）本案中的保险合同未注明受益人,应如何确定受益人?
（3）如果本案中的被保险人在合同中指定本单位为受益人,此时该保险合同的受益人应如何认定?

➲ 分析意见

保险受益人是人身保险合同的关系人,在保险合同中居于非常重要的地位,关系到投保人和被保险人订立合同的目的、道德取向和价值判断。我国《保险法》第 22 条第 3 款规定,受益人是指人身保险合同中由被保险人或者投保人指定的享有保险金请求权的人,投保人、被保险人可以为受益人。由此可见,保险受益人是由投保人或者被保险人指定的,在保险事故发生后或者约定的保险期限届满后,根据保险合同对保险人享有给付保险金请求权的人。受益人又被称为保险金的领受人,受益人在保险合同中的地位,是由保险人或者被保险人指定而确立的。受益人所享有的权利主要是保险金请求权,这是受益人最重要的权利,没有此项权利当事人便无法实现合同目的。除此之外受益人还有知情权,即知悉合同履行情况的权利。这部分权利均围绕保险金请求权展开,主要包括知道自己成为受益人的权利、知道自己丧失受益权的权利、了解合同当事人及其他关系人基本情况的权利、知道保险事故性质、发生原因、时间、地点等基本情况的权利等。通常,财产保险合同的受益人是投保人或者被保险人本人,也可以是投保人或被保险人指定的第三人。但在人身保险合同中,更多的是为了自己的利益或为第三人的利益而订立保险合同,因此,如何确立和保护人身保险中受益人的利益是保险法的一项重要内容。

《保险法》第64条规定,被保险人死亡后,没有指定受益人的,保险金作为被保险人遗产,由保险人向被保险人的继承人履行给付保险金的义务。根据这一规定,如果被保险人指定了受益人,保险金将由受益人领取;如果被保险人没有指定受益人,则以他的法定继承人为受益人。也就是说,保险金作为被保险人或受益人的一笔预约财产权利,这种权利在被保险人伤亡后由本人或受益人享受。在保险合同中未指明受益人的情况下,保险金应由与被保险人有血缘、婚姻关系的法定继承人享有。此时应根据我国《继承法》的规定,按照下列顺序继承:第一顺序为配偶、子女、父母,第二顺序为兄弟姐妹、祖父母、外祖父母。继承开始后,由第一顺序继承人继承,第二顺序继承人不继承。没有第一顺序继承人继承的,由第二顺序继承人继承。本案中,投保人某工厂在其投保的五年期"人身意外伤害满期还本保险"中并没有注明被保险人肖某的受益人。被保险人肖某因意外事故死亡后,根据法律的规定,应当由被保险人的法定继承人为受益人,也就是本案中被保险人肖某的妻子为受益人。所以,被保险人的妻子有权领取这笔保险金。因此,本案法院的判决是正确的。

另外,如果本案中的被保险人肖某在合同中指定自己的单位为受益人,单位就可以取得被保险人肖某死亡后的保险金领取权。

9-2-3 保险合同条款

✎ 案　　情

2002年6月,赵某购买了一辆新车,并向某财产保险公司投保了车辆保险,保险期限从2002年6月13日起至2005年6月12日止,保险金额为34万人民币。因为其购买的是新车,公安机关还没有核发牌照,所以投保单上没有填写牌照号码。保险公司在保险单正本的"特别约定"一栏中盖上了红色长方形图章,其中注明的内容是"领取牌照三日内通知保险公司,过期不负保险责任"。但赵某从交警部门领取牌照后一直没有通知保险公司。2003年7月8日,赵某驾驶该投保车辆出行时不慎与另一辆车相撞,损失金额达到人民币20万元。赵某依照保险单向保险公司索赔。保险公司认为:赵某违反了"特别约定"中的义务,作出了拒绝赔偿的决定。赵某不服,遂向法院起诉。法院经审理认为,《保险法》第20条规定,投保人和保险人在第19条规定的保险合同事项外,可以就与保险有关的其他事项作出约定。本案中保险单载明的"特别约定"是合同的要件,是合同的基础。如果投保人违反该约定,保险人可以宣布保险合同自始无效。保险人之所以约定该项内容,其原因是保险车辆应当具有合法的手续,如果没有牌照号码,被保险人和其他人员有可能利用该保单进行欺诈,用其他车辆冒充保险车辆进行索赔。据此,法院最终判决保险公司胜诉。

➡ 问题

(1) 保险合同条款有几种分类方法？本案中保险单正本中的"特别约定"属于何种条款？

(2) 本案中保险公司拒赔的理由是否成立？

(3) 本案中保险单载明的"特别约定"在此份保险中地位如何？

➡ 分析意见

保险合同的条款,是指依照法律规定和当事人的约定,应当在保险合同中记载的事项。保险条款可以分为法定条款和任意条款。根据我国《保险法》的规定,保险合同的法定条款和任意条款都属于保险合同的构成部分。

法定条款是指由保险法规定的保险合同应当具备的合同条款。根据《保险法》第19条的规定,保险合同的法定条款应当包括下列事项：保险人名称和住所；投保人、被保险人名称和住所以及人身保险的受益人的名称和住所；保险标的；保险责任和责任免除；保险期间和保险责任开始时间；保险价值；保险金额；保险费以及支付办法；保险金赔偿或者给付办法；违约责任和争议处理；订立合同的年、月、日。保险合同的任意条款是指根据保险当事人的需要而列入的条款。根据《保险法》第20条的规定,投保人和保险人在《保险法》规定的保险合同事项外,可以就与保险有关的其他事项作出约定。在订立任意条款时,只要是不违反法律的强制性规定,凡是与保险有关的一切事项,不问过去、现在或是将来,均可以用任意条款的方式进行规定。与保险有关的一切事项,包括保险合同当事人特别约定的有关保险的权利、义务和有关保险的事实。在不违反法律、法规和社会公共利益的前提下,保险合同成立后,法定条款和任意条款所作出的约定,具有同等的法律效力。

本案中赵某与某财产保险公司订立了车辆保险合同,在保险单正本的"特别约定"一栏中某保险公司盖上了红色长方形图章,其中注明"领取牌照三日内通知保险公司,过期不负保险责任"。此"特别约定"就属于我国《保险法》中规定的保险合同的任意条款。此条款与保险合同的法定条款具有同等的法律效力,对赵某和保险公司具有同样的约束力。但赵某领取牌照后并没有及时通知保险公司,因此出险后保险公司以赵某违反了"特别约定"中的义务为由拒绝赔偿。本案中保险单载明的"特别约定"是合同的要件,也是合同的基础。如果投保人违反该约定,保险人可以宣布保险合同自始无效。保险人之所以约定该项内容,其原因是保险车辆应当具有合法的手续,如果没有牌照号码,被保险人和其他人员有可能利用该保单进行欺诈,用其他车辆冒充保险车辆进行索赔。因此法院的判决是正确的。

　　保险合同是专业性、技术性很强的合同。订立合同的双方应当认真了解保险合同中的条款和事项,履行合同中规定的义务,行使因合同享有的正当权利。因此,投保人、被保险人应熟悉、理解保险合同条款的各项内容。本案中,赵某履行"特别约定"的义务是非常容易的。在公安机关核发牌照后给保险公司打电话,讲明牌照号码;或者亲自到保险公司说明都可以。但赵某却因为没有认真阅读保险单规定的义务,因而丧失了保险赔款请求权。

9-2-4　保险利益

✎ 案　情

　　田某与妻子梁某婚后不育,2002年8月,抱养东川市西城公安分局捡到的弃婴,取名为甜甜,并于同年9月在该市公安局申请了蓝印户口,户口上载明:甜甜,出生于1999年12月17日,与田某、梁某为父女、母女关系。田某夫妇未向民政管理部门办理收养手续。此后,田某持蓝印户口到某人寿保险公司为甜甜投保,在告知抱养事实和出示户口后,与人寿保险公司订立了独生子女生死两全保险合同。保险合同中约定:投保人、受益人为田某,被保险人为甜甜,意外伤害保险金额为15万元,保险期限为自合同生效之日起至被保险人年满18岁的生效对应日止。合同订立后,田某支付了当月的保险费200元。

　　2002年10月10日,田某的妻子梁某携甜甜去公园游玩时不慎落水,被人救起。梁某将甜甜送至某医院就诊,经检查未发现异常,医生要求住院观察。梁某未办理住院手续,在给甜甜裹了毛巾被后外出吃饭,饭后梁某发现甜甜口吐白沫,情况异常,即送往镇医院就诊,该医院大夫诊断甜甜已在就诊前死亡。应田某的要求,该院为甜甜出具了因溺水死亡的死亡证明,田某通知公安机关后,将甜甜的遗体火化。10月11日,田某通知人寿保险公司甜甜死亡并提出索赔,人寿保险公司拒付,田某遂诉至法院。

　　法院经审理认为,保险利益是保险合同成立和生效的前提,也是进行保险理赔的首要条件。虽然田某夫妇养育甜甜近两个月,并办理了蓝印户口,但未向民政部门办理合法的收养手续,根据收养法的规定,该收养行为不成立。田某主张其与甜甜之间已产生抚养关系,因收养行为不成立,甜甜与高某夫妇既不属于血亲关系,也不属于拟制血亲关系,所以甜甜不是田某的家庭成员或近亲属,抚养关系不能成立。因此,田某夫妇对被保险人甜甜不具有保险利益,保险合同无效。据此,根据《收养法》和《保险法》的有关规定,判决该保险合同无效,被告退还原告保险费200元。

第九章 保险法

问 题

（1）保险利益是什么，人身保险的保险利益包括哪些？
（2）确定是否存在保险利益对保险合同有什么意义？
（3）在人身保险中，投保人对哪些人具有保险利益？

分析意见

保险利益原则是保险合同特有的原则。保险利益是指投保人对保险标的具有的法律上承认的利益。保险利益是保险事故发生后投保人在经济上遭受的损失，所以又称为保险损失。保险利益是保险合同的效力要件之一。《保险法》第12条规定："投保人对保险标的必须具备保险利益，投保人对保险标的不具备保险利益的，保险合同无效"。因此，应当有确定的标准与条件来确认一项利益是否构成保险利益。保险利益的构成应满足以下三个条件：第一，保险利益必须是得到法律承认和受到法律保护的利益，不法利益不能成为保险利益；第二，保险利益具有经济性，属于金钱上的利益，可以用货币进行估价；第三，保险利益必须是确定的利益，包括现有利益和期待利益。

保险利益因财产保险合同与人身保险合同的不同而有所区别。在人身保险合同中，我国《保险法》第53条明文规定，投保人对下列人员具有保险利益：（一）本人；（二）配偶、子女、父母；（三）除配偶、子女、父母以外，与投保人有抚养、赡养或者扶养关系的家庭其他成员、近亲属；（四）即使投保人与被保险人之间没有形成抚养、扶养、赡养关系，但被保险人同意投保人为其订立合同的，视为投保人对被保险人具有保险利益。

本案中，田某夫妇抱养甜甜并为其办理了蓝印户口，是否构成收养关系，是判断投保人对保险标的是否具有保险利益的关键。《收养法》第15条第1、2款规定，收养应当向县级以上人民政府民政部门登记。收养关系自登记之日起成立。收养查找不到生父母的弃婴和儿童的，办理登记的民政部门应当在登机前予以公告。第16条规定，收养关系成立后，公安部门应当依照国家有关规定为被收养人办理户口登记。第25条还规定，违反《中华人民共和国民法通则》第55条和该法规定的收养行为无法律效力。因此，田某夫妇仅以公安机关为甜甜办理了蓝印户口作为收养成立的理由不能成立，法院认定收养关系不成立是正确的。所以，田某夫妇与甜甜之间不构成父母子女关系，投保人与被保险人之间无保险利益，法院作出的判决是正确的。

9-2-5　保险合同的订立

案　情

　　2004年5月,王某经人介绍认识了某保险公司的业务员黎某,经黎某动员,王某同意购买其代理的某保险公司的"家庭财产保险"。5月12日(星期五),黎某携某保险公司印制好的家庭财产保险合同条款及投保单来到王某家中。王某对该保险条款进行分析研究后,在黎某的指导下填写了投保单、签了名,并将全部保险费交给黎某。投保单所填保险期限为2004年5月12日中午12时起至2005年5月12日中午12时止。黎某遂即出具了盖有某保险公司财务专用章的收据,并将家庭财产保险条款留给王某。黎某表示,将会在第二周送来保险单,随后携填写好的投保单离开。5月14日(星期日)晚,王某的妻子由于用电不慎,引发火灾,家庭财产损失惨重。5月15日(星期一)上午,王某向保险公司报案并提出索赔,而此时黎某尚未将保费及投保单交回某保险公司,所以保险公司此时并未签发保险单。某保险公司在接受被保险人王某的索赔要求并予以立案后,确认了上述事实,但是,在是否应予理赔的问题上双方发生激烈争论。王某认为,自己已经填写了投保单,签了名,并且保险公司的业务员黎某也将家庭财产保险条款给了他,这就标明双方已经达成了协议,保险合同依法已经成立。保险公司认为,自己并没有签发保险单给王某,因此该保险合同并未成立。

问　题

　　(1) 保险合同的订立需要经历哪些阶段?
　　(2) 保险合同成立和生效分别在何时?
　　(3) 本案中,王某与某保险公司订立的家庭财产保险合同是否成立?

分析意见

　　合同的订立过程就是合同当事人通过协商就合同条款达成一致协议的过程,这一过程分为要约和承诺两个阶段。要约即是希望和他人订立合同的意思表示,承诺是受要约人同意要约的意思表示。保险合同也是合同的一种,其订立过程也须经投保和承保两个阶段。投保,是指投保人向保险人提出保险请求的单方意思表示,是订立保险合同的要约。投保人的要约表现主要是:投保人就保险标的向保险人提出保险要求,并且在向保险人提出保险要求时履行如实告知的义务,并表示愿意支付保险费并商定保险费支付办法。保险人同意承保即为签订保险合同所需的承诺,承保是保险人承诺投保人的保险要约的单方意思表示,保险人收到投保人的书面保险要求并对其进行审核,如果认为符合投保条件在合同上签名盖章就视为承诺,保险人对投保人要约的承诺标志着保险合同的成立。保险合同成立,保险人应当及时向投保人签发保险单或者其他保险凭证,并在保险单或者其他保险凭证中载明当事人双方约定的权利和义务。

  本案的争议焦点在于保险公司尚未签发保险单或其他保险凭证之前,保险合同是否成立及是否具有法律效力。根据我国《保险法》第13条的规定,订立保险合同,由投保人提出保险要求,经保险人同意承保,并就保险合同的条款达成协议的,保险合同成立。还规定,保险人应当及时向投保人签发保险单或者其他保险凭证,并在保险单或者其他保险凭证中载明当事人双方约定的合同内容。由此可见,保险合同的成立与保险单或者其他保险凭证的签发是两个完全不同的法律概念。保险合同的成立意味着保险合同关系依法确立,在双方当事人之间形成了保险权利义务关系,而保险单或其他保险凭证的签发是在保险合同成立之后所实施的,是用书面的形式将双方当事人约定的保险合同的内容予以固定的行为。保险合同的成立并不以保险单的签发作为必要条件,因此保险单签发与否并不影响保险合同的成立。本案中,王某填写了家庭财产保险的投保单,签了名,并且保险公司的业务员黎某也将家庭财产保险条款给了他,这就表明双方已经达成了协议,保险合同依法已经成立。即使是因为公休日,致使黎某未能及时将保险单交付给保险公司从而造成保险公司未能及时签发保险单的情况下,该保险合同依然是成立的。在双方未有特别约定的情况下,该保险合同自成立时产生法律效力,对双方当事人有法律约束力。投保人王某是在投保行为实施后,家庭财产保险合同成立后出险的,保险公司应当依约承担保险责任。

9-2-6 保险合同的变动

✎ 案 情

  2000年12月20日李某在担任某保险公司上海分公司业务部经理时,以自己为投保人,为其丈夫曹某在其保险公司投保老来福终身险。保险合同约定保险金额为18万元人民币,保险期限自2000年12月22日零时起计,李某同时交纳了保险费。该保单中未指定受益人,被保险人曹某也没有在保险合同上签字。后来因为曹某的工作调动,上海分公司于2003年10月23日向北京分公司开出了保险关系移出通知。2003年11月16日,李某向北京分公司提交了保险关系转入申请表,并要求增加受益人李某,曹某在该申请表被保险人签字栏内签字。在北京分公司的要求下李某于2003年11月23日正式填写人身保险投保书。该投保书记载了投保人为李某、被保险人为曹某,受益人为李某,保险期限自2000年12月22日零时起计,特别约定一栏中有"转入件"的字样。李某、曹某分别在该投保书中的投保人及被保险人签字栏中签名。2004年1月19日北京分公司正式签发保单。2004年10月26日,被保险人曹某在一次意外事故中死亡。北京分公司委托北京市公安局对曹某的笔迹进行了鉴定,鉴定书的结论证明了2003年11月16日填写的投保人为李某、被保险人为曹某的保险关系转入申请表以及2003年11月23日投保书中的被保险人签字栏内的签字系曹某亲笔书写。据此,北京市分公司按照保险合同的约定赔付李某人民币36万元。

  曹某的父母对北京分公司将保险金36万元全部赔付给儿媳妇李某提出了异议。曹某的父母认为:2000年李某在上海分公司投保的老来福人寿保险,被保险人为其子曹某,但该保险合同未指定受益人。2003年11月,李某将保险关系转入北京分公司,并变更受益人为李某。根据保险法的规定,受益人的变更须由被保险人或投保人的书面通知,然而上述变更并没有书面通知,所以不能产生受益人变更的法律后果。并且其父母声称对2003年11月16日填写的投保人为李某、被保险人为曹某的保险关系转入申请表以及2003年11月23日投保书中的被保险人签字栏内的签字持有异议。曹某父母认为,在没有指定受益人的情况下,被保险人的继承人都可以获得该份保险金,故北京分公司将保险金全部赔付给李某不合法,要求北京分公司及李某共同给付其保险金人民币24万元。

  人民法院经审理认为,本案涉及的人身保险合同中明确指定李某为受益人,北京分公司将保险金赔付给李某符合法律规定。曹某的父母要求李某及保险公司给付保险金的请求缺少法律依据,因此最终驳回了曹某父母的诉讼请求。

➡ 问 题

(1) 本案中所涉及的人身保险合同是否有效?
(2) 本案属于保险合同变更中的哪一种情况?
(3) 法院驳回曹某父母的诉讼请求的法律依据是什么?

➡ 分析意见

  保险合同的变更,是指在保险合同的有效期内,因一定的法定事实,经当事人协商一致,对保险合同主体和内容进行改变的法律行为。保险合同的变更可以是保险合同主体的变更,也可以是保险合同内容的变更。保险合同主体的变更,通常是因保险合同的利益转让、继承或者因保险合同的当事人的混同等原因发生变更。保险合同主体的变更主要是指投保人、被保险人或受益人的变更。本案便是涉及保险合同主体变更中的受益人的变更。

  我国《保险法》第56条第1款规定,以死亡为给付保险金条件的合同,未经被保险人书面同意并认可保险金额的,合同无效。这一规定是对第三人订立死亡保险合同的限制,属于强制性规定,其立法目的旨在避免道德风险的发生及保护被保险人的人身安全利益。如果投保人在与保险人签订合同时未经过被保人的书面同意,但合同成立后被保险人予以追认的,应当认为该保险合同有效。本案中,李某在与上海分公司签订人身保险合同时,合同书中并没有其丈夫的签名,但在李某将保险关系转入北京分公司时,曹某在转入申请表和重新填写的投保书中均签了字。曹某的这一签字行为,表明了曹某对李某与上海分公司签订的保险合同的追认,因此该合同是有效的合同。

我国《保险法》第63条规定,被保险人或者投保人可以变更受益人并书面通知保险人。保险人收到变更受益人的书面通知后,应当在保险单上批注。投保人变更受益人时须经被保险人同意。法律并没有规定具体的形式,只要求书面通知即可。本案中,李某向北京分公司递交的保险关系转入申请及重新填写的投保书已经起到了书面通知的作用。同时,保险人也以签发保单的形式表示予以认可。整个过程符合法律规定的实质要件和程序要件。为此,法院认为合同的双方当事人已经按照法律的规定变更了受益人,产生了受益人变更的法律后果。曹某父母认为李某和保险公司没有按法律规定变更受益人的说法没有事实及法律上的依据。按照法律的规定,在保险合同中指定受益人的,当保险事故发生后,只有受益人才享有保险金给付的请求权。本案中的李某是唯一指定的受益人,享有保险金的领取资格。而曹某的父母虽然是被保险人法律上的第一顺序法定继承人,但因为保险合同指定了李某为唯一受益人,曹某的父母不享有保险金给付的请求权。因此,北京分公司将保险金36万元全部给付李某是正确的,法院依法驳回曹某父母的诉讼请求也是正确的。

9-2-7 保险合同的履行

✍ 案　　情

2004年5月,江南制衣厂和当地一家保险公司签订了企业财产保险合同,将该厂自由的固定资产和流动资产全部投保,保额为230万元,保险期限为1年,自2004年5月24日起至2005年5月23日止。在江南制衣厂向保险公司办理相关的手续后,保险公司派人去勘察了该厂所有的仓库、车间。在财产保险合同、保单及所附的财产明细表中均写明了投保的流动财产中包括成品、原材料和产品,存放在本厂仓库、车间,并在保险单所附的制衣厂简图中标明了仓库、车间的位置。江南制衣厂按照合同中的约定缴纳了保险费。半年后,与江南制衣厂仓库邻近的另一家工厂为了牟利,转生产制作烟花爆竹,江南制衣厂得知这一情况后并没在意,也没有将此情况告知保险公司。2005年1月14日,江南制衣厂仓库邻近的那家工厂爆竹爆炸,厂房起火,火势蔓延到江南制衣厂,将该厂的仓库和仓库中的产品全部烧毁。火灾发生后,江南制衣厂向承保的保险公司索赔,保险公司以江南制衣厂投保的标的物危险程度增加,而该厂又未履行通知义务为理由拒绝赔偿。江南制衣厂遂诉至法院,法院查明,与江南制衣厂的仓库邻近的另一家工厂转产生产制作烟花爆竹,致使江南制衣厂的保险标的的危险程度增加,江南制衣厂在了解此情况后并未履行向保险公司告知的义务,因此对于因保险标的的危险程度增加而发生的危险及事故所引起的财产损失,保险公司不承担损害赔偿的责任。因此判决江南制衣厂败诉。

⇨ 问 题

(1) 保险合同成立后,投保人要履行哪些义务?

(2) 保险标的危险程度的增加有哪些情况?

(3) 法律中为何规定保险标的的危险程度增加,投保人要及时履行通知义务?

⇨ 分析意见

保险标的是指作为保险对象的财产及其有关利益或者人的寿命和身体。保险标的包括财产及其相关利益和自然人的人身,他们是保险事故发生所损害的本体。在财产保险合同中,危险程度的增加对于保险人具有重大的影响,因为保险人是根据订立合同时的危险状况决定是否承保以及保险费的具体数额的,如果保险标的的危险程度增大,则保险人计算所收保费时的费率就会相应的提高,由此保险人也会收取更高的保费。所以在财产保险合同成立后,财产危险程度的增加必然会加重保险人的保险责任,从而会影响到保险人决定是否继续承保以及是否增加保险费的数额。如果保险标的在保险合同的期限内增加危险程度,而被保险人却不将此情况通知保险人,会造成保险人收取较低的保费,而承担较高危险责任的不公平的现象。因此我国《保险法》中规定了保险标的的危险程度增加时,被保险人的通知义务。在被保险人履行通知义务后,保险人可采取两种做法,一种方法是要求增加保险费,另一种方法是终止合同关系。对于前一种方法,如果投保人或被保险人不同意增加保险费,则保险合同自行终止。但在被保险人履行"危险增加"的通知义务后,如果保险人不作任何意思表示,则视为默认,事后不得主张解除合同或增加保险费。但是,如果被保险人未及时履行这一义务,则对因保险标的的危险程度增加而发生的危险及事故所引起的财产损失,保险人不承担损害赔偿责任。

一般情况下,保险标的危险程度增加的原因主要有两种:一种是保险标的因用途变更而导致的危险程度增加;另一种是保险标的虽未变更用途,但作为设备等已老化或安全设备撤除而导致其危险增加,或外界因素发生变化而导致其危险程度增加,如本案中保险标的临近烟花爆竹厂房的情况。在以上两种情况下,被保险人应当通知保险人标的物危险程度增加的事实。至于通知的方式,以书面的通知为主要方式,但在紧急情况下亦可以采用电报、电话或口头通知。如果被保险人在合理的时间内没有通知保险人标的物危险程度增加的事实,则根据保险法的规定,被保险人属于未履行通知义务,因此由于保险标的的危险程度增加而发生的危险及事故所引起的财产损失,保险人不承担损害赔偿责任。

本案中,江南制衣厂在得知与其仓库邻近的另一家工厂转生产制作烟花爆竹的事实后,并没有在意,也没有将此情况告知保险公司。但在此时,保险标的的储存状态已经发生了变化,其危险程度已经增加。后来烟花爆竹厂爆竹爆炸引起大火造成制衣厂经济损失。由于制衣厂并没有及时履行危险程度增加时的告知义务,所以保险公司根据我国《保险法》的规定拒绝承担赔偿责任。法院也依法最终判决江南制衣厂败诉。

9-2-8 财产保险合同

✎ 案　情

2003年8月19日,宁某向某保险公司F市分公司投保了家庭财产保险及附加盗窃险,保险金额为5000元,保险期限自2003年8月19日起至2004年8月18日止。某保险公司F市分公司向宁某出具了保险单。同年9月16日,宁某所在的单位用福利基金为单位员工在F市荣昌保险公司投保了家庭财产险及附加盗窃险,每位员工的保险金额均为6000元,保险期限自2003年9月16日起至2004年9月15日止。荣昌保险公司向宁某出具了保险凭证。2004年1月15日,宁某家中被盗,宁某发现后立即向其所在地的公安派出所报案,同时通知了某保险公司F市分公司和F市荣昌保险公司。公安派出所经过仔细清点,列出的被盗物品有:电视机1台,家用摄像机1台,照相机1架,衣物5件,皮包1个,共计损失为7400元。案发后3个月,公安机关一直未能破案,宁某遂向上述两家保险公司分别提出索赔。两家保险公司均认为宁某就同一保险标的进行重复保险,所签订的家庭财产保险合同无效,因而两家保险公司都提出拒绝赔付。宁某在直接索赔无效的情况下,即向法院提起诉讼。法院经审理认为,宁某与两家保险公司签订的家庭财产保险合同合法有效,两家保险公司称其合同无效而拒赔的理由均不能成立。法院最后判决由两家保险公司按其保险金额与保险金额总和的比例承担赔偿责任,其中某保险公司F市分公司承担3364元,F市荣昌保险公司承担4036元,诉讼费由两家保险公司分担。

➪ 问　题

(1) 宁某的行为是否构成重复保险?
(2) 重复保险合同是否为无效合同?

（3）宁某就其家庭财产同时向某保险公司F市分公司和F市荣昌保险公司投保,出险后,应当如何进行赔付?

➡ 分析意见

重复保险,是指投保人对同一保险标的、同一保险利益、同一保险事故分别向二个以上保险人订立保险合同的保险。财产保险合同适用补偿原则,当发生重复保险时,保险事故发生后,被保险人可以同时向二个或二个以上承保该保险标的的保险人请求赔偿。虽然每个保险人支付的赔款未超过被保险人的实际损失,但各保险人支付的赔款总和有可能超过保险标的的实际损失,如果出现这种情况,就违背了财产保险的补偿原则。依据《保险法》对重复保险所下的定义,构成重复保险的要素主要有:同一保险标的、同一保险利益、同一保险事故、二份或二份以上保险条件相同、保险期间相同或重合、保险金额总和超过保险价值的保险合同等。这些条件缺一不可。本案中,被保险人就其家庭财产向不同的两家保险公司投保家庭财产盗窃险,符合重复保险的构成要素,已经构成了重复保险。

在保险期间内,被保险人的家庭财产发生盗窃损失,出险后,被保险人及时通知各保险公司,并分别提出索赔。各保险公司均以被保险人重复保险为由,认为保险合同无效,拒绝承担保险责任。这种理由是不能成立的。重复保险并不是无效的保险。我国《保险法》并未规定重复保险合同为无效合同,仅仅规定了重复保险的保险金额总和超过保险价值的,各保险人的赔偿金额的总和不得超过保险价值。所以,本案中保险公司认为重复保险合同无效,没有任何法律依据。另外,本案中的各保险公司在与被保险人订立保险合同时,并没有特别约定重复保险无效,出险后保险公司认为重复保险无效,没有事实依据。

根据保险补偿原则,在重复保险中,被保险人不能获得超过保险价值的赔偿,为了防止被保险人获得超额赔偿,法律对重复保险实行责任分摊原则。《保险法》第41条第2款规定,重复保险的保险金额总和超过保险价值的,各保险人的赔偿金额的总和不得超过保险价值。除合同另有约定外,各保险人按照其保险金额与保险金额总和的比例承担赔偿责任。依照这一规定,保险标的的保险价值为各保险人承担保险责任的最高限额,在本案中,没有事实证明本案争议的保险合同所约定的保险金额或保险金额总和超过保险价值,因此不存在超额保险的问题。此外,本案争议的保险合同对于各保险人承担保险责任的方式或方法,没有作出明确具体的规定,各保险人的责任只能依照《保险法》第41条第2款的规定确定,即各保险人按照其保险金额与保险金额总和的比例承担赔偿责任。因此,法院要求两家保险公司按比例承担损失赔偿的判决是正确的。

9-2-9 责任保险合同

案　情

程湖区一家出租车公司于 2002 年 8 月 20 日将一辆营运出租车向 S 市一家保险公司投保,其中车上责任险的保险金额为 5 座位每位 3 万元。双方在机动车保险条款的车上责任条款第二条责任免除中约定:"由于以下原因引起的损失,保险人不负责赔偿:由于驾驶员的故意行为,紧急刹车或本车上的人员因疾病、分娩、自残、殴斗、自杀、犯罪行为所致的人身伤亡、货物损失以及车上的人员在车下时所受的人身伤亡。"2003 年 5 月 28 日,该出租车公司的司机罗某驾驶公司所属的车辆载着 2 名乘客行至某路段时,2 名乘客欲行抢劫。罗某进行反抗,结果被歹徒用刀刺中右上腹和大腿内侧,致车辆失控撞到路边大树,其左腿股骨上段粉碎性骨折,两名歹徒则趁机逃走。案发后,该出租车公司以罗某住院治疗共花去医疗费 30113.75 元属车上责任险投保范围为由,要求其投保的保险公司给予赔偿。但保险公司认为因犯罪行为所致的人身伤亡属于责任免除范围,不同意赔偿。出租车公司遂诉至法院。

一审法院经审理认为,这家出租车公司的司机罗某驾驶投保车辆,发生意外事故,造成人身伤害,属于车上责任险的保险事故。但双方签订保险合同中的机动车辆保险条款约定,由于本车上的人员因犯罪行为所致的人身伤亡,属于保险人免责范围,罗某所受的人身伤害正是本车上的人员因犯罪行为所致,故该出租车公司要求赔偿车上责任险保险金 3 万元的请求应予驳回。出租车公司对此判决不服,向 S 市中级法院提起上诉。S 中院就《机动车辆保险条款》"车上责任条款"第 2 条"责任免除"中第四款"本车上的人员……犯罪",是否指犯罪分子"本人"的问题,专门发函请求中国保险监督委员会予以解释。中国保险监督委员会办公厅答复对此的解释是:"由于驾驶员的故意行为,紧急刹车造成车上人员人身伤亡或货物损失,保险人不负责赔偿。由于本车上的人员因疾病、分娩、自残、殴斗、自杀犯罪行为所致的本人的人身伤亡或财产损失,保险人亦不负赔偿责任。"据此,S 市中院认为,本案中属于车上人员的罗某因他人的犯罪行为而导致受伤,不属于车上责任险条款的免责范围。保险公司应按《机动车辆保险单》的约定,承担赔偿责任。遂撤销原审法院原相关民事判决,认定保险公司应向这家出租车公司支付车上责任险保险金 3 万元。

问　题

(1) 什么是责任保险合同,其特征有哪些?
(2) 责任保险的种类有哪些?

（3）本案中S市中院撤销原审法院判决的法律依据是什么？

➡ 分析意见

责任保险是指以被保险人依法对第三者应负的赔偿责任为保险标的的保险，所以又称为第三者责任保险。依照责任保险合同，投保人依照约定向保险人支付保险费，在被保险人应当向第三人承担赔偿责任时，保险人按照约定向被保险人给付保险金。责任保险不仅可以保障被保险人因为履行损害赔偿责任所受到的利益减损，而且可以保护被保险人的侵权行为的直接受害者，使受害者可以获得及时的赔偿。责任保险的特征表现为：第一，保险人承担被保险人的赔偿责任；第二，责任保险的标的为一定范围内的侵权损害赔偿责任；第三，责任保险不能给予被保险人的人身或其他财产；第四，保险人给付保险金额均以合同约定的最高限额为限；第五，责任保险的被保险人因给第三人造成损害的保险事故而被提起仲裁或者诉讼的，除合同另有约定外，由被保险人支付的仲裁或者诉讼费用以及其他必要的合理的费用，由保险人承担。以责任保险的险别予以划分，可以将责任保险分为产品责任保险、公众责任保险、雇主责任保险、职业责任保险、展览会责任保险、汽车第三者责任保险、飞机第三者责任保险、轮船旅客法定责任保险、矿山爆破作业责任保险等。

本案是有关车上责任险的纠纷，本案中，出租车公司司机罗某驾驶投保车辆，发生意外事故，造成人身伤害，属于车上责任险的保险事故。出租车公司以罗某住院治疗共花去医疗费30113.75元，属车上责任险投保范围为由，要求其投保的保险公司给予赔偿。但保险公司认为因犯罪行为所致的人身伤亡属于责任免除范围，不同意赔偿。一审法院认为，双方签订保险合同中的机动车辆保险条款约定，由于本车上的人员因犯罪行为所致的人身伤亡，属于保险人免责范围，保险公司应不予赔偿。出租车公司提起了上诉，S中院对"责任免除"条款请求中国保险监督委员会予以解释，并根据该解释认定，本案中属于车上人员的罗某因他人的犯罪行为而导致受伤，不属于车上责任险条款的免责范围。判决该保险公司按《机动车辆保险单》的约定，承担赔偿责任。

9-2-10 保证保险合同

✎ 案　情

2004年6月20日，大鹏银行与某保险公司签订了《个人汽车消费贷款保证保险合作协议》，约定为推动大鹏银行贷款及保险公司保险业务共同发展，双方合作开展个人汽车消费贷款及保证保险业务，由某保险公司负责向大鹏银行提供有关借款人购车资料（包括购车合同、发票、购车完税凭证等）并确保真实；某保险公司应当对借款人(即保证保险投保人)的资信状况进行认真审查,并对自己书面确认同意承保的有关借款承担保证保险责任。除协议规定的不可抗力、政策变动、投保人与银行恶意串通等免责范围外,不论何种原因造成保证保险投保人连续三个月未能按照贷款合同约定按期供款,即为保险事故发生,保险人(某保险公司)承诺在收到被保险人(大鹏银行)的书面索赔申请及相关资料后10个工作日内确认保险责任并予以赔付。协议签订后,根据某保险公司提供的购车资料及购车人身份和资信审查资料,以及某保险公司在大鹏银行《个人汽车消费贷款审批表》上同意承保的签字盖章承诺,大鹏银行先后与借款人秦某等20人签订了《个人汽车消费贷款合同》并依约发放贷款共500万元,某保险公司在收取投保人支付的有关保费后向大鹏银行出具了以该20名借款人为投保人、以大鹏银行为被保险人的个人汽车消费贷款保证保险保单正本。2004年12月,秦某等20名借款人先后出现连续3个月以上未按期供款情形,大鹏银行即依照合作协议约定向某保险公司提出了书面索赔申请,但某保险公司以有关借款人涉嫌诈骗正被立案侦查,是否属于保险责任尚不清楚为由拒绝。在多次索赔未果的情况下,大鹏银行将某保险公司诉诸法院。

法院经审理认为,本案的保证保险合同合法有效,某保险公司既然已经收取保费,并签订保证保险合同,按照合同约定,当投保人无法按期还款时,保险事故发生,某保险公司应承担保证保险责任,应直接将赔款支付给贷款银行。

问 题

(1) 什么是保证保险合同?
(2) 保证保险合同的种类有哪些?
(3) 本案中的某保险公司是否应当承担保证保险责任?

分析意见

保证保险,是指保险人向被保险人提供担保而成立的保险合同,根据保证保险合同,投保人按照约定向保险人支付保险费,保险人对被保证人的行为或者不行为致使被保险人所受的损失,由保险人负责赔偿。一般保证保险合同分为诚实保证保险合同和确实保证保险合同。

信用保证保险合同是保证合同的另一种形式,信用保险的投保人是被保证人的相对人,即债权人,被保证人同时也是被保险人。根据这种合同,投保人按照约定向保险人支付保险费,在债务人不能偿付其所欠被保险人的款项时,保险人按照约定对被保险人承担赔偿责任。信用保险合同的种类主要有:商业信用保险、投资信用保险和出口信用保险三种形式。

本案属于商业信用保险,商业信用保险是指债权人因为担心债务人的还款信用而向保险人支付保险费,在债务人不能偿还贷款或者赊欠的款项时,由保险人给予赔偿而订立的保险合同。被保险人在因为债务人不能还款或者付款而发生损失时,有权请求保险人给付保险赔偿金。保险人依据合同约定给付保险赔偿金后,取得对债务人的求偿权。具体到本案,大鹏银行和某保险公司在保证合同中明确地约定了保险事故和免责范围,除合作协议规定免责范围外,不论何种原因造成投保人连续三个月未能按期还款,均视为保险事故发生,某保险公司应当先承担保险责任,然后向借款人追偿。保证保险本身就是对借款人可能出现违约情况的不确定性予以承保,承保的内容是借款人违约的不确定性,不是不确定性的原因,除非双方约定当某种原因导致借款人违约时保险人可以免除保险责任,保险人不得以该原因的出现来对抗保险责任的承担。投保人诈骗只是保险事故发生的原因,不属于约定免责范围,不构成保险公司主张免除保险责任的理由。因此法院作出的判决是正确的。

9-2-11 人身保险合同

案情

2000年11月12日,刘某投保了5年期简易人身保险,月缴保险费30元,在履行如实告知义务时,故意将自己的年龄67岁写成64岁。2002年5月,刘某因交通事故不幸死亡,其家人带着单位开出的介绍信及相关证明材料,到保险公司申领保险金。保险公司在查验单证时,发现被保险人刘某投保时所填写的年龄与其户口簿上所登记的不一致,投保单上所填写的64岁显然是不真实的。经调查,投保时刘某已有67岁,超出了简易人身险条款规定的最高投保年龄65岁。于是,保险公司以投保时申报的被保险人的年龄已超出了保险合同约定的年龄限制,投保人未履行如实告知义务为理由,拒付该笔保险金,并在扣除了手续费后,退还了刘某的保险费。刘某的继承人不服,向法院提起诉讼。法院经审理查明,投保时刘某确已有67岁,却故意将自己的年龄写成64岁,投保人故意违反如实告知的义务的,保险人可以解除合同,并在扣除手续费后退还保险费给投保人。因此人民法院判决驳回了林某的继承人的诉讼请求。

问题

(1) 为什么说人身保险中被保险人的年龄是订立保险合同时需要考虑的重要因素?

(2) 年龄误保的含义是什么?

(3) 投保人在投保时申报的被保险人的年龄不真实,会导致哪些法律后果?

➡ 分析意见

保险人在决定是否同意订立人身保险合同以及确定保险费标准时,被保险人的年龄是一个需要考虑的重要因素。被保险人的年龄是指被保险人在保险合同订立时的实足生存年龄。在人身保险合同中,保险金的给付主要以被保险人的生死作为给付条件。通常情况下,被保险人的年龄越小或者越大,其发生意外或者疾病造成死亡的可能性就越大。因此,保险人在设计保险产品品种和计算保险费率时,应对所要承保的被保险人团体死亡概率进行估算。一般在10岁以下或者60岁以上年龄段中的死亡率是最高的。所以为了合理的承担风险,保险人不仅会依照被保险人年龄的不同而设定不同的保险费率,而且也对被保险人的可保年龄设定最高或最低限制。如本案中的保险公司所推出的5年期简易人身保险就设定最高的投保年龄为65岁。

年龄误保,是指投保人在投保时错误地申报了被保险人的年龄,被保险人的申报年龄与实际年龄不符的行为。根据《保险法》的规定,年龄误保属于投保人未履行如实告知的义务,保险人有权解除合同,但是仅以年龄计算和填写上的失误而全部解除保险合同,消灭被保险人在保险合同中的全部利益,不仅有违保险为被保险人提供保险保障的宗旨,也会产生一些对被保险人不利的情形。在人身保险中,有年龄误保的情况出现时,因保险人放弃解除权或法定禁止解除合同或保险法未规定保险人有解除权的情况下,保险合同当然继续有效。但是为了保护保险人和投保人以及被保险人的利益,保险法上对保险费的处理作出了规定。一般来说,投保人申报的被保险人的年龄如果不真实,将会导致相应的法律后果:第一,解除合同,投保人申报的被保险人的年龄不真实,并且其真实年龄不符合合同约定的年龄限制的,保险人可以解除合同,并在扣除手续费后,向投保人退还保险费,但是自合同成立之日起逾2年的除外;第二,保险费的更正、补交或者保险金的减少,投保人申报的被保险人的年龄如果不真实,致使投保人支付的保险费少于应付保险费的,保险人有权更正并要求投保人补交保险费,或者在给付保险金时按照实付保险费与应付保险费的比例支付;第三,保险费的退还,投保人申报的被保险人的真实年龄不真实,致使投保人支付的保险费多于应付保险费的,保险人应当将多收的保险费退还投保人。

本案中,投保人刘某申报的时候写为64岁,而刘某在投保时的真实年龄是67岁,超出了简易人身险条款规定的最高投保年龄65岁,不符合投保条件,已经构成了年龄误保。并且该保险合同自成立之日起未满两年。投保人刘某未能履行如实告知的义务,该保险关系不成立,保险公司在扣除手续费后将保险费退还给投保人。因此法院的判决是正确的。

9-3 保险业法律制度

9-3-1 保险经营规则

✎ 案 情

2005年7月底,保监会向某人寿保险公司正式下达偿付能力预警通知。通知称,根据该公司2004年上报保监会的经营报告,某人寿保险公司法定最低偿付能力额度为43.46亿元,而目前实际最低偿付能力额度为负46.70亿元,由此,公司实际最低偿付能力存在90.16亿元缺口。同时责令某人寿保险公司必须在2005年10月31日前提交改善偿付能力的整改方案,要求某人寿保险公司的母公司——某保险(集团)公司向某人寿保险公司增加资本金。该通知还规定,在达到偿付能力规定标准之前,某人寿保险公司不得向股东分红、不得增设包括营销服务部在内的分支机构。

对此,某人寿保险公司向保监会提起行政复议,在复议申请书中称:某人寿保险公司之所以出现偿付能力不足,主要是因为随着保险公司业务的拓展,保险公司的保费在不断增长,这也意味着保险公司承担的保险责任在不断增长,但与此同时,保险公司的注册资本金并未能及时增加,以至造成两种责任之间的不匹配。偿付能力是保险监管部门对企业进行监管的一个内部指标,如果因此使投保人对保险公司产生信任危机,这对保险公司来说不公平。保监会受理了该复议申请,依法对其进行审查,依照《保险法》第98条规定:"保险公司应当具有与其业务规模相适应的最低偿付能力。保险公司的实际资产减去实际负债的差额不得低于保险监督管理机构规定的数额;低于规定数额的,应当增加资本金,补足差额。"因此,保监会决定维持原决定。

有关的专家认为,由于保险公司的特殊性,即便将来真有保险公司破产,被保险人也不必担心自己"血本无归"。按照《保险法》规定,经营有人寿保险业务的保险公司,除分立、合并外,不得解散。同时,经营有人寿保险业务的保险公司被依法撤销的或者被依法宣告破产的,其持有的人寿保险合同及准备金,必须转移给其他经营有人寿保险业务的保险公司;不能同其他保险公司达成转让协议的,由金融监督管理部门指定经营有人寿保险业务的保险公司接受。因此,保监会的此项行动并不会引发信用危机。

➡ 问 题

(1) 什么是保险公司偿付能力?

（2）如何维持保险公司的最低偿付能力？

（3）保监会对某人寿保险公司下达预警通知的行为为何不会引发信用危机？

➡ 分析意见

保险公司的偿付能力，是指保险公司履行赔偿或者给付责任的能力。保险公司是否具备履行保险合同的能力，即看其是否具有偿付能力，这一能力主要表现在保险公司有足够的或者充分的现金或流动资产，当负债到期时能够如期清偿债务。影响保险公司偿付能力的主要因素有：保险公司的承保能力、损失概率计算的准确性和可靠性、保险公司提取的准备金规模、保险公司的资金运用状况以及保险公司的经营管理水平。

最低偿付能力是指保险公司的实际资产减去实际负债后的差额，不得低于保险监督管理委员会规定的金额。我国《保险法》第98条规定："保险公司应当具有与其业务规模相适应的最低偿付能力。保险公司的实际资产减去实际负债的差额不得低于保险监督管理机构规定的数额；低于规定数额的，应当增加资本金，补足差额。"为了监控保险公司的偿付能力，保监会规定有保险公司应当具有的最低偿付能力的标准。保险公司为维持其偿付能力，应当依法提取保险准备金。除此之外，保险公司必须依法提取公积金和保险保障基金。本案中，保监会根据某人寿保险公司2004年上报的经营报告，向其正式下达了偿付能力预警通知。责令某人寿保险公司必须在2005年10月31日前提交改善偿付能力的整改方案，同时要求某人寿保险公司的母公司——某保险（集团）公司向某人寿保险公司增加资本金。并对该保险公司达到偿付能力规定标准之前的股东分红、增设分支机构作出了限制。保监会所作出的这个通知正是反映了保险监督管理机构对保险公司偿付能力的监控。

偿付能力是保险监管部门对企业进行监管的一个内部指标，被保险人也不必因此而担心。这是因为人寿保险具有其特殊性，它是以人的生命或身体为保险标的的保险业务，具有长期性、储蓄性的特点。为了保护人寿保险被保险人的利益，我国《保险法》规定，经营有人寿保险业务的保险公司，除分立、合并外，不得解散。同时，经营有人寿保险业务的保险公司被依法撤销的或者被依法宣告破产的，其持有的人寿保险合同及准备金，必须转移给其他经营有人寿保险业务的保险公司；不能同其他保险公司达成转让协议的，由金融监督管理部门指定经营有人寿保险业务的保险公司接受。因此，保监会的这一项行动并不会引发信用危机。

9-3-2 保险代理人

✎ 案　情

2001年3月，某省一家进出口贸易公司到当地的一家保险公司报案，声称其公司的一辆在该保险公司投保的汽车，在运输过程中发生了翻车事故，并向该保险公司出示了保险单以及交警部门的有关证明材料。保险公司调查后发现，此保险合同是由某保险咨询服务部签订的，该服务部与保险公司曾经有代理关系，并曾经签订过代理协议。该协议规定：服务部须于每月月末之前将当月保险单证及费用进行结算，并将承保业务情况交给保险公司，过期不交付保险费而发生保险事故的，保险公司有权拒绝赔偿，由此所产生的一切后果由服务部负责。该服务部从2000年12月开始就未与保险公司结算，也未将承保业务情况交给保险公司，但却仍然以该保险公司的名义签订保险合同，此行为属于违约。该进出口贸易公司所投保的机动车辆保险，是2001年9月由服务部以保险公司的名义签订的，当然无效，应当由服务部承担全部责任。2001年6月12日，该进出口贸易公司将服务部与保险公司一同告上法庭。法院经审理作出判决：服务部在保险公司的授权范围及代理权限内以该公司的名义与原告签订了保险合同，并收取了原告的保险费，该保险合同已经依法成立并生效。某保险公司应依照合同约定赔付该进出口贸易公司保险金10万元。该服务部是否将其所收的保险费转付给保险公司，是保险公司与服务部之间的另一种法律关系，即代理关系，并不属于本案讨论的范围。

➡ 问　题

（1）保险代理人主要从事哪些工作？
（2）某保险咨询服务部与保险公司之间是什么关系？
（3）本案中的保险公司是否应当向该进出口贸易公司赔付保险金，原因是什么？

➡ 分析意见

保险代理人是根据保险人的委托，向保险人收取代理手续费，并在保险人授权的范围内代为办理保险业务的单位或者个人。保险代理作为民事代理的一种，适用一般民事代理的规定。通常情况下，保险人只对保险代理人在其授权范围内的行为承担相应的责任。但保险代理又属于一种特殊的代理，具有其自身的一些特点和要求。例如保险代理人在业务范围内所为的违法或者欺诈行为，虽然未经保险人的指示，亦有约束保险人的效力。还有，保险人对保险代理人的权利的限制,未经通知,不得对抗善意第三人。

某些情况下,保险代理中也会出现表见代理的情况,即代理人在没有代理权、超越代理权或代理权终止后,以保险公司的名义订立合同。此时,如果相对人有理由相信行为人是有保险代理权的,则该保险代理行为有效,应当由保险公司承受代理行为的法律后果。在保险法上,表见代理主要有三种情形,即保险代理人自始就没有代理权的无权代理;保险代理人超越代理权的无权代理;保险代理人代理权终止后进行的无权代理。在以上三种情况下,如果投保人有充分的理由相信保险代理人有代理权,则投保人基于此信赖与保险代理人进行的行为的后果由保险人承担。

本案中,该服务部曾与保险公司有代理关系,并签订过代理协议,虽然服务部近几个月并没有将保险单证以及有关的费用进行结算,也没有将其承保业务的情况交给保险公司,但是保险公司并未采取有效的措施解除保险公司与服务部之间的保险代理关系。这种情况下,进出口贸易公司基于服务部与某保险公司有代理关系的表象,善意地信赖其有代理权,并且与其签订了保险合同,构成了表见代理。《保险法》第128条规定:"保险代理人根据保险人的授权代为办理保险业务的行为,由保险人承担责任。保险代理人为保险人代为办理保险业务,有超越代理权限行为,投保人有理由相信其有代理权,并已订立保险合同的,保险人应当承担保险责任;但是保险人可以依法追究越权的保险代理人的责任。"因此,为了维护进出口贸易公司的利益,应当认定进出口贸易公司与服务部之间的保险合同有效,保险公司应当赔付进出口贸易公司的损失。保险公司与服务部之间的纠纷,应当按照两者之间所签订的代理合同的约定进行处理。

9-3-3 保险经纪人

✍ 案　情

2003年4月12日,王某在某汽车销售公司处购得桑塔纳2000轿车一辆,汽车销售公司称在其处购车,可享受"一条龙"服务,由汽车销售方全权负责代为办理贷款、保险等业务,王某遂将三年的保费共12044元交给车商由其代办保险。2003年12月2日下午3点,王某驾驶桑塔纳2000轿车时与一辆风神蓝鸟发生碰撞。经交管部门认定,王某须对车祸承担全部责任。当日下午,王某向保险公司报案,保险公司接到报案后立即派人到现场拍照取证,并由王某填写了机动车辆保险索赔申请书后签收并正式立案。最后经过维修,被撞车辆风神蓝鸟花去2500元修理费,而王某的轿车花去2900元,两车维修费共5400元。按照常规,这笔赔偿金应在立案后两个月内发放,但两个月后,保险公司一直没有赔付。王某遂找到保险公司上级分公司的车险部,却得到"你早已退保,公司不予受理"的答复。王某一怒之下,将汽车销售公司告上法庭。

法院经调查发现,某汽车销售公司在收取了王某12044元保险费后,按照40%~60%返扣的"行规",扣下了其中的7525元,交给倪某4519元。倪某又扣下了自己的中介费用后,把剩下的4404元交给了浦江经纪公司的方某。而方某并没有马上和江泰经纪结算王某的保费。保险公司在收到江泰经纪关于王某投保要求的传真后,在还没有收到保险费的情况下,就开具了3张保单、保险卡和11892元的保费发票。经过一系列的转手,保险公司将保单交给了江泰经纪,江泰经纪将保单交给了方某,方某又交给了倪某,倪某称自己把保单交给了汽车销售公司。经过层层传递,最后传到王某手中的只是保单的复印件以及保险IC卡。保险公司在逾期没有收到费用又接到退回的保险单后,就把这笔保险作了撤保的处理。也就是说,倪某、方某、江泰经纪、保险公司在未经王某授权的情况下,擅自撤销了他投保的车辆保险合同。随着案件的深入调查,王某将某汽车销售公司、倪某、浦江经纪公司、江泰经纪、保险公司和方某一并告上法庭。

法院经审理认为,保险公司未经王某本人的申请,也没有取得他撤销合同的授权,就接受了无权行为人的要求,撤销了保险合同。撤销合同的结果侵犯了王某本应享有的保险利益,对此保险公司负有过错责任。倪某和方某擅自实施了将王某保险合同撤销的行为,不仅使他本应享有的合同权利受到侵害,还使部分尚未支付的保险费下落不明,应当承担责任。某汽车销售公司在接受王某委托办理保险业务后,擅自委托没有资质的个人办理车辆保险,属于违约和缺乏诚信。在收取了王某12044元保险费后又私下扣留回扣7885元,造成支付保险公司的保险费严重不足,也是导致其他被告撤销王某保险合同的因素之一,所以应当承担相应的赔偿责任。法院最终判决:对王某的损失,某汽车销售公司赔偿7885元,倪某和方某共同赔偿4519元,保险公司赔偿5400元。

⇨ 问　题

(1) 什么是保险经纪人?
(2) 保险经纪人与保险代理人之间有什么区别?
(3) 应从哪些方面规制保险经纪人的执业行为?

⇨ 分析意见

保险经纪人是基于投保人的利益,为投保人与保险人订立保险合同提供中介服务,并依法收取佣金的单位。按照我国《保险法》的有关规定,保险经纪人只能是单位,个人不能成为保险经纪人。保险代理人与保险经纪人都属于保险中介的范畴,两者都应当具备保险监督管理机构规定的资格条件。但保险代理人与保险经纪人之间存在着明显的区别:第一,保险代理人是受保险人的委托,代表保险人的利益办理保险业务,保险经纪人则是被保险人的代理人,代表被保险人的利益,为其提供各种保险咨询服务,进行风险评估,设计险种及协商投保险别和承保条件;第二,保险代理人通常是在某一区域内代理销售保险人授权的保险服务品种,保险经纪人则是接受被保险人的委托,为其提供保险服务;第三,保险代理人按代理合同的规定向保险人收取代理手续费,而保险经纪人则根据被保险人的要求向保险公司投保,保险公司接受业务后,向经纪人支付佣金,或者由被保险人根据经纪人提供的服务,给予一定的报酬;第四,保险经纪人的法律地位不同于保险代理人,保险经纪人只是被保险人的代表,由于其过错给投保人、被保险人造成损失的,由其独立承担民事法律责任,而保险代理人是根据保险人的授权代为办理保险业务,其行为视为保险人的行为,其法律后果由保险人承担。

本案反映出保险经纪公司的从业人员在进行保险经纪业务过程中的诸多违规现象,保险经纪行业诚信的缺失不仅存在于保险经纪机构,也存在于保险经纪从业人员中,保险经纪公司的从业人员在执业过程中违规操作,发生保险事故后,就推诿责任,损害了投保人和被保险人的利益,扰乱了保险经纪市场的正常秩序。《保险法》第130条规定:"因保险经纪人在办理保险业务中的过错,给投保人、被保险人造成损失的,由保险经纪人承担赔偿责任。"本案中的保险经纪从业人员擅自实施了将投保人王某保险合同撤销的行为,不仅使王某本应享有的合同权利受到侵害,还使部分尚未支付的保险费下落不明,应当承担赔偿责任。

9-3-4 保险公估人

案 情

1995年9月,某房产开发公司就其开发建设的一栋大厦向某保险公司投保建筑工程一切险。保险公司签发保单,约定保险期限自1995年10月31日至1997年6月30日止。保单上附有建筑工程一切险条款。条款中约定了责任范围并且将"设计错误引起的损失和费用"、"保险期限中止以前,保险财产中已由工程所有人签发完工验收合格证或实际占有或使用或接收的部分"列为除外责任。1996年8月,大厦开始施工并制定了地下基坑支护设计方案。1997年4月开挖主楼基坑土方后,发现主楼支撑梁下1米处渗水,流沙严重,无法继续下挖。经施工单位分析,并经专家确认,事故的主要原因为:(1)施工过程中,因地下障碍物的影响,造成桩位不准,并无法控制桩身垂直度,使其相邻桩搭接不良;(2)由于工程场地地下4—9米为粉砂层,在高压旋喷成桩施工中,因水压控制影响,粉砂层易坍塌、沉淀,造成桩身局部缩径。事故发生后,房产开发公司及时向保险公司报了案,并与施工单位紧急磋商,经专家组同意后,加打了旋喷桩,加设了轻井降水系统。为此,房产开发公司支出40万元补救费用,因此向保险公司索赔。但是,在拖延数月之后,保险公司于1997年9月以不属于保险责任范围为由拒赔,房产开发公司遂诉至法院。保险公司认为,该大厦基坑支护止水设计方案有错,并且基坑渗水严重并非施工工人、技术人员的原因所致。因设计方案错误引起的损失和费用应属于除外责任,因此应予拒赔。

法院经审理认为,该高压施喷桩止水方案是经过专家组论证同意的,保险公司认为基础施工设计方案存在错误的抗辩理由缺乏事实依据。双方对桩身不能控制垂直的主要原因有异议,为了明确真正的致损原因,法院委托某保险公估公司进行了专业技术性鉴定,依据保险公估公司出具的公估报告证明,施工单位在打桩时遇到障碍物体,应灌浆烧铸后抽出在周边地区重打,这属于对设计方案的合理调整,并不属于变更设计方案。另外桩身地下部分倾斜,房产开发公司在开挖土石方之前的验收中是无法发现的。依据公估公司出具的报告,法院认定保险公司的拒赔理由不能成立,判决保险公司赔偿房产开发公司保险金40万元,并承担全部诉讼费用。

⇨ 问　　题

(1) 保险公估人主要从事哪些工作?

(2) 委托人在什么情况下需要保险公估人的协助?

(3) 保险公估公司在本案中扮演了什么样的角色,起到了什么作用?

⇨ 分析意见

保险公估人是指依照法律规定设立,受保险人、投保人或被保险人委托办理保险标的的评估、勘验、鉴定、估损以及赔款的理算,并向委托人收取酬金的公司。保险公估人为了从事保险公估业务的需要,往往拥有熟悉金融、法律、保险、会计或其他各种专业科学技术的人员,可以针对各类危险事故进行专业性的查勘、鉴定、检验、估算等工作,而且,保险公估人以其所处的独立地位,接受保险合同关系的一方或双方当事人或其他委托人的委托,立足于公正的中间人地位从事公估活动。因此,保险公估人的公估业务具有不可替代的作用。

本案是建筑工程保险纠纷。建筑工程保险是一个较为复杂的险种,保险责任的认定涉及许多专门的建筑、设计专业知识。因此双方当事人对事故原因有争议的时候应聘请保险公估人进行公正和权威性的鉴定,以确定事故发生的真实原因。保险纠纷经常是在确定保险事故的原因,尤其是在致损原因难以认定的情况下,须借助保险公估人确定真实的原因,以避免纠纷双方争执不断。

本案的争议焦点在于确定损失的发生是设计错误还是施工人员的疏忽大意

所致。对于建筑工程保险这种较为复杂的险种,为了确定真正的致损原因,就需要一个专门的公估机构进行公正和权威的鉴定。本案中,保险公估公司经过专业技术性鉴定所出具的公估报告证明了致损的真正原因,成为法院最终认定的重要依据。由此可以看出,保险公估人具有保护投保人、被保险人的合法权益,维护公平竞争的市场秩序,防范保险风险的作用。因此,当发生保险争议且难以确定事故原因时,可以依法聘请具有经营保险公估业务资格的保险公估人提供保险公估服务。

9-3-5 保险业的监督管理

✍ 案　　情

2001年12月14日,中国保险监督管理委员会发布公告,公告中称,鉴于永顺财产保险股份有限公司存在严重违法、违规等问题,中国保险监督管理委员会决定依据《保险法》对永顺保险公司实行接管。接管期限为2001年12月14日至2002年12月13日,为期一年。接管组从接管永顺保险公司开始之日起,行使永顺财产保险股份有限公司的一切经营管理权力,代行公司原董事会、监事会职责,被接管的永顺财产保险股份公司的债权、债务不因接管而变化,接管期间,照常办理业务并受理已承保业务的理赔案。永顺保险公司存在的严重违法问题主要是指永顺保险公司的股东资本金没有到位,使得公司资本金不足。永顺保险公司的注册资本为6.8亿元,而实际到位的资本金不足1亿元。永顺保险公司的违规行为主要是指其存在异地开展业务问题。该接管决定作出后,永顺保险公司不服中国保险监督委员会的接管决定,提起行政复议。中国保险监督管理委员会受理了该复议申请,依法对其进行审查并作出复议决定,决定认为,对违反保险法的规定,股东资本金没有到位,使得公司资本金严重不足,可能严重危及永顺保险公司的偿付能力,损害社会公共利益,中国保险监督管理委员会有必要对该保险公司实行接管。接管的目的是对被接管的保险公司采取必要措施,以保护被保险人的利益,恢复保险公司的正常经营。该接管决定认定事实清楚,证据确凿,适用依据正确,程序合法,内容适当,决定维持原决定。

➪ 问　　题

(1) 在哪些条件下保监会可以对保险公司实行接管?
(2) 保监会对保险公司实行接管的目的是什么?
(3) 保监会实行接管的程序有哪些?

➲ 分析意见

保险公司违反《保险法》的规定，损害社会公共利益，可能严重危及或者已经危及保险公司的偿付能力的，保监会可以对该保险公司实行接管，成立接管组织和制定接管的实施办法，并向社会予以公告。保险公司对保险资金使用不当或者有其他不适合的做法，导致公司损失或者即将损失赔付能力，对投保人已经或者即将构成损害，甚至可能引发金融危机。为了避免保险公司经营不善给社会造成的损失，保险监督管理机构因此决定对该公司实行接管，以减少或者化解保险行业风险。保监会对保险公司接管的目的是对被接管的保险公司采取必要措施，以保护被保险人的利益，恢复保险公司的正常经营。被接管的保险公司的债权债务关系不因接管而变化，以利社会经济关系的稳定。接管是指由接管组织取代该保险公司的民事行为能力，原公司的领导层需要离开原来的管理岗位，公司的业务和其他管理活动由接管组行使，或者由接管组授权保险公司原来的人员行使。接管的期限由保监会决定，期限届满，但未达到接管目的的，可以适当延期，但接管期限最长不得超过2年。接管期限届满，被接管的保险公司已恢复正常经营能力的，保监会可以决定接管终止，解散接管组，将民事行为能力交还给该保险公司行使。这种情况一般是由其他经营业绩良好的保险公司代为经营管理，在输入良好的管理理念和有效的管理制度之后，有可能使被接管的公司恢复正常的赔付能力，就可以终止或者提前终止接管。在接管期间，接管组织认为被接管的保险公司的财产已不足以清偿所负债务，没有能力并且也没有希望依靠自己的力量恢复赔付能力和清偿能力的，由保监会终止接管，债务人经保监会批准，依法向人民法院申请宣告该保险公司破产。

本案中，永顺保险公司存在严重的违法问题，其股东资本金没有到位，使得公司资本金不足。永顺保险公司的注册资本为6.8亿元，而实际到位的资本金不足1亿元。这将严重危及永顺保险公司的偿付能力，损害社会公共利益，根据《保险法》第115条的规定，保监会对该保险公司实行接管。其接管以保护被保险人的利益，恢复保险公司的正常经营为目的。因此，复议机构最终维持原决定的做法是正确的。

法 规 选 编

第一编 商法概述

1. 法国商法典

《法国商法典》制定于1807年,1808年1月1日起施行。开大陆法系国家民商分立体例之先河。以商行为观念作为其立法基础,开创现代商法中的商行为主义。颁布时,商法典共648条,分为四编:商事总则,海商,破产和司法清理、复权和破产的轻罪行为及其他有关破产的犯罪行为,商事法院。其中涉及陆上贸易的只有401条。目前绝大多数条款已经废除、修改。继续有效的仅140条,其中仅30个条款保留1807年行文。

第一编为商事总则,共9章,内容包括商人、商业账簿、公司、商业交易所及证券经纪人、行纪、买卖、汇票、本票及时效。

第二编为海商,共14章,包括船舶、船舶抵押、船舶所有人、船长、船员、佣船契约、载货证券、租船契约、以船舶为抵押而设定的借贷、海上保险、海损、货物投弃、时效及拒诉。

第三编为破产,共3章,包括财产转移、破产及复权。

第四编为商事法院,共4章,包括商事法院的组织、管辖、诉讼及上诉程序等。

详情可参阅:《法国商法典》,金邦贵译,中国法制出版社2000年版。

2. 德国商法典

《德国商法典》由德意志帝国于1897年5月10日颁布,1900年1月1日生效。以商主体观念为基础,采取"商人法主义"。分5编,共905条,是根据《德国民法典》的一般规定制定的特殊法律。

第一编,共八章,第1条第1项"商人的划分","经营营业的人"。以商人及其企业法以及商人辅助人法为调整内容,对公司也适用。

第二编,"公司和隐名合伙",是公司法的重要组成部分。规定特定的人合公司(无限公司、两合公司)不具有权利能力。

第三编,"商业账簿",为协调欧共体范围内的公司法而由 1985 年 12 月 19 日发布的《会计指示法》添加。汇总了补充适用于资合公司(股份公司、股份两合公司和有限责任公司)和合作社的规定。第一章,商业簿记和财产目录、开始资产负债表和年度决算、估价、保管及提示。第二章,资合公司的补充规定。第三章,合作社的补充规定。

第四编,商行为。内容包括商行为效力范围、商业惯例的适用、商人的注意义务、商行为的方式自由等。分为一般商行为,如交互计算、商业指示证券、商务留置权;特别商行为,如商业买卖、行纪营业、货运营业、运输代理营业、仓库营业。

第五编,海商。

此外,商法除资合公司之外,还包括有价证券法、银行和交易所法、证券保管法、保险法和反不正当竞争法等,皆由单行法调整。

详情可参阅:《德国商法典》,杜景林、卢谌译,中国政法大学出版社 2000 年版。

3. 日本商法典

现行《日本商法典》为《明治商法典》,1899 年 3 月 9 日公布,定于 1899 年 6 月 16 日施行。已多次修订,至 2000 年,实际有效条文 947 条。内容为第一编总则 51 条,第二编公司 566 条,第三编商行为 183 条,第四编海商 147 条,计 4 编 851 条。后来有单行法的补充,重要的有 7 件:1974 年《商法典特例法》,1938 年《有限公司法》,1932 年《汇票本票法》,1933 年《支票法》,1922 年《破产法》,1922 年《和解法》与 1952 年《公司更生法》,是实质意义上的商法体系。

第一编,总则,计 7 章。除第 1 章法例规定商法的适用范围外,其余基本上是有关营业活动的主体商人的规定。

第二编,公司,计 7 章。其中第 1 章总则规定公司的概念、种类以及若干基本规则。第 2—4 章,分别规定无限公司、两合公司和股份公司,第 6 章规定外国公司,第 7 章为罚则。原第 5 章股份两合公司的规定已全部删除。

第三编,商行为,计 10 章。其中,第 1 章为商行为的概念和适用通则,其后是关于商人最典型的营业行为商事买卖以及其他若干种商事交易的辅助营业行为,如居间营业、行纪营业、运输代理营业、运输营业、仓储营业、保险等。其中隐名合伙、交互计算两者历史悠久,仍然很重要。

第四编,海商,计 7 章。是第三编的特殊编。第 1 章规定船舶及经营海运企业的船舶所有人。第 3 章为典型的在海上利用船舶从事的商行为——海上运输,包括货物运输和旅客运输。其余:与海上运输相关的船员、海损、海难救助、海上保险及船舶债权人的规定。

详情可参阅:《日本商法典》,王书江、殷建平译,中国法制出版社 2000 年版。

4. 英 国 商 法

英国采单行商事立法模式,没有民法典和商法典。在总结有关商事习惯和判例的基础上,制定一系列单行商事法。如1882年的《票据法》,1885年的《载货证券法》,1889年的《行纪法》,1890年的《合伙法》,1893年的《商品买卖法》,1894年的《商船法》和《破产法》,1906年的《海上保险法》,1907年的《有限合伙法》,1929年的《公司法》等。

详情可参阅:《英国商法》,董安生等编,法律出版社1991年版。

5. 美国商法典

美国商法典是与贸易、投资、金融等经济活动有密切联系的法典,主体为由九章处理商法的特定领域的实体法组成的一个系列,另外有两章技术性规定。体例如下:

第一章　一般规定、术语、定义
第二章　销售
第三章　商业票据
第四章　付款银行及其客户
第五章　信用证
第六章　大宗转让
第七章　所有权单据
第八章　投资证券
第九章　担保交易

详情可参阅美国法学会、统一州法全国委员大会编著:《美国统一商法典》,石云山、袁慎谦、孙亚峰译,上海翻译出版公司1999年出版。

6. 深圳经济特区商事条例

(1999年6月30日深圳市第二届人民代表大会常务委员会第三十三次会议通过,2004年4月16日深圳市第三届人民代表大会常务委员会第三十一次会议修正)

目　录

第一章　总则
第二章　商人
第三章　商事登记
第四章　商人的名称与营业转让
第五章　商业账簿
第六章　商业雇员
第七章　代理商

第八章 附则

第一章 总 则

第一条 为了确认商人资格和规范商行为,保护商人的合法权益,维护社会主义市场经济秩序,促进经济发展,根据法律和行政法规的基本原则,结合深圳经济特区实际,制定本条例。

第二条 在深圳经济特区(以下简称特区)登记设立的商人和在特区商人登记机关管辖的地域内发生的商行为,适用本条例。

第三条 商人的合法权益受法律、法规和本条例的保护。

商人在特区从事商行为,必须遵循公平和诚实信用的原则,不得侵害其他商人和消费者的合法权益,不得损害社会公共利益。

第四条 本条例和国家的商事法律未规定的事项,适用商人章程或合伙协议,商人章程或合伙协议未作规定的,适用民事法律。

第二章 商 人

第五条 商人是经依法登记,以营利为目的、用自己的名义从事商行为且作为经常性职业的自然人、法人和其他经济组织。

本条例所称商人,是指:

(一)有限责任商人,包括各种有限责任公司及其分支机构、非公司企业法人及其分支机构;

(二)无限责任商人,包括非法人企业及其分支机构、合伙组织及其分支机构、个体工商户和其他经济组织。

本条例所称商行为,是指商人从事的生产经营、商品批发及零售、科技开发和为他人提供咨询及其他服务的行为。

第六条 权力机关、行政机关、审判机关、检察机关、军事机关、政府投资的中小学校不得设立商人,不得从事商行为。法律、法规另有规定的,从其规定。

上列机构中在职的工作人员和国有企业中的管理人员不得设立商人,不得从事商行为。

第七条 未满十六周岁的未成年人不得设立商人,不得从事商行为。

未成年人以及其他不具有完全民事行为能力的人不得成为合伙人。

第三章 商事登记

第八条 商人的设立、变更和终止,应当依法律、行政法规和本条例向登记机关申请办理。

第九条 深圳市工商行政管理部门是商人的登记机关(简称登记机关),依照法律、行政法规和本条例办理商事登记。

第十条 商事登记分为有限责任商人的登记和无限责任商人的登记。

有限责任商人的登记,由登记机关依照有关法律和行政法规办理。

无限责任商人的登记,由登记机关授权的分支机构(派出机构)依据本条例办理。

第十一条 无限责任商人的登记事项包括:名称、住所(地址)、负责人、企业类型、经营范围、营业期限、出资人或合伙人的姓名(或名称)和住址以及身份证号码。

第十二条 设立无限责任商人的申请人或其委托人应当向登记机关提交下列文件:

(一)出资人或合伙人签署的由登记机关印制的商事登记申请书;

(二)商人名称核准文件;

(三)住所(地址)的证明文件;

(四)载明负责人、出资人或合伙人的姓名(或名称)等事项的身份文件;

(五)合伙组织的合伙协议;

(六)登记机关要求提供的其他文件。

依据法律、行政法规须报经有关部门批准的,应当在申请设立登记时提交批准文件。

第十三条 设立无限责任商人的申请人向登记机关提交虚假证明文件的,登记机关有权责令其改正,并处以五千元罚款;情节严重的,撤销其商事登记。

虚假登记的申请人或虚假证明文件的提供人,应当承担相应的法律责任。

第十四条 登记机关应当自收到无限责任商人设立申请登记文件之日起二十日内,作出是否登记的决定。对符合条件的,予以登记,发给由登记机关统一印制的营业执照;对不符合条件的,不予登记,并应当给予书面答复,说明理由,告知申请人享有申请行政复议或者提起行政诉讼的权利。

申请人提交的申请材料齐全,符合法定形式,登记机关能够当场作出决定的,应当当场作出书面决定。

第十五条 营业执照的核发日期为无限责任商人的成立日期。

在取得营业执照后,无限责任商人可以凭登记机关核发的营业执照刻制印章,开立银行账户,申请纳税登记。

在领取营业执照前,无限责任商人不得以拟使用的名称从事商行为。

违反第三款规定的,登记机关处以三千元以上五千元以下罚款。

第十六条 无限责任商人要求变更登记事项的,应当向原登记机关提出申请,符合法定条件、标准的,原登记机关应当依法办理变更手续。

违反前款规定,擅自变更登记事项的,登记机关应当依法给予行政处罚。

第十七条 无限责任商人歇业六个月以上的,应当向登记机关申请办理歇业登记。

违反前款规定的,登记机关可以暂扣其营业执照或依据有关法律、行政法规吊销其营业执照。

第十八条 无限责任商人终止营业的,应当向登记机关申请注销登记,并提交下列文件:

(一)出资人或合伙人签署的由登记机关印制的注销登记申请书;

（二）营业执照；

（三）由出资人或合伙人签署的债权债务清算报告；

（四）完税证明；

（五）登记机关要求提交的其他文件。

无限责任商人申请注销登记，不得以此逃避其应负担的债务。

故意隐瞒债务注销登记的，一经查实，登记机关应当撤销注销登记，并处三千元以上五千元以下罚款。

第十九条 无限责任商人应当在每年一月一日至四月三十日，向登记机关申请年度检验，并根据登记机关的要求提交有关文件。

违反前款规定的，登记机关处以五百元以上三千元以下罚款，并责令其限期接受年度检验；逾期仍不接受年度检验的，可以依据有关法律、行政法规吊销其营业执照。

第二十条 自设立、变更和注销登记申请被核准之日起三十日内，有限责任商人和合伙组织应公告其被核准的登记事项。公告的事项应当与登记事项一致。

违反前款规定的，登记机关责令其限期改正；逾期不改正的，处以五千元罚款。

登记事项未公告的，不能以此对抗他人。

与登记事项不一致的公告事项，不能对抗他人；因过错造成公告错误，造成善意第三人损失的，应对善意第三人承担相应的民事责任。

第二十一条 任何人可以向登记机关申请查阅或复制有关商人登记事项的文件，但涉及商人商业秘密的文件除外。

第二十二条 登记机关应当与税务主管部门交换商事登记的资料。

第二十三条 对严重违反本条例关于无限责任商人商事登记规定的个体工商户，登记机关可以吊销其营业执照。

第二十四条 申请人认为自己的申请符合商人设立条件而登记机关不予登记的，或者商人对有关商事登记的行政处罚决定不服的，可以依法申请行政复议或者提起行政诉讼。

第二十五条 登记机关对不符合商事登记条件的登记申请准予登记的，登记机关应当对负责登记的主管人员和直接责任人员依法给予行政处分；构成犯罪的，依法追究其刑事责任。

第四章 商人的名称与营业转让

第二十六条 商人应当有自己的名称。

商人的名称由以下部分依次组成：行政区划的名称、字号、行业或经营特点和组织形式。法律、行政法规另有规定的，从其规定。

第二十七条 商人可以用自己的姓名作字号，但仅限于投资者为自然人的商人。

第二十八条 字号应当由两个以上的字组成。

申请登记的字号其文字或内容不得：

（一）有损于国家、社会公共利益；

（二）含有封建迷信色彩；

（三）有违社会公德和善良风俗；

（四）含有不良政治意义或带有种族、民族歧视；

（五）与县级以上行政区划名称相同；

（六）与他人已登记注册的字号同音、同形，容易令人误解为他人营业的字号；

（七）用阿拉伯数字或外文字母组成；

（八）为法律、行政法规所禁止使用。

第二十九条　商人名称实行预先核准制度。登记机关核准后应当发给申请人名称使用文件。在名称被核准后六个月内，申请人没有使用该名称的，登记机关自动注销该名称。

第三十条　任何人不得使用他人在特区内已登记的字号作为自己在特区内商事登记的字号，但有投资关系或依据协议特许经营的除外。

第三十一条　与注册商标不同一的字号或不含注册商标的名称可以单独转让，但只能转让给一个受让人。

在单独转让字号或名称时，转让人在登记机关同一管辖区内不得继续使用被转让的字号或名称。

转让字号或名称未经登记的，不得以此对抗他人，转让人和受让人应当对与第三人所发生的债务负连带清偿责任。

违反本条第一、二、三款规定的，登记机关责令其限期改正，逾期不改正的，处五千元罚款。

第三十二条　营业转让的转让人与受让人必须依法办理变更登记及其他相应的手续。

第三十三条　营业转让应当转让包括名称在内的营业财产。在受让人不使用因转让取得的名称时，登记机关自动注销该名称。

有限责任商人可以转让其分支机构，但仅限于财产转让，受让人不得使用该分支机构的名称。无限责任商人不得转让其分支机构。

第三十四条　营业转让的转让人与受让人应当以合同的形式，确定在营业转让前转让人所负债务的承担方式。

第三十五条　营业转让的受让人未使用转让取得的名称但公告承担转让人所负债务的，债权人可以向受让人请求偿还转让人所负债务。

第三十六条　营业转让的受让人承担转让人所负债务的，债权人应当在营业转让生效或公告一年内请求受让人清偿债务。

第五章　商业账簿

第三十七条　商人应当依据法律、行政法规、国务院财政主管部门的规定和本条例的规定建立财务、会计制度。

第三十八条　商人应当在开业时设置会计账簿。为了解营业上的财产和损益情况，应制作会计账簿和资产负债表。

第三十九条 商人可以采用电子账簿,但在更换所使用的财务软件时不得破坏已经生成的数据。

第四十条 商人应当以书面形式,按照时间的先后顺序详细记载已经发生的交易情况。法律、行政法规另有规定的,从其规定。

第四十一条 会计账簿应清楚地记载开业和每一年终了时营业上的财产及其价值。

会计账簿的制作人应当依据会计账簿制作资产负债表,并在资产负债表上签名。

第四十二条 会计账簿应当依据原始凭证记载对交易和营业财产发生影响的以下事项:

(一) 款项和有价证券的收付;

(二) 财务的收发、增减和使用;

(三) 债权债务的发生和结算;

(四) 资本、基金的增减和经费的收支;

(五) 收入、费用、成本的计算;

(六) 财务成果的计算和处理;

(七) 依法需要办理会计手续、进行会计核算的其他事项。

第四十三条 商人应当设置专人妥善保存商业账簿。商业账簿的保存期限依法律、行政法规和国务院财政主管部门的规定。

第四十四条 司法机关、税务机关、审计机关和登记机关依据出资人(股东)、合伙人或其他利害关系人的申请,可以责令诉讼当事人或商人提交全部或一部分商业账簿。

第六章 商业雇员

第四十五条 商人可依章程或合伙协议选任经理从事具体的营业。

第四十六条 商人可以聘任若干经理(包括副经理)共同行使代理权。

其中任意一名代理人根据商人的委托所从事的商行为,对商人有效。

第四十七条 经理有权在其授权范围内代理商人处理各种营业。

经理有权提名副经理和财务负责人,并提请商人聘任或解聘。

经理可以选任和解聘副经理以下的雇员。

第四十八条 对经理代理权的限制不能对抗善意第三人,但经理未经商人授权为他人提供担保或处分商人的不动产者除外。

第四十九条 经理应当履行《中华人民共和国公司法》规定的竞业禁止的义务,不得从事与聘任自己的商人相同的业务。

商人有权将违反该义务的经理的交易视为自己的交易,并因此取得其收入。

商人从知道经理有违反该义务时起经过三个月或从经理进行交易时起经过一年不行使前款规定的权利,该权利即丧失。

第五十条 有限责任商人分支机构的负责人,其职责类似于经理职责的人,其权限视为与经理的权限相同,但不得代理商人进行诉讼方面的行为。

第七章 代 理 商

第五十一条 代理商是固定或持续地接受委托,代理其他商人或促成与其他商人进行交易的独立商人。

委托人授权在特区内代理从事营业活动的代理商,称为区域代理商。

委托人授权在特区内独家从事代理活动的代理商,称为独家代理商。

第五十二条 代理商在代理其他商人或促成与其他商人交易时,必须首先与委托人订立代理合同,否则其行为适用民事法律的有关规定。

代理商与委托人的合同期届满,双方当事人未续订合同但继续履行原代理合同的,视原合同变更为不定期合同。除非当事人另有约定,任何一方均可要求终止不定期合同,但应当提前三十日通知对方当事人。

因一方当事人的重大过错或不可抗力而终止合同时,不适用前款规定。

第五十三条 代理商应当按照代理合同的约定履行义务,维护委托人的利益。委托人应当为代理商履行其义务提供必要的条件。为促成交易与其他商人进行交易,代理商与委托人均有及时向对方提供相关信息的义务。

第五十四条 除代理合同有明确限制外,代理商可同时接受二个或二个以上委托人的委托或者从事与委托人存在竞争关系的营业。

第五十五条 代理商不得擅自利用或向第三人披露属于委托人的商业秘密,即使代理合同终止代理商仍负有该义务。

第五十六条 委托人与代理商代理关系终止时,双方可以订立协议,约定在委托代理关系终止后的合理期限里限制代理商从事与委托人相同的营业,该期限自委托代理关系终止之日起不得超过二年。代理商可以就此要求委托人给予合理的补偿。

代理商因重大过错造成代理合同终止,丧失前款规定的补偿请求权。

第五十七条 委托人应当依照合同的约定支付代理商应得的报酬。如果代理合同未明确规定报酬的数额的,代理商有权依据其在授权范围内实际提供的服务,依商业惯例获得合理的报酬。

第五十八条 代理商已为交易的进行提供了服务但因委托人的过错或违约而交易未成功的,代理商有权请求委托人支付合理的报酬。

第五十九条 在代理合同解除后六个月内,如果委托人所达成的交易可归因前代理商的服务,前代理商对这些交易享有报酬请求权,但因代理商的过错而解除代理合同的除外。

第六十条 委托人在区域代理商代理的区域范围内达成的交易,区域代理商代理无论是否参与这些交易,均享有对委托人的报酬请求权。

第六十一条 代理合同的解除适用合同法的规定。

第六十二条 因代理或促成交易代理商对委托人享有债权,但清偿期届满而未获清偿的,可以留置所占有的委托人的货物或有价证券,双方另有约定或法律禁止留置的除外。

第八章 附 则

第六十三条 本条例关于字号、经理、商事登记的公告和商业账簿的规定不适用于个体工商户。

第六十四条 深圳市人民政府可根据本条例制定实施细则。

第六十五条 本条例自一九九九年十月一日起施行。

第二编 公 司 法

1. 中华人民共和国公司法

（1993年12月29日第八届全国人民代表大会常务委员会第五次会议通过，根据1999年12月25日第九届全国人民代表大会常务委员会第十三次会议《关于修改〈中华人民共和国公司法〉的决定》第一次修正，根据2004年8月28日第十届全国人民代表大会常务委员会第十一次会议《关于修改〈中华人民共和国公司法〉的决定》第二次修正，2005年10月27日第十届全国人民代表大会常务委员会第十八次会议修订）

目 录

第一章 总则
第二章 有限责任公司的设立和组织机构
  第一节 设立
  第二节 组织机构
  第三节 一人有限责任公司的特别规定
  第四节 国有独资公司的特别规定
第三章 有限责任公司的股权转让
第四章 股份有限公司的设立和组织机构
  第一节 设立
  第二节 股东大会
  第三节 董事会、经理
  第四节 监事会
  第五节 上市公司组织机构的特别规定
第五章 股份有限公司的股份发行和转让
  第一节 股份发行
  第二节 股份转让

第六章　公司董事、监事、高级管理人员的资格和义务
第七章　公司债券
第八章　公司财务、会计
第九章　公司合并、分立、增资、减资
第十章　公司解散和清算
第十一章　外国公司的分支机构
第十二章　法律责任
第十三章　附则

第一章　总　则

第一条　为了规范公司的组织和行为，保护公司、股东和债权人的合法权益，维护社会经济秩序，促进社会主义市场经济的发展，制定本法。

第二条　本法所称公司是指依照本法在中国境内设立的有限责任公司和股份有限公司。

第三条　公司是企业法人，有独立的法人财产，享有法人财产权。公司以其全部财产对公司的债务承担责任。

有限责任公司的股东以其认缴的出资额为限对公司承担责任；股份有限公司的股东以其认购的股份为限对公司承担责任。

第四条　公司股东依法享有资产收益、参与重大决策和选择管理者等权利。

第五条　公司从事经营活动，必须遵守法律、行政法规，遵守社会公德、商业道德，诚实守信，接受政府和社会公众的监督，承担社会责任。

公司的合法权益受法律保护，不受侵犯。

第六条　设立公司，应当依法向公司登记机关申请设立登记。符合本法规定的设立条件的，由公司登记机关分别登记为有限责任公司或者股份有限公司；不符合本法规定的设立条件的，不得登记为有限责任公司或者股份有限公司。

法律、行政法规规定设立公司必须报经批准的，应当在公司登记前依法办理批准手续。

公众可以向公司登记机关申请查询公司登记事项，公司登记机关应当提供查询服务。

第七条　依法设立的公司，由公司登记机关发给公司营业执照。公司营业执照签发日期为公司成立日期。

公司营业执照应当载明公司的名称、住所、注册资本、实收资本、经营范围、法定代表人姓名等事项。

公司营业执照记载的事项发生变更的，公司应当依法办理变更登记，由公司登记机关换发营业执照。

第八条　依照本法设立的有限责任公司，必须在公司名称中标明有限责任公司或者有限公司字样。

依照本法设立的股份有限公司，必须在公司名称中标明股份有限公司或者股份公司

字样。

第九条 有限责任公司变更为股份有限公司,应当符合本法规定的股份有限公司的条件。股份有限公司变更为有限责任公司,应当符合本法规定的有限责任公司的条件。

有限责任公司变更为股份有限公司的,或者股份有限公司变更为有限责任公司的,公司变更前的债权、债务由变更后的公司承继。

第十条 公司以其主要办事机构所在地为住所。

第十一条 设立公司必须依法制定公司章程。公司章程对公司、股东、董事、监事、高级管理人员具有约束力。

第十二条 公司的经营范围由公司章程规定,并依法登记。公司可以修改公司章程,改变经营范围,但是应当办理变更登记。

公司的经营范围中属于法律、行政法规规定须经批准的项目,应当依法经过批准。

第十三条 公司法定代表人依照公司章程的规定,由董事长、执行董事或者经理担任,并依法登记。公司法定代表人变更,应当办理变更登记。

第十四条 公司可以设立分公司。设立分公司,应当向公司登记机关申请登记,领取营业执照。分公司不具有法人资格,其民事责任由公司承担。

公司可以设立子公司,子公司具有法人资格,依法独立承担民事责任。

第十五条 公司可以向其他企业投资;但是,除法律另有规定外,不得成为对所投资企业的债务承担连带责任的出资人。

第十六条 公司向其他企业投资或者为他人提供担保,依照公司章程的规定,由董事会或者股东会、股东大会决议;公司章程对投资或者担保的总额及单项投资或者担保的数额有限额规定的,不得超过规定的限额。

公司为公司股东或者实际控制人提供担保的,必须经股东会或者股东大会决议。

前款规定的股东或者受前款规定的实际控制人支配的股东,不得参加前款规定事项的表决。该项表决由出席会议的其他股东所持表决权的过半数通过。

第十七条 公司必须保护职工的合法权益,依法与职工签订劳动合同,参加社会保险,加强劳动保护,实现安全生产。

公司应当采用多种形式,加强公司职工的职业教育和岗位培训,提高职工素质。

第十八条 公司职工依照《中华人民共和国工会法》组织工会,开展工会活动,维护职工合法权益。公司应当为本公司工会提供必要的活动条件。公司工会代表职工就职工的劳动报酬、工作时间、福利、保险和劳动安全卫生等事项依法与公司签订集体合同。

公司依照宪法和有关法律的规定,通过职工代表大会或者其他形式,实行民主管理。

公司研究决定改制以及经营方面的重大问题、制定重要的规章制度时,应当听取公司工会的意见,并通过职工代表大会或者其他形式听取职工的意见和建议。

第十九条 在公司中,根据中国共产党章程的规定,设立中国共产党的组织,开展党的活动。公司应当为党组织的活动提供必要条件。

第二十条 公司股东应当遵守法律、行政法规和公司章程,依法行使股东权利,不得滥用股东权利损害公司或者其他股东的利益;不得滥用公司法人独立地位和股东有限责任损害公司债权人的利益。

公司股东滥用股东权利给公司或者其他股东造成损失的,应当依法承担赔偿责任。

公司股东滥用公司法人独立地位和股东有限责任,逃避债务,严重损害公司债权人利益的,应当对公司债务承担连带责任。

第二十一条 公司的控股股东、实际控制人、董事、监事、高级管理人员不得利用其关联关系损害公司利益。

违反前款规定,给公司造成损失的,应当承担赔偿责任。

第二十二条 公司股东会或者股东大会、董事会的决议内容违反法律、行政法规的无效。

股东会或者股东大会、董事会的会议召集程序、表决方式违反法律、行政法规或者公司章程,或者决议内容违反公司章程的,股东可以自决议作出之日起六十日内,请求人民法院撤销。

股东依照前款规定提起诉讼的,人民法院可以应公司的请求,要求股东提供相应担保。

公司根据股东会或者股东大会、董事会决议已办理变更登记的,人民法院宣告该决议无效或者撤销该决议后,公司应当向公司登记机关申请撤销变更登记。

第二章 有限责任公司的设立和组织机构

第一节 设 立

第二十三条 设立有限责任公司,应当具备下列条件:

(一)股东符合法定人数;

(二)股东出资达到法定资本最低限额;

(三)股东共同制定公司章程;

(四)有公司名称,建立符合有限责任公司要求的组织机构;

(五)有公司住所。

第二十四条 有限责任公司由五十个以下股东出资设立。

第二十五条 有限责任公司章程应当载明下列事项:

(一)公司名称和住所;

(二)公司经营范围;

(三)公司注册资本;

(四)股东的姓名或者名称;

(五)股东的出资方式、出资额和出资时间;

(六)公司的机构及其产生办法、职权、议事规则;

(七)公司法定代表人;

(八)股东会会议认为需要规定的其他事项。

股东应当在公司章程上签名、盖章。

第二十六条 有限责任公司的注册资本为在公司登记机关登记的全体股东认缴的出资额。公司全体股东的首次出资额不得低于注册资本的百分之二十,也不得低于法定的注册资本最低限额,其余部分由股东自公司成立之日起两年内缴足;其中,投资公司可以在五年内缴足。

有限责任公司注册资本的最低限额为人民币三万元。法律、行政法规对有限责任公司注册资本的最低限额有较高规定的,从其规定。

第二十七条 股东可以用货币出资,也可以用实物、知识产权、土地使用权等可以用货币估价并可以依法转让的非货币财产作价出资;但是,法律、行政法规规定不得作为出资的财产除外。

对作为出资的非货币财产应当评估作价,核实财产,不得高估或者低估作价。法律、行政法规对评估作价有规定的,从其规定。

全体股东的货币出资金额不得低于有限责任公司注册资本的百分之三十。

第二十八条 股东应当按期足额缴纳公司章程中规定的各自所认缴的出资额。股东以货币出资的,应当将货币出资足额存入有限责任公司在银行开设的账户;以非货币财产出资的,应当依法办理其财产权的转移手续。

股东不按照前款规定缴纳出资的,除应当向公司足额缴纳外,还应当向已按期足额缴纳出资的股东承担违约责任。

第二十九条 股东缴纳出资后,必须经依法设立的验资机构验资并出具证明。

第三十条 股东的首次出资经依法设立的验资机构验资后,由全体股东指定的代表或者共同委托的代理人向公司登记机关报送公司登记申请书、公司章程、验资证明等文件,申请设立登记。

第三十一条 有限责任公司成立后,发现作为设立公司出资的非货币财产的实际价额显著低于公司章程所定价额的,应当由交付该出资的股东补足其差额;公司设立时的其他股东承担连带责任。

第三十二条 有限责任公司成立后,应当向股东签发出资证明书。

出资证明书应当载明下列事项:

(一)公司名称;

(二)公司成立日期;

(三)公司注册资本;

(四)股东的姓名或者名称、缴纳的出资额和出资日期;

(五)出资证明书的编号和核发日期。

出资证明书由公司盖章。

第三十三条 有限责任公司应当置备股东名册,记载下列事项:

(一)股东的姓名或者名称及住所;

(二)股东的出资额;

(三)出资证明书编号。

记载于股东名册的股东,可以依股东名册主张行使股东权利。

公司应当将股东的姓名或者名称及其出资额向公司登记机关登记;登记事项发生变更的,应当办理变更登记。未经登记或者变更登记的,不得对抗第三人。

第三十四条　股东有权查阅、复制公司章程、股东会会议记录、董事会会议决议、监事会会议决议和财务会计报告。

股东可以要求查阅公司会计账簿。股东要求查阅公司会计账簿的,应当向公司提出书面请求,说明目的。公司有合理根据认为股东查阅会计账簿有不正当目的,可能损害公司合法利益的,可以拒绝提供查阅,并应当自股东提出书面请求之日起十五日内书面答复股东并说明理由。公司拒绝提供查阅的,股东可以请求人民法院要求公司提供查阅。

第三十五条　股东按照实缴的出资比例分取红利;公司新增资本时,股东有权优先按照实缴的出资比例认缴出资。但是,全体股东约定不按照出资比例分取红利或者不按照出资比例优先认缴出资的除外。

第三十六条　公司成立后,股东不得抽逃出资。

第二节　组织机构

第三十七条　有限责任公司股东会由全体股东组成。股东会是公司的权力机构,依照本法行使职权。

第三十八条　股东会行使下列职权:
(一)决定公司的经营方针和投资计划;
(二)选举和更换非由职工代表担任的董事、监事,决定有关董事、监事的报酬事项;
(三)审议批准董事会的报告;
(四)审议批准监事会或者监事的报告;
(五)审议批准公司的年度财务预算方案、决算方案;
(六)审议批准公司的利润分配方案和弥补亏损方案;
(七)对公司增加或者减少注册资本作出决议;
(八)对发行公司债券作出决议;
(九)对公司合并、分立、解散、清算或者变更公司形式作出决议;
(十)修改公司章程;
(十一)公司章程规定的其他职权。

对前款所列事项股东以书面形式一致表示同意的,可以不召开股东会会议,直接作出决定,并由全体股东在决定文件上签名、盖章。

第三十九条　首次股东会会议由出资最多的股东召集和主持,依照本法规定行使职权。

第四十条　股东会会议分为定期会议和临时会议。

定期会议应当依照公司章程的规定按时召开。代表十分之一以上表决权的股东,三分之一以上的董事,监事会或者不设监事会的公司的监事提议召开临时会议的,应当召开临时会议。

第四十一条　有限责任公司设立董事会的,股东会会议由董事会召集,董事长主持;董事长不能履行职务或者不履行职务的,由副董事长主持;副董事长不能履行职务或者不履行职务的,由半数以上董事共同推举一名董事主持。

有限责任公司不设董事会的,股东会会议由执行董事召集和主持。

董事会或者执行董事不能履行或者不履行召集股东会会议职责的,由监事会或者不设监事会的公司的监事召集和主持;监事会或者监事不召集和主持的,代表十分之一以上表决权的股东可以自行召集和主持。

第四十二条　召开股东会会议,应当于会议召开十五日前通知全体股东;但是,公司章程另有规定或者全体股东另有约定的除外。

股东会应当对所议事项的决定作成会议记录,出席会议的股东应当在会议记录上签名。

第四十三条　股东会会议由股东按照出资比例行使表决权;但是,公司章程另有规定的除外。

第四十四条　股东会的议事方式和表决程序,除本法有规定的外,由公司章程规定。

股东会会议作出修改公司章程、增加或者减少注册资本的决议,以及公司合并、分立、解散或者变更公司形式的决议,必须经代表三分之二以上表决权的股东通过。

第四十五条　有限责任公司设董事会,其成员为三人至十三人;但是,本法第五十一条另有规定的除外。

两个以上的国有企业或者两个以上的其他国有投资主体投资设立的有限责任公司,其董事会成员中应当有公司职工代表;其他有限责任公司董事会成员中可以有公司职工代表。董事会中的职工代表由公司职工通过职工代表大会、职工大会或者其他形式民主选举产生。

董事会设董事长一人,可以设副董事长。董事长、副董事长的产生办法由公司章程规定。

第四十六条　董事任期由公司章程规定,但每届任期不得超过三年。董事任期届满,连选可以连任。

董事任期届满未及时改选,或者董事在任期内辞职导致董事会成员低于法定人数的,在改选出的董事就任前,原董事仍应当依照法律、行政法规和公司章程的规定,履行董事职务。

第四十七条　董事会对股东会负责,行使下列职权:

(一)召集股东会会议,并向股东会报告工作;

(二)执行股东会的决议;

(三)决定公司的经营计划和投资方案;

(四)制订公司的年度财务预算方案、决算方案;

(五)制订公司的利润分配方案和弥补亏损方案;

(六)制订公司增加或者减少注册资本以及发行公司债券的方案;

(七)制订公司合并、分立、解散或者变更公司形式的方案;

(八)决定公司内部管理机构的设置;

(九)决定聘任或者解聘公司经理及其报酬事项,并根据经理的提名决定聘任或者解聘公司副经理、财务负责人及其报酬事项;

(十)制定公司的基本管理制度;

(十一)公司章程规定的其他职权。

第四十八条　董事会会议由董事长召集和主持;董事长不能履行职务或者不履行职务的,由副董事长召集和主持;副董事长不能履行职务或者不履行职务的,由半数以上董事共同推举一名董事召集和主持。

第四十九条　董事会的议事方式和表决程序,除本法有规定的外,由公司章程规定。

董事会应当对所议事项的决定作成会议记录,出席会议的董事应当在会议记录上签名。

董事会决议的表决,实行一人一票。

第五十条　有限责任公司可以设经理,由董事会决定聘任或者解聘。经理对董事会负责,行使下列职权：

（一）主持公司的生产经营管理工作,组织实施董事会决议；

（二）组织实施公司年度经营计划和投资方案；

（三）拟订公司内部管理机构设置方案；

（四）拟订公司的基本管理制度；

（五）制定公司的具体规章；

（六）提请聘任或者解聘公司副经理、财务负责人；

（七）决定聘任或者解聘除应由董事会决定聘任或者解聘以外的负责管理人员；

（八）董事会授予的其他职权。

公司章程对经理职权另有规定的,从其规定。

经理列席董事会会议。

第五十一条　股东人数较少或者规模较小的有限责任公司,可以设一名执行董事,不设董事会。执行董事可以兼任公司经理。

执行董事的职权由公司章程规定。

第五十二条　有限责任公司设监事会,其成员不得少于三人。股东人数较少或者规模较小的有限责任公司,可以设一至二名监事,不设监事会。

监事会应当包括股东代表和适当比例的公司职工代表,其中职工代表的比例不得低于三分之一,具体比例由公司章程规定。监事会中的职工代表由公司职工通过职工代表大会、职工大会或者其他形式民主选举产生。

监事会设主席一人,由全体监事过半数选举产生。监事会主席召集和主持监事会会议；监事会主席不能履行职务或者不履行职务的,由半数以上监事共同推举一名监事召集和主持监事会会议。

董事、高级管理人员不得兼任监事。

第五十三条　监事的任期每届为三年。监事任期届满,连选可以连任。

监事任期届满未及时改选,或者监事在任期内辞职导致监事会成员低于法定人数的,在改选出的监事就任前,原监事仍应当依照法律、行政法规和公司章程的规定,履行监事职务。

第五十四条　监事会、不设监事会的公司的监事行使下列职权：

（一）检查公司财务；

（二）对董事、高级管理人员执行公司职务的行为进行监督,对违反法律、行政法规、公司章程或者股东会决议的董事、高级管理人员提出罢免的建议；

（三）当董事、高级管理人员的行为损害公司的利益时,要求董事、高级管理人员予以纠正；

（四）提议召开临时股东会会议,在董事会不履行本法规定的召集和主持股东会会议职责时召集和主持股东会会议；

（五）向股东会会议提出提案；

（六）依照本法第一百五十二条的规定，对董事、高级管理人员提起诉讼；

（七）公司章程规定的其他职权。

第五十五条 监事可以列席董事会会议，并对董事会决议事项提出质询或者建议。

监事会、不设监事会的公司的监事发现公司经营情况异常，可以进行调查；必要时，可以聘请会计师事务所等协助其工作，费用由公司承担。

第五十六条 监事会每年度至少召开一次会议，监事可以提议召开临时监事会会议。

监事会的议事方式和表决程序，除本法有规定的外，由公司章程规定。

监事会决议应当经半数以上监事通过。

监事会应当对所议事项的决定作成会议记录，出席会议的监事应当在会议记录上签名。

第五十七条 监事会、不设监事会的公司的监事行使职权所必需的费用，由公司承担。

第三节 一人有限责任公司的特别规定

第五十八条 一人有限责任公司的设立和组织机构，适用本节规定；本节没有规定的，适用本章第一节、第二节的规定。

本法所称一人有限责任公司，是指只有一个自然人股东或者一个法人股东的有限责任公司。

第五十九条 一人有限责任公司的注册资本最低限额为人民币十万元。股东应当一次足额缴纳公司章程规定的出资额。

一个自然人只能投资设立一个一人有限责任公司。该一人有限责任公司不能投资设立新的一人有限责任公司。

第六十条 一人有限责任公司应当在公司登记中注明自然人独资或者法人独资，并在公司营业执照中载明。

第六十一条 一人有限责任公司章程由股东制定。

第六十二条 一人有限责任公司不设股东会。股东作出本法第三十八条第一款所列决定时，应当采用书面形式，并由股东签名后置备于公司。

第六十三条 一人有限责任公司应当在每一会计年度终了时编制财务会计报告，并经会计师事务所审计。

第六十四条 一人有限责任公司的股东不能证明公司财产独立于股东自己的财产的，应当对公司债务承担连带责任。

第四节 国有独资公司的特别规定

第六十五条 国有独资公司的设立和组织机构，适用本节规定；本节没有规定的，适用本章第一节、第二节的规定。

本法所称国有独资公司，是指国家单独出资、由国务院或者地方人民政府授权本级人民政府国有资产监督管理机构履行出资人职责的有限责任公司。

第六十六条 国有独资公司章程由国有资产监督管理机构制定,或者由董事会制订报国有资产监督管理机构批准。

第六十七条 国有独资公司不设股东会,由国有资产监督管理机构行使股东会职权。国有资产监督管理机构可以授权公司董事会行使股东会的部分职权,决定公司的重大事项,但公司的合并、分立、解散、增加或者减少注册资本和发行公司债券,必须由国有资产监督管理机构决定;其中,重要的国有独资公司合并、分立、解散、申请破产的,应当由国有资产监督管理机构审核后,报本级人民政府批准。

前款所称重要的国有独资公司,按照国务院的规定确定。

第六十八条 国有独资公司设董事会,依照本法第四十七条、第六十七条的规定行使职权。董事每届任期不得超过三年。董事会成员中应当有公司职工代表。

董事会成员由国有资产监督管理机构委派;但是,董事会成员中的职工代表由公司职工代表大会选举产生。

董事会设董事长一人,可以设副董事长。董事长、副董事长由国有资产监督管理机构从董事会成员中指定。

第六十九条 国有独资公司设经理,由董事会聘任或者解聘。经理依照本法第五十条规定行使职权。

经国有资产监督管理机构同意,董事会成员可以兼任经理。

第七十条 国有独资公司的董事长、副董事长、董事、高级管理人员,未经国有资产监督管理机构同意,不得在其他有限责任公司、股份有限公司或者其他经济组织兼职。

第七十一条 国有独资公司监事会成员不得少于五人,其中职工代表的比例不得低于三分之一,具体比例由公司章程规定。

监事会成员由国有资产监督管理机构委派;但是,监事会成员中的职工代表由公司职工代表大会选举产生。监事会主席由国有资产监督管理机构从监事会成员中指定。

监事会行使本法第五十四条第(一)项至第(三)项规定的职权和国务院规定的其他职权。

第三章 有限责任公司的股权转让

第七十二条 有限责任公司的股东之间可以相互转让其全部或者部分股权。

股东向股东以外的人转让股权,应当经其他股东过半数同意。股东应就其股权转让事项书面通知其他股东征求同意,其他股东自接到书面通知之日起满三十日未答复的,视为同意转让。其他股东半数以上不同意转让的,不同意的股东应当购买该转让的股权;不购买的,视为同意转让。

经股东同意转让的股权,在同等条件下,其他股东有优先购买权。两个以上股东主张行使优先购买权的,协商确定各自的购买比例;协商不成的,按照转让时各自的出资比例行使优先购买权。

公司章程对股权转让另有规定的,从其规定。

第七十三条　人民法院依照法律规定的强制执行程序转让股东的股权时,应当通知公司及全体股东,其他股东在同等条件下有优先购买权。其他股东自人民法院通知之日起满二十日不行使优先购买权的,视为放弃优先购买权。

第七十四条　依照本法第七十二条、第七十三条转让股权后,公司应当注销原股东的出资证明书,向新股东签发出资证明书,并相应修改公司章程和股东名册中有关股东及其出资额的记载。对公司章程的该项修改不需再由股东会表决。

第七十五条　有下列情形之一的,对股东会该项决议投反对票的股东可以请求公司按照合理的价格收购其股权:

（一）公司连续五年不向股东分配利润,而公司该五年连续盈利,并且符合本法规定的分配利润条件的;

（二）公司合并、分立、转让主要财产的;

（三）公司章程规定的营业期限届满或者章程规定的其他解散事由出现,股东会会议通过决议修改章程使公司存续的。

自股东会会议决议通过之日起六十日内,股东与公司不能达成股权收购协议的,股东可以自股东会会议决议通过之日起九十日内向人民法院提起诉讼。

第七十六条　自然人股东死亡后,其合法继承人可以继承股东资格;但是,公司章程另有规定的除外。

第四章　股份有限公司的设立和组织机构

第一节　设　　立

第七十七条　设立股份有限公司,应当具备下列条件:

（一）发起人符合法定人数;

（二）发起人认购和募集的股本达到法定资本最低限额;

（三）股份发行、筹办事项符合法律规定;

（四）发起人制订公司章程,采用募集方式设立的经创立大会通过;

（五）有公司名称,建立符合股份有限公司要求的组织机构;

（六）有公司住所。

第七十八条　股份有限公司的设立,可以采取发起设立或者募集设立的方式。

发起设立,是指由发起人认购公司应发行的全部股份而设立公司。

募集设立,是指由发起人认购公司应发行股份的一部分,其余股份向社会公开募集或者向特定对象募集而设立公司。

第七十九条　设立股份有限公司,应当有二人以上二百人以下为发起人,其中须有半数以上的发起人在中国境内有住所。

第八十条　股份有限公司发起人承担公司筹办事务。

发起人应当签订发起人协议,明确各自在公司设立过程中的权利和义务。

第八十一条　股份有限公司采取发起设立方式设立的,注册资本为在公司登记机关登记的全体发起人认购的股本总额。公司全体发起人的首次出资额不得低于注册资本的百分之二十,其余部分由发起人自公司成立之日起两年内缴足;其中,投资公司可以在五年内缴足。在缴足前,不得向他人募集股份。

股份有限公司采取募集方式设立的,注册资本为在公司登记机关登记的实收股本总额。

股份有限公司注册资本的最低限额为人民币五百万元。法律、行政法规对股份有限公司注册资本的最低限额有较高规定的,从其规定。

第八十二条 股份有限公司章程应当载明下列事项:

(一)公司名称和住所;

(二)公司经营范围;

(三)公司设立方式;

(四)公司股份总数、每股金额和注册资本;

(五)发起人的姓名或者名称、认购的股份数、出资方式和出资时间;

(六)董事会的组成、职权和议事规则;

(七)公司法定代表人;

(八)监事会的组成、职权和议事规则;

(九)公司利润分配办法;

(十)公司的解散事由与清算办法;

(十一)公司的通知和公告办法;

(十二)股东大会会议认为需要规定的其他事项。

第八十三条 发起人的出资方式,适用本法第二十七条的规定。

第八十四条 以发起设立方式设立股份有限公司的,发起人应当书面认足公司章程规定其认购的股份;一次缴纳的,应即缴纳全部出资;分期缴纳的,应即缴纳首期出资。以非货币财产出资的,应当依法办理其财产权的转移手续。

发起人不依照前款规定缴纳出资的,应当按照发起人协议承担违约责任。

发起人首次缴纳出资后,应当选举董事会和监事会,由董事会向公司登记机关报送公司章程、由依法设定的验资机构出具的验资证明以及法律、行政法规规定的其他文件,申请设立登记。

第八十五条 以募集设立方式设立股份有限公司的,发起人认购的股份不得少于公司股份总数的百分之三十五;但是,法律、行政法规另有规定的,从其规定。

第八十六条 发起人向社会公开募集股份,必须公告招股说明书,并制作认股书。认股书应当载明本法第八十七条所列事项,由认股人填写认购股数、金额、住所,并签名、盖章。认股人按照所认购股数缴纳股款。

第八十七条 招股说明书应当附有发起人制订的公司章程,并载明下列事项:

(一)发起人认购的股份数;

(二)每股的票面金额和发行价格;

(三)无记名股票的发行总数;

(四)募集资金的用途;

（五）认股人的权利、义务；

（六）本次募股的起止期限及逾期未募足时认股人可以撤回所认股份的说明。

第八十八条　发起人向社会公开募集股份，应当由依法设立的证券公司承销，签订承销协议。

第八十九条　发起人向社会公开募集股份，应当同银行签订代收股款协议。

代收股款的银行应当按照协议代收和保存股款，向缴纳股款的认股人出具收款单据，并负有向有关部门出具收款证明的义务。

第九十条　发行股份的股款缴足后，必须经依法设立的验资机构验资并出具证明。发起人应当自股款缴足之日起三十日内主持召开公司创立大会。创立大会由发起人、认股人组成。

发行的股份超过招股说明书规定的截止期限尚未募足的，或者发行股份的股款缴足后，发起人在三十日内未召开创立大会的，认股人可以按照所缴股款并加算银行同期存款利息，要求发起人返还。

第九十一条　发起人应当在创立大会召开十五日前将会议日期通知各认股人或者予以公告。创立大会应有代表股份总数过半数的发起人、认股人出席，方可举行。

创立大会行使下列职权：

（一）审议发起人关于公司筹办情况的报告；

（二）通过公司章程；

（三）选举董事会成员；

（四）选举监事会成员；

（五）对公司的设立费用进行审核；

（六）对发起人用于抵作股款的财产的作价进行审核；

（七）发生不可抗力或者经营条件发生重大变化直接影响公司设立的，可以作出不设立公司的决议。

创立大会对前款所列事项作出决议，必须经出席会议的认股人所持表决权过半数通过。

第九十二条　发起人、认股人缴纳股款或者交付抵作股款的出资后，除未按期募足股份、发起人未按期召开创立大会或者创立大会决议不设立公司的情形外，不得抽回其股本。

第九十三条　董事会应于创立大会结束后三十日内，向公司登记机关报送下列文件，申请设立登记：

（一）公司登记申请书；

（二）创立大会的会议记录；

（三）公司章程；

（四）验资证明；

（五）法定代表人、董事、监事的任职文件及其身份证明；

（六）发起人的法人资格证明或者自然人身份证明；

（七）公司住所证明。

以募集方式设立股份有限公司公开发行股票的，还应当向公司登记机关报送国务院证券监督管理机构的核准文件。

第九十四条 股份有限公司成立后,发起人未按照公司章程的规定缴足出资的,应当补缴;其他发起人承担连带责任。

股份有限公司成立后,发现作为设立公司出资的非货币财产的实际价额显著低于公司章程所定价额的,应当由交付该出资的发起人补足其差额;其他发起人承担连带责任。

第九十五条 股份有限公司的发起人应当承担下列责任:

(一)公司不能成立时,对设立行为所产生的债务和费用负连带责任;

(二)公司不能成立时,对认股人已缴纳的股款,负返还股款并加算银行同期存款利息的连带责任;

(三)在公司设立过程中,由于发起人的过失致使公司利益受到损害的,应当对公司承担赔偿责任。

第九十六条 有限责任公司变更为股份有限公司时,折合的实收股本总额不得高于公司净资产额。有限责任公司变更为股份有限公司,为增加资本公开发行股份时,应当依法办理。

第九十七条 股份有限公司应当将公司章程、股东名册、公司债券存根、股东大会会议记录、董事会会议记录、监事会会议记录、财务会计报告置备于本公司。

第九十八条 股东有权查阅公司章程、股东名册、公司债券存根、股东大会会议记录、董事会会议决议、监事会会议决议、财务会计报告,对公司的经营提出建议或者质询。

第二节 股东大会

第九十九条 股份有限公司股东大会由全体股东组成。股东大会是公司的权力机构,依照本法行使职权。

第一百条 本法第三十八条第一款关于有限责任公司股东会职权的规定,适用于股份有限公司股东大会。

第一百零一条 股东大会应当每年召开一次年会。有下列情形之一的,应当在两个月内召开临时股东大会:

(一)董事人数不足本法规定人数或者公司章程所定人数的三分之二时;

(二)公司未弥补的亏损达实收股本总额三分之一时;

(三)单独或者合计持有公司百分之十以上股份的股东请求时;

(四)董事会认为必要时;

(五)监事会提议召开时;

(六)公司章程规定的其他情形。

第一百零二条 股东大会会议由董事会召集,董事长主持;董事长不能履行职务或者不履行职务的,由副董事长主持;副董事长不能履行职务或者不履行职务的,由半数以上董事共同推举一名董事主持。

董事会不能履行或者不履行召集股东大会会议职责的,监事会应当及时召集和主持;监事会不召集和主持的,连续九十以上单独或者合计持有公司百分之十以上股份的股东可以自行召集和主持。

第一百零三条　召开股东大会会议,应当将会议召开的时间、地点和审议的事项于会议召开二十日前通知各股东;临时股东大会应当于会议召开十五日前通知各股东;发行无记名股票的,应当于会议召开三十日前公告会议召开的时间、地点和审议事项。

单独或者合计持有公司百分之三以上股份的股东,可以在股东大会召开十日前提出临时提案并书面提交董事会;董事会应当在收到提案后二日内通知其他股东,并将该临时提案提交股东大会审议。临时提案的内容应当属于股东大会职权范围,并有明确议题和具体决议事项。

股东大会不得对前两款通知中未列明的事项作出决议。

无记名股票持有人出席股东大会会议的,应当于会议召开五日前至股东大会闭会时将股票交存于公司。

第一百零四条　股东出席股东大会会议,所持每一股份有一表决权。但是,公司持有的本公司股份没有表决权。

股东大会作出决议,必须经出席会议的股东所持表决权过半数通过。但是,股东大会作出修改公司章程、增加或者减少注册资本的决议,以及公司合并、分立、解散或者变更公司形式的决议,必须经出席会议的股东所持表决权的三分之二以上通过。

第一百零五条　本法和公司章程规定公司转让、受让重大资产或者对外提供担保等事项必须经股东大会作出决议的,董事会应当及时召集股东大会会议,由股东大会就上述事项进行表决。

第一百零六条　股东大会选举董事、监事,可以依照公司章程的规定或者股东大会的决议,实行累积投票制。

本法所称累积投票制,是指股东大会选举董事或者监事时,每一股份拥有与应选董事或者监事人数相同的表决权,股东拥有的表决权可以集中使用。

第一百零七条　股东可以委托代理人出席股东大会会议,代理人应当向公司提交股东授权委托书,并在授权范围内行使表决权。

第一百零八条　股东大会应当对所议事项的决定作成会议记录,主持人、出席会议的董事应当在会议记录上签名。会议记录应当与出席股东的签名册及代理出席的委托书一并保存。

第三节　董事会、经理

第一百零九条　股份有限公司设董事会,其成员为五人至十九人。

董事会成员中可以有公司职工代表。董事会中的职工代表由公司职工通过职工代表大会、职工大会或者其他形式民主选举产生。

本法第四十六条关于有限责任公司董事任期的规定,适用于股份有限公司董事。

本法第四十七条关于有限责任公司董事会职权的规定,适用于股份有限公司董事会。

第一百一十条　董事会设董事长一人,可以设副董事长。董事长和副董事长由董事会以全体董事的过半数选举产生。

董事长召集和主持董事会会议,检查董事会决议的实施情况。副董事长协助董事长工作,董事长不能履行职务或者不履行职务的,由副董事长履行职务;副董事长不能履行职务或者不履行职务的,由半数以上董事共同推举一名董事履行职务。

第一百一十一条 董事会每年度至少召开两次会议,每次会议应当于会议召开十日前通知全体董事和监事。

代表十分之一以上表决权的股东、三分之一以上董事或者监事会,可以提议召开董事会临时会议。董事长应当自接到提议后十日内,召集和主持董事会会议。

董事会召开临时会议,可以另定召集董事会的通知方式和通知时限。

第一百一十二条 董事会会议应有过半数的董事出席方可举行。董事会作出决议,必须经全体董事的过半数通过。

董事会决议的表决,实行一人一票。

第一百一十三条 董事会会议,应由董事本人出席;董事因故不能出席,可以书面委托其他董事代为出席,委托书中应载明授权范围。

董事会应当对会议所议事项的决定作成会议记录,出席会议的董事应当在会议记录上签名。

董事应当对董事会的决议承担责任。董事会的决议违反法律、行政法规或者公司章程、股东大会决议,致使公司遭受严重损失的,参与决议的董事对公司负赔偿责任。但经证明在表决时曾表明异议并记载于会议记录的,该董事可以免除责任。

第一百一十四条 股份有限公司设经理,由董事会决定聘任或者解聘。

本法第五十条关于有限责任公司经理职权的规定,适用于股份有限公司经理。

第一百一十五条 公司董事会可以决定由董事会成员兼任经理。

第一百一十六条 公司不得直接或者通过子公司向董事、监事、高级管理人员提供借款。

第一百一十七条 公司应当定期向股东披露董事、监事、高级管理人员从公司获得报酬的情况。

第四节 监 事 会

第一百一十八条 股份有限公司设监事会,其成员不得少于三人。

监事会应当包括股东代表和适当比例的公司职工代表,其中职工代表的比例不得低于三分之一,具体比例由公司章程规定。监事会中的职工代表由公司职工通过职工代表大会、职工大会或者其他形式民主选举产生。

监事会设主席一人,可以设副主席。监事会主席和副主席由全体监事过半数选举产生。

监事会主席召集和主持监事会会议;监事会主席不能履行职务或者不履行职务的,由监事会副主席召集和主持监事会会议;监事会副主席不能履行职务或者不履行职务的,由半数以上监事共同推举一名监事召集和主持监事会会议。

董事、高级管理人员不得兼任监事。

本法第五十三条关于有限责任公司监事任期的规定,适用于股份有限公司监事。

第一百一十九条 本法第五十四条、第五十五条关于有限责任公司监事会职权的规定,适用于股份有限公司监事会。

监事会行使职权所必需的费用,由公司承担。

第一百二十条 监事会每六个月至少召开一次会议。监事可以提议召开临时监事会会议。

监事会的议事方式和表决程序,除本法有规定的外,由公司章程规定。

监事会决议应当经半数以上监事通过。

监事会应当对所议事项的决定作成会议记录,出席会议的监事应当在会议记录上签名。

第五节 上市公司组织机构的特别规定

第一百二十一条 本法所称上市公司,是指其股票在证券交易所上市交易的股份有限公司。

第一百二十二条 上市公司在一年内购买、出售重大资产或者担保金额超过公司资产总额百分之三十的,应当由股东大会作出决议,并经出席会议的股东所持表决权的三分之二以上通过。

第一百二十三条 上市公司设立独立董事,具体办法由国务院规定。

第一百二十四条 上市公司设董事会秘书,负责公司股东大会和董事会会议的筹备、文件保管以及公司股东资料的管理,办理信息披露事务等事宜。

第一百二十五条 上市公司董事与董事会会议决议事项所涉及的企业有关联关系的,不得对该项决议行使表决权,也不得代理其他董事行使表决权。该董事会会议由过半数的无关联关系董事出席即可举行,董事会会议所作决议须经无关联关系董事过半数通过。出席董事会的无关联关系董事人数不足三人的,应将该事项提交上市公司股东大会审议。

第五章 股份有限公司的股份发行和转让

第一节 股份发行

第一百二十六条 股份有限公司的资本划分为股份,每一股的金额相等。

公司的股份采取股票的形式。股票是公司签发的证明股东所持股份的凭证。

第一百二十七条 股份的发行,实行公平、公正的原则,同种类的每一股份应当具有同等权利。

同次发行的同种类股票,每股的发行条件和价格应当相同;任何单位或者个人所认购的股份,每股应当支付相同价额。

第一百二十八条 股票发行价格可以按票面金额,也可以超过票面金额,但不得低于票面金额。

第一百二十九条 股票采用纸面形式或者国务院证券监督管理机构规定的其他形式。

股票应当载明下列主要事项:

(一)公司名称;

(二)公司成立日期;

(三)股票种类、票面金额及代表的股份数;

（四）股票的编号。

股票由法定代表人签名，公司盖章。

发起人的股票，应当标明发起人股票字样。

第一百三十条　公司发行的股票，可以为记名股票，也可以为无记名股票。

公司向发起人、法人发行的股票，应当为记名股票，并应当记载该发起人、法人的名称或者姓名，不得另立户名或者以代表人姓名记名。

第一百三十一条　公司发行记名股票的，应当置备股东名册，记载下列事项：

（一）股东的姓名或者名称及住所；

（二）各股东所持股份数；

（三）各股东所持股票的编号；

（四）各股东取得股份的日期。

发行无记名股票的，公司应当记载其股票数量、编号及发行日期。

第一百三十二条　国务院可以对公司发行本法规定以外的其他种类的股份，另行作出规定。

第一百三十三条　股份有限公司成立后，即向股东正式交付股票。公司成立前不得向股东交付股票。

第一百三十四条　公司发行新股，股东大会应当对下列事项作出决议：

（一）新股种类及数额；

（二）新股发行价格；

（三）新股发行的起止日期；

（四）向原有股东发行新股的种类及数额。

第一百三十五条　公司经国务院证券监督管理机构核准公开发行新股时，必须公告新股招股说明书和财务会计报告，并制作认股书。

本法第八十八条、第八十九条的规定适用于公司公开发行新股。

第一百三十六条　公司发行新股，可以根据公司经营情况和财务状况，确定其作价方案。

第一百三十七条　公司发行新股募足股款后，必须向公司登记机关办理变更登记，并公告。

第二节　股份转让

第一百三十八条　股东持有的股份可以依法转让。

第一百三十九条　股东转让其股份，应当在依法设立的证券交易场所进行或者按照国务院规定的其他方式进行。

第一百四十条　记名股票，由股东以背书方式或者法律、行政法规规定的其他方式转让；转让后由公司将受让人的姓名或者名称及住所记载于股东名册。

股东大会召开前二十日内或者公司决定分配股利的基准日前五日内，不得进行前款规定的股东名册的变更登记。但是，法律对上市公司股东名册变更登记另有规定的，从其规定。

第一百四十一条　无记名股票的转让，由股东将该股票交付给受让人后即发生转让的效力。

第一百四十二条　发起人持有的本公司股份,自公司成立之日起一年内不得转让。公司公开发行股份前已发行的股份,自公司股票在证券交易所上市交易之日起一年内不得转让。

公司董事、监事、高级管理人员应当向公司申报所持有的本公司的股份及其变动情况,在任职期间每年转让的股份不得超过其所持有本公司股份总数的百分之二十五;所持本公司股份自公司股票上市交易之日起一年内不得转让。上述人员离职后半年内,不得转让其所持有的本公司股份。公司章程可以对公司董事、监事、高级管理人员转让其所持有的本公司股份作出其他限制性规定。

第一百四十三条　公司不得收购本公司股份。但是,有下列情形之一的除外:

(一)减少公司注册资本;

(二)与持有本公司股份的其他公司合并;

(三)将股份奖励给本公司职工;

(四)股东因对股东大会作出的公司合并、分立决议持异议,要求公司收购其股份的。

公司因前款第(一)项至第(三)项的原因收购本公司股份的,应当经股东大会决议。公司依照前款规定收购本公司股份后,属于第(一)项情形的,应当自收购之日起十日内注销;属于第(二)项、第(四)项情形的,应当在六个月内转让或者注销。

公司依照第一款第(三)项规定收购的本公司股份,不得超过本公司已发行股份总额的百分之五;用于收购的资金应当从公司的税后利润中支出;所收购的股份应当在一年内转让给职工。

公司不得接受本公司的股票作为质押权的标的。

第一百四十四条　记名股票被盗、遗失或者灭失,股东可以依照《中华人民共和国民事诉讼法》规定的公示催告程序,请求人民法院宣告该股票失效。人民法院宣告该股票失效后,股东可以向公司申请补发股票。

第一百四十五条　上市公司的股票,依照有关法律、行政法规及证券交易所交易规则上市交易。

第一百四十六条　上市公司必须依照法律、行政法规的规定,公开其财务状况、经营情况及重大诉讼,在每会计年度内半年公布一次财务会计报告。

第六章　公司董事、监事、高级管理人员的资格和义务

第一百四十七条　有下列情形之一的,不得担任公司的董事、监事、高级管理人员:

(一)无民事行为能力或者限制民事行为能力;

(二)因贪污、贿赂、侵占财产、挪用财产或者破坏社会主义市场经济秩序,被判处刑罚,执行期满未逾五年,或者因犯罪被剥夺政治权利,执行期满未逾五年;

(三)担任破产清算的公司、企业的董事或者厂长、经理,对该公司、企业的破产负有个人责任的,自该公司、企业破产清算完结之日起未逾三年;

(四)担任因违法被吊销营业执照、责令关闭的公司、企业的法定代表人,并负有个人责

任的,自该公司、企业被吊销营业执照之日起未逾三年;

(五)个人所负数额较大的债务到期未清偿。

公司违反前款规定选举、委派董事、监事或者聘任高级管理人员的,该选举、委派或者聘任无效。

董事、监事、高级管理人员在任职期间出现本条第一款所列情形的,公司应当解除其职务。

第一百四十八条 董事、监事、高级管理人员应当遵守法律、行政法规和公司章程,对公司负有忠实义务和勤勉义务。

董事、监事、高级管理人员不得利用职权收受贿赂或者其他非法收入,不得侵占公司的财产。

第一百四十九条 董事、高级管理人员不得有下列行为:

(一)挪用公司资金;

(二)将公司资金以其个人名义或者以其他个人名义开立账户存储;

(三)违反公司章程的规定,未经股东会、股东大会或者董事会同意,将公司资金借贷给他人或者以公司财产为他人提供担保;

(四)违反公司章程的规定或者未经股东会、股东大会同意,与本公司订立合同或者进行交易;

(五)未经股东会或者股东大会同意,利用职务便利为自己或者他人谋取属于公司的商业机会,自营或者为他人经营与所任职公司同类的业务;

(六)接受他人与公司交易的佣金归为己有;

(七)擅自披露公司秘密;

(八)违反对公司忠实义务的其他行为。

董事、高级管理人员违反前款规定所得的收入应当归公司所有。

第一百五十条 董事、监事、高级管理人员执行公司职务时违反法律、行政法规或者公司章程的规定,给公司造成损失的,应当承担赔偿责任。

第一百五十一条 股东会或者股东大会要求董事、监事、高级管理人员列席会议的,董事、监事、高级管理人员应当列席并接受股东的质询。

董事、高级管理人员应当如实向监事会或者不设监事会的有限责任公司的监事提供有关情况和资料,不得妨碍监事会或者监事行使职权。

第一百五十二条 董事、高级管理人员有本法第一百五十条规定的情形的,有限责任公司的股东、股份有限公司连续一百八十日以上单独或者合计持有公司百分之一以上股份的股东,可以书面请求监事会或者不设监事会的有限责任公司的监事向人民法院提起诉讼;监事有本法第一百五十条规定的情形的,前述股东可以书面请求董事会或者不设董事会的有限责任公司的执行董事向人民法院提起诉讼。

监事会、不设监事会的有限责任公司的监事,或者董事会、执行董事收到前款规定的股东书面请求后拒绝提起诉讼,或者自收到请求之日起三十日内未提起诉讼,或者情况紧急、不立即提起诉讼将会使公司利益受到难以弥补的损害的,前款规定的股东有权为了公司的利益以自己的名义直接向人民法院提起诉讼。

他人侵犯公司合法权益，给公司造成损失的，本条第一款规定的股东可以依照前两款的规定向人民法院提起诉讼。

第一百五十三条 董事、高级管理人员违反法律、行政法规或者公司章程的规定，损害股东利益的，股东可以向人民法院提起诉讼。

第七章 公司债券

第一百五十四条 本法所称公司债券，是指公司依照法定程序发行、约定在一定期限还本付息的有价证券。

公司发行公司债券应当符合《中华人民共和国证券法》规定的发行条件。

第一百五十五条 发行公司债券的申请经国务院授权的部门核准后，应当公告公司债券募集办法。

公司债券募集办法中应当载明下列主要事项：

（一）公司名称；

（二）债券募集资金的用途；

（三）债券总额和债券的票面金额；

（四）债券利率的确定方式；

（五）还本付息的期限和方式；

（六）债券担保情况；

（七）债券的发行价格、发行的起止日期；

（八）公司净资产额；

（九）已发行的尚未到期的公司债券总额；

（十）公司债券的承销机构。

第一百五十六条 公司以实物券方式发行公司债券的，必须在债券上载明公司名称、债券票面金额、利率、偿还期限等事项，并由法定代表人签名，公司盖章。

第一百五十七条 公司债券，可以为记名债券，也可以为无记名债券。

第一百五十八条 公司发行公司债券应当置备公司债券存根簿。

发行记名公司债券的，应当在公司债券存根簿上载明下列事项：

（一）债券持有人的姓名或者名称及住所；

（二）债券持有人取得债券的日期及债券的编号；

（三）债券总额，债券的票面金额、利率、还本付息的期限和方式；

（四）债券的发行日期。

发行无记名公司债券的，应当在公司债券存根簿上载明债券总额、利率、偿还期限和方式、发行日期及债券的编号。

第一百五十九条 记名公司债券的登记结算机构应当建立债券登记、存管、付息、兑付等相关制度。

第一百六十条　公司债券可以转让,转让价格由转让人与受让人约定。

公司债券在证券交易所上市交易的,按照证券交易所的交易规则转让。

第一百六十一条　记名公司债券,由债券持有人以背书方式或者法律、行政法规规定的其他方式转让;转让后由公司将受让人的姓名或者名称及住所记载于公司债券存根簿。

无记名公司债券的转让,由债券持有人将该债券交付受让人后即发生转让的效力。

第一百六十二条　上市公司经股东大会决议可以发行可转换为股票的公司债券,并在公司债券募集办法中规定具体的转换办法。上市公司发行可转换为股票的公司债券,应当报国务院证券监督管理机构核准。

发行可转换为股票的公司债券,应当在债券上标明可转换公司债券字样,并在公司债券存根簿上载明可转换公司债券的数额。

第一百六十三条　发行可转换为股票的公司债券的,公司应当按照其转换办法向债券持有人换发股票,但债券持有人对转换股票或者不转换股票有选择权。

第八章　公司财务、会计

第一百六十四条　公司应当依照法律、行政法规和国务院财政部门的规定建立本公司的财务、会计制度。

第一百六十五条　公司应当在每一会计年度终了时编制财务会计报告,并依法经会计师事务所审计。

财务会计报告应当依照法律、行政法规和国务院财政部门的规定制作。

第一百六十六条　有限责任公司应当依照公司章程规定的期限将财务会计报告送交各股东。

股份有限公司的财务会计报告应当在召开股东大会年会的二十日前置备于本公司,供股东查阅;公开发行股票的股份有限公司必须公告其财务会计报告。

第一百六十七条　公司分配当年税后利润时,应当提取利润的百分之十列入公司法定公积金。公司法定公积金累计额为公司注册资本的百分之五十以上的,可以不再提取。

公司的法定公积金不足以弥补以前年度亏损的,在依照前款规定提取法定公积金之前,应当先用当年利润弥补亏损。

公司从税后利润中提取法定公积金后,经股东会或者股东大会决议,还可以从税后利润中提取任意公积金。

公司弥补亏损和提取公积金后所余税后利润,有限责任公司依照本法第三十五条的规定分配;股份有限公司按照股东持有的股份比例分配,但股份有限公司章程规定不按持股比例分配的除外。

股东会、股东大会或者董事会违反前款规定,在公司弥补亏损和提取法定公积金之前向股东分配利润的,股东必须将违反规定分配的利润退还公司。

公司持有的本公司股份不得分配利润。

第一百六十八条　股份有限公司以超过股票票面金额的发行价格发行股份所得的溢价

款以及国务院财政部门规定列入资本公积金的其他收入,应当列为公司资本公积金。

第一百六十九条　公司的公积金用于弥补公司的亏损、扩大公司生产经营或者转为增加公司资本。但是,资本公积金不得用于弥补公司的亏损。

法定公积金转为资本时,所留存的该项公积金不得少于转增前公司注册资本的百分之二十五。

第一百七十条　公司聘用、解聘承办公司审计业务的会计师事务所,依照公司章程的规定,由股东会、股东大会或者董事会决定。

公司股东会、股东大会或者董事会就解聘会计师事务所进行表决时,应当允许会计师事务所陈述意见。

第一百七十一条　公司应当向聘用的会计师事务所提供真实、完整的会计凭证、会计账簿、财务会计报告及其他会计资料,不得拒绝、隐匿、谎报。

第一百七十二条　公司除法定的会计账簿外,不得另立会计账簿。

对公司资产,不得以任何个人名义开立账户存储。

第九章　公司合并、分立、增资、减资

第一百七十三条　公司合并可以采取吸收合并或者新设合并。

一个公司吸收其他公司为吸收合并,被吸收的公司解散。两个以上公司合并设立一个新的公司为新设合并,合并各方解散。

第一百七十四条　公司合并,应当由合并各方签订合并协议,并编制资产负债表及财产清单。公司应当自作出合并决议之日起十日内通知债权人,并于三十日内在报纸上公告。债权人自接到通知书之日起三十日内,未接到通知书的自公告之日起四十五日内,可以要求公司清偿债务或者提供相应的担保。

第一百七十五条　公司合并时,合并各方的债权、债务,应当由合并后存续的公司或者新设的公司承继。

第一百七十六条　公司分立,其财产作相应的分割。

公司分立,应当编制资产负债表及财产清单。公司应当自作出分立决议之日起十日内通知债权人,并于三十日内在报纸上公告。

第一百七十七条　公司分立前的债务由分立后的公司承担连带责任。但是,公司在分立前与债权人就债务清偿达成的书面协议另有约定的除外。

第一百七十八条　公司需要减少注册资本时,必须编制资产负债表及财产清单。

公司应当自作出减少注册资本决议之日起十日内通知债权人,并于三十日内在报纸上公告。债权人自接到通知书之日起三十日内,未接到通知书的自公告之日起四十五日内,有权要求公司清偿债务或者提供相应的担保。

公司减资后的注册资本不得低于法定的最低限额。

第一百七十九条　有限责任公司增加注册资本时,股东认缴新增资本的出资,依照本法设立有限责任公司缴纳出资的有关规定执行。

股份有限公司为增加注册资本发行新股时,股东认购新股,依照本法设立股份有限公司缴纳股款的有关规定执行。

第一百八十条 公司合并或者分立,登记事项发生变更的,应当依法向公司登记机关办理变更登记;公司解散的,应当依法办理公司注销登记;设立新公司的,应当依法办理公司设立登记。

公司增加或者减少注册资本,应当依法向公司登记机关办理变更登记。

第十章 公司解散和清算

第一百八十一条 公司因下列原因解散:
(一)公司章程规定的营业期限届满或者公司章程规定的其他解散事由出现;
(二)股东会或者股东大会决议解散;
(三)因公司合并或者分立需要解散;
(四)依法被吊销营业执照、责令关闭或者被撤销;
(五)人民法院依照本法第一百八十三条的规定予以解散。

第一百八十二条 公司有本法第一百八十一条第(一)项情形的,可以通过修改公司章程而存续。

依照前款规定修改公司章程,有限责任公司须经持有三分之二以上表决权的股东通过,股份有限公司须经出席股东大会会议的股东所持表决权的三分之二以上通过。

第一百八十三条 公司经营管理发生严重困难,继续存续会使股东利益受到重大损失,通过其他途径不能解决的,持有公司全部股东表决权百分之十以上的股东,可以请求人民法院解散公司。

第一百八十四条 公司因本法第一百八十一条第(一)项、第(二)项、第(四)项、第(五)项规定而解散的,应当在解散事由出现之日起十五日内成立清算组,开始清算。有限责任公司的清算组由股东组成,股份有限公司的清算组由董事或者股东大会确定的人员组成。逾期不成立清算组进行清算的,债权人可以申请人民法院指定有关人员组成清算组进行清算。人民法院应当受理该申请,并及时组织清算组进行清算。

第一百八十五条 清算组在清算期间行使下列职权:
(一)清理公司财产,分别编制资产负债表和财产清单;
(二)通知、公告债权人;
(三)处理与清算有关的公司未了结的业务;
(四)清缴所欠税款以及清算过程中产生的税款;
(五)清理债权、债务;
(六)处理公司清偿债务后的剩余财产;
(七)代表公司参与民事诉讼活动。

第一百八十六条 清算组应当自成立之日起十日内通知债权人,并于六十日内在报纸上公告。债权人应当自接到通知书之日起三十日内,未接到通知书的自公告之日起四十五日内,向清算组申报其债权。

债权人申报债权,应当说明债权的有关事项,并提供证明材料。清算组应当对债权进行登记。

在申报债权期间,清算组不得对债权人进行清偿。

第一百八十七条 清算组在清理公司财产、编制资产负债表和财产清单后,应当制定清算方案,并报股东会、股东大会或者人民法院确认。

公司财产在分别支付清算费用、职工的工资、社会保险费用和法定补偿金,缴纳所欠税款,清偿公司债务后的剩余财产,有限责任公司按照股东的出资比例分配,股份有限公司按照股东持有的股份比例分配。

清算期间,公司存续,但不得开展与清算无关的经营活动。公司财产在未依照前款规定清偿前,不得分配给股东。

第一百八十八条 清算组在清理公司财产、编制资产负债表和财产清单后,发现公司财产不足清偿债务的,应当依法向人民法院申请宣告破产。

公司经人民法院裁定宣告破产后,清算组应当将清算事务移交给人民法院。

第一百八十九条 公司清算结束后,清算组应当制作清算报告,报股东会、股东大会或者人民法院确认,并报送公司登记机关,申请注销公司登记,公告公司终止。

第一百九十条 清算组成员应当忠于职守,依法履行清算义务。

清算组成员不得利用职权收受贿赂或者其他非法收入,不得侵占公司财产。

清算组成员因故意或者重大过失给公司或者债权人造成损失的,应当承担赔偿责任。

第一百九十一条 公司被依法宣告破产的,依照有关企业破产的法律实施破产清算。

第十一章 外国公司的分支机构

第一百九十二条 本法所称外国公司是指依照外国法律在中国境外设立的公司。

第一百九十三条 外国公司在中国境内设立分支机构,必须向中国主管机关提出申请,并提交其公司章程、所属国的公司登记证书等有关文件,经批准后,向公司登记机关依法办理登记,领取营业执照。

外国公司分支机构的审批办法由国务院另行规定。

第一百九十四条 外国公司在中国境内设立分支机构,必须在中国境内指定负责该分支机构的代表人或者代理人,并向该分支机构拨付与其所从事的经营活动相适应的资金。

对外国公司分支机构的经营资金需要规定最低限额的,由国务院另行规定。

第一百九十五条 外国公司的分支机构应当在其名称中标明该外国公司的国籍及责任形式。

外国公司的分支机构应当在本机构中置备该外国公司章程。

第一百九十六条 外国公司在中国境内设立的分支机构不具有中国法人资格。

外国公司对其分支机构在中国境内进行经营活动承担民事责任。

第一百九十七条 经批准设立的外国公司分支机构,在中国境内从事业务活动,必须遵守中国的法律,不得损害中国的社会公共利益,其合法权益受中国法律保护。

第一百九十八条 外国公司撤销其在中国境内的分支机构时,必须依法清偿债务,依照本法有关公司清算程序的规定进行清算。未清偿债务之前,不得将其分支机构的财产移至中国境外。

第十二章 法律责任

第一百九十九条 违反本法规定,虚报注册资本、提交虚假材料或者采取其他欺诈手段隐瞒重要事实取得公司登记的,由公司登记机关责令改正,对虚报注册资本的公司,处以虚报注册资本金额百分之五以上百分之十五以下的罚款;对提交虚假材料或者采取其他欺诈手段隐瞒重要事实的公司,处以五万元以上五十万元以下的罚款;情节严重的,撤销公司登记或者吊销营业执照。

第二百条 公司的发起人、股东虚假出资,未交付或者未按期交付作为出资的货币或者非货币财产的,由公司登记机关责令改正,处以虚假出资金额百分之五以上百分之十五以下的罚款。

第二百零一条 公司的发起人、股东在公司成立后,抽逃其出资的,由公司登记机关责令改正,处以所抽逃出资金额百分之五以上百分之十五以下的罚款。

第二百零二条 公司违反本法规定,在法定的会计账簿以外另立会计账簿的,由县级以上人民政府财政部门责令改正,处以五万元以上五十万元以下的罚款。

第二百零三条 公司在依法向有关主管部门提供的财务会计报告等材料上作虚假记载或者隐瞒重要事实的,由有关主管部门对直接负责的主管人员和其他直接责任人员处以三万元以上三十万元以下的罚款。

第二百零四条 公司不依照本法规定提取法定公积金的,由县级以上人民政府财政部门责令如数补足应当提取的金额,可以对公司处以二十万元以下的罚款。

第二百零五条 公司在合并、分立、减少注册资本或者进行清算时,不依照本法规定通知或者公告债权人的,由公司登记机关责令改正,对公司处以一万元以上十万元以下的罚款。

公司在进行清算时,隐匿财产,对资产负债表或者财产清单作虚假记载或者在未清偿债务前分配公司财产的,由公司登记机关责令改正,对公司处以隐匿财产或者未清偿债务前分配公司财产金额百分之五以上百分之十以下的罚款;对直接负责的主管人员和其他直接责任人员处以一万元以上十万元以下的罚款。

第二百零六条 公司在清算期间开展与清算无关的经营活动的,由公司登记机关予以警告,没收违法所得。

第二百零七条 清算组不依照本法规定向公司登记机关报送清算报告,或者报送清算报告隐瞒重要事实或者有重大遗漏的,由公司登记机关责令改正。

清算组成员利用职权徇私舞弊、谋取非法收入或者侵占公司财产的,由公司登记机关责令退还公司财产,没收违法所得,并可以处以违法所得一倍以上五倍以下的罚款。

第二百零八条 承担资产评估、验资或者验证的机构提供虚假材料的,由公司登记机关没收违法所得,处以违法所得一倍以上五倍以下的罚款,并可以由有关主管部门依法责令该机构停业、吊销直接责任人员的资格证书,吊销营业执照。

承担资产评估、验资或者验证的机构因过失提供有重大遗漏的报告的,由公司登记机关责令改正,情节较重的,处以所得收入一倍以上五倍以下的罚款,并可以由有关主管部门依法责令该机构停业、吊销直接责任人员的资格证书,吊销营业执照。

承担资产评估、验资或者验证的机构因其出具的评估结果、验资或者验证证明不实,给公司债权人造成损失的,除能够证明自己没有过错的外,在其评估或者证明不实的金额范围内承担赔偿责任。

第二百零九条　公司登记机关对不符合本法规定条件的登记申请予以登记,或者对符合本法规定条件的登记申请不予登记的,对直接负责的主管人员和其他直接责任人员,依法给予行政处分。

第二百一十条　公司登记机关的上级部门强令公司登记机关对不符合本法规定条件的登记申请予以登记,或者对符合本法规定条件的登记申请不予登记的,或者对违法登记进行包庇的,对直接负责的主管人员和其他直接责任人员依法给予行政处分。

第二百一十一条　未依法登记为有限责任公司或者股份有限公司,而冒用有限责任公司或者股份有限公司名义的,或者未依法登记为有限责任公司或者股份有限公司的分公司,而冒用有限责任公司或者股份有限公司的分公司名义的,由公司登记机关责令改正或者予以取缔,可以并处十万元以下的罚款。

第二百一十二条　公司成立后无正当理由超过六个月未开业的,或者开业后自行停业连续六个月以上的,可以由公司登记机关吊销营业执照。

公司登记事项发生变更时,未依照本法规定办理有关变更登记的,由公司登记机关责令限期登记;逾期不登记的,处以一万元以上十万元以下的罚款。

第二百一十三条　外国公司违反本法规定,擅自在中国境内设立分支机构的,由公司登记机关责令改正或者关闭,可以并处五万元以上二十万元以下的罚款。

第二百一十四条　利用公司名义从事危害国家安全、社会公共利益的严重违法行为的,吊销营业执照。

第二百一十五条　公司违反本法规定,应当承担民事赔偿责任和缴纳罚款、罚金的,其财产不足以支付时,先承担民事赔偿责任。

第二百一十六条　违反本法规定,构成犯罪的,依法追究刑事责任。

第十三章　附　　则

第二百一十七条　本法下列用语的含义:

(一)高级管理人员,是指公司的经理、副经理、财务负责人,上市公司董事会秘书和公司章程规定的其他人员。

(二)控股股东,是指其出资额占有限责任公司资本总额百分之五十以上或者其持有的股份占股份有限公司股本总额百分之五十以上的股东;出资额或者持有股份的比例虽然不足百分之五十,但依其出资额或者持有的股份所享有的表决权已足以对股东会、股东大会的决议产生重大影响的股东。

(三)实际控制人,是指虽不是公司的股东,但通过投资关系、协议或者其他安排,能够实际支配公司行为的人。

(四)关联关系,是指公司控股股东、实际控制人、董事、监事、高级管理人员与其直接或者间接控制的企业之间的关系,以及可能导致公司利益转移的其他关系。但是,国家控股的企业之间不仅因为同受国家控股而具有关联关系。

第二百一十八条　外商投资的有限责任公司和股份有限公司适用本法;有关外商投资的法律另有规定的,适用其规定。

第二百一十九条　本法自2006年1月1日起施行。

2. 中华人民共和国公司登记管理条例

(1994年6月24日中华人民共和国国务院令第156号发布;根据2005年12月18日《国务院关于修改〈中华人民共和国公司登记管理条例〉的决定》修订)

目　录

第一章　总则
第二章　登记管辖
第三章　登记事项
第四章　设立登记
第五章　变更登记
第六章　注销登记
第七章　分公司的登记
第八章　登记程序
第九章　年度检验
第十章　证照和档案管理
第十一章　法律责任
第十二章　附则

第一章　总　则

第一条　为了确认公司的企业法人资格,规范公司登记行为,依据《中华人民共和国公司法》(以下简称《公司法》),制定本条例。

第二条 有限责任公司和股份有限公司(以下统称公司)设立、变更、终止,应当依照本条例办理公司登记。

申请办理公司登记,申请人应当对申请文件、材料的真实性负责。

第三条 公司经公司登记机关依法登记,领取《企业法人营业执照》,方取得企业法人资格。

自本条例施行之日起设立公司,未经公司登记机关登记的,不得以公司名义从事经营活动。

第四条 工商行政管理机关是公司登记机关。

下级公司登记机关在上级公司登记机关的领导下开展公司登记工作。

公司登记机关依法履行职责,不受非法干预。

第五条 国家工商行政管理总局主管全国的公司登记工作。

第二章 登记管辖

第六条 国家工商行政管理总局负责下列公司的登记:

(一)国务院国有资产监督管理机构履行出资人职责的公司以及该公司投资设立并持有50%以上股份的公司;

(二)外商投资的公司;

(三)依照法律、行政法规或者国务院决定的规定,应当由国家工商行政管理总局登记的公司;

(四)国家工商行政管理总局规定应当由其登记的其他公司。

第七条 省、自治区、直辖市工商行政管理局负责本辖区内下列公司的登记:

(一)省、自治区、直辖市人民政府国有资产监督管理机构履行出资人职责的公司以及该公司投资设立并持有50%以上股份的公司;

(二)省、自治区、直辖市工商行政管理局规定由其登记的自然人投资设立的公司;

(三)依照法律、行政法规或者国务院决定的规定,应当由省、自治区、直辖市工商行政管理局登记的公司;

(四)国家工商行政管理总局授权登记的其他公司。

第八条 设区的市(地区)工商行政管理局、县工商行政管理局,以及直辖市的工商行政管理分局、设区的市工商行政管理局的区分局,负责本辖区内下列公司的登记:

(一)本条例第六条和第七条所列公司以外的其他公司;

(二)国家工商行政管理总局和省、自治区、直辖市工商行政管理局授权登记的公司。

前款规定的具体登记管辖由省、自治区、直辖市工商行政管理局规定。但是,其中的股份有限公司由设区的市(地区)工商行政管理局负责登记。

第三章 登记事项

第九条 公司的登记事项包括:

（一）名称；

（二）住所；

（三）法定代表人姓名；

（四）注册资本；

（五）实收资本；

（六）公司类型；

（七）经营范围；

（八）营业期限；

（九）有限责任公司股东或者股份有限公司发起人的姓名或者名称，以及认缴和实缴的出资额、出资时间、出资方式。

第十条 公司的登记事项应当符合法律、行政法规的规定。不符合法律、行政法规规定的，公司登记机关不予登记。

第十一条 公司名称应当符合国家有关规定。公司只能使用一个名称。经公司登记机关核准登记的公司名称受法律保护。

第十二条 公司的住所是公司主要办事机构所在地。经公司登记机关登记的公司的住所只能有一个。公司的住所应当在其公司登记机关辖区内。

第十三条 公司的注册资本和实收资本应当以人民币表示，法律、行政法规另有规定的除外。

第十四条 股东的出资方式应当符合《公司法》第二十七条的规定。股东以货币、实物、知识产权、土地使用权以外的其他财产出资的，其登记办法由国家工商行政管理总局会同国务院有关部门规定。

股东不得以劳务、信用、自然人姓名、商誉、特许经营权或者设定担保的财产等作价出资。

第十五条 公司的经营范围由公司章程规定，并依法登记。

公司的经营范围用语应当参照国民经济行业分类标准。

第十六条 公司类型包括有限责任公司和股份有限公司。

一人有限责任公司应当在公司登记中注明自然人独资或者法人独资，并在公司营业执照中载明。

第四章 设立登记

第十七条 设立公司应当申请名称预先核准。

法律、行政法规或者国务院决定规定设立公司必须报经批准，或者公司经营范围中属于法律、行政法规或者国务院决定规定在登记前须经批准的项目的，应当在报送批准前办公司名称预先核准，并以公司登记机关核准的公司名称报送批准。

第十八条 设立有限责任公司，应当由全体股东指定的代表或者共同委托的代理人向公司登记机关申请名称预先核准；设立股份有限公司，应当由全体发起人指定的代表或者共同委托的代理人向公司登记机关申请名称预先核准。

申请名称预先核准,应当提交下列文件:
(一)有限责任公司的全体股东或者股份有限公司的全体发起人签署的公司名称预先核准申请书;
(二)全体股东或者发起人指定代表或者共同委托代理人的证明;
(三)国家工商行政管理总局规定要求提交的其他文件。

第十九条 预先核准的公司名称保留期为6个月。预先核准的公司名称在保留期内,不得用于从事经营活动,不得转让。

第二十条 设立有限责任公司,应当由全体股东指定的代表或者共同委托的代理人向公司登记机关申请设立登记。设立国有独资公司,应当由国务院或者地方人民政府授权的本级人民政府国有资产监督管理机构作为申请人,申请设立登记。法律、行政法规或者国务院决定规定设立有限责任公司必须报经批准的,应当自批准之日起90日内向公司登记机关申请设立登记;逾期申请设立登记的,申请人应当报批准机关确认原批准文件的效力或者另行报批。

申请设立有限责任公司,应当向公司登记机关提交下列文件:
(一)公司法定代表人签署的设立登记申请书;
(二)全体股东指定代表或者共同委托代理人的证明;
(三)公司章程;
(四)依法设立的验资机构出具的验资证明,法律、行政法规另有规定的除外;
(五)股东首次出资是非货币财产的,应当在公司设立登记时提交已办理其财产权转移手续的证明文件;
(六)股东的主体资格证明或者自然人身份证明;
(七)载明公司董事、监事、经理的姓名、住所的文件以及有关委派、选举或者聘用的证明;
(八)公司法定代表人任职文件和身份证明;
(九)企业名称预先核准通知书;
(十)公司住所证明;
(十一)国家工商行政管理总局规定要求提交的其他文件。

外商投资的有限责任公司的股东首次出资额应当符合法律、行政法规的规定,其余部分应当自公司成立之日起2年内缴足,其中,投资公司可以在5年内缴足。

法律、行政法规或者国务院决定规定设立有限责任公司必须报经批准的,还应当提交有关批准文件。

第二十一条 设立股份有限公司,应当由董事会向公司登记机关申请设立登记。以募集方式设立股份有限公司的,应当于创立大会结束后30日内向公司登记机关申请设立登记。

申请设立股份有限公司,应当向公司登记机关提交下列文件:
(一)公司法定代表人签署的设立登记申请书;
(二)董事会指定代表或者共同委托代理人的证明;
(三)公司章程;

（四）依法设立的验资机构出具的验资证明；

（五）发起人首次出资是非货币财产的，应当在公司设立登记时提交已办理其财产权转移手续的证明文件；

（六）发起人的主体资格证明或者自然人身份证明；

（七）载明公司董事、监事、经理姓名、住所的文件以及有关委派、选举或者聘用的证明；

（八）公司法定代表人任职文件和身份证明；

（九）企业名称预先核准通知书；

（十）公司住所证明；

（十一）国家工商行政管理总局规定要求提交的其他文件。

以募集方式设立股份有限公司的，还应当提交创立大会的会议记录；以募集方式设立股份有限公司公开发行股票的，还应当提交国务院证券监督管理机构的核准文件。

法律、行政法规或者国务院决定规定设立股份有限公司必须报经批准的，还应当提交有关批准文件。

第二十二条　公司申请登记的经营范围中属于法律、行政法规或者国务院决定规定在登记前须经批准的项目的，应当在申请登记前报经国家有关部门批准，并向公司登记机关提交有关批准文件。

第二十三条　公司章程有违反法律、行政法规的内容的，公司登记机关有权要求公司作相应修改。

第二十四条　公司住所证明是指能够证明公司对其住所享有使用权的文件。

第二十五条　依法设立的公司，由公司登记机关发给《企业法人营业执照》。公司营业执照签发日期为公司成立日期。公司凭公司登记机关核发的《企业法人营业执照》刻制印章，开立银行账户，申请纳税登记。

第五章　变　更　登　记

第二十六条　公司变更登记事项，应当向原公司登记机关申请变更登记。

未经变更登记，公司不得擅自改变登记事项。

第二十七条　公司申请变更登记，应当向公司登记机关提交下列文件：

（一）公司法定代表人签署的变更登记申请书；

（二）依照《公司法》作出的变更决议或者决定；

（三）国家工商行政管理总局规定要求提交的其他文件。

公司变更登记事项涉及修改公司章程的，应当提交由公司法定代表人签署的修改后的公司章程或者公司章程修正案。

变更登记事项依照法律、行政法规或者国务院决定规定在登记前须经批准的，还应当向公司登记机关提交有关批准文件。

第二十八条　公司变更名称的，应当自变更决议或者决定作出之日起30日内申请变更登记。

第二十九条 公司变更住所的,应当在迁入新住所前申请变更登记,并提交新住所使用证明。

公司变更住所跨公司登记机关辖区的,应当在迁入新住所前向迁入地公司登记机关申请变更登记;迁入地公司登记机关受理的,由原公司登记机关将公司登记档案移送迁入地公司登记机关。

第三十条 公司变更法定代表人的,应当自变更决议或者决定作出之日起30日内申请变更登记。

第三十一条 公司变更注册资本的,应当提交依法设立的验资机构出具的验资证明。

公司增加注册资本的,有限责任公司股东认缴新增资本的出资和股份有限公司的股东认购新股,应当分别依照《公司法》设立有限责任公司缴纳出资和设立股份有限公司缴纳股款的有关规定执行。股份有限公司以公开发行新股方式或者上市公司以非公开发行新股方式增加注册资本的,还应当提交国务院证券监督管理机构的核准文件。

公司法定公积金转增为注册资本的,验资证明应当载明留存的该项公积金不少于转增前公司注册资本的25%。

公司减少注册资本的,应当自公告之日起45日后申请变更登记,并应当提交公司在报纸上登载公司减少注册资本公告的有关证明和公司债务清偿或者债务担保情况的说明。

公司减资后的注册资本不得低于法定的最低限额。

第三十二条 公司变更实收资本的,应当提交依法设立的验资机构出具的验资证明,并应当按照公司章程载明的出资时间、出资方式缴纳出资。公司应当自足额缴纳出资或者股款之日起30日内申请变更登记。

第三十三条 公司变更经营范围的,应当自变更决议或者决定作出之日起30日内申请变更登记;变更经营范围涉及法律、行政法规或者国务院决定规定在登记前须经批准的项目的,应当自国家有关部门批准之日起30日内申请变更登记。

公司的经营范围中属于法律、行政法规或者国务院决定规定须经批准的项目被吊销、撤销许可证或者其他批准文件,或者许可证、其他批准文件有效期届满的,应当自吊销、撤销许可证、其他批准文件或者许可证、其他批准文件有效期届满之日起30日内申请变更登记或者依照本条例第六章的规定办理注销登记。

第三十四条 公司变更类型的,应当按照拟变更的公司类型的设立条件,在规定的期限内向公司登记机关申请变更登记,并提交有关文件。

第三十五条 有限责任公司股东转让股权的,应当自转让股权之日起30日内申请变更登记,并应当提交新股东的主体资格证明或者自然人身份证明。

有限责任公司的自然人股东死亡后,其合法继承人继承股东资格的,公司应当依照前款规定申请变更登记。

有限责任公司的股东或者股份有限公司的发起人改变姓名或者名称的,应当自改变姓名或者名称之日起30日内申请变更登记。

第三十六条 公司登记事项变更涉及分公司登记事项变更的,应当自公司变更登记之日起30日内申请分公司变更登记。

第三十七条　公司章程修改未涉及登记事项的,公司应当将修改后的公司章程或者公司章程修正案送原公司登记机关备案。

第三十八条　公司董事、监事、经理发生变动的,应当向公司登记机关备案。

第三十九条　因合并、分立而存续的公司,其登记事项发生变化的,应当申请变更登记;因合并、分立而解散的公司,应当申请注销登记;因合并、分立而新设立的公司,应当申请设立登记。

公司合并、分立的,应当自公告之日起 45 日后申请登记,提交合并协议和合并、分立决议或者决定以及公司在报纸上登载公司合并、分立公告的有关证明和债务清偿或者债务担保情况的说明。法律、行政法规或者国务院决定规定公司合并、分立必须报经批准的,还应当提交有关批准文件。

第四十条　变更登记事项涉及《企业法人营业执照》载明事项的,公司登记机关应当换发营业执照。

第四十一条　公司依照《公司法》第二十二条规定向公司登记机关申请撤销变更登记的,应当提交下列文件:

(一)公司法定代表人签署的申请书;

(二)人民法院的裁判文书。

第六章　注销登记

第四十二条　公司解散,依法应当清算的,清算组应当自成立之日起 10 日内将清算组成员、清算组负责人名单向公司登记机关备案。

第四十三条　有下列情形之一的,公司清算组应当自公司清算结束之日起 30 日内向原公司登记机关申请注销登记:

(一)公司被依法宣告破产;

(二)公司章程规定的营业期限届满或者公司章程规定的其他解散事由出现,但公司通过修改公司章程而存续的除外;

(三)股东会、股东大会决议解散或者一人有限责任公司的股东、外商投资的公司董事会决议解散;

(四)依法被吊销营业执照、责令关闭或者被撤销;

(五)人民法院依法予以解散;

(六)法律、行政法规规定的其他解散情形。

第四十四条　公司申请注销登记,应当提交下列文件:

(一)公司清算组负责人签署的注销登记申请书;

(二)人民法院的破产裁定、解散裁判文书,公司依照《公司法》作出的决议或者决定,行政机关责令关闭或者公司被撤销的文件;

(三)股东会、股东大会、一人有限责任公司的股东、外商投资的公司董事会或者人民法院、公司批准机关备案、确认的清算报告;

（四）《企业法人营业执照》；

（五）法律、行政法规规定应当提交的其他文件。

国有独资公司申请注销登记，还应当提交国有资产监督管理机构的决定，其中，国务院确定的重要的国有独资公司，还应当提交本级人民政府的批准文件。

有分公司的公司申请注销登记，还应当提交分公司的注销登记证明。

第四十五条 经公司登记机关注销登记，公司终止。

第七章　分公司的登记

第四十六条 分公司是指公司在其住所以外设立的从事经营活动的机构。分公司不具有企业法人资格。

第四十七条 分公司的登记事项包括：名称、营业场所、负责人、经营范围。

分公司的名称应当符合国家有关规定。

分公司的经营范围不得超出公司的经营范围。

第四十八条 公司设立分公司的，应当自决定作出之日起 30 日内向分公司所在地的公司登记机关申请登记；法律、行政法规或者国务院决定规定必须报经有关部门批准的，应当自批准之日起 30 日内向公司登记机关申请登记。

设立分公司，应当向公司登记机关提交下列文件：

（一）公司法定代表人签署的设立分公司的登记申请书；

（二）公司章程以及加盖公司印章的《企业法人营业执照》复印件；

（三）营业场所使用证明；

（四）分公司负责人任职文件和身份证明；

（五）国家工商行政管理总局规定要求提交的其他文件。

法律、行政法规或者国务院决定规定设立分公司必须报经批准，或者分公司经营范围中属于法律、行政法规或者国务院决定规定在登记前须经批准的项目的，还应当提交有关批准文件。

分公司的公司登记机关准予登记的，发给《营业执照》。公司应当自分公司登记之日起 30 日内，持分公司的《营业执照》到公司登记机关办理备案。

第四十九条 分公司变更登记事项的，应当向公司登记机关申请变更登记。

申请变更登记，应当提交公司法定代表人签署的变更登记申请书。变更名称、经营范围的，应当提交加盖公司印章的《企业法人营业执照》复印件，分公司经营范围中属于法律、行政法规或者国务院决定规定在登记前须经批准的项目的，还应当提交有关批准文件。变更营业场所的，应当提交新的营业场所使用证明。变更负责人的，应当提交公司的任免文件以及其身份证明。

公司登记机关准予变更登记的，换发《营业执照》。

第五十条 分公司被公司撤销、依法责令关闭、吊销营业执照的，公司应当自决定作出之日起 30 日内向该分公司的公司登记机关申请注销登记。申请注销登记应当提交公司法定代表人签署的注销登记申请书和分公司的《营业执照》。公司登记机关准予注销登记后,应当收缴分公司的《营业执照》。

第八章 登 记 程 序

第五十一条 申请公司、分公司登记,申请人可以到公司登记机关提交申请,也可以通过信函、电报、电传、传真、电子数据交换和电子邮件等方式提出申请。

通过电报、电传、传真、电子数据交换和电子邮件等方式提出申请的,应当提供申请人的联系方式以及通讯地址。

第五十二条 公司登记机关应当根据下列情况分别作出是否受理的决定:

(一)申请文件、材料齐全,符合法定形式的,或者申请人按照公司登记机关的要求提交全部补正申请文件、材料的,应当决定予以受理。

(二)申请文件、材料齐全,符合法定形式,但公司登记机关认为申请文件、材料需要核实的,应当决定予以受理,同时书面告知申请人需要核实的事项、理由以及时间。

(三)申请文件、材料存在可以当场更正的错误的,应当允许申请人当场予以更正,由申请人在更正处签名或者盖章,注明更正日期;经确认申请文件、材料齐全,符合法定形式的,应当决定予以受理。

(四)申请文件、材料不齐全或者不符合法定形式的,应当当场或者在5日内一次告知申请人需要补正的全部内容;当场告知时,应当将申请文件、材料退回申请人;属于5日内告知的,应当收取申请文件、材料并出具收到申请文件、材料的凭据,逾期不告知的,自收到申请文件、材料之日起即为受理。

(五)不属于公司登记范畴或者不属于本机关登记管辖范围的事项,应当即时决定不予受理,并告知申请人向有关行政机关申请。

公司登记机关对通过信函、电报、电传、传真、电子数据交换和电子邮件等方式提出申请的,应当自收到申请文件、材料之日起5日内作出是否受理的决定。

第五十三条 除依照本条例第五十四条第一款第(一)项作出准予登记决定的外,公司登记机关决定予以受理的,应当出具《受理通知书》;决定不予受理的,应当出具《不予受理通知书》,说明不予受理的理由,并告知申请人享有依法申请行政复议或者提起行政诉讼的权利。

第五十四条 公司登记机关对决定予以受理的登记申请,应当分别情况在规定的期限内作出是否准予登记的决定:

(一)对申请人到公司登记机关提出的申请予以受理的,应当当场作出准予登记的决定。

(二)对申请人通过信函方式提交的申请予以受理的,应当自受理之日起15日内作出准予登记的决定。

(三)通过电报、电传、传真、电子数据交换和电子邮件等方式提交申请的,申请人应当自收到《受理通知书》之日起15日内,提交与电报、电传、传真、电子数据交换和电子邮件等内容一致并符合法定形式的申请文件、材料原件;申请人到公司登记机关提交申请文件、材料原件的,应当当场作出准予登记的决定;申请人通过信函方式提交申请文件、材料原件的,应当自受理之日起 15 日内作出准予登记的决定。

(四) 公司登记机关自发出《受理通知书》之日起 60 日内,未收到申请文件、材料原件,或者申请文件、材料原件与公司登记机关所受理的申请文件、材料不一致的,应当作出不予登记的决定。

公司登记机关需要对申请文件、材料核实的,应当自受理之日起 15 日内作出是否准予登记的决定。

第五十五条 公司登记机关作出准予公司名称预先核准决定的,应当出具《企业名称预先核准通知书》;作出准予公司设立登记决定的,应当出具《准予设立登记通知书》,告知申请人自决定之日起 10 日内,领取营业执照;作出准予公司变更登记决定的,应当出具《准予变更登记通知书》,告知申请人自决定之日起 10 日内,换发营业执照;作出准予公司注销登记决定的,应当出具《准予注销登记通知书》,收缴营业执照。

公司登记机关作出不予名称预先核准、不予登记决定的,应当出具《企业名称驳回通知书》、《登记驳回通知书》,说明不予核准、登记的理由,并告知申请人享有依法申请行政复议或者提起行政诉讼的权利。

第五十六条 公司办理设立登记、变更登记,应当按照规定向公司登记机关缴纳登记费。

领取《企业法人营业执照》的,设立登记费按注册资本总额的 0.8‰缴纳;注册资本超过 1000 万元的,超过部分按 0.4‰缴纳;注册资本超过 1 亿元的,超过部分不再缴纳。

领取《营业执照》的,设立登记费为 300 元。

变更登记事项的,变更登记费为 100 元。

第五十七条 公司登记机关应当将登记的公司登记事项记载于公司登记簿上,供社会公众查阅、复制。

第五十八条 吊销《企业法人营业执照》和《营业执照》的公告由公司登记机关发布。

第九章 年度检验

第五十九条 每年 3 月 1 日至 6 月 30 日,公司登记机关对公司进行年度检验。

第六十条 公司应当按照公司登记机关的要求,在规定的时间内接受年度检验,并提交年度检验报告书、年度资产负债表和损益表、《企业法人营业执照》副本。

设立分公司的公司在其提交的年度检验材料中,应当明确反映分公司的有关情况,并提交《营业执照》的复印件。

第六十一条 公司登记机关应当根据公司提交的年度检验材料,对与公司登记事项有关的情况进行审查。

第六十二条 公司应当向公司登记机关缴纳年度检验费。年度检验费为 50 元。

第十章 证照和档案管理

第六十三条 《企业法人营业执照》、《营业执照》分为正本和副本,正本和副本具有同等法律效力。

《企业法人营业执照》正本或者《营业执照》正本应当置于公司住所或者分公司营业场所的醒目位置。

公司可以根据业务需要向公司登记机关申请核发营业执照若干副本。

第六十四条 任何单位和个人不得伪造、涂改、出租、出借、转让营业执照。

营业执照遗失或者毁坏的,公司应当在公司登记机关指定的报刊上声明作废,申请补领。

公司登记机关依法作出变更登记、注销登记、撤销变更登记决定,公司拒不缴回或者无法缴回营业执照的,由公司登记机关公告营业执照作废。

第六十五条 公司登记机关对需要认定的营业执照,可以临时扣留,扣留期限不得超过10天。

第六十六条 借阅、抄录、携带、复制公司登记档案资料的,应当按照规定的权限和程序办理。

任何单位和个人不得修改、涂抹、标注、损毁公司登记档案资料。

第六十七条 营业执照正本、副本样式以及公司登记的有关重要文书格式或者表式,由国家工商行政管理总局统一制定。

第十一章 法律责任

第六十八条 虚报注册资本,取得公司登记的,由公司登记机关责令改正,处以虚报注册资本金额5%以上15%以下的罚款;情节严重的,撤销公司登记或者吊销营业执照。

第六十九条 提交虚假材料或者采取其他欺诈手段隐瞒重要事实,取得公司登记的,由公司登记机关责令改正,处以5万元以上50万元以下的罚款;情节严重的,撤销公司登记或者吊销营业执照。

第七十条 公司的发起人、股东虚假出资,未交付或者未按期交付作为出资的货币或者非货币财产的,由公司登记机关责令改正,处以虚假出资金额5%以上15%以下的罚款。

第七十一条 公司的发起人、股东在公司成立后,抽逃出资的,由公司登记机关责令改正,处以所抽逃出资金额5%以上15%以下的罚款。

第七十二条 公司成立后无正当理由超过6个月未开业的,或者开业后自行停业连续6个月以上的,可以由公司登记机关吊销营业执照。

第七十三条 公司登记事项发生变更时,未依照本条例规定办理有关变更登记的,由公司登记机关责令限期登记;逾期不登记的,处以1万元以上10万元以下的罚款。其中,变更经营范围涉及法律、行政法规或者国务院决定规定须经批准的项目而未取得批准,擅自从事相关经营活动,情节严重的,吊销营业执照。

公司未依照本条例规定办理有关备案的,由公司登记机关责令限期办理;逾期未办理的,处3万元以下的罚款。

第七十四条 公司在合并、分立、减少注册资本或者进行清算时,不按照规定通知或者公告债权人的,由公司登记机关责令改正,处以1万元以上10万元以下的罚款。

公司在进行清算时,隐匿财产,对资产负债表或者财产清单作虚假记载或者在未清偿债务前分配公司财产的,由公司登记机关责令改正,对公司处以隐匿财产或者未清偿债务前分配公司财产金额5%以上10%以下的罚款;对直接负责的主管人员和其他直接责任人员处以1万元以上10万元以下的罚款。

公司在清算期间开展与清算无关的经营活动的,由公司登记机关予以警告,没收违法所得。

第七十五条　清算组不按照规定向公司登记机关报送清算报告,或者报送清算报告隐瞒重要事实或者有重大遗漏的,由公司登记机关责令改正。

清算组成员利用职权徇私舞弊、谋取非法收入或者侵占公司财产的,由公司登记机关责令退还公司财产,没收违法所得,并可以处以违法所得1倍以上5倍以下的罚款。

第七十六条　公司不按照规定接受年度检验的,由公司登记机关处以1万元以上10万元以下的罚款,并限期接受年度检验;逾期仍不接受年度检验的,吊销营业执照。年度检验中隐瞒真实情况、弄虚作假的,由公司登记机关处以1万元以上5万元以下的罚款,并限期改正;情节严重的,吊销营业执照。

第七十七条　伪造、涂改、出租、出借、转让营业执照的,由公司登记机关处以1万元以上10万元以下的罚款;情节严重的,吊销营业执照。

第七十八条　未将营业执照置于住所或者营业场所醒目位置的,由公司登记机关责令改正;拒不改正的,处以1000元以上5000元以下的罚款。

第七十九条　承担资产评估、验资或者验证的机构提供虚假材料的,由公司登记机关没收违法所得,处以违法所得1倍以上5倍以下的罚款,并可以由有关主管部门依法责令该机构停业、吊销直接责任人员的资格证书,吊销营业执照。

承担资产评估、验资或者验证的机构因过失提供有重大遗漏的报告的,由公司登记机关责令改正,情节较重的,处以所得收入1倍以上5倍以下的罚款,并可以由有关主管部门依法责令该机构停业、吊销直接责任人员的资格证书,吊销营业执照。

第八十条　未依法登记为有限责任公司或者股份有限公司,而冒用有限责任公司或者股份有限公司名义的,或者未依法登记为有限责任公司或者股份有限公司的分公司,而冒用有限责任公司或者股份有限公司的分公司名义的,由公司登记机关责令改正或者予以取缔,可以并处10万元以下的罚款。

第八十一条　公司登记机关对不符合规定条件的公司登记申请予以登记,或者对符合规定条件的登记申请不予登记的,对直接负责的主管人员和其他直接责任人员,依法给予行政处分。

第八十二条　公司登记机关的上级部门强令公司登记机关对不符合规定条件的登记申请予以登记,或者对符合规定条件的登记申请不予登记的,或者对违法登记进行包庇的,对直接负责的主管人员和其他直接责任人员依法给予行政处分。

第八十三条　外国公司违反《公司法》规定,擅自在中国境内设立分支机构的,由公司登记机关责令改正或者关闭,可以并处5万元以上20万元以下的罚款。

第八十四条　利用公司名义从事危害国家安全、社会公共利益的严重违法行为的,吊销营业执照。

第八十五条 分公司有本章规定的违法行为的,适用本章规定。

第八十六条 违反本条例规定,构成犯罪的,依法追究刑事责任。

第十二章 附 则

第八十七条 外商投资的公司的登记适用本条例。有关外商投资企业的法律对其登记另有规定的,适用其规定。

第八十八条 法律、行政法规或者国务院决定规定设立公司必须报经批准,或者公司经营范围中属于法律、行政法规或者国务院决定规定在登记前须经批准的项目的,由国家工商行政管理总局依照法律、行政法规或者国务院决定规定编制企业登记前置行政许可目录并公布。

第八十九条 本条例自1994年7月1日起施行。

第三编 证 券 法

1. 中华人民共和国证券法

（1998年12月29日第九届全国人民代表大会常务委员会第六次会议通过，根据2004年8月28日第十届全国人民代表大会常务委员会第十一次会议《关于修改〈中华人民共和国证券法〉的决定》修正，2005年10月27日第十届全国人民代表大会常务委员会第十八次会议修订）

目 录

第一章 总则
第二章 证券发行
第三章 证券交易
　　第一节 一般规定
　　第二节 证券上市
　　第三节 持续信息公开
　　第四节 禁止的交易行为
第四章 上市公司的收购
第五章 证券交易所
第六章 证券公司
第七章 证券登记结算机构
第八章 证券服务机构
第九章 证券业协会
第十章 证券监督管理机构
第十一章 法律责任
第十二章 附则

第一章 总　则

第一条 为了规范证券发行和交易行为,保护投资者的合法权益,维护社会经济秩序和社会公共利益,促进社会主义市场经济的发展,制定本法。

第二条 在中华人民共和国境内,股票、公司债券和国务院依法认定的其他证券的发行和交易,适用本法;本法未规定的,适用《中华人民共和国公司法》和其他法律、行政法规的规定。

政府债券、证券投资基金份额的上市交易,适用本法;其他法律、行政法规有特别规定的,适用其规定。

证券衍生品种发行、交易的管理办法,由国务院依照本法的原则规定。

第三条 证券的发行、交易活动,必须实行公开、公平、公正的原则。

第四条 证券发行、交易活动的当事人具有平等的法律地位,应当遵守自愿、有偿、诚实信用的原则。

第五条 证券的发行、交易活动,必须遵守法律、行政法规;禁止欺诈、内幕交易和操纵证券市场的行为。

第六条 证券业和银行业、信托业、保险业实行分业经营、分业管理,证券公司与银行、信托、保险业务机构分别设立。国家另有规定的除外。

第七条 国务院证券监督管理机构依法对全国证券市场实行集中统一监督管理。

国务院证券监督管理机构根据需要可以设立派出机构,按照授权履行监督管理职责。

第八条 在国家对证券发行、交易活动实行集中统一监督管理的前提下,依法设立证券业协会,实行自律性管理。

第九条 国家审计机关依法对证券交易所、证券公司、证券登记结算机构、证券监督管理机构进行审计监督。

第二章　证券发行

第十条 公开发行证券,必须符合法律、行政法规规定的条件,并依法报经国务院证券监督管理机构或者国务院授权的部门核准;未经依法核准,任何单位和个人不得公开发行证券。

有下列情形之一的,为公开发行:

(一)向不特定对象发行证券;

(二)向累计超过二百人的特定对象发行证券;

(三)法律、行政法规规定的其他发行行为。

非公开发行证券,不得采用广告、公开劝诱和变相公开方式。

第十一条 发行人申请公开发行股票、可转换为股票的公司债券,依法采取承销方式的,或者公开发行法律、行政法规规定实行保荐制度的其他证券的,应当聘请具有保荐资格的机构担任保荐人。

保荐人应当遵守业务规则和行业规范,诚实守信,勤勉尽责,对发行人的申请文件和信息披露资料进行审慎核查,督导发行人规范运作。

保荐人的资格及其管理办法由国务院证券监督管理机构规定。

第十二条 设立股份有限公司公开发行股票,应当符合《中华人民共和国公司法》规定的条件和经国务院批准的国务院证券监督管理机构规定的其他条件,向国务院证券监督管理机构报送募股申请和下列文件:

(一)公司章程;

(二)发起人协议;

(三)发起人姓名或者名称,发起人认购的股份数、出资种类及验资证明;

(四)招股说明书;

(五)代收股款银行的名称及地址;

(六)承销机构名称及有关的协议。

依照本法规定聘请保荐人的,还应当报送保荐人出具的发行保荐书。

法律、行政法规规定设立公司必须经批准的,还应当提交相应的批准文件。

第十三条 公司公开发行新股,应当符合下列条件:

(一)具备健全且运行良好的组织机构;

(二)具有持续盈利能力,财务状况良好;

(三)最近三年财务会计文件无虚假记载,无其他重大违法行为;

(四)经国务院批准的国务院证券监督管理机构规定的其他条件。

上市公司非公开发行新股,应当符合经国务院批准的国务院证券监督管理机构规定的条件,并报国务院证券监督管理机构核准。

第十四条 公司公开发行新股,应当向国务院证券监督管理机构报送募股申请和下列文件:

(一)公司营业执照;

(二)公司章程;

(三)股东大会决议;

(四)招股说明书;

(五)财务会计报告;

(六)代收股款银行的名称及地址;

(七)承销机构名称及有关的协议。

依照本法规定聘请保荐人的,还应当报送保荐人出具的发行保荐书。

第十五条 公司对公开发行股票所募集资金,必须按照招股说明书所列资金用途使用。改变招股说明书所列资金用途,必须经股东大会作出决议。擅自改变用途而未作纠正的,或者未经股东大会认可的,不得公开发行新股,上市公司也不得非公开发行新股。

第十六条 公开发行公司债券,应当符合下列条件:

(一)股份有限公司的净资产不低于人民币三千万元,有限责任公司的净资产不低于人民币六千万元;

（二）累计债券余额不超过公司净资产的百分之四十；

（三）最近三年平均可分配利润足以支付公司债券一年的利息；

（四）筹集的资金投向符合国家产业政策；

（五）债券的利率不超过国务院限定的利率水平；

（六）国务院规定的其他条件。

公开发行公司债券筹集的资金，必须用于核准的用途，不得用于弥补亏损和非生产性支出。

上市公司发行可转换为股票的公司债券，除应当符合第一款规定的条件外，还应当符合本法关于公开发行股票的条件，并报国务院证券监督管理机构核准。

第十七条 申请公开发行公司债券，应当向国务院授权的部门或者国务院证券监督管理机构报送下列文件：

（一）公司营业执照；

（二）公司章程；

（三）公司债券募集办法；

（四）资产评估报告和验资报告；

（五）国务院授权的部门或者国务院证券监督管理机构规定的其他文件。

依照本法规定聘请保荐人的，还应当报送保荐人出具的发行保荐书。

第十八条 有下列情形之一的，不得再次公开发行公司债券：

（一）前一次公开发行的公司债券尚未募足；

（二）对已公开发行的公司债券或者其他债务有违约或者延迟支付本息的事实，仍处于继续状态；

（三）违反本法规定，改变公开发行公司债券所募资金的用途。

第十九条 发行人依法申请核准发行证券所报送的申请文件的格式、报送方式，由依法负责核准的机构或者部门规定。

第二十条 发行人向国务院证券监督管理机构或者国务院授权的部门报送的证券发行申请文件，必须真实、准确、完整。

为证券发行出具有关文件的证券服务机构和人员，必须严格履行法定职责，保证其所出具文件的真实性、准确性和完整性。

第二十一条 发行人申请首次公开发行股票的，在提交申请文件后，应当按照国务院证券监督管理机构的规定预先披露有关申请文件。

第二十二条 国务院证券监督管理机构设发行审核委员会，依法审核股票发行申请。

发行审核委员会由国务院证券监督管理机构的专业人员和所聘请的该机构外的有关专家组成，以投票方式对股票发行申请进行表决，提出审核意见。

发行审核委员会的具体组成办法、组成人员任期、工作程序，由国务院证券监督管理机构规定。

第二十三条 国务院证券监督管理机构依照法定条件负责核准股票发行申请。核准程序应当公开，依法接受监督。

参与审核和核准股票发行申请的人员,不得与发行申请人有利害关系,不得直接或者间接接受发行申请人的馈赠,不得持有所核准的发行申请的股票,不得私下与发行申请人进行接触。

国务院授权的部门对公司债券发行申请的核准,参照前两款的规定执行。

第二十四条 国务院证券监督管理机构或者国务院授权的部门应当自受理证券发行申请文件之日起三个月内,依照法定条件和法定程序作出予以核准或者不予核准的决定,发行人根据要求补充、修改发行申请文件的时间不计算在内;不予核准的,应当说明理由。

第二十五条 证券发行申请经核准,发行人应当依照法律、行政法规的规定,在证券公开发行前,公告公开发行募集文件,并将该文件置备于指定场所供公众查阅。

发行证券的信息依法公开前,任何知情人不得公开或者泄露该信息。

发行人不得在公告公开发行募集文件前发行证券。

第二十六条 国务院证券监督管理机构或者国务院授权的部门对已作出的核准证券发行的决定,发现不符合法定条件或者法定程序,尚未发行证券的,应当予以撤销,停止发行。已经发行尚未上市的,撤销发行核准决定,发行人应当按照发行价并加算银行同期存款利息返还证券持有人;保荐人应当与发行人承担连带责任,但是能够证明自己没有过错的除外;发行人的控股股东、实际控制人有过错的,应当与发行人承担连带责任。

第二十七条 股票依法发行后,发行人经营与收益的变化,由发行人自行负责;由此变化引致的投资风险,由投资者自行负责。

第二十八条 发行人向不特定对象公开发行的证券,法律、行政法规规定应当由证券公司承销的,发行人应当同证券公司签订承销协议。证券承销业务采取代销或者包销方式。

证券代销是指证券公司代发行人发售证券,在承销期结束时,将未售出的证券全部退还给发行人的承销方式。

证券包销是指证券公司将发行人的证券按照协议全部购入或者在承销期结束时将售后剩余证券全部自行购入的承销方式。

第二十九条 公开发行证券的发行人有权依法自主选择承销的证券公司。证券公司不得以不正当竞争手段招揽证券承销业务。

第三十条 证券公司承销证券,应当同发行人签订代销或者包销协议,载明下列事项:

(一)当事人的名称、住所及法定代表人姓名;

(二)代销、包销证券的种类、数量、金额及发行价格;

(三)代销、包销的期限及起止日期;

(四)代销、包销的付款方式及日期;

(五)代销、包销的费用和结算办法;

(六)违约责任;

(七)国务院证券监督管理机构规定的其他事项。

第三十一条 证券公司承销证券,应当对公开发行募集文件的真实性、准确性、完整性进行核查;发现有虚假记载、误导性陈述或者重大遗漏的,不得进行销售活动;已经销售的,必须立即停止销售活动,并采取纠正措施。

第三十二条　向不特定对象公开发行的证券票面总值超过人民币五千万元的,应当由承销团承销。承销团应当由主承销和参与承销的证券公司组成。

第三十三条　证券的代销、包销期限最长不得超过九十日。

证券公司在代销、包销期内,对所代销、包销的证券应当保证先行出售给认购人,证券公司不得为本公司预留所代销的证券和预先购入并留存所包销的证券。

第三十四条　股票发行采取溢价发行的,其发行价格由发行人与承销的证券公司协商确定。

第三十五条　股票发行采用代销方式,代销期限届满,向投资者出售的股票数量未达到拟公开发行股票数量百分之七十的,为发行失败。发行人应当按照发行价并加算银行同期存款利息返还股票认购人。

第三十六条　公开发行股票,代销、包销期限届满,发行人应当在规定的期限内将股票发行情况报国务院证券监督管理机构备案。

第三章　证券交易

第一节　一般规定

第三十七条　证券交易当事人依法买卖的证券,必须是依法发行并交付的证券。

非依法发行的证券,不得买卖。

第三十八条　依法发行的股票、公司债券及其他证券,法律对其转让期限有限制性规定的,在限定的期限内不得买卖。

第三十九条　依法公开发行的股票、公司债券及其他证券,应当在依法设立的证券交易所上市交易或者在国务院批准的其他证券交易场所转让。

第四十条　证券在证券交易所上市交易,应当采用公开的集中交易方式或者国务院证券监督管理机构批准的其他方式。

第四十一条　证券交易当事人买卖的证券可以采用纸面形式或者国务院证券监督管理机构规定的其他形式。

第四十二条　证券交易以现货和国务院规定的其他方式进行交易。

第四十三条　证券交易所、证券公司和证券登记结算机构的从业人员、证券监督管理机构的工作人员以及法律、行政法规禁止参与股票交易的其他人员,在任期或者法定限期内,不得直接或者以化名、借他人名义持有、买卖股票,也不得收受他人赠送的股票。

任何人在成为前款所列人员时,其原已持有的股票,必须依法转让。

第四十四条　证券交易所、证券公司、证券登记结算机构必须依法为客户开立的账户保密。

第四十五条　为股票发行出具审计报告、资产评估报告或者法律意见书等文件的证券服务机构和人员,在该股票承销期内和期满后六个月内,不得买卖该种股票。

除前款规定外,为上市公司出具审计报告、资产评估报告或者法律意见书等文件的证券服务机构和人员,自接受上市公司委托之日起至上述文件公开后五日内,不得买卖该种股票。

第四十六条　证券交易的收费必须合理,并公开收费项目、收费标准和收费办法。

证券交易的收费项目、收费标准和管理办法由国务院有关主管部门统一规定。

第四十七条　上市公司董事、监事、高级管理人员、持有上市公司股份百分之五以上的股东,将其持有的该公司的股票在买入后六个月内卖出,或者在卖出后六个月内又买入,由此所得收益归该公司所有,公司董事会应当收回其所得收益。但是,证券公司因包销购入售后剩余股票而持有百分之五以上股份的,卖出该股票不受六个月时间限制。

公司董事会不按照前款规定执行的,股东有权要求董事会在三十日内执行。公司董事会未在上述期限内执行的,股东有权为了公司的利益以自己的名义直接向人民法院提起诉讼。

公司董事会不按照第一款的规定执行的,负有责任的董事依法承担连带责任。

第二节　证券上市

第四十八条　申请证券上市交易,应当向证券交易所提出申请,由证券交易所依法审核同意,并由双方签订上市协议。

证券交易所根据国务院授权的部门的决定安排政府债券上市交易。

第四十九条　申请股票、可转换为股票的公司债券或者法律、行政法规规定实行保荐制度的其他证券上市交易,应当聘请具有保荐资格的机构担任保荐人。

本法第十一条第二款、第三款的规定适用于上市保荐人。

第五十条　股份有限公司申请股票上市,应当符合下列条件:

(一)股票经国务院证券监督管理机构核准已公开发行;

(二)公司股本总额不少于人民币三千万元;

(三)公开发行的股份达到公司股份总数的百分之二十五以上;公司股本总额超过人民币四亿元的,公开发行股份的比例为百分之十以上;

(四)公司最近三年无重大违法行为,财务会计报告无虚假记载。

证券交易所可以规定高于前款规定的上市条件,并报国务院证券监督管理机构批准。

第五十一条　国家鼓励符合产业政策并符合上市条件的公司股票上市交易。

第五十二条　申请股票上市交易,应当向证券交易所报送下列文件:

(一)上市报告书;

(二)申请股票上市的股东大会决议;

(三)公司章程;

(四)公司营业执照;

(五)依法经会计师事务所审计的公司最近三年的财务会计报告;

(六)法律意见书和上市保荐书;

(七)最近一次的招股说明书;

(八)证券交易所上市规则规定的其他文件。

第五十三条　股票上市交易申请经证券交易所审核同意后,签订上市协议的公司应当在规定的期限内公告股票上市的有关文件,并将该文件置备于指定场所供公众查阅。

第五十四条　签订上市协议的公司除公告前条规定的文件外,还应当公告下列事项:

（一）股票获准在证券交易所交易的日期；

（二）持有公司股份最多的前十名股东的名单和持股数额；

（三）公司的实际控制人；

（四）董事、监事、高级管理人员的姓名及其持有本公司股票和债券的情况。

第五十五条 上市公司有下列情形之一的，由证券交易所决定暂停其股票上市交易：

（一）公司股本总额、股权分布等发生变化不再具备上市条件；

（二）公司不按照规定公开其财务状况，或者对财务会计报告作虚假记载，可能误导投资者；

（三）公司有重大违法行为；

（四）公司最近三年连续亏损；

（五）证券交易所上市规则规定的其他情形。

第五十六条 上市公司有下列情形之一的，由证券交易所决定终止其股票上市交易：

（一）公司股本总额、股权分布等发生变化不再具备上市条件，在证券交易所规定的期限内仍不能达到上市条件；

（二）公司不按照规定公开其财务状况，或者对财务会计报告作虚假记载，且拒绝纠正；

（三）公司最近三年连续亏损，在其后一个年度内未能恢复盈利；

（四）公司解散或者被宣告破产；

（五）证券交易所上市规则规定的其他情形。

第五十七条 公司申请公司债券上市交易，应当符合下列条件：

（一）公司债券的期限为一年以上；

（二）公司债券实际发行额不少于人民币五千万元；

（三）公司申请债券上市时仍符合法定的公司债券发行条件。

第五十八条 申请公司债券上市交易，应当向证券交易所报送下列文件：

（一）上市报告书；

（二）申请公司债券上市的董事会决议；

（三）公司章程；

（四）公司营业执照；

（五）公司债券募集办法；

（六）公司债券的实际发行数额；

（七）证券交易所上市规则规定的其他文件。

申请可转换为股票的公司债券上市交易，还应当报送保荐人出具的上市保荐书。

第五十九条 公司债券上市交易申请经证券交易所审核同意后，签订上市协议的公司应当在规定的期限内公告公司债券上市文件及有关文件，并将其申请文件置备于指定场所供公众查阅。

第六十条 公司债券上市交易后，公司有下列情形之一的，由证券交易所决定暂停其公司债券上市交易：

（一）公司有重大违法行为；

（二）公司情况发生重大变化不符合公司债券上市条件；
（三）公司债券所募集资金不按照核准的用途使用；
（四）未按照公司债券募集办法履行义务；
（五）公司最近二年连续亏损。

第六十一条　公司有前条第（一）项、第（四）项所列情形之一经查实后果严重的，或者有前条第（二）项、第（三）项、第（五）项所列情形之一，在限期内未能消除的，由证券交易所决定终止其公司债券上市交易。

公司解散或者被宣告破产的，由证券交易所终止其公司债券上市交易。

第六十二条　对证券交易所作出的不予上市、暂停上市、终止上市决定不服的，可以向证券交易所设立的复核机构申请复核。

第三节　持续信息公开

第六十三条　发行人、上市公司依法披露的信息，必须真实、准确、完整，不得有虚假记载、误导性陈述或者重大遗漏。

第六十四条　经国务院证券监督管理机构核准依法公开发行股票，或者经国务院授权的部门核准依法公开发行公司债券，应当公告招股说明书、公司债券募集办法。依法公开发行新股或者公司债券的，还应当公告财务会计报告。

第六十五条　上市公司和公司债券上市交易的公司，应当在每一会计年度的上半年结束之日起二个月内，向国务院证券监督管理机构和证券交易所报送记载以下内容的中期报告，并予公告：

（一）公司财务会计报告和经营情况；
（二）涉及公司的重大诉讼事项；
（三）已发行的股票、公司债券变动情况；
（四）提交股东大会审议的重要事项；
（五）国务院证券监督管理机构规定的其他事项。

第六十六条　上市公司和公司债券上市交易的公司，应当在每一会计年度结束之日起四个月内，向国务院证券监督管理机构和证券交易所报送记载以下内容的年度报告，并予公告：

（一）公司概况；
（二）公司财务会计报告和经营情况；
（三）董事、监事、高级管理人员简介及其持股情况；
（四）已发行的股票、公司债券情况，包括持有公司股份最多的前十名股东名单和持股数额；
（五）公司的实际控制人；
（六）国务院证券监督管理机构规定的其他事项。

第六十七条　发生可能对上市公司股票交易价格产生较大影响的重大事件，投资者尚未得知时，上市公司应当立即将有关该重大事件的情况向国务院证券监督管理机构和证券交易所报送临时报告，并予公告，说明事件的起因、目前的状态和可能产生的法律后果。

下列情况为前款所称重大事件：

（一）公司的经营方针和经营范围的重大变化；

（二）公司的重大投资行为和重大的购置财产的决定；

（三）公司订立重要合同，可能对公司的资产、负债、权益和经营成果产生重要影响；

（四）公司发生重大债务和未能清偿到期重大债务的违约情况；

（五）公司发生重大亏损或者重大损失；

（六）公司生产经营的外部条件发生的重大变化；

（七）公司的董事、三分之一以上监事或者经理发生变动；

（八）持有公司百分之五以上股份的股东或者实际控制人，其持有股份或者控制公司的情况发生较大变化；

（九）公司减资、合并、分立、解散及申请破产的决定；

（十）涉及公司的重大诉讼，股东大会、董事会决议被依法撤销或者宣告无效；

（十一）公司涉嫌犯罪被司法机关立案调查，公司董事、监事、高级管理人员涉嫌犯罪被司法机关采取强制措施；

（十二）国务院证券监督管理机构规定的其他事项。

第六十八条 上市公司董事、高级管理人员应当对公司定期报告签署书面确认意见。

上市公司监事会应当对董事会编制的公司定期报告进行审核并提出书面审核意见。

上市公司董事、监事、高级管理人员应当保证上市公司所披露的信息真实、准确、完整。

第六十九条 发行人、上市公司公告的招股说明书、公司债券募集办法、财务会计报告、上市报告文件、年度报告、中期报告、临时报告以及其他信息披露资料，有虚假记载、误导性陈述或者重大遗漏，致使投资者在证券交易中遭受损失的，发行人、上市公司应当承担赔偿责任；发行人、上市公司的董事、监事、高级管理人员和其他直接责任人员以及保荐人、承销的证券公司，应当与发行人、上市公司承担连带赔偿责任，但是能够证明自己没有过错的除外；发行人、上市公司的控股股东、实际控制人有过错的，应当与发行人、上市公司承担连带赔偿责任。

第七十条 依法必须披露的信息，应当在国务院证券监督管理机构指定的媒体发布，同时将其置备于公司住所、证券交易所，供社会公众查阅。

第七十一条 国务院证券监督管理机构对上市公司年度报告、中期报告、临时报告以及公告的情况进行监督，对上市公司分派或者配售新股的情况进行监督，对上市公司控股股东及其他信息披露义务人的行为进行监督。

证券监督管理机构、证券交易所、保荐人、承销的证券公司及有关人员，对公司依照法律、行政法规规定必须作出的公告，在公告前不得泄露其内容。

第七十二条 证券交易所决定暂停或者终止证券上市交易的，应当及时公告，并报国务院证券监督管理机构备案。

第四节 禁止的交易行为

第七十三条 禁止证券交易内幕信息的知情人和非法获取内幕信息的人利用内幕信息

从事证券交易活动。

第七十四条 证券交易内幕信息的知情人包括：

（一）发行人的董事、监事、高级管理人员；

（二）持有公司百分之五以上股份的股东及其董事、监事、高级管理人员，公司的实际控制人及其董事、监事、高级管理人员；

（三）发行人控股的公司及其董事、监事、高级管理人员；

（四）由于所任公司职务可以获取公司有关内幕信息的人员；

（五）证券监督管理机构工作人员以及由于法定职责对证券的发行、交易进行管理的其他人员；

（六）保荐人、承销的证券公司、证券交易所、证券登记结算机构、证券服务机构的有关人员；

（七）国务院证券监督管理机构规定的其他人。

第七十五条 证券交易活动中，涉及公司的经营、财务或者对该公司证券的市场价格有重大影响的尚未公开的信息，为内幕信息。

下列信息皆属内幕信息：

（一）本法第六十七条第二款所列重大事件；

（二）公司分配股利或者增资的计划；

（三）公司股权结构的重大变化；

（四）公司债务担保的重大变更；

（五）公司营业用主要资产的抵押、出售或者报废一次超过该资产的百分之三十；

（六）公司的董事、监事、高级管理人员的行为可能依法承担重大损害赔偿责任；

（七）上市公司收购的有关方案；

（八）国务院证券监督管理机构认定的对证券交易价格有显著影响的其他重要信息。

第七十六条 证券交易内幕信息的知情人和非法获取内幕信息的人，在内幕信息公开前，不得买卖该公司的证券，或者泄露该信息，或者建议他人买卖该证券。

持有或者通过协议、其他安排与他人共同持有公司百分之五以上股份的自然人、法人、其他组织收购上市公司的股份，本法另有规定的，适用其规定。

内幕交易行为给投资者造成损失的，行为人应当依法承担赔偿责任。

第七十七条 禁止任何人以下列手段操纵证券市场：

（一）单独或者通过合谋，集中资金优势、持股优势或者利用信息优势联合或者连续买卖，操纵证券交易价格或者证券交易量；

（二）与他人串通，以事先约定的时间、价格和方式相互进行证券交易，影响证券交易价格或者证券交易量；

（三）在自己实际控制的账户之间进行证券交易，影响证券交易价格或者证券交易量；

（四）以其他手段操纵证券市场。

操纵证券市场行为给投资者造成损失的，行为人应当依法承担赔偿责任。

第七十八条 禁止国家工作人员、传播媒介从业人员和有关人员编造、传播虚假信息，扰乱证券市场。

禁止证券交易所、证券公司、证券登记结算机构、证券服务机构及其从业人员，证券业协会、证券监督管理机构及其工作人员，在证券交易活动中作出虚假陈述或者信息误导。

各种传播媒介传播证券市场信息必须真实、客观，禁止误导。

第七十九条 禁止证券公司及其从业人员从事下列损害客户利益的欺诈行为：

（一）违背客户的委托为其买卖证券；

（二）不在规定时间内向客户提供交易的书面确认文件；

（三）挪用客户所委托买卖的证券或者客户账户上的资金；

（四）未经客户的委托，擅自为客户买卖证券，或者假借客户的名义买卖证券；

（五）为牟取佣金收入，诱使客户进行不必要的证券买卖；

（六）利用传播媒介或者通过其他方式提供、传播虚假或者误导投资者的信息；

（七）其他违背客户真实意思表示，损害客户利益的行为。

欺诈客户行为给客户造成损失的，行为人应当依法承担赔偿责任。

第八十条 禁止法人非法利用他人账户从事证券交易；禁止法人出借自己或者他人的证券账户。

第八十一条 依法拓宽资金入市渠道，禁止资金违规流入股市。

第八十二条 禁止任何人挪用公款买卖证券。

第八十三条 国有企业和国有资产控股的企业买卖上市交易的股票，必须遵守国家有关规定。

第八十四条 证券交易所、证券公司、证券登记结算机构、证券服务机构及其从业人员对证券交易中发现的禁止的交易行为，应当及时向证券监督管理机构报告。

第四章 上市公司的收购

第八十五条 投资者可以采取要约收购、协议收购及其他合法方式收购上市公司。

第八十六条 通过证券交易所的证券交易，投资者持有或者通过协议、其他安排与他人共同持有一个上市公司已发行的股份达到百分之五时，应当在该事实发生之日起三日内，向国务院证券监督管理机构、证券交易所作出书面报告，通知该上市公司，并予公告；在上述期限内，不得再行买卖该上市公司的股票。

投资者持有或者通过协议、其他安排与他人共同持有一个上市公司已发行的股份达到百分之五后，其所持该上市公司已发行的股份比例每增加或者减少百分之五，应当依照前款规定进行报告和公告。在报告期限内和作出报告、公告后二日内，不得再行买卖该上市公司的股票。

第八十七条 依照前条规定所作的书面报告和公告，应当包括下列内容：

（一）持股人的名称、住所；

（二）持有的股票的名称、数额；

（三）持股达到法定比例或者持股增减变化达到法定比例的日期。

第八十八条 通过证券交易所的证券交易,投资者持有或者通过协议、其他安排与他人共同持有一个上市公司已发行的股份达到百分之三十时,继续进行收购的,应当依法向该上市公司所有股东发出收购上市公司全部或者部分股份的要约。

收购上市公司部分股份的收购要约应当约定,被收购公司股东承诺出售的股份数额超过预定收购的股份数额的,收购人按比例进行收购。

第八十九条 依照前条规定发出收购要约,收购人必须事先向国务院证券监督管理机构报送上市公司收购报告书,并载明下列事项:

(一)收购人的名称、住所;
(二)收购人关于收购的决定;
(三)被收购的上市公司名称;
(四)收购目的;
(五)收购股份的详细名称和预定收购的股份数额;
(六)收购期限、收购价格;
(七)收购所需资金额及资金保证;
(八)报送上市公司收购报告书时持有被收购公司股份数占该公司已发行的股份总数的比例。

收购人还应当将上市公司收购报告书同时提交证券交易所。

第九十条 收购人在依照前条规定报送上市公司收购报告书之日起十五日后,公告其收购要约。在上述期限内,国务院证券监督管理机构发现上市公司收购报告书不符合法律、行政法规规定的,应当及时告知收购人,收购人不得公告其收购要约。

收购要约约定的收购期限不得少于三十日,并不得超过六十日。

第九十一条 在收购要约确定的承诺期限内,收购人不得撤销其收购要约。收购人需要变更收购要约的,必须事先向国务院证券监督管理机构及证券交易所提出报告,经批准后,予以公告。

第九十二条 收购要约提出的各项收购条件,适用于被收购公司的所有股东。

第九十三条 采取要约收购方式的,收购人在收购期限内,不得卖出被收购公司的股票,也不得采取要约规定以外的形式和超出要约的条件买入被收购公司的股票。

第九十四条 采取协议收购方式的,收购人可以依照法律、行政法规的规定同被收购公司的股东以协议方式进行股份转让。

以协议方式收购上市公司时,达成协议后,收购人必须在三日内将该收购协议向国务院证券监督管理机构及证券交易所作出书面报告,并予公告。

在公告前不得履行收购协议。

第九十五条 采取协议收购方式的,协议双方可以临时委托证券登记结算机构保管协议转让的股票,并将资金存放于指定的银行。

第九十六条 采取协议收购方式的,收购人收购或者通过协议、其他安排与他人共同收购一个上市公司已发行的股份达到百分之三十时,继续进行收购的,应当向该上市公司所有股东发出收购上市公司全部或者部分股份的要约。但是,经国务院证券监督管理机构免除发出要约的除外。

收购人依照前款规定以要约方式收购上市公司股份,应当遵守本法第八十九条至第九十三条的规定。

第九十七条　收购期限届满,被收购公司股权分布不符合上市条件的,该上市公司的股票应当由证券交易所依法终止上市交易;其余仍持有被收购公司股票的股东,有权向收购人以收购要约的同等条件出售其股票,收购人应当收购。

收购行为完成后,被收购公司不再具备股份有限公司条件的,应当依法变更企业形式。

第九十八条　在上市公司收购中,收购人持有的被收购的上市公司的股票,在收购行为完成后的十二个月内不得转让。

第九十九条　收购行为完成后,收购人与被收购公司合并,并将该公司解散的,被解散公司的原有股票由收购人依法更换。

第一百条　收购行为完成后,收购人应当在十五日内将收购情况报告国务院证券监督管理机构和证券交易所,并予公告。

第一百零一条　收购上市公司中由国家授权投资的机构持有的股份,应当按照国务院的规定,经有关主管部门批准。

国务院证券监督管理机构应当依照本法的原则制定上市公司收购的具体办法。

第五章　证券交易所

第一百零二条　证券交易所是为证券集中交易提供场所和设施,组织和监督证券交易,实行自律管理的法人。

证券交易所的设立和解散,由国务院决定。

第一百零三条　设立证券交易所必须制定章程。

证券交易所章程的制定和修改,必须经国务院证券监督管理机构批准。

第一百零四条　证券交易所必须在其名称中标明证券交易所字样。其他任何单位或者个人不得使用证券交易所或者近似的名称。

第一百零五条　证券交易所可以自行支配的各项费用收入,应当首先用于保证其证券交易场所和设施的正常运行并逐步改善。

实行会员制的证券交易所的财产积累归会员所有,其权益由会员共同享有,在其存续期间,不得将其财产积累分配给会员。

第一百零六条　证券交易所设理事会。

第一百零七条　证券交易所设总经理一人,由国务院证券监督管理机构任免。

第一百零八条　有《中华人民共和国公司法》第一百四十七条规定的情形或者下列情形之一的,不得担任证券交易所的负责人:

(一)因违法行为或者违纪行为被解除职务的证券交易所、证券登记结算机构的负责人或者证券公司的董事、监事、高级管理人员,自被解除职务之日起未逾五年;

(二)因违法行为或者违纪行为被撤销资格的律师、注册会计师或者投资咨询机构、财务顾问机构、资信评级机构、资产评估机构、验证机构的专业人员,自被撤销资格之日起未逾五年。

第一百零九条 因违法行为或者违纪行为被开除的证券交易所、证券登记结算机构、证券服务机构、证券公司的从业人员和被开除的国家机关工作人员,不得招聘为证券交易所的从业人员。

第一百一十条 进入证券交易所参与集中交易的,必须是证券交易所的会员。

第一百一十一条 投资者应当与证券公司签订证券交易委托协议,并在证券公司开立证券交易账户,以书面、电话以及其他方式,委托该证券公司代其买卖证券。

第一百一十二条 证券公司根据投资者的委托,按照证券交易规则提出交易申报,参与证券交易所场内的集中交易,并根据成交结果承担相应的清算交收责任;证券登记结算机构根据成交结果,按照清算交收规则,与证券公司进行证券和资金的清算交收,并为证券公司客户办理证券的登记过户手续。

第一百一十三条 证券交易所应当为组织公平的集中交易提供保障,公布证券交易即时行情,并按交易日制作证券市场行情表,予以公布。

未经证券交易所许可,任何单位和个人不得发布证券交易即时行情。

第一百一十四条 因突发性事件而影响证券交易的正常进行时,证券交易所可以采取技术性停牌的措施;因不可抗力的突发性事件或者为维护证券交易的正常秩序,证券交易所可以决定临时停市。

证券交易所采取技术性停牌或者决定临时停市,必须及时报告国务院证券监督管理机构。

第一百一十五条 证券交易所对证券交易实行实时监控,并按照国务院证券监督管理机构的要求,对异常的交易情况提出报告。

证券交易所应当对上市公司及相关信息披露义务人披露信息进行监督,督促其依法及时、准确地披露信息。

证券交易所根据需要,可以对出现重大异常交易情况的证券账户限制交易,并报国务院证券监督管理机构备案。

第一百一十六条 证券交易所应当从其收取的交易费用和会员费、席位费中提取一定比例的金额设立风险基金。风险基金由证券交易所理事会管理。

风险基金提取的具体比例和使用办法,由国务院证券监督管理机构会同国务院财政部门规定。

第一百一十七条 证券交易所应当将收存的风险基金存入开户银行专门账户,不得擅自使用。

第一百一十八条 证券交易所依照证券法律、行政法规制定上市规则、交易规则、会员管理规则和其他有关规则,并报国务院证券监督管理机构批准。

第一百一十九条 证券交易所的负责人和其他从业人员在执行与证券交易有关的职务时,与其本人或者其亲属有利害关系的,应当回避。

第一百二十条 按照依法制定的交易规则进行的交易,不得改变其交易结果。对交易中违规交易者应负的民事责任不得免除;在违规交易中所获利益,依照有关规定处理。

第一百二十一条 在证券交易所内从事证券交易的人员,违反证券交易所有关交易规则的,由证券交易所给予纪律处分;对情节严重的,撤销其资格,禁止其入场进行证券交易。

第六章 证券公司

第一百二十二条 设立证券公司,必须经国务院证券监督管理机构审查批准。未经国务院证券监督管理机构批准,任何单位和个人不得经营证券业务。

第一百二十三条 本法所称证券公司是指依照《中华人民共和国公司法》和本法规定设立的经营证券业务的有限责任公司或者股份有限公司。

第一百二十四条 设立证券公司,应当具备下列条件:

(一)有符合法律、行政法规规定的公司章程;

(二)主要股东具有持续盈利能力,信誉良好,最近三年无重大违法违规记录,净资产不低于人民币二亿元;

(三)有符合本法规定的注册资本;

(四)董事、监事、高级管理人员具备任职资格,从业人员具有证券从业资格;

(五)有完善的风险管理与内部控制制度;

(六)有合格的经营场所和业务设施;

(七)法律、行政法规规定的和经国务院批准的国务院证券监督管理机构规定的其他条件。

第一百二十五条 经国务院证券监督管理机构批准,证券公司可以经营下列部分或者全部业务:

(一)证券经纪;

(二)证券投资咨询;

(三)与证券交易、证券投资活动有关的财务顾问;

(四)证券承销与保荐;

(五)证券自营;

(六)证券资产管理;

(七)其他证券业务。

第一百二十六条 证券公司必须在其名称中标明证券有限责任公司或者证券股份有限公司字样。

第一百二十七条 证券公司经营本法第一百二十五条第(一)项至第(三)项业务的,注册资本最低限额为人民币五千万元;经营第(四)项至第(七)项业务之一的,注册资本最低限额为人民币一亿元;经营第(四)项至第(七)项业务中两项以上的,注册资本最低限额为人民币五亿元。证券公司的注册资本应当是实缴资本。

国务院证券监督管理机构根据审慎监管原则和各项业务的风险程度,可以调整注册资本最低限额,但不得少于前款规定的限额。

第一百二十八条　国务院证券监督管理机构应当自受理证券公司设立申请之日起六个月内,依照法定条件和法定程序并根据审慎监管原则进行审查,作出批准或者不予批准的决定,并通知申请人;不予批准的,应当说明理由。

证券公司设立申请获得批准的,申请人应当在规定的期限内向公司登记机关申请设立登记,领取营业执照。

证券公司应当自领取营业执照之日起十五日内,向国务院证券监督管理机构申请经营证券业务许可证。未取得经营证券业务许可证,证券公司不得经营证券业务。

第一百二十九条　证券公司设立、收购或者撤销分支机构,变更业务范围或者注册资本,变更持有百分之五以上股权的股东、实际控制人,变更公司章程中的重要条款,合并、分立、变更公司形式、停业、解散、破产,必须经国务院证券监督管理机构批准。

证券公司在境外设立、收购或者参股证券经营机构,必须经国务院证券监督管理机构批准。

第一百三十条　国务院证券监督管理机构应当对证券公司的净资本,净资本与负债的比例,净资本与净资产的比例,净资本与自营、承销、资产管理等业务规模的比例,负债与净资产的比例,以及流动资产与流动负债的比例等风险控制指标作出规定。

证券公司不得为其股东或者股东的关联人提供融资或者担保。

第一百三十一条　证券公司的董事、监事、高级管理人员,应当正直诚实,品行良好,熟悉证券法律、行政法规,具有履行职责所需的经营管理能力,并在任职前取得国务院证券监督管理机构核准的任职资格。

有《中华人民共和国公司法》第一百四十七条规定的情形或者下列情形之一的,不得担任证券公司的董事、监事、高级管理人员:

(一) 因违法行为或者违纪行为被解除职务的证券交易所、证券登记结算机构的负责人或者证券公司的董事、监事、高级管理人员,自被解除职务之日起未逾五年;

(二) 因违法行为或者违纪行为被撤销资格的律师、注册会计师或者投资咨询机构、财务顾问机构、资信评级机构、资产评估机构、验证机构的专业人员,自被撤销资格之日起未逾五年。

第一百三十二条　因违法行为或者违纪行为被开除的证券交易所、证券登记结算机构、证券服务机构、证券公司的从业人员和被开除的国家机关工作人员,不得招聘为证券公司的从业人员。

第一百三十三条　国家机关工作人员和法律、行政法规规定的禁止在公司中兼职的其他人员,不得在证券公司中兼任职务。

第一百三十四条　国家设立证券投资者保护基金。证券投资者保护基金由证券公司缴纳的资金及其他依法筹集的资金组成,其筹集、管理和使用的具体办法由国务院规定。

第一百三十五条　证券公司从每年的税后利润中提取交易风险准备金,用于弥补证券交易的损失,其提取的具体比例由国务院证券监督管理机构规定。

第一百三十六条　证券公司应当建立健全内部控制制度,采取有效隔离措施,防范公司与客户之间、不同客户之间的利益冲突。

证券公司必须将其证券经纪业务、证券承销业务、证券自营业务和证券资产管理业务分开办理,不得混合操作。

第一百三十七条 证券公司的自营业务必须以自己的名义进行,不得假借他人名义或者以个人名义进行。

证券公司的自营业务必须使用自有资金和依法筹集的资金。

证券公司不得将其自营账户借给他人使用。

第一百三十八条 证券公司依法享有自主经营的权利,其合法经营不受干涉。

第一百三十九条 证券公司客户的交易结算资金应当存放在商业银行,以每个客户的名义单独立户管理。具体办法和实施步骤由国务院规定。

证券公司不得将客户的交易结算资金和证券归入其自有财产。禁止任何单位或者个人以任何形式挪用客户的交易结算资金和证券。证券公司破产或者清算时,客户的交易结算资金和证券不属于其破产财产或者清算财产。非因客户本身的债务或者法律规定的其他情形,不得查封、冻结、扣划或者强制执行客户的交易结算资金和证券。

第一百四十条 证券公司办理经纪业务,应当置备统一制定的证券买卖委托书,供委托人使用。采取其他委托方式的,必须作出委托记录。

客户的证券买卖委托,不论是否成交,其委托记录应当按照规定的期限,保存于证券公司。

第一百四十一条 证券公司接受证券买卖的委托,应当根据委托书载明的证券名称、买卖数量、出价方式、价格幅度等,按照交易规则代理买卖证券,如实进行交易记录;买卖成交后,应当按照规定制作买卖成交报告单交付客户。

证券交易中确认交易行为及其交易结果的对账单必须真实,并由交易经办人员以外的审核人员逐笔审核,保证账面证券余额与实际持有的证券相一致。

第一百四十二条 证券公司为客户买卖证券提供融资融券服务,应当按照国务院的规定并经国务院证券监督管理机构批准。

第一百四十三条 证券公司办理经纪业务,不得接受客户的全权委托而决定证券买卖、选择证券种类、决定买卖数量或者买卖价格。

第一百四十四条 证券公司不得以任何方式对客户证券买卖的收益或者赔偿证券买卖的损失作出承诺。

第一百四十五条 证券公司及其从业人员不得未经过其依法设立的营业场所私下接受客户委托买卖证券。

第一百四十六条 证券公司的从业人员在证券交易活动中,执行所属的证券公司的指令或者利用职务违反交易规则的,由所属的证券公司承担全部责任。

第一百四十七条 证券公司应当妥善保存客户开户资料、委托记录、交易记录和与内部管理、业务经营有关的各项资料,任何人不得隐匿、伪造、篡改或者毁损。上述资料的保存期限不得少于二十年。

第一百四十八条 证券公司应当按照规定向国务院证券监督管理机构报送业务、财务等经营管理信息和资料。国务院证券监督管理机构有权要求证券公司及其股东、实际控制人在指定的期限内提供有关信息、资料。

证券公司及其股东、实际控制人向国务院证券监督管理机构报送或者提供的信息、资料，必须真实、准确、完整。

第一百四十九条　国务院证券监督管理机构认为有必要时，可以委托会计师事务所、资产评估机构对证券公司的财务状况、内部控制状况、资产价值进行审计或者评估。具体办法由国务院证券监督管理机构会同有关主管部门制定。

第一百五十条　证券公司的净资本或者其他风险控制指标不符合规定的，国务院证券监督管理机构应当责令其限期改正；逾期未改正，或者其行为严重危及该证券公司的稳健运行、损害客户合法权益的，国务院证券监督管理机构可以区别情形，对其采取下列措施：

（一）限制业务活动，责令暂停部分业务，停止批准新业务；

（二）停止批准增设、收购营业性分支机构；

（三）限制分配红利，限制向董事、监事、高级管理人员支付报酬、提供福利；

（四）限制转让财产或者在财产上设定其他权利；

（五）责令更换董事、监事、高级管理人员或者限制其权利；

（六）责令控股股东转让股权或者限制有关股东行使股东权利；

（七）撤销有关业务许可。

证券公司整改后，应当向国务院证券监督管理机构提交报告。国务院证券监督管理机构经验收，符合有关风险控制指标的，应当自验收完毕之日起三日内解除对其采取的前款规定的有关措施。

第一百五十一条　证券公司的股东有虚假出资、抽逃出资行为的，国务院证券监督管理机构应当责令其限期改正，并可责令其转让所持证券公司的股权。

在前款规定的股东按照要求改正违法行为、转让所持证券公司的股权前，国务院证券监督管理机构可以限制其股东权利。

第一百五十二条　证券公司的董事、监事、高级管理人员未能勤勉尽责，致使证券公司存在重大违法违规行为或者重大风险的，国务院证券监督管理机构可以撤销其任职资格，并责令公司予以更换。

第一百五十三条　证券公司违法经营或者出现重大风险，严重危害证券市场秩序、损害投资者利益的，国务院证券监督管理机构可以对该证券公司采取责令停业整顿、指定其他机构托管、接管或者撤销等监管措施。

第一百五十四条　在证券公司被责令停业整顿、被依法指定托管、接管或者清算期间，或者出现重大风险时，经国务院证券监督管理机构批准，可以对该证券公司直接负责的董事、监事、高级管理人员和其他直接责任人员采取以下措施：

（一）通知出境管理机关依法阻止其出境；

（二）申请司法机关禁止其转移、转让或者以其他方式处分财产，或者在财产上设定其他权利。

第七章　证券登记结算机构

第一百五十五条　证券登记结算机构是为证券交易提供集中登记、存管与结算服务，不以营利为目的的法人。

设立证券登记结算机构必须经国务院证券监督管理机构批准。

第一百五十六条 设立证券登记结算机构,应当具备下列条件:

(一)自有资金不少于人民币二亿元;

(二)具有证券登记、存管和结算服务所必需的场所和设施;

(三)主要管理人员和从业人员必须具有证券从业资格;

(四)国务院证券监督管理机构规定的其他条件。

证券登记结算机构的名称中应当标明证券登记结算字样。

第一百五十七条 证券登记结算机构履行下列职能:

(一)证券账户、结算账户的设立;

(二)证券的存管和过户;

(三)证券持有人名册登记;

(四)证券交易所上市证券交易的清算和交收;

(五)受发行人的委托派发证券权益;

(六)办理与上述业务有关的查询;

(七)国务院证券监督管理机构批准的其他业务。

第一百五十八条 证券登记结算采取全国集中统一的运营方式。

证券登记结算机构章程、业务规则应当依法制定,并须经国务院证券监督管理机构批准。

第一百五十九条 证券持有人持有的证券,在上市交易时,应当全部存管在证券登记结算机构。

证券登记结算机构不得挪用客户的证券。

第一百六十条 证券登记结算机构应当向证券发行人提供证券持有人名册及其有关资料。

证券登记结算机构应当根据证券登记结算的结果,确认证券持有人持有证券的事实,提供证券持有人登记资料。

证券登记结算机构应当保证证券持有人名册和登记过户记录真实、准确、完整,不得隐匿、伪造、篡改或者毁损。

第一百六十一条 证券登记结算机构应当采取下列措施保证业务的正常进行:

(一)具有必备的服务设备和完善的数据安全保护措施;

(二)建立完善的业务、财务和安全防范等管理制度;

(三)建立完善的风险管理系统。

第一百六十二条 证券登记结算机构应当妥善保存登记、存管和结算的原始凭证及有关文件和资料。其保存期限不得少于二十年。

第一百六十三条 证券登记结算机构应当设立结算风险基金,用于垫付或者弥补因违约交收、技术故障、操作失误、不可抗力造成的证券登记结算机构的损失。

证券结算风险基金从证券登记结算机构的业务收入和收益中提取,并可以由结算参与人按照证券交易业务量的一定比例缴纳。

证券结算风险基金的筹集、管理办法,由国务院证券监督管理机构会同国务院财政部门规定。

第一百六十四条 证券结算风险基金应当存入指定银行的专门账户,实行专项管理。

证券登记结算机构以风险基金赔偿后,应当向有关责任人追偿。

第一百六十五条 证券登记结算机构申请解散,应当经国务院证券监督管理机构批准。

第一百六十六条 投资者委托证券公司进行证券交易,应当申请开立证券账户。证券登记结算机构应当按照规定以投资者本人的名义为投资者开立证券账户。

投资者申请开立账户,必须持有证明中国公民身份或者中国法人资格的合法证件。国家另有规定的除外。

第一百六十七条 证券登记结算机构为证券交易提供净额结算服务时,应当要求结算参与人按照货银对付的原则,足额交付证券和资金,并提供交收担保。

在交收完成之前,任何人不得动用用于交收的证券、资金和担保物。

结算参与人未按时履行交收义务的,证券登记结算机构有权按照业务规则处理前款所述财产。

第一百六十八条 证券登记结算机构按照业务规则收取的各类结算资金和证券,必须存放于专门的清算交收账户,只能按业务规则用于已成交的证券交易的清算交收,不得被强制执行。

第八章　证券服务机构

第一百六十九条 投资咨询机构、财务顾问机构、资信评级机构、资产评估机构、会计师事务所从事证券服务业务,必须经国务院证券监督管理机构和有关主管部门批准。

投资咨询机构、财务顾问机构、资信评级机构、资产评估机构、会计师事务所从事证券服务业务的审批管理办法,由国务院证券监督管理机构和有关主管部门制定。

第一百七十条 投资咨询机构、财务顾问机构、资信评级机构从事证券服务业务的人员,必须具备证券专业知识和从事证券业务或者证券服务业务二年以上经验。认定其证券从业资格的标准和管理办法,由国务院证券监督管理机构制定。

第一百七十一条 投资咨询机构及其从业人员从事证券服务业务不得有下列行为:

(一)代理委托人从事证券投资;

(二)与委托人约定分享证券投资收益或者分担证券投资损失;

(三)买卖本咨询机构提供服务的上市公司股票;

(四)利用传播媒介或者通过其他方式提供、传播虚假或者误导投资者的信息;

(五)法律、行政法规禁止的其他行为。

有前款所列行为之一,给投资者造成损失的,依法承担赔偿责任。

第一百七十二条 从事证券服务业务的投资咨询机构和资信评级机构,应当按照国务院有关主管部门规定的标准或者收费办法收取服务费用。

第一百七十三条 证券服务机构为证券的发行、上市、交易等证券业务活动制作、出具审计报告、资产评估报告、财务顾问报告、资信评级报告或者法律意见书等文件,应当勤勉尽责,对所制作、出具的文件内容的真实性、准确性、完整性进行核查和验证。其制作、出具的文件有虚假记载、误导性陈述或者重大遗漏,给他人造成损失的,应当与发行人、上市公司承担连带赔偿责任,但是能够证明自己没有过错的除外。

第九章 证券业协会

第一百七十四条 证券业协会是证券业的自律性组织,是社会团体法人。

证券公司应当加入证券业协会。

证券业协会的权力机构为全体会员组成的会员大会。

第一百七十五条 证券业协会章程由会员大会制定,并报国务院证券监督管理机构备案。

第一百七十六条 证券业协会履行下列职责:

(一)教育和组织会员遵守证券法律、行政法规;

(二)依法维护会员的合法权益,向证券监督管理机构反映会员的建议和要求;

(三)收集整理证券信息,为会员提供服务;

(四)制定会员应遵守的规则,组织会员单位的从业人员的业务培训,开展会员间的业务交流;

(五)对会员之间、会员与客户之间发生的证券业务纠纷进行调解;

(六)组织会员就证券业的发展、运作及有关内容进行研究;

(七)监督、检查会员行为,对违反法律、行政法规或者协会章程的,按照规定给予纪律处分;

(八)证券业协会章程规定的其他职责。

第一百七十七条 证券业协会设理事会。理事会成员依章程的规定由选举产生。

第十章 证券监督管理机构

第一百七十八条 国务院证券监督管理机构依法对证券市场实行监督管理,维护证券市场秩序,保障其合法运行。

第一百七十九条 国务院证券监督管理机构在对证券市场实施监督管理中履行下列职责:

(一)依法制定有关证券市场监督管理的规章、规则,并依法行使审批或者核准权;

(二)依法对证券的发行、上市、交易、登记、存管、结算,进行监督管理;

(三)依法对证券发行人、上市公司、证券交易所、证券公司、证券登记结算机构、证券投资基金管理公司、证券服务机构的证券业务活动,进行监督管理;

(四)依法制定从事证券业务人员的资格标准和行为准则,并监督实施;

(五)依法监督检查证券发行、上市和交易的信息公开情况;

（六）依法对证券业协会的活动进行指导和监督；

（七）依法对违反证券市场监督管理法律、行政法规的行为进行查处；

（八）法律、行政法规规定的其他职责。

国务院证券监督管理机构可以和其他国家或者地区的证券监督管理机构建立监督管理合作机制，实施跨境监督管理。

第一百八十条　国务院证券监督管理机构依法履行职责，有权采取下列措施：

（一）对证券发行人、上市公司、证券公司、证券投资基金管理公司、证券服务机构、证券交易所、证券登记结算机构进行现场检查；

（二）进入涉嫌违法行为发生场所调查取证；

（三）询问当事人和与被调查事件有关的单位和个人，要求其对与被调查事件有关的事项作出说明；

（四）查阅、复制与被调查事件有关的财产权登记、通讯记录等资料；

（五）查阅、复制当事人和与被调查事件有关的单位和个人的证券交易记录、登记过户记录、财务会计资料及其他相关文件和资料；对可能被转移、隐匿或者毁损的文件和资料，可以予以封存；

（六）查询当事人和与被调查事件有关的单位和个人的资金账户、证券账户和银行账户；对有证据证明已经或者可能转移或者隐匿违法资金、证券等涉案财产或者隐匿、伪造、毁损重要证据的，经国务院证券监督管理机构主要负责人批准，可以冻结或者查封；

（七）在调查操纵证券市场、内幕交易等重大证券违法行为时，经国务院证券监督管理机构主要负责人批准，可以限制被调查事件当事人的证券买卖，但限制的期限不得超过十五个交易日；案情复杂的，可以延长十五个交易日。

第一百八十一条　国务院证券监督管理机构依法履行职责，进行监督检查或者调查，其监督检查、调查的人员不得少于二人，并应当出示合法证件和监督检查、调查通知书。监督检查、调查的人员少于二人或者未出示合法证件和监督检查、调查通知书的，被检查、调查的单位有权拒绝。

第一百八十二条　国务院证券监督管理机构工作人员必须忠于职守，依法办事，公正廉洁，不得利用职务便利牟取不正当利益，不得泄露所知悉的有关单位和个人的商业秘密。

第一百八十三条　国务院证券监督管理机构依法履行职责，被检查、调查的单位和个人应当配合，如实提供有关文件和资料，不得拒绝、阻碍和隐瞒。

第一百八十四条　国务院证券监督管理机构依法制定的规章、规则和监督管理工作制度应当公开。

国务院证券监督管理机构依据调查结果，对证券违法行为作出的处罚决定，应当公开。

第一百八十五条　国务院证券监督管理机构应当与国务院其他金融监督管理机构建立监督管理信息共享机制。

国务院证券监督管理机构依法履行职责，进行监督检查或者调查时，有关部门应当予以配合。

第一百八十六条　国务院证券监督管理机构依法履行职责，发现证券违法行为涉嫌犯罪的,应当将案件移送司法机关处理。

第一百八十七条　国务院证券监督管理机构的人员不得在被监管的机构中任职。

第十一章　法律责任

第一百八十八条　未经法定机关核准,擅自公开或者变相公开发行证券的,责令停止发行,退还所募资金并加算银行同期存款利息,处以非法所募资金金额百分之一以上百分之五以下的罚款;对擅自公开或者变相公开发行证券设立的公司,由依法履行监督管理职责的机构或者部门会同县级以上地方人民政府予以取缔。对直接负责的主管人员和其他直接责任人员给予警告,并处以三万元以上三十万元以下的罚款。

第一百八十九条　发行人不符合发行条件,以欺骗手段骗取发行核准,尚未发行证券的,处以三十万元以上六十万元以下的罚款;已经发行证券的,处以非法所募资金金额百分之一以上百分之五以下的罚款。对直接负责的主管人员和其他直接责任人员处以三万元以上三十万元以下的罚款。

发行人的控股股东、实际控制人指使从事前款违法行为的,依照前款的规定处罚。

第一百九十条　证券公司承销或者代理买卖未经核准擅自公开发行的证券的,责令停止承销或者代理买卖,没收违法所得,并处以违法所得一倍以上五倍以下的罚款;没有违法所得或者违法所得不足三十万元的,处以三十万元以上六十万元以下的罚款。给投资者造成损失的,应当与发行人承担连带赔偿责任。对直接负责的主管人员和其他直接责任人员给予警告,撤销任职资格或者证券从业资格,并处以三万元以上三十万元以下的罚款。

第一百九十一条　证券公司承销证券,有下列行为之一的,责令改正,给予警告,没收违法所得,可以并处三十万元以上六十万元以下的罚款;情节严重的,暂停或者撤销相关业务许可。给其他证券承销机构或者投资者造成损失的,依法承担赔偿责任。对直接负责的主管人员和其他直接责任人员给予警告,可以并处三万元以上三十万元以下的罚款;情节严重的,撤销任职资格或者证券从业资格:

(一)进行虚假的或者误导投资者的广告或者其他宣传推介活动;

(二)以不正当竞争手段招揽承销业务;

(三)其他违反证券承销业务规定的行为。

第一百九十二条　保荐人出具有虚假记载、误导性陈述或者重大遗漏的保荐书,或者不履行其他法定职责的,责令改正,给予警告,没收业务收入,并处以业务收入一倍以上五倍以下的罚款;情节严重的,暂停或者撤销相关业务许可。对直接负责的主管人员和其他直接责任人员给予警告,并处以三万元以上三十万元以下的罚款;情节严重的,撤销任职资格或者证券从业资格。

第一百九十三条　发行人、上市公司或者其他信息披露义务人未按照规定披露信息,或者所披露的信息有虚假记载、误导性陈述或者重大遗漏的,由证券监督管理机构责令改正,给予警告,处以三十万元以上六十万元以下的罚款。对直接负责的主管人员和其他直接责任人员给予警告,并处以三万元以上三十万元以下的罚款。

发行人、上市公司或者其他信息披露义务人未按照规定报送有关报告，或者报送的报告有虚假记载、误导性陈述或者重大遗漏的，由证券监督管理机构责令改正，处以三十万元以上六十万元以下的罚款。对直接负责的主管人员和其他直接责任人员给予警告，并处以三万元以上三十万元以下的罚款。

发行人、上市公司或者其他信息披露义务人的控股股东、实际控制人指使从事前两款违法行为的，依照前两款的规定处罚。

第一百九十四条　发行人、上市公司擅自改变公开发行证券所募集资金的用途的，责令改正，对直接负责的主管人员和其他直接责任人员给予警告，并处以三万元以上三十万元以下的罚款。

发行人、上市公司的控股股东、实际控制人指使从事前款违法行为的，给予警告，并处以三十万元以上六十万元以下的罚款。对直接负责的主管人员和其他直接责任人员依照前款的规定处罚。

第一百九十五条　上市公司的董事、监事、高级管理人员、持有上市公司股份百分之五以上的股东，违反本法第四十七条的规定买卖本公司股票的，给予警告，可以并处三万元以上十万元以下的罚款。

第一百九十六条　非法开设证券交易场所的，由县级以上人民政府予以取缔，没收违法所得，并处以违法所得一倍以上五倍以下的罚款；没有违法所得或者违法所得不足十万元的，处以十万元以上五十万元以下的罚款。对直接负责的主管人员和其他直接责任人员给予警告，并处以三万元以上三十万元以下的罚款。

第一百九十七条　未经批准，擅自设立证券公司或者非法经营证券业务的，由证券监督管理机构予以取缔，没收违法所得，并处以违法所得一倍以上五倍以下的罚款；没有违法所得或者违法所得不足三十万元的，处以三十万元以上六十万元以下的罚款。对直接负责的主管人员和其他直接责任人员给予警告，并处以三万元以上三十万元以下的罚款。

第一百九十八条　违反本法规定，聘任不具有任职资格、证券从业资格的人员的，由证券监督管理机构责令改正，给予警告，可以并处十万元以上三十万元以下的罚款；对直接负责的主管人员给予警告，可以并处三万元以上十万元以下的罚款。

第一百九十九条　法律、行政法规规定禁止参与股票交易的人员，直接或者以化名、借他人名义持有、买卖股票的，责令依法处理非法持有的股票，没收违法所得，并处以买卖股票等值以下的罚款；属于国家工作人员的，还应当依法给予行政处分。

第二百条　证券交易所、证券公司、证券登记结算机构、证券服务机构的从业人员或者证券业协会的工作人员，故意提供虚假资料，隐匿、伪造、篡改或者毁损交易记录，诱骗投资者买卖证券的，撤销证券从业资格，并处以三万元以上十万元以下的罚款；属于国家工作人员的，还应当依法给予行政处分。

第二百零一条　为股票的发行、上市、交易出具审计报告、资产评估报告或者法律意见书等文件的证券服务机构和人员，违反本法第四十五条的规定买卖股票的，责令依法处理非法持有的股票，没收违法所得，并处以买卖股票等值以下的罚款。

第二百零二条　证券交易内幕信息的知情人或者非法获取内幕信息的人，在涉及证券的发行、交易或者其他对证券的价格有重大影响的信息公开前，买卖该证券，或者泄露该信息，或者建议他人买卖该证券的，责令依法处理非法持有的证券，没收违法所得，并处以违法所得一倍以上五倍以下的罚款；没有违法所得或者违法所得不足三万元的，处三万元以上六十万元以下的罚款。单位从事内幕交易的，还应当对直接负责的主管人员和其他直接责任人员给予警告，并处以三万元以上三十万元以下的罚款。证券监督管理机构工作人员进行内幕交易的，从重处罚。

第二百零三条　违反本法规定，操纵证券市场的，责令依法处理其非法持有的证券，没收违法所得，并处以违法所得一倍以上五倍以下的罚款；没有违法所得或者违法所得不足三十万元的，处以三十万元以上三百万元以下的罚款。单位操纵证券市场的，还应当对直接负责的主管人员和其他直接责任人员给予警告，并处以十万元以上六十万元以下的罚款。

第二百零四条　违反法律规定，在限制转让期限内买卖证券的，责令改正，给予警告，并处以违法买卖证券等值以下的罚款。对直接负责的主管人员和其他直接责任人员给予警告，并处以三万元以上三十万元以下的罚款。

第二百零五条　证券公司违反本法规定，为客户买卖证券提供融资融券的，没收违法所得，暂停或者撤销相关业务许可，并处以非法融资融券等值以下的罚款。对直接负责的主管人员和其他直接责任人员给予警告，撤销任职资格或者证券从业资格，并处以三万元以上三十万元以下的罚款。

第二百零六条　违反本法第七十八条第一款、第三款的规定，扰乱证券市场的，由证券监督管理机构责令改正，没收违法所得，并处以违法所得一倍以上五倍以下的罚款；没有违法所得或者违法所得不足三万元的，处三万元以上二十万元以下的罚款。

第二百零七条　违反本法第七十八条第二款的规定，在证券交易活动中作出虚假陈述或者信息误导的，责令改正，处以三万元以上二十万元以下的罚款；属于国家工作人员的，还应当依法给予行政处分。

第二百零八条　违反本法规定，法人以他人名义设立账户或者利用他人账户买卖证券的，责令改正，没收违法所得，并处以违法所得一倍以上五倍以下的罚款；没有违法所得或者违法所得不足三万元的，处以三万元以上三十万元以下的罚款。对直接负责的主管人员和其他直接责任人员给予警告，并处以三万元以上十万元以下的罚款。

证券公司为前款规定的违法行为提供自己或者他人的证券交易账户的，除依照前款的规定处罚外，还应当撤销直接负责的主管人员和其他直接责任人员的任职资格或者证券从业资格。

第二百零九条　证券公司违反本法规定，假借他人名义或者以个人名义从事证券自营业务的，责令改正，没收违法所得，并处以违法所得一倍以上五倍以下的罚款；没有违法所得或者违法所得不足三十万元的，处以三十万元以上六十万元以下的罚款；情节严重的，暂停或者撤销证券自营业务许可。对直接负责的主管人员和其他直接责任人员给予警告，撤销任职资格或者证券从业资格，并处以三万元以上十万元以下的罚款。

第二百一十条　证券公司违背客户的委托买卖证券、办理交易事项，或者违背客户真实意思表示，办理交易以外的其他事项的，责令改正，处以一万元以上十万元以下的罚款。给客户造成损失的,依法承担赔偿责任。

第二百一十一条 证券公司、证券登记结算机构挪用客户的资金或者证券,或者未经客户的委托,擅自为客户买卖证券的,责令改正,没收违法所得,并处以违法所得一倍以上五倍以下的罚款;没有违法所得或者违法所得不足十万元的,处以十万元以上六十万元以下的罚款;情节严重的,责令关闭或者撤销相关业务许可。对直接负责的主管人员和其他直接责任人员给予警告,撤销任职资格或者证券从业资格,并处以三万元以上三十万元以下的罚款。

第二百一十二条 证券公司办理经纪业务,接受客户的全权委托买卖证券的,或者证券公司对客户买卖证券的收益或者赔偿证券买卖的损失作出承诺的,责令改正,没收违法所得,并处以五万元以上二十万元以下的罚款,可以暂停或者撤销相关业务许可。对直接负责的主管人员和其他直接责任人员给予警告,并处以三万元以上十万元以下的罚款,可以撤销任职资格或者证券从业资格。

第二百一十三条 收购人未按照本法规定履行上市公司收购的公告、发出收购要约、报送上市公司收购报告书等义务或者擅自变更收购要约的,责令改正,给予警告,并处以十万元以上三十万元以下的罚款;在改正前,其持有或者通过协议、其他安排与他人共同持有被收购公司股份超过百分之三十的部分不得行使表决权。对直接负责的主管人员和其他直接责任人员给予警告,并处以三万元以上三十万元以下的罚款。

第二百一十四条 收购人或者收购人的控股股东利用上市公司收购损害被收购公司及其股东的合法权益的,责令改正,给予警告;情节严重的,并处以十万元以上六十万元以下的罚款。给被收购公司及其股东造成损失的,依法承担赔偿责任。对直接负责的主管人员和其他直接责任人员给予警告,并处以三万元以上三十万元以下的罚款。

第二百一十五条 证券公司及其从业人员违反本法规定,私下接受客户委托买卖证券的,责令改正,给予警告,没收违法所得,并处以违法所得一倍以上五倍以下的罚款;没有违法所得或者违法所得不足十万元的,处以十万元以上三十万元以下的罚款。

第二百一十六条 证券公司违反规定,未经批准经营非上市证券的交易的,责令改正,没收违法所得,并处以违法所得一倍以上五倍以下的罚款

第二百一十七条 证券公司成立后,无正当理由超过三个月未开始营业的,或者开业后自行停业连续三个月以上的,由公司登记机关吊销其公司营业执照。

第二百一十八条 证券公司违反本法第一百二十九条的规定,擅自设立、收购、撤销分支机构,或者合并、分立、停业、解散、破产,或者在境外设立、收购、参股证券经营机构的,责令改正,没收违法所得,并处以违法所得一倍以上五倍以下的罚款;没有违法所得或者违法所得不足十万元的,处以十万元以上六十万元以下的罚款。对直接负责的主管人员给予警告,并处以三万元以上十万元以下的罚款。

证券公司违反本法第一百二十九条的规定,擅自变更有关事项的,责令改正,并处以十万元以上三十万元以下的罚款。对直接负责的主管人员给予警告,并处以五万元以下的罚款。

第二百一十九条 证券公司违反本法规定,超出业务许可范围经营证券业务的,责令改正,没收违法所得,并处以违法所得一倍以上五倍以下的罚款;没有违法所得或者违法所得不足三十万元的,处以三十万元以上六十万元以下罚款;情节严重的,责令关闭。对直接负责的

主管人员和其他直接责任人员给予警告,撤销任职资格或者证券从业资格,并处以三万元以上十万元以下的罚款。

第二百二十条　证券公司对其证券经纪业务、证券承销业务、证券自营业务、证券资产管理业务,不依法分开办理,混合操作的,责令改正,没收违法所得,并处以三十万元以上六十万元以下的罚款;情节严重的,撤销相关业务许可。对直接负责的主管人员和其他直接责任人员给予警告,并处以三万元以上十万元以下的罚款;情节严重的,撤销任职资格或者证券从业资格。

第二百二十一条　提交虚假证明文件或者采取其他欺诈手段隐瞒重要事实骗取证券业务许可的,或者证券公司在证券交易中有严重违法行为,不再具备经营资格的,由证券监督管理机构撤销证券业务许可。

第二百二十二条　证券公司或者其股东、实际控制人违反规定,拒不向证券监督管理机构报送或者提供经营管理信息和资料,或者报送、提供的经营管理信息和资料有虚假记载、误导性陈述或者重大遗漏的,责令改正,给予警告,并处以三万元以上三十万元以下的罚款,可以暂停或者撤销证券公司相关业务许可。对直接负责的主管人员和其他直接责任人员,给予警告,并处以三万元以下的罚款,可以撤销任职资格或者证券从业资格。

证券公司为其股东或者股东的关联人提供融资或者担保的,责令改正,给予警告,并处以十万元以上三十万元以下的罚款。对直接负责的主管人员和其他直接责任人员,处以三万元以上十万元以下的罚款。股东有过错的,在按照要求改正前,国务院证券监督管理机构可以限制其股东权利;拒不改正的,可以责令其转让所持证券公司股权。

第二百二十三条　证券服务机构未勤勉尽责,所制作、出具的文件有虚假记载、误导性陈述或者重大遗漏的,责令改正,没收业务收入,暂停或者撤销证券服务业务许可,并处以业务收入一倍以上五倍以下的罚款。对直接负责的主管人员和其他直接责任人员给予警告,撤销证券从业资格,并处以三万元以上十万元以下的罚款。

第二百二十四条　违反本法规定,发行、承销公司债券的,由国务院授权的部门依照本法有关规定予以处罚。

第二百二十五条　上市公司、证券公司、证券交易所、证券登记结算机构、证券服务机构,未按照有关规定保存有关文件和资料的,责令改正,给予警告,并处以三万元以上三十万元以下的罚款;隐匿、伪造、篡改或者毁损有关文件和资料的,给予警告,并处以三十万元以上六十万元以下的罚款。

第二百二十六条　未经国务院证券监督管理机构批准,擅自设立证券登记结算机构的,由证券监督管理机构予以取缔,没收违法所得,并处以违法所得一倍以上五倍以下的罚款。

投资咨询机构、财务顾问机构、资信评级机构、资产评估机构、会计师事务所未经批准,擅自从事证券服务业务的,责令改正,没收违法所得,并处以违法所得一倍以上五倍以下的罚款。

证券登记结算机构、证券服务机构违反本法规定或者依法制定的业务规则的,由证券监督管理机构责令改正,没收违法所得,并处以违法所得一倍以上五倍以下的罚款;没有违法所得或者违法所得不足十万元的,处以十万元以上三十万元以下的罚款;情节严重的,责令关闭或者撤销证券服务业务许可。

第二百二十七条　国务院证券监督管理机构或者国务院授权的部门有下列情形之一的,对直接负责的主管人员和其他直接责任人员,依法给予行政处分:

(一) 对不符合本法规定的发行证券、设立证券公司等申请予以核准、批准的;

(二) 违反规定采取本法第一百八十条规定的现场检查、调查取证、查询、冻结或者查封等措施的;

(三) 违反规定对有关机构和人员实施行政处罚的;

(四) 其他不依法履行职责的行为。

第二百二十八条　证券监督管理机构的工作人员和发行审核委员会的组成人员,不履行本法规定的职责,滥用职权、玩忽职守,利用职务便利牟取不正当利益,或者泄露所知悉的有关单位和个人的商业秘密的,依法追究法律责任。

第二百二十九条　证券交易所对不符合本法规定条件的证券上市申请予以审核同意的,给予警告,没收业务收入,并处以业务收入一倍以上五倍以下的罚款。对直接负责的主管人员和其他直接责任人员给予警告,并处以三万元以上三十万元以下的罚款。

第二百三十条　拒绝、阻碍证券监督管理机构及其工作人员依法行使监督检查、调查职权未使用暴力、威胁方法的,依法给予治安管理处罚。

第二百三十一条　违反本法规定,构成犯罪的,依法追究刑事责任。

第二百三十二条　违反本法规定,应当承担民事赔偿责任和缴纳罚款、罚金,其财产不足以同时支付时,先承担民事赔偿责任。

第二百三十三条　违反法律、行政法规或者国务院证券监督管理机构的有关规定,情节严重的,国务院证券监督管理机构可以对有关责任人员采取证券市场禁入的措施。

前款所称证券市场禁入是指在一定期限内直至终身不得从事证券业务或者不得担任上市公司董事、监事、高级管理人员的制度。

第二百三十四条　依照本法收缴的罚款和没收的违法所得全部上缴国库。

第二百三十五条　当事人对证券监督管理机构或者国务院授权的部门的处罚决定不服的,可以依法申请行政复议,或者依法直接向人民法院提起诉讼。

第十二章　附　　则

第二百三十六条　本法施行前依照行政法规已批准在证券交易所上市交易的证券继续依法进行交易。

本法施行前依照行政法规和国务院金融行政管理部门的规定经批准设立的证券经营机构,不完全符合本法规定的,应当在规定的限期内达到本法规定的要求。具体实施办法,由国务院另行规定。

第二百三十七条　发行人申请核准公开发行股票、公司债券,应当按照规定缴纳审核费用。

第二百三十八条　境内企业直接或者间接到境外发行证券或者将其证券在境外上市交

易,必须经国务院证券监督管理机构依照国务院的规定批准。

第二百三十九条 境内公司股票以外币认购和交易的,具体办法由国务院另行规定。

第二百四十条 本法自 2006 年 1 月 1 日起施行。

2. 证券公司管理办法

(2001 年 12 月 28 日证券监督管理委员会发布)

目　录

第一章　总则
第二章　证券公司的设立、变更和终止
第三章　证券从业人员管理
第四章　内部控制与风险管理
第五章　日常监管
第六章　附则

第一章　总　则

第一条 为加强对证券公司的监督管理,规范证券公司行为,根据证券法和公司法的有关规定,制定本办法。

第二条 本办法适用于在中国境内注册的证券公司。

第三条 中国证券监督管理委员会(以下简称中国证监会)统一负责证券公司设立、变更、终止事项的审批,依法履行对证券公司的监督管理职责。

第二章　证券公司的设立、变更和终止

第四条 经纪类证券公司可以从事下列业务:
(一)证券的代理买卖;
(二)代理证券的还本付息、分红派息;
(三)证券代保管、鉴证;
(四)代理登记开户。

第五条 综合类证券公司除可以从事第四条所列各项业务外,还可以从事下列业务:
(一)证券的自营买卖;
(二)证券的承销;
(三)证券投资咨询(含财务顾问);

（四）受托投资管理；

（五）中国证监会批准的其他业务。

证券公司不得从事 B 股的自营买卖，中国证监会另有规定的除外。

第六条　设立经纪类证券公司，除应当具备证券法规定的条件外，还应当符合以下要求：

（一）具备证券从业资格的从业人员不少于十五人，并有相应的会计、法律、计算机专业人员；

（二）有符合中国证监会规定的计算机信息系统、业务资料报送系统；

（三）中国证监会规定的其他条件。

第七条　设立专门从事网上证券经纪业务的证券公司，除应当具备第六条规定的条件外，还应当符合以下要求：

（一）证券公司或经营规范、信誉良好的信息技术公司出资不得低于拟设立的网上证券经纪公司注册资本的百分之二十；

（二）有符合中国证监会要求的网络交易硬件设备和软件系统；

（三）有十名以上计算机专业技术人员并能确保硬件设备和软件系统安全、稳定运行；

（四）高级管理人员中至少有一名计算机专业技术人员。

第八条　设立综合类证券公司除应当具备证券法规定的条件外，还应当符合以下要求：

（一）有规范的业务分开管理制度，确保各类业务在人员、机构、信息和账户等方面有效隔离；

（二）具备相应证券从业资格的从业人员不少于五十人，并有相应的会计、法律、计算机专业人员；

（三）有符合中国证监会规定的计算机信息系统、业务资料报送系统；

（四）中国证监会规定的其他条件。

第九条　证券公司的股东资格应当符合法律法规和中国证监会规定的条件。直接或间接持有证券公司 5% 及以上股份的股东，其持股资格应当经中国证监会认定。有下列情形之一的，不得成为证券公司持股 5% 及以上的股东：

（一）申请前三年内因重大违法、违规经营而受到处罚的；

（二）累计亏损达到注册资本百分之五十的；

（三）资不抵债或不能清偿到期债务的；

（四）或有负债总额达到净资产百分之五十的；

（五）中国证监会规定的其他情形。

第十条　经纪类证券公司达到第八条规定条件的，可向中国证监会申请变更为综合类证券公司。

第十一条　证券公司可以根据公司法、证券法和中国证监会的有关规定申请设立分公司、证券营业部、证券服务部等分支机构。

第十二条　综合类证券公司需要设立专门从事某一证券业务的子公司的，应当在中国证监会核定的业务范围内提出申请。

设立子公司必须符合公司法及有关法律法规的规定，并经中国证监会批准。

综合类证券公司持有子公司股份不得低于百分之五十一,不得从事与控股子公司相同的业务,中国证监会另有规定的除外。

第十三条 设立受托投资管理业务的子公司必须具备下列条件:
(一)注册资本不少于人民币五亿元;
(二)具备相应类别证券从业资格的从业人员不少于十人;
(三)符合综合类证券公司的相关条件。

第十四条 设立从事证券承销、上市推荐、财务顾问等业务的投资银行类子公司必须具备下列条件:
(一)注册资本不少于人民币五亿元;
(二)具备投资银行类证券从业资格的从业人员不少于十人;
(三)符合综合类证券公司的相关条件。

第十五条 境内证券公司申请设立或参股、收购境外证券公司,应当经中国证监会批准。

第十六条 境外机构可以在中国境内设立中外合营证券公司。
中外合营证券公司的业务范围以及外方股东的持股比例应当符合中国有关法律法规和中国证监会的规定。

第十七条 证券公司变更下列事项,应当经中国证监会批准:
(一)撤销或转让分支机构;
(二)变更业务范围;
(三)增加或者减少注册资本;
(四)证券营业部异地迁址;
(五)修改公司章程;
(六)合并、分立、变更公司形式以及解散或向人民法院申请破产;
(七)中国证监会认定的其他事项。

第十八条 证券公司变更下列事项,应当在五个工作日内向中国证监会备案:
(一)变更公司名称;
(二)变更总公司、分公司的住所;
(三)证券营业部和证券服务部的同城迁址;
(四)中国证监会认定的其他事项。

第十九条 证券公司债权人依法向法院申请证券公司破产的,证券公司必须在得知该事实之日起一个工作日内报告中国证监会。

第三章 证券从业人员管理

第二十条 证券公司从业人员从事证券业务必须取得相应的证券从业资格。
中国证监会按照规定对证券公司高级管理人员实行任职资格管理。

第二十一条 申请证券从业资格应当具备下列条件:
(一)年满18周岁且具有完全的民事行为能力;

（二）品行良好、正直诚实，具有良好的职业道德，无不良行为记录；

（三）具有大学专科以上学历，或高中毕业并有二年以上工作经历；

（四）通过中国证监会或其认可机构组织的资格考试；

（五）法律、法规和中国证监会规定的其他条件。

第二十二条　有下列情形之一的，不能取得证券从业资格：

（一）有公司法第五十七条和证券法第一百二十六条规定的情形；

（二）在申请证券从业资格前一年受过与金融业务有关的行政处罚的；

（三）被中国证监会认定为证券市场禁入者，尚在禁入期内的；

（四）中国证监会认定的不适合从事证券业务的其他情形。

第二十三条　证券公司高级管理人员任职应当具备以下条件：

（一）取得一种证券从业资格，并从事证券工作3年以上。

未取得证券从业资格证书的，应从事证券或证券相关工作5年、或金融工作8年或经济工作10年以上；

（二）遵守法律法规和中国证监会的有关规定，诚实信用，勤勉尽责，具有良好的职业道德，无不良行为记录；

（三）熟悉有关证券法律、法规，具有履行高级管理人员职责所必备的经营管理知识和组织协调能力；

（四）法律、法规和中国证监会规定的其他条件。

第二十四条　有下列情形之一的，不得担任证券公司的高级管理人员：

（一）公司法第五十七条和证券法第一百二十五条规定的情形；

（二）因从事非法经营活动受到行政处罚未逾3年的；

（三）因涉嫌违法、违规行为处于接受调查期间的；

（四）个人或家庭负有较大的债务且到期未清偿的；

（五）对被证监会认定为证券市场禁入者，尚在禁入期内的；

（六）中国证监会规定的不宜担任高级管理人员的其他情形。

第二十五条　中国证监会或其授权机构负责对证券公司从业人员进行注册及日常监督管理。

第四章　内部控制与风险管理

第二十六条　证券公司应当按照现代企业制度的要求，建立并健全符合公司法规定的治理结构。

第二十七条　证券公司应当建立独立董事制度。证券公司有下列情况之一时，独立董事人数不得少于董事人数的四分之一：

（一）董事长和总经理由同一人担任时；

（二）内部董事占董事人数五分之一以上时；

（三）证券公司主管部门、股东（大）会或中国证监会认为必要时。

前款所称独立董事是指不在公司担任除董事外的其他职务,并与公司及公司主要股东不存在可能妨碍其独立性关系的董事。

第二十八条　证券公司应当加强内部管理,按照中国证监会的要求,建立严格的内部控制制度。

第二十九条　证券公司应当建立有关隔离制度,做到投资银行业务、经纪业务、自营业务、受托投资管理业务、证券研究和证券投资咨询业务等在人员、信息、账户上严格分开管理,以防止利益冲突。

第三十条　综合类证券公司应当设立独立于业务部门的合规审查机构,证券经纪公司应当设立合规审查岗位,负责对公司经营的合法合规性进行检查监督。主要合规审查人员应当在中国证监会备案。

第三十一条　证券公司应当要求内部稽核部门对公司内部控制进行定期评审并聘请会计师事务所对公司内部控制进行年度评审,及时发现和改进存在的问题,防范和化解风险。

第三十二条　证券公司不得兴办实业,不得购置非自用不动产。

本办法颁布之前证券公司已有的非证券类资产应当依照有关法律法规和中国证监会的规定进行清理。

第三十三条　证券公司必须遵守下列财务风险监管指标:

(一)综合类证券公司的净资本不得低于两亿元。经纪类证券公司的净资本不得低于两千万元。

净资本是指证券公司净资产中具有高流动性的部分,有关净资本的计算规则由中国证监会另行制定。

(二)证券公司净资本不得低于其对外负债的百分之八。

(三)证券公司流动资产余额不得低于流动负债余额(不包括客户存放的交易结算资金和受托投资管理的资金)。

(四)综合类证券公司的对外负债(不包括客户存放的交易结算资金和受托投资管理的资金)不得超过其净资产额的九倍。

(五)经纪类证券公司的对外负债(不包括客户存放的交易结算资金)不得超过其净资产额的三倍。

第三十四条　证券公司出现下列情况,必须在三个工作日内报告中国证监会,并说明原因和对策:

(一)净资本低于中国证监会规定金额的百分之一百二十,或者比上月下降百分之二十的;

(二)净资本低于证券公司对外负债的百分之十的;

(三)综合类证券公司流动资产余额低于流动负债余额的百分之一百二十的;

(四)综合类证券公司对外负债超过净资产八倍的;

(五)经纪类证券公司对外负债超过净资产二倍的。

第三十五条　证券公司因突发事件无法达到第三十三条规定的要求时,应在一个工作日内报告中国证监会,并说明原因和对策。中国证监会可以根据不同情况,暂停其部分证券业务直至责令其停业整顿。

第三十六条 证券公司应按有关规定提取一般风险准备金,用于弥补证券交易等损失。

第五章 日常监管

第三十七条 证券公司及其分公司、证券营业部应当将《经营证券业务许可证》或者《证券经营机构营业许可证》正本放置在公司住所或者营业场所的显著位置,并妥善保管许可证副本。

证券公司及其分公司、证券营业部不得伪造、变造、出租、出借、转让许可证。

除中国证监会依照本规定注销许可证外,任何单位不得扣押或者收缴许可证。

第三十八条 证券公司应当每年至少一次在公众媒体上公布其合法分支机构名称、地址、电话及主要负责人的姓名。

第三十九条 证券公司从事证券业务应当遵循公平竞争的原则,其收费标准不得违反国家有关部门的规定。

第四十条 证券公司必须依照法律、法规和国家财政主管部门制定的财务、会计制度,建立健全的财务、会计管理办法,不得在法定会计账册外设立账册。

第四十一条 证券公司必须按照中国证监会的规定,聘请具有证券相关业务资格的会计师事务所对其财务报告进行审计。

证券公司必须将所聘请的具有证券相关业务资格的会计师事务所名单报中国证监会备案;证券公司更换聘请的具有证券相关业务资格的会计师事务所,必须在更换后的三个工作日内向中国证监会报告并说明原因。

中国证监会可以要求证券公司更换会计师事务所。

第四十二条 证券公司应当按照中国证监会的要求报送财务报表、业务报表和年度报告。

第四十三条 中国证监会对证券公司高级管理人员实行谈话提醒制度。中国证监会对证券公司在经营管理中出现的问题,可以质询证券公司的高级管理人员,并责令其限期纠正。

第四十四条 中国证监会可以对证券公司进行检查和调查,并可以要求证券公司提供、复制或者封存有关文件、账册、报表、凭证和其他资料。

证券公司及有关人员对中国证监会的检查和调查,不得以任何理由拒绝或者拖延提供有关资料,或者提供不真实、不准确、不完整的资料。

第四十五条 证券公司必须按照中国证监会的规定,制定安全保密措施,妥善保存客户开户记录、交易记录等资料,防止资料与数据丢失、泄密或者被篡改。

第四十六条 中国证监会可要求证券公司聘请具有证券相关业务资格的会计师事务所,对证券公司进行专项审计或稽核,有关费用由证券公司支付;中国证监会也可以聘请具有证券相关业务资格的会计师事务所,对证券公司进行专项审计或稽核,有关费用由中国证监会支付。

第六章 附 则

第四十七条 本办法自 2002 年 3 月 1 日起施行。

3. 上市公司收购管理办法

(2006 年 5 月 17 日中国证券监督管理委员会第 180 次主席办公会议审议通过,2006 年 9 月 1 日起施行)

目 录

第一章　总则
第二章　权益披露
第三章　要约收购
第四章　协议收购
第五章　间接收购
第六章　豁免申请
第七章　财务顾问
第八章　持续监管
第九章　监管措施与法律责任
第十章　附则

第一章 总 则

第一条 为了规范上市公司的收购及相关股份权益变动活动,保护上市公司和投资者的合法权益,维护证券市场秩序和社会公共利益,促进证券市场资源的优化配置,根据《证券法》、《公司法》及其他相关法律、行政法规,制定本办法。

第二条 上市公司的收购及相关股份权益变动活动,必须遵守法律、行政法规及中国证券监督管理委员会(以下简称中国证监会)的规定。当事人应当诚实守信,遵守社会公德、商业道德,自觉维护证券市场秩序,接受政府、社会公众的监督。

第三条 上市公司的收购及相关股份权益变动活动,必须遵循公开、公平、公正的原则。

上市公司的收购及相关股份权益变动活动中的信息披露义务人,应当充分披露其在上市公司中的权益及变动情况,依法严格履行报告、公告和其他法定义务。在相关信息披露前,负有保密义务。

信息披露义务人报告、公告的信息必须真实、准确、完整,不得有虚假记载、误导性陈述或者重大遗漏。

第四条 上市公司的收购及相关股份权益变动活动不得危害国家安全和社会公共利益。

上市公司的收购及相关股份权益变动活动涉及国家产业政策、行业准入、国有股份转让等事项,需要取得国家相关部门批准的,应当在取得批准后进行。

外国投资者进行上市公司的收购及相关股份权益变动活动的,应当取得国家相关部门的批准,适用中国法律,服从中国的司法、仲裁管辖。

第五条 收购人可以通过取得股份的方式成为一个上市公司的控股股东,可以通过投资关系、协议、其他安排的途径成为一个上市公司的实际控制人,也可以同时采取上述方式和途径取得上市公司控制权。

收购人包括投资者及与其一致行动的他人。

第六条 任何人不得利用上市公司的收购损害被收购公司及其股东的合法权益。

有下列情形之一的,不得收购上市公司:

(一)收购人负有数额较大债务,到期未清偿,且处于持续状态;

(二)收购人最近3年有重大违法行为或者涉嫌有重大违法行为;

(三)收购人最近3年有严重的证券市场失信行为;

(四)收购人为自然人的,存在《公司法》第一百四十七条规定情形;

(五)法律、行政法规规定以及中国证监会认定的不得收购上市公司的其他情形。

第七条 被收购公司的控股股东或者实际控制人不得滥用股东权利损害被收购公司或者其他股东的合法权益。

被收购公司的控股股东、实际控制人及其关联方有损害被收购公司及其他股东合法权益的,上述控股股东、实际控制人在转让被收购公司控制权之前,应当主动消除损害;未能消除损害的,应当就其出让相关股份所得收入用于消除全部损害作出安排,对不足以消除损害的部分应当提供充分有效的履约担保或安排,并依照公司章程取得被收购公司股东大会的批准。

第八条 被收购公司的董事、监事、高级管理人员对公司负有忠实义务和勤勉义务,应当公平对待收购本公司的所有收购人。

被收购公司董事会针对收购所作出的决策及采取的措施,应当有利于维护公司及其股东的利益,不得滥用职权对收购设置不适当的障碍,不得利用公司资源向收购人提供任何形式的财务资助,不得损害公司及其股东的合法权益。

第九条 收购人进行上市公司的收购,应当聘请在中国注册的具有从事财务顾问业务资格的专业机构担任财务顾问。收购人未按照本办法规定聘请财务顾问的,不得收购上市公司。

财务顾问应当勤勉尽责,遵守行业规范和职业道德,保持独立性,保证其所制作、出具文件的真实性、准确性和完整性。

财务顾问认为收购人利用上市公司的收购损害被收购公司及其股东合法权益的,应当拒绝为收购人提供财务顾问服务。

第十条 中国证监会依法对上市公司的收购及相关股份权益变动活动进行监督管理。

中国证监会设立由专业人员和有关专家组成的专门委员会。专门委员会可以根据中国证监会职能部门的请求，就是否构成上市公司的收购、是否有不得收购上市公司的情形以及其他相关事宜提供咨询意见。中国证监会依法作出决定。

第十一条 证券交易所依法制定业务规则，为上市公司的收购及相关股份权益变动活动组织交易和提供服务，对相关证券交易活动进行实时监控，监督上市公司的收购及相关股份权益变动活动的信息披露义务人切实履行信息披露义务。

证券登记结算机构依法制定业务规则，为上市公司的收购及相关股份权益变动活动所涉及的证券登记、存管、结算等事宜提供服务。

第二章 权益披露

第十二条 投资者在一个上市公司中拥有的权益，包括登记在其名下的股份和虽未登记在其名下但该投资者可以实际支配表决权的股份。投资者及其一致行动人在一个上市公司中拥有的权益应当合并计算。

第十三条 通过证券交易所的证券交易，投资者及其一致行动人拥有权益的股份达到一个上市公司已发行股份的5%时，应当在该事实发生之日起3日内编制权益变动报告书，向中国证监会、证券交易所提交书面报告，抄报该上市公司所在地的中国证监会派出机构（以下简称派出机构），通知该上市公司，并予公告；在上述期限内，不得再行买卖该上市公司的股票。

前述投资者及其一致行动人拥有权益的股份达到一个上市公司已发行股份的5%后，通过证券交易所的证券交易，其拥有权益的股份占该上市公司已发行股份的比例每增加或者减少5%，应当依照前款规定进行报告和公告。在报告期限内和作出报告、公告后2日内，不得再行买卖该上市公司的股票。

第十四条 通过协议转让方式，投资者及其一致行动人在一个上市公司中拥有权益的股份拟达到或者超过一个上市公司已发行股份的5%时，应当在该事实发生之日起3日内编制权益变动报告书，向中国证监会、证券交易所提交书面报告，抄报派出机构，通知该上市公司，并予公告。

投资者及其一致行动人拥有权益的股份达到一个上市公司已发行股份的5%后，其拥有权益的股份占该上市公司已发行股份的比例每增加或者减少达到或者超过5%的，应当依照前款规定履行报告、公告义务。

前两款规定的投资者及其一致行动人在作出报告、公告前，不得再行买卖该上市公司的股票。相关股份转让及过户登记手续按照本办法第四章及证券交易所、证券登记结算机构的规定办理。

第十五条 投资者及其一致行动人通过行政划转或者变更、执行法院裁定、继承、赠与等方式拥有权益的股份变动达到前条规定比例的，应当按照前条规定履行报告、公告义务，并参照前条规定办理股份过户登记手续。

第十六条 投资者及其一致行动人不是上市公司的第一大股东或者实际控制人，其拥有权益的股份达到或者超过该公司已发行股份的 5%，但未达到 20% 的，应当编制包括下列内容的简式权益变动报告书：

（一）投资者及其一致行动人的姓名、住所；投资者及其一致行动人为法人的，其名称、注册地及法定代表人；

（二）持股目的，是否有意在未来 12 个月内继续增加其在上市公司中拥有的权益；

（三）上市公司的名称、股票的种类、数量、比例；

（四）在上市公司中拥有权益的股份达到或者超过上市公司已发行股份的 5% 或者拥有权益的股份增减变化达到 5% 的时间及方式；

（五）权益变动事实发生之日前 6 个月内通过证券交易所的证券交易买卖该公司股票的简要情况；

（六）中国证监会、证券交易所要求披露的其他内容。

前述投资者及其一致行动人为上市公司第一大股东或者实际控制人，其拥有权益的股份达到或者超过一个上市公司已发行股份的 5%，但未达到 20% 的，还应当披露本办法第十七条第一款规定的内容。

第十七条 投资者及其一致行动人拥有权益的股份达到或者超过一个上市公司已发行股份的 20% 但未超过 30% 的，应当编制详式权益变动报告书，除须披露前条规定的信息外，还应当披露以下内容：

（一）投资者及其一致行动人的控股股东、实际控制人及其股权控制关系结构图；

（二）取得相关股份的价格、所需资金额、资金来源，或者其他支付安排；

（三）投资者、一致行动人及其控股股东、实际控制人所从事的业务与上市公司的业务是否存在同业竞争或者潜在的同业竞争，是否存在持续关联交易；存在同业竞争或者持续关联交易的，是否已作出相应的安排，确保投资者、一致行动人及其关联方与上市公司之间避免同业竞争以及保持上市公司的独立性；

（四）未来 12 个月内对上市公司资产、业务、人员、组织结构、公司章程等进行调整的后续计划；

（五）前 24 个月内投资者及其一致行动人与上市公司之间的重大交易；

（六）不存在本办法第六条规定的情形；

（七）能够按照本办法第五十条的规定提供相关文件。

前述投资者及其一致行动人为上市公司第一大股东或者实际控制人的，还应当聘请财务顾问对上述权益变动报告书所披露的内容出具核查意见，但国有股行政划转或者变更、股份转让在同一实际控制人控制的不同主体之间进行、因继承取得股份的除外。投资者及其一致行动人承诺至少 3 年放弃行使相关股份表决权的，可免于聘请财务顾问和提供前款第（七）项规定的文件。

第十八条 已披露权益变动报告书的投资者及其一致行动人在披露之日起 6 个月内，因拥有权益的股份变动需要再次报告、公告权益变动报告书的，可以仅就与前次报告书不同的部分作出报告、公告；自前次披露之日起超过 6 个月的，投资者及其一致行动人应当按照本章的规定编制权益变动报告书,履行报告、公告义务。

第十九条 因上市公司减少股本导致投资者及其一致行动人拥有权益的股份变动出现本办法第十四条规定情形的,投资者及其一致行动人免于履行报告和公告义务。上市公司应当自完成减少股本的变更登记之日起2个工作日内,就因此导致的公司股东拥有权益的股份变动情况作出公告;因公司减少股本可能导致投资者及其一致行动人成为公司第一大股东或者实际控制人的,该投资者及其一致行动人应当自公司董事会公告有关减少公司股本决议之日起3个工作日内,按照本办法第十七条第一款的规定履行报告、公告义务。

第二十条 上市公司的收购及相关股份权益变动活动中的信息披露义务人依法披露前,相关信息已在媒体上传播或者公司股票交易出现异常的,上市公司应当立即向当事人进行查询,当事人应当及时予以书面答复,上市公司应当及时作出公告。

第二十一条 上市公司的收购及相关股份权益变动活动中的信息披露义务人应当在至少一家中国证监会指定媒体上依法披露信息;在其他媒体上进行披露的,披露内容应当一致,披露时间不得早于指定媒体的披露时间。

第二十二条 上市公司的收购及相关股份权益变动活动中的信息披露义务人采取一致行动的,可以以书面形式约定由其中一人作为指定代表负责统一编制信息披露文件,并同意授权指定代表在信息披露文件上签字、盖章。

各信息披露义务人应当对信息披露文件中涉及其自身的信息承担责任;对信息披露文件中涉及的与多个信息披露义务人相关的信息,各信息披露义务人对相关部分承担连带责任。

第三章 要 约 收 购

第二十三条 投资者自愿选择以要约方式收购上市公司股份的,可以向被收购公司所有股东发出收购其所持有的全部股份的要约(以下简称全面要约),也可以向被收购公司所有股东发出收购其所持有的部分股份的要约(以下简称部分要约)。

第二十四条 通过证券交易所的证券交易,收购人持有一个上市公司的股份达到该公司已发行股份的30%时,继续增持股份的,应当采取要约方式进行,发出全面要约或者部分要约。

第二十五条 收购人依照本办法第二十三条、第二十四条、第四十七条、第五十六条的规定,以要约方式收购一个上市公司股份的,其预定收购的股份比例均不得低于该上市公司已发行股份的5%。

第二十六条 以要约方式进行上市公司收购的,收购人应当公平对待被收购公司的所有股东。持有同一种类股份的股东应当得到同等对待。

第二十七条 收购人为终止上市公司的上市地位而发出全面要约的,或者向中国证监会提出申请但未取得豁免而发出全面要约的,应当以现金支付收购价款;以依法可以转让的证券(以下简称证券)支付收购价款的,应当同时提供现金方式供被收购公司股东选择。

第二十八条 以要约方式收购上市公司股份的,收购人应当编制要约收购报告书,并应当聘请财务顾问向中国证监会、证券交易所提交书面报告,抄报派出机构,通知被收购公司,同时对要约收购报告书摘要作出提示性公告。

收购人依照前款规定报送符合中国证监会规定的要约收购报告书及本办法第五十条规定的相关文件之日起15日后,公告其要约收购报告书、财务顾问专业意见和律师出具的法律意见书。在15日内,中国证监会对要约收购报告书披露的内容表示无异议的,收购人可以进行公告;中国证监会发现要约收购报告书不符合法律、行政法规及相关规定的,及时告知收购人,收购人不得公告其收购要约。

第二十九条 前条规定的要约收购报告书,应当载明下列事项:

(一)收购人的姓名、住所;收购人为法人的,其名称、注册地及法定代表人,与其控股股东、实际控制人之间的股权控制关系结构图;

(二)收购人关于收购的决定及收购目的,是否拟在未来12个月内继续增持;

(三)上市公司的名称、收购股份的种类;

(四)预定收购股份的数量和比例;

(五)收购价格;

(六)收购所需资金额、资金来源及资金保证,或者其他支付安排;

(七)收购要约约定的条件;

(八)收购期限;

(九)报送收购报告书时持有被收购公司的股份数量、比例;

(十)本次收购对上市公司的影响分析,包括收购人及其关联方所从事的业务与上市公司的业务是否存在同业竞争或者潜在的同业竞争,是否存在持续关联交易;存在同业竞争或者持续关联交易的,收购人是否已作出相应的安排,确保收购人及其关联方与上市公司之间避免同业竞争以及保持上市公司的独立性;

(十一)未来12个月内对上市公司资产、业务、人员、组织结构、公司章程等进行调整的后续计划;

(十二)前24个月内收购人及其关联方与上市公司之间的重大交易;

(十三)前6个月内通过证券交易所的证券交易买卖被收购公司股票的情况;

(十四)中国证监会要求披露的其他内容。

收购人发出全面要约的,应当在要约收购报告书中充分披露终止上市的风险、终止上市后收购行为完成的时间及仍持有上市公司股份的剩余股东出售其股票的其他后续安排;收购人发出以终止公司上市地位为目的的全面要约,无须披露前款第(十)项规定的内容。

第三十条 收购人按照本办法第四十七条拟收购上市公司股份超过30%,须改以要约方式进行收购的,收购人应当在达成收购协议或者作出类似安排后的3日内对要约收购报告书摘要作出提示性公告,并按照本办法第二十八条、第二十九条的规定履行报告和公告义务,同时免于编制、报告和公告上市公司收购报告书;依法应当取得批准的,应当在公告中特别提示本次要约须取得相关批准方可进行。

未取得批准的,收购人应当在收到通知之日起2个工作日内,向中国证监会提交取消收购计划的报告,同时抄报派出机构,抄送证券交易所,通知被收购公司,并予公告。

第三十一条 收购人向中国证监会报送要约收购报告书后,在公告要约收购报告书之前,拟自行取消收购计划的,应当向中国证监会提出取消收购计划的申请及原因说明,并予公告;自公告之日起12个月内,该收购人不得再次对同一上市公司进行收购。

第三十二条　被收购公司董事会应当对收购人的主体资格、资信情况及收购意图进行调查,对要约条件进行分析,对股东是否接受要约提出建议,并聘请独立财务顾问提出专业意见。在收购人公告要约收购报告书后20日内,被收购公司董事会应当将被收购公司董事会报告书与独立财务顾问的专业意见报送中国证监会,同时抄报派出机构,抄送证券交易所,并予公告。

收购人对收购要约条件作出重大变更的,被收购公司董事会应当在3个工作日内提交董事会及独立财务顾问就要约条件的变更情况所出具的补充意见,并予以报告、公告。

第三十三条　收购人作出提示性公告后至要约收购完成前,被收购公司除继续从事正常的经营活动或者执行股东大会已经作出的决议外,未经股东大会批准,被收购公司董事会不得通过处置公司资产、对外投资、调整公司主要业务、担保、贷款等方式,对公司的资产、负债、权益或者经营成果造成重大影响。

第三十四条　在要约收购期间,被收购公司董事不得辞职。

第三十五条　收购人按照本办法规定进行要约收购的,对同一种类股票的要约价格,不得低于要约收购提示性公告日前6个月内收购人取得该种股票所支付的最高价格。

要约价格低于提示性公告日前30个交易日该种股票的每日加权平均价格的算术平均值的,收购人聘请的财务顾问应当就该种股票前6个月的交易情况进行分析,说明是否存在股价被操纵、收购人是否有未披露的一致行动人、收购人前6个月取得公司股份是否存在其他支付安排、要约价格的合理性等。

第三十六条　收购人可以采用现金、证券、现金与证券相结合等合法方式支付收购上市公司的价款。收购人聘请的财务顾问应当说明收购人具备要约收购的能力。

以现金支付收购价款的,应当在作出要约收购提示性公告的同时,将不少于收购价款总额的20%作为履约保证金存入证券登记结算机构指定的银行。

收购人以证券支付收购价款的,应当提供该证券的发行人最近3年经审计的财务会计报告、证券估值报告,并配合被收购公司聘请的独立财务顾问的尽职调查工作。

收购人以在证券交易所上市交易的证券支付收购价款的,应当在作出要约收购提示性公告的同时,将用于支付的全部证券交由证券登记结算机构保管,但上市公司发行新股的除外;收购人以在证券交易所上市的债券支付收购价款的,该债券的可上市交易时间应当不少于一个月;收购人以未在证券交易所上市交易的证券支付收购价款的,必须同时提供现金方式供被收购公司的股东选择,并详细披露相关证券的保管、送达被收购公司股东的方式和程序安排。

第三十七条　收购要约约定的收购期限不得少于30日,并不得超过60日;但是出现竞争要约的除外。

在收购要约约定的承诺期限内,收购人不得撤销其收购要约。

第三十八条　采取要约收购方式的,收购人作出公告后至收购期限届满前,不得卖出被收购公司的股票,也不得采取要约规定以外的形式和超出要约的条件买入被收购公司的股票。

第三十九条 收购要约提出的各项收购条件,适用于被收购公司的所有股东。

收购人需要变更收购要约的,必须事先向中国证监会提出书面报告,同时抄报派出机构,抄送证券交易所和证券登记结算机构,通知被收购公司;经中国证监会批准后,予以公告。

第四十条 收购要约期限届满前15日内,收购人不得变更收购要约;但是出现竞争要约的除外。

出现竞争要约时,发出初始要约的收购人变更收购要约距初始要约收购期限届满不足15日的,应当延长收购期限,延长后的要约期应当不少于15日,不得超过最后一个竞争要约的期满日,并按规定比例追加履约保证金;以证券支付收购价款的,应当追加相应数量的证券,交由证券登记结算机构保管。

发出竞争要约的收购人最迟不得晚于初始要约收购期限届满前15日发出要约收购的提示性公告,并应当根据本办法第二十八条和第二十九条的规定履行报告、公告义务。

第四十一条 要约收购报告书所披露的基本事实发生重大变化的,收购人应当在该重大变化发生之日起2个工作日内,向中国证监会作出书面报告,同时抄报派出机构,抄送证券交易所,通知被收购公司,并予公告。

第四十二条 同意接受收购要约的股东(以下简称预受股东),应当委托证券公司办理预受要约的相关手续。收购人应当委托证券公司向证券登记结算机构申请办理预受要约股票的临时保管。证券登记结算机构临时保管的预受要约的股票,在要约收购期间不得转让。

前款所称预受,是指被收购公司股东同意接受要约的初步意思表示,在要约收购期限内不可撤回之前不构成承诺。在要约收购期限届满3个交易日前,预受股东可以委托证券公司办理撤回预受要约的手续,证券登记结算机构根据预受要约股东的撤回申请解除对预受要约股票的临时保管。在要约收购期限届满前3个交易日内,预受股东不得撤回其对要约的接受。在要约收购期限内,收购人应当每日在证券交易所网站上公告已预受收购要约的股份数量。

出现竞争要约时,接受初始要约的预受股东撤回全部或者部分预受的股份,并将撤回的股份售予竞争要约人的,应当委托证券公司办理撤回预受初始要约的手续和预受竞争要约的相关手续。

第四十三条 收购期限届满,发出部分要约的收购人应当按照收购要约约定的条件购买被收购公司股东预受的股份,预受要约股份的数量超过预定收购数量时,收购人应当按照同等比例收购预受要约的股份;以终止被收购公司上市地位为目的的,收购人应当按照收购要约约定的条件购买被收购公司股东预受的全部股份;未取得中国证监会豁免而发出全面要约的收购人应当购买被收购公司股东预受的全部股份。

收购期限届满后3个交易日内,接受委托的证券公司应当向证券登记结算机构申请办理股份转让结算、过户登记手续,解除对超过预定收购比例的股票的临时保管;收购人应当公告本次要约收购的结果。

第四十四条 收购期限届满,被收购公司股权分布不符合上市条件,该上市公司的股票由证券交易所依法终止上市交易。在收购行为完成前,其余仍持有被收购公司股票的股东,有权在收购报告书规定的合理期限内向收购人以收购要约的同等条件出售其股票,收购人应当收购。

第四十五条 收购期限届满后15日内,收购人应当向中国证监会报送关于收购情况的书面报告,同时抄报派出机构,抄送证券交易所,通知被收购公司。

第四十六条 除要约方式外,投资者不得在证券交易所外公开求购上市公司的股份。

第四章 协议收购

第四十七条 收购人通过协议方式在一个上市公司中拥有权益的股份达到或者超过该公司已发行股份的5%,但未超过30%的,按照本办法第二章的规定办理。

收购人拥有权益的股份达到该公司已发行股份的30%时,继续进行收购的,应当依法向该上市公司的股东发出全面要约或者部分要约。符合本办法第六章规定情形的,收购人可以向中国证监会申请免除发出要约。

收购人拟通过协议方式收购一个上市公司的股份超过30%的,超过30%的部分,应当改以要约方式进行;但符合本办法第六章规定情形的,收购人可以向中国证监会申请免除发出要约。收购人在取得中国证监会豁免后,履行其收购协议;未取得中国证监会豁免且拟继续履行其收购协议的,或者不申请豁免的,在履行其收购协议前,应当发出全面要约。

第四十八条 以协议方式收购上市公司股份超过30%,收购人拟依据本办法第六章的规定申请豁免的,应当在与上市公司股东达成收购协议之日起3日内编制上市公司收购报告书,提交豁免申请及本办法第五十条规定的相关文件,委托财务顾问向中国证监会、证券交易所提交书面报告,同时抄报派出机构,通知被收购公司,并公告上市公司收购报告书摘要。派出机构收到书面报告后通报上市公司所在地省级人民政府。

收购人自取得中国证监会的豁免之日起3日内公告其收购报告书、财务顾问专业意见和律师出具的法律意见书;收购人未取得豁免的,应当自收到中国证监会的决定之日起3日内予以公告,并按照本办法第六十一条第二款的规定办理。

中国证监会发现收购报告书不符合法律、行政法规及相关规定的,应当及时告知收购人,收购人未纠正的,不得公告收购报告书,在公告前不得履行收购协议。

第四十九条 依据前条规定所作的上市公司收购报告书,须披露本办法第二十九条第(一)项至第(六)项和第(九)项至第(十四)项规定的内容及收购协议的生效条件和付款安排。

已披露收购报告书的收购人在披露之日起6个月内,因权益变动需要再次报告、公告的,可以仅就与前次报告书不同的部分作出报告、公告;超过6个月的,应当按照本办法第二章的规定履行报告、公告义务。

第五十条 收购人进行上市公司的收购,应当向中国证监会提交以下文件:

(一)中国公民的身份证明,或者在中国境内登记注册的法人、其他组织的证明文件;

(二)基于收购人的实力和从业经验对上市公司后续发展计划可行性的说明,收购人拟修改公司章程、改选公司董事会、改变或者调整公司主营业务的,还应当补充其具备规范运作上市公司的管理能力的说明；

（三）收购人及其关联方与被收购公司存在同业竞争、关联交易的，应提供避免同业竞争等利益冲突、保持被收购公司经营独立性的说明；

（四）收购人为法人或者其他组织的，其控股股东、实际控制人最近2年未变更的说明；

（五）收购人及其控股股东或实际控制人的核心企业和核心业务、关联企业及主营业务的说明；收购人或其实际控制人为两个或两个以上的上市公司控股股东或实际控制人的，还应当提供其持股5%以上的上市公司以及银行、信托公司、证券公司、保险公司等其他金融机构的情况说明；

（六）财务顾问关于收购人最近3年的诚信记录、收购资金来源合法性、收购人具备履行相关承诺的能力以及相关信息披露内容真实性、准确性、完整性的核查意见；收购人成立未满3年的，财务顾问还应当提供其控股股东或者实际控制人最近3年诚信记录的核查意见。

境外法人或者境外其他组织进行上市公司收购的，除应当提交第一款第（二）项至第（六）项规定的文件外，还应当提交以下文件：

（一）财务顾问出具的收购人符合对上市公司进行战略投资的条件、具有收购上市公司的能力的核查意见；

（二）收购人接受中国司法、仲裁管辖的声明。

第五十一条 上市公司董事、监事、高级管理人员、员工或者其所控制或者委托的法人或者其他组织，拟对本公司进行收购或者通过本办法第五章规定的方式取得本公司控制权（以下简称管理层收购）的，该上市公司应当具备健全且运行良好的组织机构以及有效的内部控制制度，公司董事会成员中独立董事的比例应当达到或者超过1/2。公司应当聘请具有证券、期货从业资格的资产评估机构提供公司资产评估报告，本次收购应当经董事会非关联董事作出决议，且取得2/3以上的独立董事同意后，提交公司股东大会审议，经出席股东大会的非关联股东所持表决权过半数通过。独立董事发表意见前，应当聘请独立财务顾问就本次收购出具专业意见，独立董事及独立财务顾问的意见应当一并予以公告。

上市公司董事、监事、高级管理人员存在《公司法》第一百四十九条规定情形，或者最近3年有证券市场不良诚信记录的，不得收购本公司。

第五十二条 以协议方式进行上市公司收购的，自签订收购协议起至相关股份完成过户的期间为上市公司收购过渡期（以下简称过渡期）。在过渡期内，收购人不得通过控股股东提议改选上市公司董事会，确有充分理由改选董事会的，来自收购人的董事不得超过董事会成员的1/3；被收购公司不得为收购人及其关联方提供担保；被收购公司不得公开发行股份募集资金，不得进行重大购买、出售资产、重大投资行为或者与收购人及其关联方进行其他关联交易，但收购人为挽救陷入危机或者面临严重财务困难的上市公司的情形除外。

第五十三条 上市公司控股股东向收购人协议转让其所持有的上市公司股份的，应当对收购人的主体资格、诚信情况及收购意图进行调查，并在其权益变动报告书中披露有关调查情况。

控股股东及其关联方未清偿其对公司的负债，未解除公司为其负债提供的担保，或者存在损害公司利益的其他情形的，被收购公司董事会应当对前述情形及时予以披露，并采取有效措施维护公司利益。

第五十四条 协议收购的相关当事人应当向证券登记结算机构申请办理拟转让股份的临时保管手续,并可以将用于支付的现金存放于证券登记结算机构指定的银行。

第五十五条 收购报告书公告后,相关当事人应当按照证券交易所和证券登记结算机构的业务规则,在证券交易所就本次股份转让予以确认后,凭全部转让款项存放于双方认可的银行账户的证明,向证券登记结算机构申请解除拟协议转让股票的临时保管,并办理过户登记手续。

收购人未按规定履行报告、公告义务,或者未按规定提出申请的,证券交易所和证券登记结算机构不予办理股份转让和过户登记手续。

收购人在收购报告书公告后 30 日内仍未完成相关股份过户手续的,应当立即作出公告,说明理由;在未完成相关股份过户期间,应当每隔 30 日公告相关股份过户办理进展情况。

第五章 间接收购

第五十六条 收购人虽不是上市公司的股东,但通过投资关系、协议、其他安排导致其拥有权益的股份达到或者超过一个上市公司已发行股份的 5% 未超过 30% 的,应当按照本办法第二章的规定办理。

收购人拥有权益的股份超过该公司已发行股份的 30% 的,应当向该公司所有股东发出全面要约;收购人预计无法在事实发生之日起 30 日内发出全面要约的,应当在前述 30 日内促使其控制的股东将所持有的上市公司股份减持至 30% 或者 30% 以下,并自减持之日起 2 个工作日内予以公告;其后收购人或者其控制的股东拟继续增持的,应当采取要约方式;拟依据本办法第六章的规定申请豁免的,应当按照本办法第四十八条的规定办理。

第五十七条 投资者虽不是上市公司的股东,但通过投资关系取得对上市公司股东的控制权,而受其支配的上市公司股东所持股份达到前条规定比例、且对该股东的资产和利润构成重大影响的,应当按照前条规定履行报告、公告义务。

第五十八条 上市公司实际控制人及受其支配的股东,负有配合上市公司真实、准确、完整披露有关实际控制人发生变化的信息的义务;实际控制人及受其支配的股东拒不履行上述配合义务,导致上市公司无法履行法定信息披露义务而承担民事、行政责任的,上市公司有权对其提起诉讼。实际控制人、控股股东指使上市公司及其有关人员不依法履行信息披露义务的,中国证监会依法进行查处。

第五十九条 上市公司实际控制人及受其支配的股东未履行报告、公告义务的,上市公司应当自知悉之日起立即作出报告和公告。上市公司就实际控制人发生变化的情况予以公告后,实际控制人仍未披露的,上市公司董事会应当向实际控制人和受其支配的股东查询,必要时可以聘请财务顾问进行查询,并将查询情况向中国证监会、派出机构和证券交易所报告;中国证监会依法对拒不履行报告、公告义务的实际控制人进行查处。

上市公司知悉实际控制人发生较大变化而未能将有关实际控制人的变化情况及时予以报告和公告的,中国证监会责令改正,情节严重的,认定上市公司负有责任的董事为不适当人选。

第六十条 上市公司实际控制人及受其支配的股东未履行报告、公告义务，拒不履行第五十八条规定的配合义务，或者实际控制人存在不得收购上市公司情形的，上市公司董事会应当拒绝接受受实际控制人支配的股东向董事会提交的提案或者临时议案，并向中国证监会、派出机构和证券交易所报告。中国证监会责令实际控制人改正，可以认定实际控制人通过受其支配的股东所提名的董事为不适当人选；改正前，受实际控制人支配的股东不得行使其持有股份的表决权。上市公司董事会未拒绝接受实际控制人及受其支配的股东所提出的提案的，中国证监会可以认定负有责任的董事为不适当人选。

第六章 豁免申请

第六十一条 符合本办法第六十二条、第六十三条规定情形的，投资者及其一致行动人可以向中国证监会申请下列豁免事项：

（一）免于以要约收购方式增持股份；

（二）存在主体资格、股份种类限制或者法律、行政法规、中国证监会规定的特殊情形的，可以申请免于向被收购公司的所有股东发出收购要约。

未取得豁免的，投资者及其一致行动人应当在收到中国证监会通知之日起30日内将其或者其控制的股东所持有的被收购公司股份减持到30%或者30%以下；拟以要约以外的方式继续增持股份的，应当发出全面要约。

第六十二条 有下列情形之一的，收购人可以向中国证监会提出免于以要约方式增持股份的申请：

（一）收购人与出让人能够证明本次转让未导致上市公司的实际控制人发生变化的；

（二）上市公司面临严重财务困难，收购人提出的挽救公司的重组方案取得该公司股东大会批准，且收购人承诺3年内不转让其在该公司中所拥有的权益；

（三）经上市公司股东大会非关联股东批准，收购人取得上市公司向其发行的新股，导致其在该公司拥有权益的股份超过该公司已发行股份的30%，收购人承诺3年内不转让其拥有权益的股份，且公司股东大会同意收购人免于发出要约；

（四）中国证监会为适应证券市场发展变化和保护投资者合法权益的需要而认定的其他情形。

收购人报送的豁免申请文件符合规定，并且已经按照本办法的规定履行报告、公告义务的，中国证监会予以受理；不符合规定或者未履行报告、公告义务的，中国证监会不予受理。中国证监会在受理豁免申请后20个工作日内，就收购人所申请的具体事项作出是否予以豁免的决定；取得豁免的，收购人可以继续增持股份。

第六十三条 有下列情形之一的，当事人可以向中国证监会申请以简易程序免除发出要约：

（一）经政府或者国有资产管理部门批准进行国有资产无偿划转、变更、合并，导致投资者在一个上市公司中拥有权益的股份占该公司已发行股份的比例超过30%；

（二）在一个上市公司中拥有权益的股份达到或者超过该公司已发行股份的30%的，自上述事实发生之日起一年后，每12个月内增加其在该公司中拥有权益的股份不超过该公司已发行股份的2%；

（三）在一个上市公司中拥有权益的股份达到或者超过该公司已发行股份的50%的，继续增加其在该公司拥有的权益不影响该公司的上市地位；

（四）因上市公司按照股东大会批准的确定价格向特定股东回购股份而减少股本，导致当事人在该公司中拥有权益的股份超过该公司已发行股份的30%；

（五）证券公司、银行等金融机构在其经营范围内依法从事承销、贷款等业务导致其持有一个上市公司已发行股份超过30%，没有实际控制该公司的行为或者意图，并且提出在合理期限内向非关联方转让相关股份的解决方案；

（六）因继承导致在一个上市公司中拥有权益的股份超过该公司已发行股份的30%；

（七）中国证监会为适应证券市场发展变化和保护投资者合法权益的需要而认定的其他情形。

中国证监会自收到符合规定的申请文件之日起5个工作日内未提出异议的，相关投资者可以向证券交易所和证券登记结算机构申请办理股份转让和过户登记手续。中国证监会不同意其以简易程序申请的，相关投资者应当按照本办法第六十二条的规定提出申请。

第六十四条 收购人提出豁免申请的，应当聘请律师事务所等专业机构出具专业意见。

第七章 财务顾问

第六十五条 收购人聘请的财务顾问应当履行以下职责：

（一）对收购人的相关情况进行尽职调查；

（二）应收购人的要求向收购人提供专业化服务，全面评估被收购公司的财务和经营状况，帮助收购人分析收购所涉及的法律、财务、经营风险，就收购方案所涉及的收购价格、收购方式、支付安排等事项提出对策建议，并指导收购人按照规定的内容与格式制作申报文件；

（三）对收购人进行证券市场规范化运作的辅导，使收购人的董事、监事和高级管理人员熟悉有关法律、行政法规和中国证监会的规定，充分了解其应当承担的义务和责任，督促其依法履行报告、公告和其他法定义务；

（四）对收购人是否符合本办法的规定及申报文件内容的真实性、准确性、完整性进行充分核查和验证，对收购事项客观、公正地发表专业意见；

（五）接受收购人委托，向中国证监会报送申报材料，根据中国证监会的审核意见，组织、协调收购人及其他专业机构予以答复；

（六）与收购人签订协议，在收购完成后12个月内，持续督导收购人遵守法律、行政法规、中国证监会的规定、证券交易所规则、上市公司章程，依法行使股东权利，切实履行承诺或者相关约定。

第六十六条 收购人聘请的财务顾问就本次收购出具的财务顾问报告，应当对以下事项进行说明和分析，并逐项发表明确意见：

（一）收购人编制的上市公司收购报告书或者要约收购报告书所披露的内容是否真实、准确、完整；

（二）本次收购的目的；

（三）收购人是否提供所有必备证明文件，根据对收购人及其控股股东、实际控制人的实力、从事的主要业务、持续经营状况、财务状况和诚信情况的核查，说明收购人是否具备主体资格，是否具备收购的经济实力，是否具备规范运作上市公司的管理能力，是否需要承担其他附加义务及是否具备履行相关义务的能力，是否存在不良诚信记录；

（四）对收购人进行证券市场规范化运作辅导的情况，其董事、监事和高级管理人员是否已经熟悉有关法律、行政法规和中国证监会的规定，充分了解应承担的义务和责任，督促其依法履行报告、公告和其他法定义务的情况；

（五）收购人的股权控制结构及其控股股东、实际控制人支配收购人的方式；

（六）收购人的收购资金来源及其合法性，是否存在利用本次收购的股份向银行等金融机构质押取得融资的情形；

（七）涉及收购人以证券支付收购价款的，应当说明有关该证券发行人的信息披露是否真实、准确、完整以及该证券交易的便捷性等情况；

（八）收购人是否已经履行了必要的授权和批准程序；

（九）是否已对收购过渡期间保持上市公司稳定经营作出安排，该安排是否符合有关规定；

（十）对收购人提出的后续计划进行分析，收购人所从事的业务与上市公司从事的业务存在同业竞争、关联交易的，对收购人解决与上市公司同业竞争等利益冲突及保持上市公司经营独立性的方案进行分析，说明本次收购对上市公司经营独立性和持续发展可能产生的影响；

（十一）在收购标的上是否设定其他权利，是否在收购价款之外还作出其他补偿安排；

（十二）收购人及其关联方与被收购公司之间是否存在业务往来，收购人与被收购公司的董事、监事、高级管理人员是否就其未来任职安排达成某种协议或者默契；

（十三）上市公司原控股股东、实际控制人及其关联方是否存在未清偿对公司的负债、未解除公司为其负债提供的担保或者损害公司利益的其他情形；存在该等情形的，是否已提出切实可行的解决方案；

（十四）涉及收购人拟提出豁免申请的，应当说明本次收购是否属于可以得到豁免的情形，收购人是否作出承诺及是否具备履行相关承诺的实力。

第六十七条 上市公司董事会或者独立董事聘请的独立财务顾问，不得同时担任收购人的财务顾问或者与收购人的财务顾问存在关联关系。独立财务顾问应当根据委托进行尽职调查，对本次收购的公正性和合法性发表专业意见。独立财务顾问报告应当对以下问题进行说明和分析，发表明确意见：

（一）收购人是否具备主体资格；

（二）收购人的实力及本次收购对被收购公司经营独立性和持续发展可能产生的影响分析；

（三）收购人是否存在利用被收购公司的资产或者由被收购公司为本次收购提供财务资助的情形；

（四）涉及要约收购的，分析被收购公司的财务状况，说明收购价格是否充分反映被收购公司价值，收购要约是否公平、合理，对被收购公司社会公众股股东接受要约提出的建议；

（五）涉及收购人以证券支付收购价款的，还应当根据该证券发行人的资产、业务和盈利预测，对相关证券进行估值分析，就收购条件对被收购公司的社会公众股股东是否公平合理、是否接受收购人提出的收购条件提出专业意见；

（六）涉及管理层收购的，应当对上市公司进行估值分析，就本次收购的定价依据、支付方式、收购资金来源、融资安排、还款计划及其可行性、上市公司内部控制制度的执行情况及其有效性、上述人员及其直系亲属在最近24个月内与上市公司业务往来情况以及收购报告书披露的其他内容等进行全面核查，发表明确意见。

第六十八条　财务顾问受托向中国证监会报送申报文件，应当在财务顾问报告中作出以下承诺：

（一）已按照规定履行尽职调查义务，有充分理由确信所发表的专业意见与收购人申报文件的内容不存在实质性差异；

（二）已对收购人申报文件进行核查，确信申报文件的内容与格式符合规定；

（三）有充分理由确信本次收购符合法律、行政法规和中国证监会的规定，有充分理由确信收购人披露的信息真实、准确、完整，不存在虚假记载、误导性陈述和重大遗漏；

（四）就本次收购所出具的专业意见已提交其内核机构审查，并获得通过；

（五）在担任财务顾问期间，已采取严格的保密措施，严格执行内部防火墙制度；

（六）与收购人已订立持续督导协议。

第六十九条　财务顾问在收购过程中和持续督导期间，应当关注被收购公司是否存在为收购人及其关联方提供担保或者借款等损害上市公司利益的情形，发现有违法或者不当行为的，应当及时向中国证监会、派出机构和证券交易所报告。

第七十条　财务顾问为履行职责，可以聘请其他专业机构协助其对收购人进行核查，但应当对收购人提供的资料和披露的信息进行独立判断。

第七十一条　自收购人公告上市公司收购报告书至收购完成后12个月内，财务顾问应当通过日常沟通、定期回访等方式，关注上市公司的经营情况，结合被收购公司定期报告和临时公告的披露事宜，对收购人及被收购公司履行持续督导职责：

（一）督促收购人及时办理股权过户手续，并依法履行报告和公告义务；

（二）督促和检查收购人及被收购公司依法规范运作；

（三）督促和检查收购人履行公开承诺的情况；

（四）结合被收购公司定期报告，核查收购人落实后续计划的情况，是否达到预期目标，实施效果是否与此前的披露内容存在较大差异，是否实现相关盈利预测或者管理层预计达到的目标；

（五）涉及管理层收购的，核查被收购公司定期报告中披露的相关还款计划的落实情况与事实是否一致；

（六）督促和检查履行收购中约定的其他义务的情况。

在持续督导期间,财务顾问应当结合上市公司披露的季度报告、半年度报告和年度报告出具持续督导意见,并在前述定期报告披露后的15日内向派出机构报告。

在此期间,财务顾问发现收购人在上市公司收购报告书中披露的信息与事实不符的,应当督促收购人如实披露相关信息,并及时向中国证监会、派出机构、证券交易所报告。财务顾问解除委托合同的,应当及时向中国证监会、派出机构作出书面报告,说明无法继续履行持续督导职责的理由,并予公告。

第八章 持续监管

第七十二条 在上市公司收购行为完成后12个月内,收购人聘请的财务顾问应当在每季度前3日内就上一季度对上市公司影响较大的投资、购买或者出售资产、关联交易、主营业务调整以及董事、监事、高级管理人员的更换、职工安置、收购人履行承诺等情况向派出机构报告。

收购人注册地与上市公司注册地不同的,还应当将前述情况的报告同时抄报收购人所在地的派出机构。

第七十三条 派出机构根据审慎监管原则,通过与承办上市公司审计业务的会计师事务所谈话、检查财务顾问持续督导责任的落实、定期或者不定期的现场检查等方式,在收购完成后对收购人和上市公司进行监督检查。

派出机构发现实际情况与收购人披露的内容存在重大差异的,对收购人及上市公司予以重点关注,可以责令收购人延长财务顾问的持续督导期,并依法进行查处。

在持续督导期间,财务顾问与收购人解除合同的,收购人应当另行聘请其他财务顾问机构履行持续督导职责。

第七十四条 在上市公司收购中,收购人持有的被收购公司的股份,在收购完成后12个月内不得转让。

收购人在被收购公司中拥有权益的股份在同一实际控制人控制的不同主体之间进行转让不受前述12个月的限制,但应当遵守本办法第六章的规定。

第九章 监管措施与法律责任

第七十五条 上市公司的收购及相关股份权益变动活动中的信息披露义务人,未按照本办法的规定履行报告、公告以及其他相关义务的,中国证监会责令改正,采取监管谈话、出具警示函、责令暂停或者停止收购等监管措施。在改正前,相关信息披露义务人不得对其持有或者实际支配的股份行使表决权。

第七十六条 上市公司的收购及相关股份权益变动活动中的信息披露义务人在报告、公告等文件中有虚假记载、误导性陈述或者重大遗漏的,中国证监会责令改正,采取监管谈话、出具警示函、责令暂停或者停止收购等监管措施。在改正前,收购人对其持有或者实际支配的股份不得行使表决权。

第七十七条 投资者及其一致行动人取得上市公司控制权而未按照本办法的规定聘请财务顾问，规避法定程序和义务，变相进行上市公司的收购，或者外国投资者规避管辖的，中国证监会责令改正，采取出具警示函、责令暂停或者停止收购等监管措施。在改正前，收购人不得对其持有或者实际支配的股份行使表决权。

第七十八条 发出收购要约的收购人在收购要约期限届满，不按照约定支付收购价款或者购买预受股份的，自该事实发生之日起 3 年内不得收购上市公司，中国证监会不受理收购人及其关联方提交的申报文件；涉嫌虚假信息披露、操纵证券市场的，中国证监会对收购人进行立案稽查，依法追究其法律责任。

前款规定的收购人聘请的财务顾问没有充分证据表明其勤勉尽责的，中国证监会依法追究法律责任。

第七十九条 上市公司控股股东和实际控制人在转让其对公司的控制权时，未清偿其对公司的负债，未解除公司为其提供的担保，或者未对其损害公司利益的其他情形作出纠正的，中国证监会责令改正、责令暂停或者停止收购活动。

被收购公司董事会未能依法采取有效措施促使公司控股股东、实际控制人予以纠正，或者在收购完成后未能促使收购人履行承诺、安排或者保证的，中国证监会可以认定相关董事为不适当人选。

第八十条 上市公司董事未履行忠实义务和勤勉义务，利用收购谋取不当利益的，中国证监会采取监管谈话、出具警示函等监管措施，可以认定为不适当人选。

上市公司章程中涉及公司控制权的条款违反法律、行政法规和本办法规定的，中国证监会责令改正。

第八十一条 为上市公司收购出具资产评估报告、审计报告、法律意见书和财务顾问报告的证券服务机构或者证券公司及其专业人员，未依法履行职责的，中国证监会责令改正，采取监管谈话、出具警示函等监管措施。

第八十二条 中国证监会将上市公司的收购及相关股份权益变动活动中的当事人的违法行为和整改情况记入诚信档案。

违反本办法的规定构成证券违法行为的，依法追究法律责任。

第十章 附 则

第八十三条 本办法所称一致行动，是指投资者通过协议、其他安排，与其他投资者共同扩大其所能够支配的一个上市公司股份表决权数量的行为或者事实。

在上市公司的收购及相关股份权益变动活动中有一致行动情形的投资者，互为一致行动人。如无相反证据，投资者有下列情形之一的，为一致行动人：

（一）投资者之间有股权控制关系；

（二）投资者受同一主体控制；

（三）投资者的董事、监事或者高级管理人员中的主要成员，同时在另一个投资者担任董事、监事或者高级管理人员；

（四）投资者参股另一投资者，可以对参股公司的重大决策产生重大影响；

（五）银行以外的其他法人、其他组织和自然人为投资者取得相关股份提供融资安排；

（六）投资者之间存在合伙、合作、联营等其他经济利益关系；

（七）持有投资者30%以上股份的自然人，与投资者持有同一上市公司股份；

（八）在投资者任职的董事、监事及高级管理人员，与投资者持有同一上市公司股份；

（九）持有投资者30%以上股份的自然人和在投资者任职的董事、监事及高级管理人员，其父母、配偶、子女及其配偶、配偶的父母、兄弟姐妹及其配偶、配偶的兄弟姐妹及其配偶等亲属，与投资者持有同一上市公司股份；

（十）在上市公司任职的董事、监事、高级管理人员及其前项所述亲属同时持有本公司股份的，或者与其自己或者其前项所述亲属直接或者间接控制的企业同时持有本公司股份；

（十一）上市公司董事、监事、高级管理人员和员工与其所控制或者委托的法人或者其他组织持有本公司股份；

（十二）投资者之间具有其他关联关系。

一致行动人应当合并计算其所持有的股份。投资者计算其所持有的股份，应当包括登记在其名下的股份，也包括登记在其一致行动人名下的股份。

投资者认为其与他人不应被视为一致行动人的，可以向中国证监会提供相反证据。

第八十四条 有下列情形之一的，为拥有上市公司控制权：

（一）投资者为上市公司持股50%以上的控股股东；

（二）投资者可以实际支配上市公司股份表决权超过30%；

（三）投资者通过实际支配上市公司股份表决权能够决定公司董事会半数以上成员选任；

（四）投资者依其可实际支配的上市公司股份表决权足以对公司股东大会的决议产生重大影响；

（五）中国证监会认定的其他情形。

第八十五条 信息披露义务人涉及计算其持股比例的，应当将其所持有的上市公司已发行的可转换为公司股票的证券中有权转换部分与其所持有的同一上市公司的股份合并计算，并将其持股比例与合并计算非股权类证券转为股份后的比例相比，以二者中的较高者为准；行权期限届满未行权的，或者行权条件不再具备的，无需合并计算。

前款所述二者中的较高者，应当按下列公式计算：

（一）投资者持有的股份数量/上市公司已发行股份总数

（二）（投资者持有的股份数量＋投资者持有的可转换为公司股票的非股权类证券所对应的股份数量）/（上市公司已发行股份总数＋上市公司发行的可转换为公司股票的非股权类证券所对应的股份总数）

第八十六条 投资者因行政划转、执行法院裁决、继承、赠与等方式取得上市公司控制权的，应当按照本办法第四章的规定履行报告、公告义务。

第八十七条 权益变动报告书、收购报告书、要约收购报告书、被收购公司董事会报告书、要约收购豁免申请文件等文件的内容与格式,由中国证监会另行制定。

第八十八条 被收购公司在境内、境外同时上市的,收购人除应当遵守本办法及中国证监会的相关规定外,还应当遵守境外上市地的相关规定。

第八十九条 外国投资者收购上市公司及在上市公司中拥有的权益发生变动的,除应当遵守本办法的规定外,还应当遵守外国投资者投资上市公司的相关规定。

第九十条 本办法自 2006 年 9 月 1 日起施行。中国证监会发布的《上市公司收购管理办法》(证监会令第 10 号)、《上市公司股东持股变动信息披露管理办法》(证监会令第 11 号)、《关于要约收购涉及的被收购公司股票上市交易条件有关问题的通知》(证监公司字[2003]16 号)和《关于规范上市公司实际控制权转移行为有关问题的通知》(证监公司字[2004]1 号)同时废止。

4. 中华人民共和国证券投资基金法

(2003 年 10 月 28 日中华人民共和国第十届全国人民代表大会常务委员会第五次会议通过)

目 录

第一章 总则

第二章 基金管理人

第三章 基金托管人

第四章 基金的募集

第五章 基金份额的交易

第六章 基金份额的申购与赎回

第七章 基金的运作与信息披露

第八章 基金合同的变更、终止与基金财产清算

第九章 基金份额持有人权利及其行使

第十章 监督管理

第十一章 法律责任

第十二章 附则

第一章 总 则

第一条 为了规范证券投资基金活动,保护投资人及相关当事人的合法权益,促进证券投资基金和证券市场的健康发展,制定本法。

第二条 在中华人民共和国境内,通过公开发售基金份额募集证券投资基金(以下简称基金),由基金管理人管理,基金托管人托管,为基金份额持有人的利益,以资产组合方式进行证券投资活动,适用本法;本法未规定的,适用《中华人民共和国信托法》、《中华人民共和国证券法》和其他有关法律、行政法规的规定。

第三条 基金管理人、基金托管人和基金份额持有人的权利、义务,依照本法在基金合同中约定。

基金管理人、基金托管人依照本法和基金合同的约定,履行受托职责。基金份额持有人按其所持基金份额享受收益和承担风险。

第四条 从事证券投资基金活动,应当遵循自愿、公平、诚实信用的原则,不得损害国家利益和社会公共利益。

第五条 基金合同应当约定基金运作方式。基金运作方式可以采用封闭式、开放式或者其他方式。

采用封闭式运作方式的基金(以下简称封闭式基金),是指经核准的基金份额总额在基金合同期限内固定不变,基金份额可以在依法设立的证券交易场所交易,但基金份额持有人不得申请赎回的基金。

采用开放式运作方式的基金(以下简称开放式基金),是指基金份额总额不固定,基金份额可以在基金合同约定的时间和场所申购或者赎回的基金。

采用其他运作方式的基金的基金份额发售、交易、申购、赎回的办法,由国务院另行规定。

第六条 基金财产独立于基金管理人、基金托管人的固有财产。基金管理人、基金托管人不得将基金财产归入其固有财产。

基金管理人、基金托管人因基金财产的管理、运用或者其他情形而取得的财产和收益,归入基金财产。

基金管理人、基金托管人因依法解散、被依法撤销或者被依法宣告破产等原因进行清算的,基金财产不属于其清算财产。

第七条 基金财产的债权,不得与基金管理人、基金托管人固有财产的债务相抵销;不同基金财产的债权债务,不得相互抵销。

第八条 非因基金财产本身承担的债务,不得对基金财产强制执行。

第九条 基金管理人、基金托管人管理、运用基金财产,应当恪尽职守,履行诚实信用、谨慎勤勉的义务。

基金从业人员应当依法取得基金从业资格,遵守法律、行政法规,恪守职业道德和行为规范。

第十条 基金管理人、基金托管人和基金份额发售机构,可以成立同业协会,加强行业自律,协调行业关系,提供行业服务,促进行业发展。

第十一条 国务院证券监督管理机构依法对证券投资基金活动实施监督管理。

第二章 基金管理人

第十二条 基金管理人由依法设立的基金管理公司担任。

担任基金管理人,应当经国务院证券监督管理机构核准。

第十三条 设立基金管理公司,应当具备下列条件,并经国务院证券监督管理机构批准:

(一)有符合本法和《中华人民共和国公司法》规定的章程;

(二)注册资本不低于一亿元人民币,且必须为实缴货币资本;

(三)主要股东具有从事证券经营、证券投资咨询、信托资产管理或者其他金融资产管理的较好的经营业绩和良好的社会信誉,最近三年没有违法记录,注册资本不低于三亿元人民币;

(四)取得基金从业资格的人员达到法定人数;

(五)有符合要求的营业场所、安全防范设施和与基金管理业务有关的其他设施;

(六)有完善的内部稽核监控制度和风险控制制度;

(七)法律、行政法规规定的和经国务院批准的国务院证券监督管理机构规定的其他条件。

第十四条 国务院证券监督管理机构应当自受理基金管理公司设立申请之日起六个月内依照本法第十三条规定的条件和审慎监管原则进行审查,作出批准或者不予批准的决定,并通知申请人;不予批准的,应当说明理由。

基金管理公司设立分支机构、修改章程或者变更其他重大事项,应当报经国务院证券监督管理机构批准。国务院证券监督管理机构应当自受理申请之日起六十日内作出批准或者不予批准的决定,并通知申请人;不予批准的,应当说明理由。

第十五条 下列人员不得担任基金管理人的基金从业人员:

(一)因犯有贪污贿赂、渎职、侵犯财产罪或者破坏社会主义市场经济秩序罪,被判处刑罚的;

(二)对所任职的公司、企业因经营不善破产清算或者因违法被吊销营业执照负有个人责任的董事、监事、厂长、经理及其他高级管理人员,自该公司、企业破产清算终结或者被吊销营业执照之日起未逾五年的;

(三)个人所负债务数额较大,到期未清偿的;

(四)因违法行为被开除的基金管理人、基金托管人、证券交易所、证券公司、证券登记结算机构、期货交易所、期货经纪公司及其他机构的从业人员和国家机关工作人员;

(五)因违法行为被吊销执业证书或者被取消资格的律师、注册会计师和资产评估机构、验证机构的从业人员、投资咨询从业人员;

(六)法律、行政法规规定不得从事基金业务的其他人员。

第十六条 基金管理人的经理和其他高级管理人员,应当熟悉证券投资方面的法律、行政法规,具有基金从业资格和三年以上与其所任职务相关的工作经历。

第十七条 基金管理人的经理和其他高级管理人员的选任或者改任,应当报经国务院证券监督管理机构依照本法和其他有关法律、行政法规规定的任职条件进行审核。

第十八条 基金管理人的董事、监事、经理和其他从业人员,不得担任基金托管人或者其他基金管理人的任何职务,不得从事损害基金财产和基金份额持有人利益的证券交易及其他活动。

第十九条　基金管理人应当履行下列职责：
（一）依法募集基金，办理或者委托经国务院证券监督管理机构认定的其他机构代为办理基金份额的发售、申购、赎回和登记事宜；
（二）办理基金备案手续；
（三）对所管理的不同基金财产分别管理、分别记账，进行证券投资；
（四）按照基金合同的约定确定基金收益分配方案，及时向基金份额持有人分配收益；
（五）进行基金会计核算并编制基金财务会计报告；
（六）编制中期和年度基金报告；
（七）计算并公告基金资产净值，确定基金份额申购、赎回价格；
（八）办理与基金财产管理业务活动有关的信息披露事项；
（九）召集基金份额持有人大会；
（十）保存基金财产管理业务活动的记录、账册、报表和其他相关资料；
（十一）以基金管理人名义，代表基金份额持有人利益行使诉讼权利或者实施其他法律行为；
（十二）国务院证券监督管理机构规定的其他职责。

第二十条　基金管理人不得有下列行为：
（一）将其固有财产或者他人财产混同于基金财产从事证券投资；
（二）不公平地对待其管理的不同基金财产；
（三）利用基金财产为基金份额持有人以外的第三人牟取利益；
（四）向基金份额持有人违规承诺收益或者承担损失；
（五）依照法律、行政法规有关规定，由国务院证券监督管理机构规定禁止的其他行为。

第二十一条　国务院证券监督管理机构对有下列情形之一的基金管理人，依据职权责令整顿，或者取消基金管理资格：
（一）有重大违法违规行为；
（二）不再具备本法第十三条规定的条件；
（三）法律、行政法规规定的其他情形。

第二十二条　有下列情形之一的，基金管理人职责终止：
（一）被依法取消基金管理资格；
（二）被基金份额持有人大会解任；
（三）依法解散、被依法撤销或者被依法宣告破产；
（四）基金合同约定的其他情形。

第二十三条　基金管理人职责终止的，基金份额持有人大会应当在六个月内选任新基金管理人；新基金管理人产生前，由国务院证券监督管理机构指定临时基金管理人。
基金管理人职责终止的，应当妥善保管基金管理业务资料，及时办理基金管理业务的移交手续，新基金管理人或者临时基金管理人应当及时接收。

第二十四条　基金管理人职责终止的，应当按照规定聘请会计师事务所对基金财产进行审计，并将审计结果予以公告，同时报国务院证券监督管理机构备案。

第三章 基金托管人

第二十五条 基金托管人由依法设立并取得基金托管资格的商业银行担任。

第二十六条 申请取得基金托管资格,应当具备下列条件,并经国务院证券监督管理机构和国务院银行业监督管理机构核准:

(一)净资产和资本充足率符合有关规定;

(二)设有专门的基金托管部门;

(三)取得基金从业资格的专职人员达到法定人数;

(四)有安全保管基金财产的条件;

(五)有安全高效的清算、交割系统;

(六)有符合要求的营业场所、安全防范设施和与基金托管业务有关的其他设施;

(七)有完善的内部稽核监控制度和风险控制制度;

(八)法律、行政法规规定的和经国务院批准的国务院证券监督管理机构、国务院银行业监督管理机构规定的其他条件。

第二十七条 本法第十五条、第十八条的规定,适用于基金托管人的专门基金托管部门的从业人员。

本法第十六条、第十七条的规定,适用于基金托管人的专门基金托管部门的经理和其他高级管理人员。

第二十八条 基金托管人与基金管理人不得为同一人,不得相互出资或者持有股份。

第二十九条 基金托管人应当履行下列职责:

(一)安全保管基金财产;

(二)按照规定开设基金财产的资金账户和证券账户;

(三)对所托管的不同基金财产分别设置账户,确保基金财产的完整与独立;

(四)保存基金托管业务活动的记录、账册、报表和其他相关资料;

(五)按照基金合同的约定,根据基金管理人的投资指令,及时办理清算、交割事宜;

(六)办理与基金托管业务活动有关的信息披露事项;

(七)对基金财务会计报告、中期和年度基金报告出具意见;

(八)复核、审查基金管理人计算的基金资产净值和基金份额申购、赎回价格;

(九)按照规定召集基金份额持有人大会;

(十)按照规定监督基金管理人的投资运作;

(十一)国务院证券监督管理机构规定的其他职责。

第三十条 基金托管人发现基金管理人的投资指令违反法律、行政法规和其他有关规定,或者违反基金合同约定的,应当拒绝执行,立即通知基金管理人,并及时向国务院证券监督管理机构报告。

基金托管人发现基金管理人依据交易程序已经生效的投资指令违反法律、行政法规和其他有关规定,或者违反基金合同约定的,应当立即通知基金管理人,并及时向国务院证券监督管理机构报告。

第三十一条 本法第二十条的规定,适用于基金托管人。

第三十二条 国务院证券监督管理机构和国务院银行业监督管理机构对有下列情形之一的基金托管人,依据职权责令整顿,或者取消基金托管资格:

(一)有重大违法违规行为;

(二)不再具备本法第二十六条规定的条件;

(三)法律、行政法规规定的其他情形。

第三十三条 有下列情形之一的,基金托管人职责终止:

(一)被依法取消基金托管资格的;

(二)被基金份额持有人大会解任的;

(三)依法解散、被依法撤销或者被依法宣告破产;

(四)基金合同约定的其他情形。

第三十四条 基金托管人职责终止的,基金份额持有人大会应当在六个月内选任新基金托管人;新基金托管人产生前,由国务院证券监督管理机构指定临时基金托管人。

基金托管人职责终止的,应当妥善保管基金财产和基金托管业务资料,及时办理基金财产和基金托管业务的移交手续,新基金托管人或者临时基金托管人应当及时接收。

第三十五条 基金托管人职责终止的,应当按照规定聘请会计师事务所对基金财产进行审计,并将审计结果予以公告,同时报国务院证券监督管理机构备案。

第四章 基金的募集

第三十六条 基金管理人依照本法发售基金份额,募集基金,应当向国务院证券监督管理机构提交下列文件,并经国务院证券监督管理机构核准:

(一)申请报告;

(二)基金合同草案;

(三)基金托管协议草案;

(四)招募说明书草案;

(五)基金管理人和基金托管人的资格证明文件;

(六)经会计师事务所审计的基金管理人和基金托管人最近三年或者成立以来的财务会计报告;

(七)律师事务所出具的法律意见书;

(八)国务院证券监督管理机构规定提交的其他文件。

第三十七条 基金合同应当包括下列内容:

(一)募集基金的目的和基金名称;

(二)基金管理人、基金托管人的名称和住所;

(三)基金运作方式;

(四)封闭式基金的基金份额总额和基金合同期限,或者开放式基金的最低募集份额总额；

（五）确定基金份额发售日期、价格和费用的原则；

（六）基金份额持有人、基金管理人和基金托管人的权利、义务；

（七）基金份额持有人大会召集、议事及表决的程序和规则；

（八）基金份额发售、交易、申购、赎回的程序、时间、地点、费用计算方式，以及给付赎回款项的时间和方式；

（九）基金收益分配原则、执行方式；

（十）作为基金管理人、基金托管人报酬的管理费、托管费的提取、支付方式与比例；

（十一）与基金财产管理、运用有关的其他费用的提取、支付方式；

（十二）基金财产的投资方向和投资限制；

（十三）基金资产净值的计算方法和公告方式；

（十四）基金募集未达到法定要求的处理方式；

（十五）基金合同解除和终止的事由、程序以及基金财产清算方式；

（十六）争议解决方式；

（十七）当事人约定的其他事项。

第三十八条 基金招募说明书应当包括下列内容：

（一）基金募集申请的核准文件名称和核准日期；

（二）基金管理人、基金托管人的基本情况；

（三）基金合同和基金托管协议的内容摘要；

（四）基金份额的发售日期、价格、费用和期限；

（五）基金份额的发售方式、发售机构及登记机构名称；

（六）出具法律意见书的律师事务所和审计基金财产的会计师事务所的名称和住所；

（七）基金管理人、基金托管人报酬及其他有关费用的提取、支付方式与比例；

（八）风险警示内容；

（九）国务院证券监督管理机构规定的其他内容。

第三十九条 国务院证券监督管理机构应当自受理基金募集申请之日起六个月内依照法律、行政法规及国务院证券监督管理机构的规定和审慎监管原则进行审查，作出核准或者不予核准的决定，并通知申请人；不予核准的，应当说明理由。

第四十条 基金募集申请经核准后，方可发售基金份额。

第四十一条 基金份额的发售，由基金管理人负责办理；基金管理人可以委托经国务院证券监督管理机构认定的其他机构代为办理。

第四十二条 基金管理人应当在基金份额发售的三日前公布招募说明书、基金合同及其他有关文件。

前款规定的文件应当真实、准确、完整。

对基金募集所进行的宣传推介活动，应当符合有关法律、行政法规的规定，不得有本法第六十四条所列行为。

第四十三条 基金管理人应当自收到核准文件之日起六个月内进行基金募集。超过六个月开始募集,原核准的事项未发生实质性变化的,应当报国务院证券监督管理机构备案;发生实质性变化的,应当向国务院证券监督管理机构重新提交申请。

基金募集不得超过国务院证券监督管理机构核准的基金募集期限。基金募集期限自基金份额发售之日起计算。

第四十四条 基金募集期限届满,封闭式基金募集的基金份额总额达到核准规模的百分之八十以上,开放式基金募集的基金份额总额超过核准的最低募集份额总额,并且基金份额持有人人数符合国务院证券监督管理机构规定的,基金管理人应当自募集期限届满之日起十日内聘请法定验资机构验资,自收到验资报告之日起十日内,向国务院证券监督管理机构提交验资报告,办理基金备案手续,并予以公告。

第四十五条 基金募集期间募集的资金应当存入专门账户,在基金募集行为结束前,任何人不得动用。

第四十六条 投资人缴纳认购的基金份额的款项时,基金合同成立;基金管理人依照本法第四十四条的规定向国务院证券监督管理机构办理基金备案手续,基金合同生效。

基金募集期限届满,不能满足本法第四十四条规定的条件的,基金管理人应当承担下列责任:

(一)以其固有财产承担因募集行为而产生的债务和费用;

(二)在基金募集期限届满后三十日内返还投资人已缴纳的款项,并加计银行同期存款利息。

第五章 基金份额的交易

第四十七条 封闭式基金的基金份额,经基金管理人申请,国务院证券监督管理机构核准,可以在证券交易所上市交易。

国务院证券监督管理机构可以授权证券交易所依照法定条件和程序核准基金份额上市交易。

第四十八条 基金份额上市交易,应当符合下列条件:

(一)基金的募集符合本法规定;

(二)基金合同期限为五年以上;

(三)基金募集金额不低于二亿元人民币;

(四)基金份额持有人不少于一千人;

(五)基金份额上市交易规则规定的其他条件。

第四十九条 基金份额上市交易规则由证券交易所制定,报国务院证券监督管理机构核准。

第五十条 基金份额上市交易后,有下列情形之一的,由证券交易所终止其上市交易,并报国务院证券监督管理机构备案:

(一)不再具备本法第四十八条规定的上市交易条件的;

(二)基金合同期限届满;

（三）基金份额持有人大会决定提前终止上市交易的；
（四）基金合同约定的或者基金份额上市交易规则规定的终止上市交易的其他情形。

第六章 基金份额的申购与赎回

第五十一条 开放式基金的基金份额的申购、赎回和登记，由基金管理人负责办理；基金管理人可以委托经国务院证券监督管理机构认定的其他机构代为办理。

第五十二条 基金管理人应当在每个工作日办理基金份额的申购、赎回业务；基金合同另有约定的，按照其约定。

第五十三条 基金管理人应当按时支付赎回款项，但是下列情形除外：
（一）因不可抗力导致基金管理人不能支付赎回款项的；
（二）证券交易场所依法决定临时停市，导致基金管理人无法计算当日基金资产净值；
（三）基金合同约定的其他特殊情形。
发生上述情形之一的，基金管理人应当在当日报国务院证券监督管理机构备案。
本条第一款规定的情形消失后，基金管理人应当及时支付赎回款项。

第五十四条 开放式基金应当保持足够的现金或者政府债券，以备支付基金份额持有人的赎回款项。基金财产中应当保持的现金或者政府债券的具体比例，由国务院证券监督管理机构规定。

第五十五条 基金份额的申购、赎回价格，依据申购、赎回日基金份额净值加、减有关费用计算。

第五十六条 基金份额净值计价出现错误时，基金管理人应当立即纠正，并采取合理的措施防止损失进一步扩大。计价错误达到基金份额净值百分之零点五时，基金管理人应当公告，并报国务院证券监督管理机构备案。

因基金份额净值计价错误造成基金份额持有人损失的，基金份额持有人有权要求基金管理人、基金托管人予以赔偿。

第七章 基金的运作与信息披露

第五十七条 基金管理人运用基金财产进行证券投资，应当采用资产组合的方式。
资产组合的具体方式和投资比例，依照本法和国务院证券监督管理机构的规定在基金合同中约定。

第五十八条 基金财产应当用于下列投资：
（一）上市交易的股票、债券；
（二）国务院证券监督管理机构规定的其他证券品种。

第五十九条 基金财产不得用于下列投资或者活动：
（一）承销证券；
（二）向他人贷款或者提供担保；

（三）从事承担无限责任的投资；

（四）买卖其他基金份额，但是国务院另有规定的除外；

（五）向其基金管理人、基金托管人出资或者买卖其基金管理人、基金托管人发行的股票或者债券；

（六）买卖与其基金管理人、基金托管人有控股关系的股东或者与其基金管理人、基金托管人有其他重大利害关系的公司发行的证券或者承销期内承销的证券；

（七）从事内幕交易、操纵证券交易价格及其他不正当的证券交易活动；

（八）依照法律、行政法规有关规定，由国务院证券监督管理机构规定禁止的其他活动。

第六十条　基金管理人、基金托管人和其他基金信息披露义务人应当依法披露基金信息，并保证所披露信息的真实性、准确性和完整性。

第六十一条　基金信息披露义务人应当确保应予披露的基金信息在国务院证券监督管理机构规定时间内披露，并保证投资人能够按照基金合同约定的时间和方式查阅或者复制公开披露的信息资料。

第六十二条　公开披露的基金信息包括：

（一）基金招募说明书、基金合同、基金托管协议；

（二）基金募集情况；

（三）基金份额上市交易公告书；

（四）基金资产净值、基金份额净值；

（五）基金份额申购、赎回价格；

（六）基金财产的资产组合季度报告、财务会计报告及中期和年度基金报告；

（七）临时报告；

（八）基金份额持有人大会决议；

（九）基金管理人、基金托管人的专门基金托管部门的重大人事变动；

（十）涉及基金管理人、基金财产、基金托管业务的诉讼；

（十一）依照法律、行政法规有关规定，由国务院证券监督管理机构规定应予披露的其他信息。

第六十三条　对公开披露的基金信息出具审计报告或者法律意见书的会计师事务所、律师事务所，应当保证其所出具文件内容的真实性、准确性和完整性。

第六十四条　公开披露基金信息，不得有下列行为：

（一）虚假记载、误导性陈述或者重大遗漏；

（二）对证券投资业绩进行预测；

（三）违规承诺收益或者承担损失；

（四）诋毁其他基金管理人、基金托管人或者基金份额发售机构；

（五）依照法律、行政法规有关规定，由国务院证券监督管理机构规定禁止的其他行为。

第八章　基金合同的变更、终止与基金财产清算

第六十五条　按照基金合同的约定或者基金份额持有人大会的决议，并经国务院证券监

督管理机构核准,可以转换基金运作方式。

第六十六条 封闭式基金扩募或者延长基金合同期限,应当符合下列条件,并经国务院证券监督管理机构核准:

(一)基金运营业绩良好;

(二)基金管理人最近二年内没有因违法违规行为受到行政处罚或者刑事处罚;

(三)基金份额持有人大会决议通过;

(四)本法规定的其他条件。

第六十七条 有下列情形之一的,基金合同终止:

(一)基金合同期限届满而未延期的;

(二)基金份额持有人大会决定终止的;

(三)基金管理人、基金托管人职责终止,在六个月内没有新基金管理人、新基金托管人承接的;

(四)基金合同约定的其他情形。

第六十八条 基金合同终止时,基金管理人应当组织清算组对基金财产进行清算。

清算组由基金管理人、基金托管人以及相关的中介服务机构组成。

清算组作出的清算报告经会计师事务所审计、律师事务所出具法律意见书后,报国务院证券监督管理机构备案并公告。

第六十九条 清算后的剩余基金财产,应当按照基金份额持有人所持份额比例进行分配。

第九章 基金份额持有人权利及其行使

第七十条 基金份额持有人享有下列权利:

(一)分享基金财产收益;

(二)参与分配清算后的剩余基金财产;

(三)依法转让或者申请赎回其持有的基金份额;

(四)按照规定要求召开基金份额持有人大会;

(五)对基金份额持有人大会审议事项行使表决权;

(六)查阅或者复制公开披露的基金信息资料;

(七)对基金管理人、基金托管人、基金份额发售机构损害其合法权益的行为依法提起诉讼;

(八)基金合同约定的其他权利。

第七十一条 下列事项应当通过召开基金份额持有人大会审议决定:

(一)提前终止基金合同;

(二)基金扩募或者延长基金合同期限;

(三)转换基金运作方式;

(四)提高基金管理人、基金托管人的报酬标准;

（五）更换基金管理人、基金托管人；

（六）基金合同约定的其他事项。

第七十二条 基金份额持有人大会由基金管理人召集；基金管理人未按规定召集或者不能召集时，由基金托管人召集。

代表基金份额百分之十以上的基金份额持有人就同一事项要求召开基金份额持有人大会，而基金管理人、基金托管人都不召集的，代表基金份额百分之十以上的基金份额持有人有权自行召集，并报国务院证券监督管理机构备案。

第七十三条 召开基金份额持有人大会，召集人应当至少提前三十日公告基金份额持有人大会的召开时间、会议形式、审议事项、议事程序和表决方式等事项。

基金份额持有人大会不得就未经公告的事项进行表决。

第七十四条 基金份额持有人大会可以采取现场方式召开，也可以采取通讯等方式召开。

每一基金份额具有一票表决权，基金份额持有人可以委托代理人出席基金份额持有人大会并行使表决权。

第七十五条 基金份额持有人大会应当有代表百分之五十以上基金份额的持有人参加，方可召开；大会就审议事项作出决定，应当经参加大会的基金份额持有人所持表决权的百分之五十以上通过；但是，转换基金运作方式、更换基金管理人或者基金托管人、提前终止基金合同，应当经参加大会的基金份额持有人所持表决权的三分之二以上通过。

基金份额持有人大会决定的事项，应当依法报国务院证券监督管理机构核准或者备案，并予以公告。

第十章 监督管理

第七十六条 国务院证券监督管理机构依法履行下列职责：

（一）依法制定有关证券投资基金活动监督管理的规章、规则，并依法行使审批或者核准权；

（二）办理基金备案；

（三）对基金管理人、基金托管人及其他机构从事证券投资基金活动进行监督管理，对违法行为进行查处，并予以公告；

（四）制定基金从业人员的资格标准和行为准则，并监督实施；

（五）监督检查基金信息的披露情况；

（六）指导和监督基金同业协会的活动；

（七）法律、行政法规规定的其他职责。

第七十七条 国务院证券监督管理机构依法履行职责，有权采取下列措施：

（一）进入违法行为发生场所调查取证；

（二）询问当事人和与被调查事件有关的单位和个人，要求其对与被调查事件有关的事项作出说明；

（三）查阅、复制当事人和与被调查事件有关的单位和个人的证券交易记录、登记过户记录、财务会计资料及其他相关文件和资料，对可能被转移或者隐匿的文件和资料予以封存；

（四）查询当事人和与被调查事件有关的单位和个人的资金账户、证券账户或者基金账户，对有证据证明有转移或者隐匿违法资金、证券迹象的，可以申请司法机关予以冻结；

（五）法律、行政法规规定的其他措施。

第七十八条　国务院证券监督管理机构工作人员依法履行职责，进行调查或者检查时，不得少于二人，并应当出示合法证件；对调查或者检查中知悉的商业秘密负有保密的义务。

第七十九条　国务院证券监督管理机构工作人员应当忠于职守，依法办事，公正廉洁，接受监督，不得利用职务牟取私利。

第八十条　国务院证券监督管理机构依法履行职责时，被调查、检查的单位和个人应当配合，如实提供有关文件和资料，不得拒绝、阻碍和隐瞒。

第八十一条　国务院证券监督管理机构依法履行职责，发现违法行为涉嫌犯罪的，应当将案件移送司法机关处理。

第八十二条　国务院证券监督管理机构工作人员不得在被监管的机构中兼任职务。

第十一章　法律责任

第八十三条　基金管理人、基金托管人在履行各自职责的过程中，违反本法规定或者基金合同约定，给基金财产或者基金份额持有人造成损害的，应当分别对各自的行为依法承担赔偿责任；因共同行为给基金财产或者基金份额持有人造成损害的，应当承担连带赔偿责任。

第八十四条　违反本法第四十五条规定，动用募集的资金的，责令返还，没收违法所得；违法所得五十万元以上的，并处违法所得一倍以上五倍以下罚款；没有违法所得或者违法所得不足五十万元的，并处五万元以上五十万元以下罚款；对直接负责的主管人员和其他直接责任人员给予警告，并处三万元以上三十万元以下罚款；给投资人造成损害的，依法承担赔偿责任；构成犯罪的，依法追究刑事责任。

第八十五条　未经国务院证券监督管理机构核准，擅自募集基金的，责令停止，返还所募资金和加计的银行同期存款利息，没收违法所得，并处所募资金金额百分之一以上百分之五以下罚款；构成犯罪的，依法追究刑事责任。

第八十六条　违反本法规定，未经批准，擅自设立基金管理公司的，由证券监督管理机构予以取缔，并处五万元以上五十万元以下罚款；构成犯罪的，依法追究刑事责任。

第八十七条　未经国务院证券监督管理机构核准，擅自从事基金管理业务或者基金托管业务的，责令停止，没收违法所得；违法所得一百万元以上的，并处违法所得一倍以上五倍以下罚款；没有违法所得或者违法所得不足一百万元的，并处十万元以上一百万元以下罚款；给基金财产或者基金份额持有人造成损害的，依法承担赔偿责任；对直接负责的主管人员和其他直接责任人员给予警告，并处三万元以上三十万元以下罚款；构成犯罪的，依法追究刑事责任。

第八十八条　基金管理人、基金托管人违反本法规定，未对基金财产实行分别管理或者分账保管,或者将基金财产挪作他用的,责令改正,处五万元以上五十万元以下罚款;给基金财产或者基金份额持有人造成损害的,依法承担赔偿责任;对直接负责的主管人员和其他直接责任人员给予警告,暂停或者取消基金从业资格,并处三万元以上三十万元以下罚款;构成犯罪的,依法追究刑事责任。

基金管理人、基金托管人将基金财产挪作他用而取得的财产和收益,归入基金财产。但是,法律、行政法规另有规定的,依照其规定。

第八十九条　基金管理人、基金托管人有本法第二十条所列行为之一的,责令改正,没收违法所得;违法所得一百万元以上的,并处违法所得一倍以上五倍以下罚款;没有违法所得或者违法所得不足一百万元的,并处十万元以上一百万元以下罚款;给基金财产或者基金份额持有人造成损害的,依法承担赔偿责任;对直接负责的主管人员和其他直接责任人员给予警告,暂停或者取消基金从业资格,并处三万元以上三十万元以下罚款;构成犯罪的,依法追究刑事责任。

第九十条　基金管理人、基金托管人有本法第五十九条第一项至第六项和第八项所列行为之一的,责令改正,处十万元以上一百万元以下罚款;给基金财产或者基金份额持有人造成损害的,依法承担赔偿责任;对直接负责的主管人员和其他直接责任人员给予警告,暂停或者取消基金从业资格,并处三万元以上三十万元以下罚款;构成犯罪的,依法追究刑事责任。

基金管理人、基金托管人有前款行为,运用基金财产而取得的财产和收益,归入基金财产。但是,法律、行政法规另有规定的,依照其规定。

第九十一条　基金管理人、基金托管人有本法第五十九条第七项规定行为的,除依照《中华人民共和国证券法》的有关规定处罚外,对直接负责的主管人员和其他直接责任人员给予警告,暂停或者取消基金从业资格,并处三万元以上三十万元以下罚款;给基金财产或者基金份额持有人造成损害的,依法承担赔偿责任。

第九十二条　基金管理人、基金托管人违反本法规定,相互出资或者持有股份的,责令改正,可以处十万元以下罚款。

第九十三条　基金信息披露义务人不依法披露基金信息或者披露的信息有虚假记载、误导性陈述或者重大遗漏的,责令改正,没收违法所得,并处十万元以上一百万元以下罚款;给基金份额持有人造成损害的,依法承担赔偿责任;对直接负责的主管人员和其他直接责任人员给予警告,暂停或者取消基金从业资格,并处三万元以上三十万元以下罚款;构成犯罪的,依法追究刑事责任。

第九十四条　为基金信息披露义务人公开披露的基金信息出具审计报告、法律意见书等文件的专业机构就其所应负责的内容弄虚作假的,责令改正,没收违法所得,并处违法所得一倍以上五倍以下罚款;情节严重的,责令停业,暂停或者取消直接责任人员的相关资格;给基金份额持有人造成损害的,依法承担赔偿责任;构成犯罪的,依法追究刑事责任。

第九十五条　基金管理人或者基金托管人不按照规定召集基金份额持有人大会的,责令改正,可以处五万元以下罚款;对直接负责的主管人员和其他直接责任人员给予警告,暂停或者取消基金从业资格。

第九十六条　基金管理人、基金托管人违反本法规定,情节严重的,依法取消基金管理资格或者基金托管资格。

第九十七条 基金管理人、基金托管人的专门基金托管部门的从业人员违反本法第十八条规定,给基金财产或者基金份额持有人造成损害的,依法承担赔偿责任;情节严重的,取消基金从业资格;构成犯罪的,依法追究刑事责任。

第九十八条 证券监督管理机构工作人员玩忽职守、滥用职权、徇私舞弊或者利用职务上的便利索取或者收受他人财物的,依法给予行政处分;构成犯罪的,依法追究刑事责任。

第九十九条 违反本法规定,应当承担民事赔偿责任和缴纳罚款、罚金,其财产不足以同时支付时,先承担民事赔偿责任。

第一百条 依照本法规定,基金管理人、基金托管人应当承担的民事赔偿责任和缴纳的罚款、罚金,由基金管理人、基金托管人以其固有财产承担。

依法收缴的罚款、罚金和没收的违法所得,应当全部上缴国库。

第十二章 附 则

第一百零一条 基金管理公司或者国务院批准的其他机构,向特定对象募集资金或者接受特定对象财产委托从事证券投资活动的具体管理办法,由国务院根据本法的原则另行规定。

第一百零二条 通过公开发行股份募集资金,设立证券投资公司,从事证券投资等活动的管理办法,由国务院另行规定。

第一百零三条 本法自2004年6月1日起施行。

第四编 商业银行法

中华人民共和国商业银行法

（1995年5月10日第八届全国人民代表大会常务委员会第十三次会议通过，根据2003年12月27日第十届全国人民代表大会常务委员会第六次会议《关于修改〈中华人民共和国商业银行法〉的决定》修正）

目 录

第一章　总则
第二章　商业银行的设立和组织机构
第三章　对存款人的保护
第四章　贷款和其他业务的基本规则
第五章　财务会计
第六章　监督管理
第七章　接管和终止
第八章　法律责任
第九章　附则

第一章　总　则

第一条　为了保护商业银行、存款人和其他客户的合法权益，规范商业银行的行为，提高信贷资产质量，加强监督管理，保障商业银行的稳健运行，维护金融秩序，促进社会主义市场经济的发展，制定本法。

第二条　本法所称的商业银行是指依照本法和《中华人民共和国公司法》设立的吸收公众存款、发放贷款、办理结算等业务的企业法人。

第三条　商业银行可以经营下列部分或者全部业务：
（一）吸收公众存款；
（二）发放短期、中期和长期贷款；

（三）办理国内外结算；
（四）办理票据承兑与贴现；
（五）发行金融债券；
（六）代理发行、代理兑付、承销政府债券；
（七）买卖政府债券、金融债券；
（八）从事同业拆借；
（九）买卖、代理买卖外汇；
（十）从事银行卡业务；
（十一）提供信用证服务及担保；
（十二）代理收付款项及代理保险业务；
（十三）提供保管箱服务；
（十四）经国务院银行业监督管理机构批准的其他业务。

经营范围由商业银行章程规定，报国务院银行业监督管理机构批准。

商业银行经中国人民银行批准，可以经营结汇、售汇业务。

第四条 商业银行以安全性、流动性、效益性为经营原则，实行自主经营，自担风险，自负盈亏，自我约束。

商业银行依法开展业务，不受任何单位和个人的干涉。

商业银行以其全部法人财产独立承担民事责任。

第五条 商业银行与客户的业务往来，应当遵循平等、自愿、公平和诚实信用的原则。

第六条 商业银行应当保障存款人的合法权益不受任何单位和个人的侵犯。

第七条 商业银行开展信贷业务，应当严格审查借款人的资信，实行担保，保障按期收回贷款。

商业银行依法向借款人收回到期贷款的本金和利息，受法律保护。

第八条 商业银行开展业务，应当遵守法律、行政法规的有关规定，不得损害国家利益、社会公共利益。

第九条 商业银行开展业务，应当遵守公平竞争的原则，不得从事不正当竞争。

第十条 商业银行依法接受国务院银行业监督管理机构的监督管理，但法律规定其有关业务接受其他监督管理部门或者机构监督管理的，依照其规定。

第二章 商业银行的设立和组织机构

第十一条 设立商业银行，应当经国务院银行业监督管理机构审查批准。

未经国务院银行业监督管理机构批准，任何单位和个人不得从事吸收公众存款等商业银行业务，任何单位不得在名称中使用"银行"字样。

第十二条 设立商业银行，应当具备下列条件：
（一）有符合本法和《中华人民共和国公司法》规定的章程；
（二）有符合本法规定的注册资本最低限额；

（三）有具备任职专业知识和业务工作经验的董事、高级管理人员；
（四）有健全的组织机构和管理制度；
（五）有符合要求的营业场所、安全防范措施和与业务有关的其他设施。
设立商业银行，还应当符合其他审慎性条件。

第十三条 设立全国性商业银行的注册资本最低限额为十亿元人民币。设立城市商业银行的注册资本最低限额为一亿元人民币，设立农村商业银行的注册资本最低限额为五千万元人民币。注册资本应当是实缴资本。

国务院银行业监督管理机构根据审慎监管的要求可以调整注册资本最低限额，但不得少于前款规定的限额。

第十四条 设立商业银行，申请人应当向国务院银行业监督管理机构提交下列文件、资料：
（一）申请书，申请书应当载明拟设立的商业银行的名称、所在地、注册资本、业务范围等；
（二）可行性研究报告；
（三）国务院银行业监督管理机构规定提交的其他文件、资料。

第十五条 设立商业银行的申请经审查符合本法第十四条规定的，申请人应当填写正式申请表，并提交下列文件、资料：
（一）章程草案；
（二）拟任职的董事、高级管理人员的资格证明；
（三）法定验资机构出具的验资证明；
（四）股东名册及其出资额、股份；
（五）持有注册资本百分之五以上的股东的资信证明和有关资料；
（六）经营方针和计划；
（七）营业场所、安全防范措施和与业务有关的其他设施的资料；
（八）国务院银行业监督管理机构规定的其他文件、资料。

第十六条 经批准设立的商业银行，由国务院银行业监督管理机构颁发经营许可证，并凭该许可证向工商行政管理部门办理登记，领取营业执照。

第十七条 商业银行的组织形式、组织机构适用《中华人民共和国公司法》的规定。

本法施行前设立的商业银行，其组织形式、组织机构不完全符合《中华人民共和国公司法》规定的，可以继续沿用原有的规定，适用前款规定的日期由国务院规定。

第十八条 国有独资商业银行设立监事会。监事会的产生办法由国务院规定。

监事会对国有独资商业银行的信贷资产质量、资产负债比例、国有资产保值增值等情况以及高级管理人员违反法律、行政法规或者章程的行为和损害银行利益的行为进行监督。

第十九条 商业银行根据业务需要可以在中华人民共和国境内外设立分支机构。设立分支机构必须经国务院银行业监督管理机构审查批准。在中华人民共和国境内的分支机构，不按行政区划设立。

商业银行在中华人民共和国境内设立分支机构，应当按照规定拨付与其经营规模相适应的营运资金额。拨付各分支机构营运资金额的总和,不得超过总行资本金总额的百分之六十。

第二十条 设立商业银行分支机构,申请人应当向国务院银行业监督管理机构提交下列文件、资料:

(一)申请书,申请书应当载明拟设立的分支机构的名称、营运资金额、业务范围、总行及分支机构所在地等;

(二)申请人最近二年的财务会计报告;

(三)拟任职的高级管理人员的资格证明;

(四)经营方针和计划;

(五)营业场所、安全防范措施和与业务有关的其他设施的资料;

(六)国务院银行业监督管理机构规定的其他文件、资料。

第二十一条 经批准设立的商业银行分支机构,由国务院银行业监督管理机构颁发经营许可证,并凭该许可证向工商行政管理部门办理登记,领取营业执照。

第二十二条 商业银行对其分支机构实行全行统一核算,统一调度资金,分级管理的财务制度。

商业银行分支机构不具有法人资格,在总行授权范围内依法开展业务,其民事责任由总行承担。

第二十三条 经批准设立的商业银行及其分支机构,由国务院银行业监督管理机构予以公告。

商业银行及其分支机构自取得营业执照之日起无正当理由超过六个月未开业的,或者开业后自行停业连续六个月以上的,由国务院银行业监督管理机构吊销其经营许可证,并予以公告。

第二十四条 商业银行有下列变更事项之一的,应当经国务院银行业监督管理机构批准:

(一)变更名称;

(二)变更注册资本;

(三)变更总行或者分支行所在地;

(四)调整业务范围;

(五)变更持有资本总额或者股份总额百分之五以上的股东;

(六)修改章程;

(七)国务院银行业监督管理机构规定的其他变更事项。

更换董事、高级管理人员时,应当报经国务院银行业监督管理机构审查其任职资格。

第二十五条 商业银行的分立、合并,适用《中华人民共和国公司法》的规定。

商业银行的分立、合并,应当经国务院银行业监督管理机构审查批准。

第二十六条 商业银行应当依照法律、行政法规的规定使用经营许可证。禁止伪造、变造、转让、出租、出借经营许可证。

第二十七条 有下列情形之一的,不得担任商业银行的董事、高级管理人员:

（一）因犯有贪污、贿赂、侵占财产、挪用财产罪或者破坏社会经济秩序罪,被判处刑罚,或者因犯罪被剥夺政治权利的;

（二）担任因经营不善破产清算的公司、企业的董事或者厂长、经理,并对该公司、企业的破产负有个人责任的;

（三）担任因违法被吊销营业执照的公司、企业的法定代表人,并负有个人责任的;

（四）个人所负数额较大的债务到期未清偿的。

第二十八条 任何单位和个人购买商业银行股份总额百分之五以上的,应当事先经国务院银行业监督管理机构批准。

第三章 对存款人的保护

第二十九条 商业银行办理个人储蓄存款业务,应当遵循存款自愿、取款自由、存款有息、为存款人保密的原则。

对个人储蓄存款,商业银行有权拒绝任何单位或者个人查询、冻结、扣划,但法律另有规定的除外。

第三十条 对单位存款,商业银行有权拒绝任何单位或者个人查询,但法律、行政法规另有规定的除外;有权拒绝任何单位或者个人冻结、扣划,但法律另有规定的除外。

第三十一条 商业银行应当按照中国人民银行规定的存款利率的上下限,确定存款利率,并予以公告。

第三十二条 商业银行应当按照中国人民银行的规定,向中国人民银行交存存款准备金,留足备付金。

第三十三条 商业银行应当保证存款本金和利息的支付,不得拖延、拒绝支付存款本金和利息。

第四章 贷款和其他业务的基本规则

第三十四条 商业银行根据国民经济和社会发展的需要,在国家产业政策指导下开展贷款业务。

第三十五条 商业银行贷款,应当对借款人的借款用途、偿还能力、还款方式等情况进行严格审查。

商业银行贷款,应当实行审贷分离、分级审批的制度。

第三十六条 商业银行贷款,借款人应当提供担保。商业银行应当对保证人的偿还能力,抵押物、质物的权属和价值以及实现抵押权、质权的可行性进行严格审查。

经商业银行审查、评估,确认借款人资信良好,确能偿还贷款的,可以不提供担保。

第三十七条 商业银行贷款,应当与借款人订立书面合同。合同应当约定贷款种类、借款用途、金额、利率、还款期限、还款方式、违约责任和双方认为需要约定的其他事项。

第三十八条 商业银行应当按照中国人民银行规定的贷款利率的上下限,确定贷款利率。

第三十九条 商业银行贷款,应当遵守下列资产负债比例管理的规定:

(一)资本充足率不得低于百分之八;

(二)贷款余额与存款余额的比例不得超过百分之七十五;

(三)流动性资产余额与流动性负债余额的比例不得低于百分之二十五;

(四)对同一借款人的贷款余额与商业银行资本余额的比例不得超过百分之十;

(五)国务院银行业监督管理机构对资产负债比例管理的其他规定。

本法施行前设立的商业银行,在本法施行后,其资产负债比例不符合前款规定的,应当在一定的期限内符合前款规定。具体办法由国务院规定。

第四十条 商业银行不得向关系人发放信用贷款;向关系人发放担保贷款的条件不得优于其他借款人同类贷款的条件。

前款所称关系人是指:

(一)商业银行的董事、监事、管理人员、信贷业务人员及其近亲属;

(二)前项所列人员投资或者担任高级管理职务的公司、企业和其他经济组织。

第四十一条 任何单位和个人不得强令商业银行发放贷款或者提供担保。商业银行有权拒绝任何单位和个人强令要求其发放贷款或者提供担保。

第四十二条 借款人应当按期归还贷款的本金和利息。

借款人到期不归还担保贷款的,商业银行依法享有要求保证人归还贷款本金和利息或者就该担保物优先受偿的权利。商业银行因行使抵押权、质权而取得的不动产或者股权,应当自取得之日起二年内予以处分。

借款人到期不归还信用贷款的,应当按照合同约定承担责任。

第四十三条 商业银行在中华人民共和国境内不得从事信托投资和证券经营业务,不得向非自用不动产投资或者向非银行金融机构和企业投资,但国家另有规定的除外。

第四十四条 商业银行办理票据承兑、汇兑、委托收款等结算业务,应当按照规定的期限兑现,收付入账,不得压单、压票或者违反规定退票。有关兑现、收付入账期限的规定应当公布。

第四十五条 商业银行发行金融债券或者到境外借款,应当依照法律、行政法规的规定报经批准。

第四十六条 同业拆借,应当遵守中国人民银行的规定。禁止利用拆入资金发放固定资产贷款或者用于投资。

拆出资金限于交足存款准备金、留足备付金和归还中国人民银行到期贷款之后的闲置资金。拆入资金用于弥补票据结算、联行汇差头寸的不足和解决临时性周转资金的需要。

第四十七条 商业银行不得违反规定提高或者降低利率以及采用其他不正当手段,吸收存款,发放贷款。

第四十八条 企业事业单位可以自主选择一家商业银行的营业场所开立一个办理日常转账结算和现金收付的基本账户,不得开立两个以上基本账户。

任何单位和个人不得将单位的资金以个人名义开立账户存储。

第四十九条　商业银行的营业时间应当方便客户,并予以公告。商业银行应当在公告的营业时间内营业,不得擅自停止营业或者缩短营业时间。

第五十条　商业银行办理业务,提供服务,按照规定收取手续费。收费项目和标准由国务院银行业监督管理机构、中国人民银行根据职责分工,分别会同国务院价格主管部门制定。

第五十一条　商业银行应当按照国家有关规定保存财务会计报表、业务合同以及其他资料。

第五十二条　商业银行的工作人员应当遵守法律、行政法规和其他各项业务管理的规定,不得有下列行为:

(一)利用职务上的便利,索取、收受贿赂或者违反国家规定收受各种名义的回扣、手续费;

(二)利用职务上的便利,贪污、挪用、侵占本行或者客户的资金;

(三)违反规定徇私向亲属、朋友发放贷款或者提供担保;

(四)在其他经济组织兼职;

(五)违反法律、行政法规和业务管理规定的其他行为。

第五十三条　商业银行的工作人员不得泄露其在任职期间知悉的国家秘密、商业秘密。

第五章　财务会计

第五十四条　商业银行应当依照法律和国家统一的会计制度以及国务院银行业监督管理机构的有关规定,建立、健全本行的财务、会计制度。

第五十五条　商业银行应当按照国家有关规定,真实记录并全面反映其业务活动和财务状况,编制年度财务会计报告,及时向国务院银行业监督管理机构、中国人民银行和国务院财政部门报送。商业银行不得在法定的会计账册外另立会计账册。

第五十六条　商业银行应当于每一会计年度终了三个月内,按照国务院银行业监督管理机构的规定,公布其上一年度的经营业绩和审计报告。

第五十七条　商业银行应当按照国家有关规定,提取呆账准备金,冲销呆账。

第五十八条　商业银行的会计年度自公历1月1日起至12月31日止。

第六章　监督管理

第五十九条　商业银行应当按照有关规定,制定本行的业务规则,建立、健全本行的风险管理和内部控制制度。

第六十条　商业银行应当建立、健全本行对存款、贷款、结算、呆账等各项情况的稽核、检查制度。

商业银行对分支机构应当进行经常性的稽核和检查监督。

第六十一条　商业银行应当按照规定向国务院银行业监督管理机构、中国人民银行报送资产负债表、利润表以及其他财务会计、统计报表和资料。

第六十二条 国务院银行业监督管理机构有权依照本法第三章、第四章、第五章的规定，随时对商业银行的存款、贷款、结算、呆账等情况进行检查监督。检查监督时，检查监督人员应当出示合法的证件。商业银行应当按照国务院银行业监督管理机构的要求，提供财务会计资料、业务合同和有关经营管理方面的其他信息。

中国人民银行有权依照《中华人民共和国中国人民银行法》第三十二条、第三十四条的规定对商业银行进行检查监督。

第六十三条 商业银行应当依法接受审计机关的审计监督。

第七章 接管和终止

第六十四条 商业银行已经或者可能发生信用危机，严重影响存款人的利益时，国务院银行业监督管理机构可以对该银行实行接管。

接管的目的是对被接管的商业银行采取必要措施，以保护存款人的利益，恢复商业银行的正常经营能力。被接管的商业银行的债权债务关系不因接管而变化。

第六十五条 接管由国务院银行业监督管理机构决定，并组织实施。国务院银行业监督管理机构的接管决定应当载明下列内容：

（一）被接管的商业银行名称；

（二）接管理由；

（三）接管组织；

（四）接管期限。

接管决定由国务院银行业监督管理机构予以公告。

第六十六条 接管自接管决定实施之日起开始。

自接管开始之日起，由接管组织行使商业银行的经营管理权力。

第六十七条 接管期限届满，国务院银行业监督管理机构可以决定延期，但接管期限最长不得超过二年。

第六十八条 有下列情形之一的，接管终止：

（一）接管决定规定的期限届满或者国务院银行业监督管理机构决定的接管延期届满；

（二）接管期限届满前，该商业银行已恢复正常经营能力；

（三）接管期限届满前，该商业银行被合并或者被依法宣告破产。

第六十九条 商业银行因分立、合并或者出现公司章程规定的解散事由需要解散的，应当向国务院银行业监督管理机构提出申请，并附解散的理由和支付存款的本金和利息等债务清偿计划。经国务院银行业监督管理机构批准后解散。

商业银行解散的，应当依法成立清算组，进行清算，按照清偿计划及时偿还存款本金和利息等债务。国务院银行业监督管理机构监督清算过程。

第七十条 商业银行因吊销经营许可证被撤销的，国务院银行业监督管理机构应当依法及时组织成立清算组，进行清算，按照清偿计划及时偿还存款本金和利息等债务。

第七十一条 商业银行不能支付到期债务，经国务院银行业监督管理机构同意，由人民法院依法宣告其破产。商业银行被宣告破产的，由人民法院组织国务院银行业监督管理机构等有关部门和有关人员成立清算组，进行清算。

商业银行破产清算时，在支付清算费用、所欠职工工资和劳动保险费用后，应当优先支付个人储蓄存款的本金和利息。

第七十二条 商业银行因解散、被撤销和被宣告破产而终止。

第八章 法律责任

第七十三条 商业银行有下列情形之一，对存款人或者其他客户造成财产损害的，应当承担支付迟延履行的利息以及其他民事责任：

（一）无故拖延、拒绝支付存款本金和利息的；

（二）违反票据承兑等结算业务规定，不予兑现，不予收付入账，压单、压票或者违反规定退票的；

（三）非法查询、冻结、扣划个人储蓄存款或者单位存款的；

（四）违反本法规定对存款人或者其他客户造成损害的其他行为。

有前款规定情形的，由国务院银行业监督管理机构责令改正，有违法所得的，没收违法所得，违法所得五万元以上的，并处违法所得一倍以上五倍以下罚款；没有违法所得或者违法所得不足五万元的，处五万元以上五十万元以下罚款。

第七十四条 商业银行有下列情形之一，由国务院银行业监督管理机构责令改正，有违法所得的，没收违法所得，违法所得五十万元以上的，并处违法所得一倍以上五倍以下罚款；没有违法所得或者违法所得不足五十万元的，处五十万元以上二百万元以下罚款；情节特别严重或者逾期不改正的，可以责令停业整顿或者吊销其经营许可证；构成犯罪的，依法追究刑事责任：

（一）未经批准设立分支机构的；

（二）未经批准分立、合并或者违反规定对变更事项不报批的；

（三）违反规定提高或者降低利率以及采用其他不正当手段，吸收存款，发放贷款的；

（四）出租、出借经营许可证的；

（五）未经批准买卖、代理买卖外汇的；

（六）未经批准买卖政府债券或者发行、买卖金融债券的；

（七）违反国家规定从事信托投资和证券经营业务、向非自用不动产投资或者向非银行金融机构和企业投资的；

（八）向关系人发放信用贷款或者发放担保贷款的条件优于其他借款人同类贷款的条件的。

第七十五条 商业银行有下列情形之一，由国务院银行业监督管理机构责令改正，并处二十万元以上五十万元以下罚款；情节特别严重或者逾期不改正的，可以责令停业整顿或者吊销其经营许可证；构成犯罪的，依法追究刑事责任：

（一）拒绝或者阻碍国务院银行业监督管理机构检查监督的；

（二）提供虚假的或者隐瞒重要事实的财务会计报告、报表和统计报表的；

（三）未遵守资本充足率、存贷比例、资产流动性比例、同一借款人贷款比例和国务院银行业监督管理机构有关资产负债比例管理的其他规定的。

第七十六条 商业银行有下列情形之一，由中国人民银行责令改正，有违法所得的，没收违法所得，违法所得五十万元以上的，并处违法所得一倍以上五倍以下罚款；没有违法所得或者违法所得不足五十万元的，处五十万元以上二百万元以下罚款；情节特别严重或者逾期不改正，中国人民银行可以建议国务院银行业监督管理机构责令停业整顿或者吊销其经营许可证；构成犯罪的，依法追究刑事责任：

（一）未经批准办理结汇、售汇的；

（二）未经批准在银行间债券市场发行、买卖金融债券或者到境外借款的；

（三）违反规定同业拆借的。

第七十七条 商业银行有下列情形之一，由中国人民银行责令改正，并处二十万元以上五十万元以下罚款；情节特别严重或者逾期不改正的，中国人民银行可以建议国务院银行业监督管理机构责令停业整顿或者吊销其经营许可证；构成犯罪的，依法追究刑事责任：

（一）拒绝或者阻碍中国人民银行检查监督的；

（二）提供虚假的或者隐瞒重要事实的财务会计报告、报表和统计报表的；

（三）未按照中国人民银行规定的比例交存存款准备金的。

第七十八条 商业银行有本法第七十三条至第七十七条规定情形的，对直接负责的董事、高级管理人员和其他直接责任人员，应当给予纪律处分；构成犯罪的，依法追究刑事责任。

第七十九条 有下列情形之一，由国务院银行业监督管理机构责令改正，有违法所得的，没收违法所得，违法所得五万元以上的，并处违法所得一倍以上五倍以下罚款；没有违法所得或者违法所得不足五万元的，处五万元以上五十万元以下罚款：

（一）未经批准在名称中使用"银行"字样的；

（二）未经批准购买商业银行股份总额百分之五以上的；

（三）将单位的资金以个人名义开立账户存储的。

第八十条 商业银行不按照规定向国务院银行业监督管理机构报送有关文件、资料的，由国务院银行业监督管理机构责令改正，逾期不改正的，处十万元以上三十万元以下罚款。

商业银行不按照规定向中国人民银行报送有关文件、资料的，由中国人民银行责令改正，逾期不改正的，处十万元以上三十万元以下罚款。

第八十一条 未经国务院银行业监督管理机构批准，擅自设立商业银行，或者非法吸收公众存款、变相吸收公众存款，构成犯罪的，依法追究刑事责任；并由国务院银行业监督管理机构予以取缔。

伪造、变造、转让商业银行经营许可证，构成犯罪的，依法追究刑事责任。

第八十二条 借款人采取欺诈手段骗取贷款，构成犯罪的，依法追究刑事责任。

第八十三条 有本法第八十一条、第八十二条规定的行为，尚不构成犯罪的，由国务院银行业监督管理机构没收违法所得，违法所得五十万元以上的，并处违法所得一倍以上五倍以下罚款；没有违法所得或者违法所得不足五十万元的，处五十万元以上二百万元以下罚款。

第八十四条 商业银行工作人员利用职务上的便利,索取、收受贿赂或者违反国家规定收受各种名义的回扣、手续费,构成犯罪的,依法追究刑事责任;尚不构成犯罪的,应当给予纪律处分。

有前款行为,发放贷款或者提供担保造成损失的,应当承担全部或者部分赔偿责任。

第八十五条 商业银行工作人员利用职务上的便利,贪污、挪用、侵占本行或者客户资金,构成犯罪的,依法追究刑事责任;尚不构成犯罪的,应当给予纪律处分。

第八十六条 商业银行工作人员违反本法规定玩忽职守造成损失的,应当给予纪律处分;构成犯罪的,依法追究刑事责任。

违反规定徇私向亲属、朋友发放贷款或者提供担保造成损失的,应当承担全部或者部分赔偿责任。

第八十七条 商业银行工作人员泄露在任职期间知悉的国家秘密、商业秘密的,应当给予纪律处分;构成犯罪的,依法追究刑事责任。

第八十八条 单位或者个人强令商业银行发放贷款或者提供担保的,应当对直接负责的主管人员和其他直接责任人员或者个人给予纪律处分;造成损失的,应当承担全部或者部分赔偿责任。

商业银行的工作人员对单位或者个人强令其发放贷款或者提供担保未予拒绝的,应当给予纪律处分;造成损失的,应当承担相应的赔偿责任。

第八十九条 商业银行违反本法规定的,国务院银行业监督管理机构可以区别不同情形,取消其直接负责的董事、高级管理人员一定期限直至终身的任职资格,禁止直接负责的董事、高级管理人员和其他直接责任人员一定期限直至终身从事银行业工作。

商业银行的行为尚不构成犯罪的,对直接负责的董事、高级管理人员和其他直接责任人员,给予警告,处五万元以上五十万元以下罚款。

第九十条 商业银行及其工作人员对国务院银行业监督管理机构、中国人民银行的处罚决定不服的,可以依照《中华人民共和国行政诉讼法》的规定向人民法院提起诉讼。

第九章 附 则

第九十一条 本法施行前,按照国务院的规定经批准设立的商业银行不再办理审批手续。

第九十二条 外资商业银行、中外合资商业银行、外国商业银行分行适用本法规定,法律、行政法规另有规定的,依照其规定。

第九十三条 城市信用合作社、农村信用合作社办理存款、贷款和结算等业务,适用本法有关规定。

第九十四条 邮政企业办理商业银行的有关业务,适用本法有关规定。

第九十五条 本法自1995年7月1日起施行。

第五编 信 托 法

中华人民共和国信托法

（2001年4月28日第九届全国人民代表大会常务委员会第21次会议通过，2001年4月28日中华人民共和国主席令第50号公布）

目 录

第一章 总则
第二章 信托的设立
第三章 信托财产
第四章 信托当事人
　第一节 委托人
　第二节 受托人
　第三节 受益人
第五章 信托的变更与终止
第六章 公益信托
第七章 附则

第一章 总 则

第一条 为了调整信托关系，规范信托行为，保护信托当事人的合法权益，促进信托事业的健康发展，制定本法。

第二条 本法所称信托，是指委托人基于对受托人的信任，将其财产权委托给受托人，由受托人按委托人的意愿以自己的名义，为受益人的利益或者特定目的，进行管理或者处分的行为。

第三条 委托人、受托人、受益人（以下统称信托当事人）在中华人民共和国境内进行民事、营业、公益信托活动，适用本法。

第四条 受托人采取信托机构形式从事信托活动，其组织和管理由国务院制定具体办法。

第五条 信托当事人进行信托活动,必须遵守法律、行政法规,遵循自愿、公平和诚实信用原则,不得损害国家利益和社会公共利益。

第二章 信托的设立

第六条 设立信托,必须有合法的信托目的。

第七条 设立信托,必须有确定的信托财产,并且该信托财产必须是委托人合法所有的财产。本法所称财产包括合法的财产权利。

第八条 设立信托,应当采取书面形式。书面形式包括信托合同、遗嘱或者法律、行政法规规定的其他书面文件等。采取信托合同形式设立信托的,信托合同签订时,信托成立。采取其他书面形式设立信托的,受托人承诺信托时,信托成立。

第九条 设立信托,其书面文件应当载明下列事项:

(一)信托目的;

(二)委托人、受托人的姓名或者名称、住所;

(三)受益人或者受益人范围;

(四)信托财产的范围、种类及状况;

(五)受益人取得信托利益的形式、方法。除前款所列事项外,可以载明信托期限、信托财产的管理方法、受托人的报酬、新受托人的选任方式、信托终止事由等事项。

第十条 设立信托,对于信托财产,有关法律、行政法规规定应当办理登记手续的,应当依法办理信托登记。未依照前款规定办理信托登记的,应当补办登记手续;不补办的,该信托不产生效力。

第十一条 有下列情形之一的,信托无效:

(一)信托目的违反法律、行政法规或者损害社会公共利益;

(二)信托财产不能确定;

(三)委托人以非法财产或者本法规定不得设立信托的财产设立信托;

(四)专以诉讼或者讨债为目的设立信托;

(五)受益人或者受益人范围不能确定;

(六)法律、行政法规规定的其他情形。

第十二条 委托人设立信托损害其债权人利益的,债权人有权申请人民法院撤销该信托。人民法院依照前款规定撤销信托的,不影响善意受益人已经取得的信托利益。

本条第一款规定的申请权,自债权人知道或者应当知道撤销原因之日起一年内不行使的,归于消灭。

第十三条 设立遗嘱信托,应当遵守继承法关于遗嘱的规定。遗嘱指定的人拒绝或者无能力担任受托人的,由受益人另行选任受托人;受益人为无民事行为能力人或者限制民事行为能力人的,依法由其监护人代行选任。遗嘱对选任受托人另有规定的,从其规定。

第三章 信托财产

第十四条 受托人因承诺信托而取得的财产是信托财产。受托人因信托财产的管理运用、处分或者其他情形而取得的财产,也归入信托财产。法律、行政法规禁止流通的财产,不得作为信托财产。法律、行政法规限制流通的财产,依法经有关主管部门批准后,可以作为信托财产。

第十五条 信托财产与委托人未设立信托的其他财产相区别。设立信托后,委托人死亡或者依法解散、被依法撤销、被宣告破产时,委托人是唯一受益人的,信托终止,信托财产作为其遗产或者清算财产;委托人不是唯一受益人的,信托存续,信托财产不作为其遗产或者清算财产;但作为共同受益人的委托人死亡或者依法解散、被依法撤销、被宣告破产时,其信托受益权作为其遗产或者清算财产。

第十六条 信托财产与属于受托人所有的财产(以下简称固有财产)相区别,不得归入受托人的固有财产或者成为固有财产的一部分。受托人死亡或者依法解散、被依法撤销、被宣告破产而终止,信托财产不属于其遗产或者清算财产。

第十七条 除因下列情形之一外,对信托财产不得强制执行:
(一)设立信托前债权人已对该信托财产享有优先受偿的权利,并依法行使该权利的;
(二)受托人处理信托事务所产生债务,债权人要求清偿该债务的;
(三)信托财产本身应担负的税款;
(四)法律规定的其他情形。对于违反前款规定而强制执行信托财产,委托人、受托人或者受益人有权向人民法院提出异议。

第十八条 受托人管理运用、处分信托财产所产生的债权,不得与其固有财产产生的债务相抵消。受托人管理运用、处分不同委托人的信托财产所产生的债权债务,不得相互抵消。

第四章 信托当事人

第一节 委 托 人

第十九条 委托人应当是具有完全民事行为能力的自然人、法人或者依法成立的其他组织。

第二十条 委托人有权了解其信托财产的管理运用、处分及收支情况,并有权要求受托人作出说明。委托人有权查阅、抄录或者复制与其信托财产有关的信托账目以及处理信托事务的其他文件。

第二十一条 因设立信托时未能预见的特别事由,致使信托财产的管理方法不利于实现信托目的或者不符合受益人的利益时,委托人有权要求受托人调整该信托财产的管理方法。

第二十二条 受托人违反信托目的处分信托财产或者因违背管理职责、处理信托事务不当致使信托财产受到损失的,委托人有权申请人民法院撤销该处分行为,并有权要求受托人恢复信托财产的原状或者予以赔偿;该信托财产的受让人明知是违反信托目的而接受该财产的,应当予以返还或者予以赔偿。

前款规定的申请权,自委托人知道或者应当知道撤销原因之日起一年内不行使的,归于消灭。

第二十三条 受托人违反信托目的处分信托财产或者管理运用、处分信托财产有重大过失的,委托人有权依照信托文件的规定解任受托人,或者申请人民法院解任受托人。

第二节 受 托 人

第二十四条 受托人应当是具有完全民事行为能力的自然人、法人。法律、行政法规对受托人的条件另有规定的,从其规定。

第二十五条 受托人应当遵守信托文件的规定,为受益人的最大利益处理信托事务。受托人管理信托财产,必须恪尽职守,履行诚实、信用、谨慎、有效管理的义务。

第二十六条 受托人除依照本法规定取得报酬外,不得利用信托财产为自己谋取利益。

受托人违反前款规定,利用信托财产为自己谋取利益的,所得利益归入信托财产。

第二十七条 受托人不得将信托财产转为其固有财产。受托人将信托财产转为其固有财产的,必须恢复该信托财产的原状;造成信托财产损失的,应当承担赔偿责任。

第二十八条 受托人不得将其固有财产与信托财产进行交易或者将不同委托人的信托财产进行相互交易,但信托文件另有规定或者经委托人或者受益人同意,并以公平的市场价格进行交易的除外。

受托人违反前款规定,造成信托财产损失的,应当承担赔偿责任。

第二十九条 受托人必须将信托财产与其固有财产分别管理、分别记账,并将不同委托人的信托财产分别管理、分别记账。

第三十条 受托人应当自己处理信托事务,但信托文件另有规定或者有不得已事由的,可以委托他人代为处理。受托人依法将信托事务委托他人代理的,应当对他人处理信托事务的行为承担责任。

第三十一条 同一信托的受托人有两个以上的,为共同受托人。共同受托人应当共同处理信托事务,但信托文件规定对某些具体事务由受托人分别处理的,从其规定。共同受托人共同处理信托事务,意见不一致时,按信托文件规定处理;信托文件未规定的,由委托人、受益人或者其利害关系人决定。

第三十二条 共同受托人处理信托事务对第三人所负债务,应当承担连带清偿责任。第三人对共同受托人之一所作的意思表示,对其他受托人同样有效。共同受托人之一违反信托目的处分信托财产或者因违背管理职责、处理信托事务不当致使信托财产受到损失的,其他受托人应当承担连带赔偿责任。

第三十三条 受托人必须保存处理信托事务的完整记录。受托人应当每年定期将信托财产的管理运用、处分及收支情况,报告委托人和受益人。受托人对委托人、受益人以及处理信托事务的情况和资料负有依法保密的义务。

第三十四条 受托人以信托财产为限向受益人承担支付信托利益的义务。

第三十五条 受托人有权依照信托文件的约定取得报酬。信托文件未作事先约定的,经信托当事人协商同意,可以作出补充约定;未作事先约定和补充约定的,不得收取报酬。约定的报酬经信托当事人协商同意,可以增减其数额。

第三十六条 受托人违反信托目的处分信托财产或者因违背管理职责、处理信托事务不当致使信托财产受到损失的,在未恢复信托财产的原状或者未予赔偿前,不得请求给付报酬。

第三十七条 受托人因处理信托事务所支出的费用、对第三人所负债务,以信托财产承担。受托人以其固有财产先行支付的,对信托财产享有优先受偿的权利。受托人违背管理职责或者处理信托事务不当对第三人所负债务或者自己所受到的损失,以其固有财产承担。

第三十八条 设立信托后,经委托人和受益人同意,受托人可以辞任。本法对公益信托的受托人辞任另有规定的,从其规定。受托人辞任的,在新受托人选出前仍应履行管理信托事务的职责。

第三十九条 受托人有下列情形之一的,其职责终止:
（一）死亡或者被依法宣告死亡;
（二）被依法宣告为无民事行为能力人或者限制民事行为能力人;
（三）被依法撤销或者被宣告破产;
（四）依法解散或者法定资格丧失;
（五）辞任或者被解任;
（六）法律、行政法规规定的其他情形。受托人职责终止时,其继承人或者遗产管理人、监护人、清算人应当妥善保管信托财产,协助新受托人接管信托事务。

第四十条 受托人职责终止的,依照信托文件规定选任新受托人;信托文件未规定的,由委托人选任;委托人不指定或者无能力指定的,由受益人选任;受益人为无民事行为能力人或者限制民事行为能力人的,依法由其监护人代行选任。原受托人处理信托事务的权利和义务,由新受托人承继。

第四十一条 受托人有本法第三十九条第一款第（三）项至第（六）项所列情形之一,职责终止的,应当作出处理信托事务的报告,并向新受托人办理信托财产和信托事务的移交手续。前款报告经委托人或者受益人认可,原受托人就报告中所列事项解除责任。但原受托人有不正当行为的除外。

第四十二条 共同受托人之一职责终止的,信托财产由其他受托人管理和处分。

第三节 受 益 人

第四十三条 受益人是在信托中享有信托受益权的人。受益人可以是自然人、法人或者依法成立的其他组织。委托人可以是受益人,也可以是同一信托的唯一受益人。受托人可以是受益人但不得是同一信托的唯一受益人。

第四十四条 受益人自信托生效之日起享有信托受益权。信托文件另有规定的,从其规定。

第四十五条 共同受益人按照信托文件的规定享受信托利益。信托文件对信托利益的分配比例或者分配方法未作规定的,各受益人按照均等的比例享受信托利益。

第四十六条 受益人可以放弃信托受益权。全体受益人放弃信托受益权的,信托终止。部分受益人放弃信托受益权的,被放弃的信托受益权按下列顺序确定归属:
（一）信托文件规定的人;
（二）其他受益人;
（三）委托人或者其继承人。

第四十七条　受益人不能清偿到期债务的,其信托受益权可以用于清偿债务,但法律、行政法规以及信托文件有限制性规定的除外。

第四十八条　受益人的信托受益权可以依法转让和继承,但信托文件有限制性规定的除外。

第四十九条　受益人可以行使本法第二十条至第二十三条规定的委托人享有的权利。受益人行使上述权利,与委托人意见不一致时,可以申请人民法院作出裁定。受托人有本法第二十二条第一款所列行为,共同受益人之一申请人民法院撤销该处分行为的,人民法院所作出的撤销裁定,对全体共同受益人有效。

第五章　信托的变更与终止

第五十条　委托人是唯一受益人的,委托人或者其继承人可以解除信托。信托文件另有规定的,从其规定。

第五十一条　设立信托后,有下列情形之一的,委托人可以变更受益人或者处分受益人的信托受益权:

（一）受益人对委托人有重大侵权行为；

（二）受益人对其他共同受益人有重大侵权行为；

（三）经受益人同意；

（四）信托文件规定的其他情形。

有前款第（一）项、第（三）项、第（四）项所列情形之一的,委托人可以解除信托。

第五十二条　信托不因委托人或者受托人的死亡、丧失民事行为能力、依法解散、被依法撤销或者被宣告破产而终止,也不因受托人的辞任而终止。但本法或者信托文件另有规定的除外。

第五十三条　有下列情形之一的,信托终止:

（一）信托文件规定的终止事由发生；

（二）信托的存续违反信托目的；

（三）信托目的已经实现或者不能实现；

（四）信托当事人协商同意；

（五）信托被撤销；

（六）信托被解除。

第五十四条　信托终止的,信托财产归属于信托文件规定的人；信托文件未规定的,按下列顺序确定归属:

（一）受益人或者其继承人；

（二）委托人或者其继承人。

第五十五条　依照前条规定,信托财产的归属确定后,在该信托财产转移给权利归属人的过程中,信托视为存续,权利归属人视为受益人。

第五十六条　信托终止后,人民法院依据本法第十七条的规定对原信托财产进行强制执行的,以权利归属人为被执行人。

第五十七条 信托终止后,受托人依照本法规定行使请求给付报酬、从信托财产中获得补偿的权利时,可以留置信托财产或者对信托财产的权利归属人提出请求。

第五十八条 信托终止的,受托人应当作出处理信托事务的清算报告。受益人或者信托财产的权利归属人对清算报告无异议的,受托人就清算报告所列事项解除责任。但受托人有不正当行为的除外。

第六章 公益信托

第五十九条 公益信托适用本章规定。本章未规定的,适用本法及其他相关法律的规定。

第六十条 为了下列公共利益目的之一而设立的信托,属于公益信托:

(一)救济贫困;

(二)救助灾民;

(三)扶助残疾人;

(四)发展教育、科技、文化、艺术、体育事业;

(五)发展医疗卫生事业;

(六)发展环境保护事业,维护生态环境;

(七)发展其他社会公益事业。

第六十一条 国家鼓励发展公益信托。

第六十二条 公益信托的设立和确定其受托人,应当经有关公益事业的管理机构(以下简称公益事业管理机构)批准。未经公益事业管理机构的批准,不得以公益信托的名义进行活动。公益事业管理机构对于公益信托活动应当给予支持。

第六十三条 公益信托的信托财产及其收益,不得用于非公益目的。

第六十四条 公益信托应当设置信托监察人。信托监察人由信托文件规定。信托文件未规定的,由公益事业管理机构指定。

第六十五条 信托监察人有权以自己的名义,为维护受益人的利益,提起诉讼或者实施其他法律行为。

第六十六条 公益信托的受托人未经公益事业管理机构批准,不得辞任。

第六十七条 公益事业管理机构应当检查受托人处理公益信托事务的情况及财产状况。受托人应当至少每年一次作出信托事务处理情况及财产状况报告,经信托监察人认可后,报公益事业管理机构核准,并由受托人予以公告。

第六十八条 公益信托的受托人违反信托义务或者无能力履行其职责的,由公益事业管理机构变更受托人。

第六十九条 公益信托成立后,发生设立信托时不能预见的情形,公益事业管理机构可以根据信托目的,变更信托文件中的有关条款。

第七十条 公益信托终止的,受托人应当于终止事由发生之日起十五日内,将终止事由和终止日期报告公益事业管理机构。

第七十一条 公益信托终止的,受托人作出的处理信托事务的清算报告,应当经信托监察人认可后,报公益事业管理机构核准,并由受托人予以公告。

第七十二条 公益信托终止,没有信托财产权利归属人或者信托财产权利归属人是不特定的社会公众的,经公益事业管理机构批准,受托人应当将信托财产用于与原公益目的相近似的目的,或者将信托财产转移给具有近似目的的公益组织或者其他公益信托。

第七十三条 公益事业管理机构违反本法规定的,委托人、受托人或者受益人有权向人民法院起诉。

第七章 附 则

第七十四条 本法自 2001 年 10 月 1 日起施行。

第六编 期 货 法

1. 期货交易管理条例

（2007年2月7日国务院第168次常务会议通过，2007年3月6日中华人民共和国国务院令第489号发布，自2007年4月15日起施行）

目　录

第一章　总则
第二章　期货交易所
第三章　期货公司
第四章　期货交易基本规则
第五章　期货业协会
第六章　监督管理
第七章　法律责任
第八章　附则

第一章　总　则

第一条　为了规范期货交易行为，加强对期货交易的监督管理，维护期货市场秩序，防范风险，保护期货交易各方的合法权益和社会公共利益，促进期货市场积极稳妥发展，制定本条例。

第二条　任何单位和个人从事期货交易，包括商品和金融期货合约、期权合约交易及其相关活动，应当遵守本条例。

第三条　从事期货交易活动，应当遵循公开、公平、公正和诚实信用的原则。禁止欺诈、内幕交易和操纵期货交易价格等违法行为。

第四条　期货交易应当在依法设立的期货交易所或者国务院期货监督管理机构批准的其他交易场所进行。

禁止在国务院期货监督管理机构批准的期货交易场所之外进行期货交易，禁止变相期货交易。

第五条 国务院期货监督管理机构对期货市场实行集中统一的监督管理。

国务院期货监督管理机构派出机构依照本条例的有关规定和国务院期货监督管理机构的授权,履行监督管理职责。

第二章 期货交易所

第六条 设立期货交易所,由国务院期货监督管理机构审批。

未经国务院期货监督管理机构批准,任何单位或者个人不得设立期货交易所或者以任何形式组织期货交易及其相关活动。

第七条 期货交易所不以营利为目的,按照其章程的规定实行自律管理。期货交易所以其全部财产承担民事责任。期货交易所的负责人由国务院期货监督管理机构任免。

期货交易所的管理办法由国务院期货监督管理机构制定。

第八条 期货交易所会员应当是在中华人民共和国境内登记注册的企业法人或者其他经济组织。

期货交易所可以实行会员分级结算制度。实行会员分级结算制度的期货交易所会员由结算会员和非结算会员组成。

结算会员的结算业务资格由国务院期货监督管理机构批准。国务院期货监督管理机构应当在受理结算业务资格申请之日起3个月内作出批准或者不批准的决定。

第九条 有《中华人民共和国公司法》第一百四十七条规定的情形或者下列情形之一的,不得担任期货交易所的负责人、财务会计人员:

(一)因违法行为或者违纪行为被解除职务的期货交易所、证券交易所、证券登记结算机构的负责人,或者期货公司、证券公司的董事、监事、高级管理人员,以及国务院期货监督管理机构规定的其他人员,自被解除职务之日起未逾5年;

(二)因违法行为或者违纪行为被撤销资格的律师、注册会计师或者投资咨询机构、财务顾问机构、资信评级机构、资产评估机构、验证机构的专业人员,自被撤销资格之日起未逾5年。

第十条 期货交易所应当依照本条例和国务院期货监督管理机构的规定,建立、健全各项规章制度,加强对交易活动的风险控制和对会员以及交易所工作人员的监督管理。期货交易所履行下列职责:

(一)提供交易的场所、设施和服务;

(二)设计合约,安排合约上市;

(三)组织并监督交易、结算和交割;

(四)保证合约的履行;

(五)按照章程和交易规则对会员进行监督管理;

(六)国务院期货监督管理机构规定的其他职责。

期货交易所不得直接或者间接参与期货交易。未经国务院期货监督管理机构审核并报国务院批准,期货交易所不得从事信托投资、股票投资、非自用不动产投资等与其职责无关的业务。

第十一条 期货交易所应当按照国家有关规定建立、健全下列风险管理制度:

(一)保证金制度;

(二)当日无负债结算制度;

(三)涨跌停板制度;

(四)持仓限额和大户持仓报告制度;

(五)风险准备金制度;

(六)国务院期货监督管理机构规定的其他风险管理制度。

实行会员分级结算制度的期货交易所,还应当建立、健全结算担保金制度。

第十二条 当期货市场出现异常情况时,期货交易所可以按照其章程规定的权限和程序,决定采取下列紧急措施,并应当立即报告国务院期货监督管理机构:

(一)提高保证金;

(二)调整涨跌停板幅度;

(三)限制会员或者客户的最大持仓量;

(四)暂时停止交易;

(五)采取其他紧急措施。

前款所称异常情况,是指在交易中发生操纵期货交易价格的行为或者发生不可抗拒的突发事件以及国务院期货监督管理机构规定的其他情形。

异常情况消失后,期货交易所应当及时取消紧急措施。

第十三条 期货交易所办理下列事项,应当经国务院期货监督管理机构批准:

(一)制定或者修改章程、交易规则;

(二)上市、中止、取消或者恢复交易品种;

(三)上市、修改或者终止合约;

(四)变更住所或者营业场所;

(五)合并、分立或者解散;

(六)国务院期货监督管理机构规定的其他事项。

国务院期货监督管理机构批准期货交易所上市新的交易品种,应当征求国务院有关部门的意见。

第十四条 期货交易所的所得收益按照国家有关规定管理和使用,但应当首先用于保证期货交易场所、设施的运行和改善。

第三章 期货公司

第十五条 期货公司是依照《中华人民共和国公司法》和本条例规定设立的经营期货业务的金融机构。设立期货公司,应当经国务院期货监督管理机构批准,并在公司登记机关登记注册。

未经国务院期货监督管理机构批准,任何单位或者个人不得设立或者变相设立期货公司,经营期货业务。

第十六条 申请设立期货公司,应当符合《中华人民共和国公司法》的规定,并具备下列条件:

(一)注册资本最低限额为人民币3000万元;

(二)董事、监事、高级管理人员具备任职资格,从业人员具有期货从业资格;

(三)有符合法律、行政法规规定的公司章程;

(四)主要股东以及实际控制人具有持续盈利能力,信誉良好,最近3年无重大违法违规记录;

(五)有合格的经营场所和业务设施;

(六)有健全的风险管理和内部控制制度;

(七)国务院期货监督管理机构规定的其他条件。

国务院期货监督管理机构根据审慎监管原则和各项业务的风险程度,可以提高注册资本最低限额。注册资本应当是实缴资本。股东应当以货币或者期货公司经营必需的非货币财产出资,货币出资比例不得低于85%。

国务院期货监督管理机构应当在受理期货公司设立申请之日起6个月内,根据审慎监管原则进行审查,作出批准或者不批准的决定。

未经国务院期货监督管理机构批准,任何单位和个人不得委托或者接受他人委托持有或者管理期货公司的股权。

第十七条 期货公司业务实行许可制度,由国务院期货监督管理机构按照其商品期货、金融期货业务种类颁发许可证。期货公司除申请经营境内期货经纪业务外,还可以申请经营境外期货经纪、期货投资咨询以及国务院期货监督管理机构规定的其他期货业务。

期货公司不得从事与期货业务无关的活动,法律、行政法规或者国务院期货监督管理机构另有规定的除外。

期货公司不得从事或者变相从事期货自营业务。

期货公司不得为其股东、实际控制人或者其他关联人提供融资,不得对外担保。

第十八条 期货公司从事经纪业务,接受客户委托,以自己的名义为客户进行期货交易,交易结果由客户承担。

第十九条 期货公司办理下列事项,应当经国务院期货监督管理机构批准:

(一)合并、分立、停业、解散或者破产;

(二)变更公司形式;

(三)变更业务范围;

(四)变更注册资本;

(五)变更5%以上的股权;

(六)设立、收购、参股或者终止境外期货类经营机构;

(七)国务院期货监督管理机构规定的其他事项。

前款第(四)项、第(七)项所列事项,国务院期货监督管理机构应当自受理申请之日起20

日内作出批准或者不批准的决定;前款所列其他事项,国务院期货监督管理机构应当自受理申请之日起2个月内作出批准或者不批准的决定。

第二十条　期货公司办理下列事项,应当经国务院期货监督管理机构派出机构批准:

(一) 变更法定代表人;

(二) 变更住所或者营业场所;

(三) 设立或者终止境内分支机构;

(四) 变更境内分支机构的营业场所、负责人或者经营范围;

(五) 国务院期货监督管理机构规定的其他事项。

前款第(一)项、第(二)项、第(四)项、第(五)项所列事项,国务院期货监督管理机构派出机构应当自受理申请之日起20日内作出批准或者不批准的决定;前款第(三)项所列事项,国务院期货监督管理机构派出机构应当自受理申请之日起2个月内作出批准或者不批准的决定。

第二十一条　期货公司或者其分支机构有《中华人民共和国行政许可法》第七十条规定的情形或者下列情形之一的,国务院期货监督管理机构应当依法办理期货业务许可证注销手续:

(一) 营业执照被公司登记机关依法注销;

(二) 成立后无正当理由超过3个月未开始营业,或者开业后无正当理由停业连续3个月以上;

(三) 主动提出注销申请;

(四) 国务院期货监督管理机构规定的其他情形。

期货公司在注销期货业务许可证前,应当结清相关期货业务,并依法返还客户的保证金和其他资产。期货公司分支机构在注销经营许可证前,应当终止经营活动,妥善处理客户资产。

第二十二条　期货公司应当建立、健全并严格执行业务管理规则、风险管理制度,遵守信息披露制度,保障客户保证金的存管安全,按照期货交易所的规定,向期货交易所报告大户名单、交易情况。

第二十三条　从事期货投资咨询以及为期货公司提供中间介绍等业务的其他期货经营机构,应当取得国务院期货监督管理机构批准的业务资格,具体管理办法由国务院期货监督管理机构制定。

第四章　期货交易基本规则

第二十四条　在期货交易所进行期货交易的,应当是期货交易所会员。

第二十五条　期货公司接受客户委托为其进行期货交易,应当事先向客户出示风险说明书,经客户签字确认后,与客户签订书面合同。期货公司不得未经客户委托或者不按照客户委托内容,擅自进行期货交易。

期货公司不得向客户作获利保证;不得在经纪业务中与客户约定分享利益或者共担

风险。

第二十六条 下列单位和个人不得从事期货交易,期货公司不得接受其委托为其进行期货交易:

(一)国家机关和事业单位;

(二)国务院期货监督管理机构、期货交易所、期货保证金安全存管监控机构和期货业协会的工作人员;

(三)证券、期货市场禁止进入者;

(四)未能提供开户证明材料的单位和个人;

(五)国务院期货监督管理机构规定不得从事期货交易的其他单位和个人。

第二十七条 客户可以通过书面、电话、互联网或者国务院期货监督管理机构规定的其他方式,向期货公司下达交易指令。客户的交易指令应当明确、全面。

期货公司不得隐瞒重要事项或者使用其他不正当手段诱骗客户发出交易指令。

第二十八条 期货交易所应当及时公布上市品种合约的成交量、成交价、持仓量、最高价与最低价、开盘价与收盘价和其他应当公布的即时行情,并保证即时行情的真实、准确。期货交易所不得发布价格预测信息。

未经期货交易所许可,任何单位和个人不得发布期货交易即时行情。

第二十九条 期货交易应当严格执行保证金制度。期货交易所向会员、期货公司向客户收取的保证金,不得低于国务院期货监督管理机构、期货交易所规定的标准,并应当与自有资金分开,专户存放。

期货交易所向会员收取的保证金,属于会员所有,除用于会员的交易结算外,严禁挪作他用。

期货公司向客户收取的保证金,属于客户所有,除下列可划转的情形外,严禁挪作他用:

(一)依据客户的要求支付可用资金;

(二)为客户交存保证金,支付手续费、税款;

(三)国务院期货监督管理机构规定的其他情形。

第三十条 期货公司应当为每一个客户单独开立专门账户、设置交易编码,不得混码交易。

第三十一条 期货公司经营期货经纪业务又同时经营其他期货业务的,应当严格执行业务分离和资金分离制度,不得混合操作。

第三十二条 期货交易所会员、客户可以使用标准仓单、国债等价值稳定、流动性强的有价证券充抵保证金进行期货交易。有价证券的种类、价值的计算方法和充抵保证金的比例等,由国务院期货监督管理机构规定。

第三十三条 银行业金融机构从事期货保证金存管、期货结算业务的资格,经国务院银行业监督管理机构审核同意后,由国务院期货监督管理机构批准。

第三十四条 期货交易所、期货公司、非期货公司结算会员应当按照国务院期货监督管理机构、财政部门的规定提取、管理和使用风险准备金,不得挪用。

第三十五条 期货交易的收费项目、收费标准和管理办法由国务院有关主管部门统一制定并公布。

第三十六条　期货交易应当采用公开的集中交易方式或者国务院期货监督管理机构批准的其他方式。

第三十七条　期货交易的结算,由期货交易所统一组织进行。

期货交易所实行当日无负债结算制度。期货交易所应当在当日及时将结算结果通知会员。

期货公司根据期货交易所的结算结果对客户进行结算,并应当将结算结果按照与客户约定的方式及时通知客户。客户应当及时查询并妥善处理自己的交易持仓。

第三十八条　期货交易所会员的保证金不足时,应当及时追加保证金或者自行平仓。会员未在期货交易所规定的时间内追加保证金或者自行平仓的,期货交易所应当将该会员的合约强行平仓,强行平仓的有关费用和发生的损失由该会员承担。

客户保证金不足时,应当及时追加保证金或者自行平仓。客户未在期货公司规定的时间内及时追加保证金或者自行平仓的,期货公司应当将该客户的合约强行平仓,强行平仓的有关费用和发生的损失由该客户承担。

第三十九条　期货交易的交割,由期货交易所统一组织进行。

交割仓库由期货交易所指定。期货交易所不得限制实物交割总量,并应当与交割仓库签订协议,明确双方的权利和义务。交割仓库不得有下列行为:

(一)出具虚假仓单;

(二)违反期货交易所业务规则,限制交割商品的入库、出库;

(三)泄露与期货交易有关的商业秘密;

(四)违反国家有关规定参与期货交易;

(五)国务院期货监督管理机构规定的其他行为。

第四十条　会员在期货交易中违约的,期货交易所先以该会员的保证金承担违约责任;保证金不足的,期货交易所应当以风险准备金和自有资金代为承担违约责任,并由此取得对该会员的相应追偿权。

客户在期货交易中违约的,期货公司先以该客户的保证金承担违约责任;保证金不足的,期货公司应当以风险准备金和自有资金代为承担违约责任,并由此取得对该客户的相应追偿权。

第四十一条　实行会员分级结算制度的期货交易所,应当向结算会员收取结算担保金。期货交易所只对结算会员结算,收取和追收保证金,以结算担保金、风险准备金、自有资金代为承担违约责任,以及采取其他相关措施;对非结算会员的结算、收取和追收保证金、代为承担违约责任,以及采取其他相关措施,由结算会员执行。

第四十二条　期货交易所、期货公司和非期货公司结算会员应当保证期货交易、结算、交割资料的完整和安全。

第四十三条　任何单位或者个人不得编造、传播有关期货交易的虚假信息,不得恶意串通、联手买卖或者以其他方式操纵期货交易价格。

第四十四条　任何单位或者个人不得违规使用信贷资金、财政资金进行期货交易。

银行业金融机构从事期货交易融资或者担保业务的资格,由国务院银行业监督管理机构批准。

第四十五条 国有以及国有控股企业进行境内外期货交易,应当遵循套期保值的原则,严格遵守国务院国有资产监督管理机构以及其他有关部门关于企业以国有资产进入期货市场的有关规定。

第四十六条 国务院商务主管部门对境内单位或者个人从事境外商品期货交易的品种进行核准。

境外期货项下购汇、结汇以及外汇收支,应当符合国家外汇管理有关规定。

境内单位或者个人从事境外期货交易的办法,由国务院期货监督管理机构会同国务院商务主管部门、国有资产监督管理机构、银行业监督管理机构、外汇管理部门等有关部门制订,报国务院批准后施行。

第五章 期货业协会

第四十七条 期货业协会是期货业的自律性组织,是社会团体法人。

期货公司以及其他专门从事期货经营的机构应当加入期货业协会,并缴纳会员费。

第四十八条 期货业协会的权力机构为全体会员组成的会员大会。

期货业协会的章程由会员大会制定,并报国务院期货监督管理机构备案。

期货业协会设理事会。理事会成员按照章程的规定选举产生。

第四十九条 期货业协会履行下列职责:

(一)教育和组织会员遵守期货法律法规和政策;

(二)制定会员应当遵守的行业自律性规则,监督、检查会员行为,对违反协会章程和自律性规则的,按照规定给予纪律处分;

(三)负责期货从业人员资格的认定、管理以及撤销工作;

(四)受理客户与期货业务有关的投诉,对会员之间、会员与客户之间发生的纠纷进行调解;

(五)依法维护会员的合法权益,向国务院期货监督管理机构反映会员的建议和要求;

(六)组织期货从业人员的业务培训,开展会员间的业务交流;

(七)组织会员就期货业的发展、运作以及有关内容进行研究;

(八)期货业协会章程规定的其他职责。

期货业协会的业务活动应当接受国务院期货监督管理机构的指导和监督。

第六章 监督管理

第五十条 国务院期货监督管理机构对期货市场实施监督管理,依法履行下列职责:

(一)制定有关期货市场监督管理的规章、规则,并依法行使审批权;

(二)对品种的上市、交易、结算、交割等期货交易及其相关活动,进行监督管理;

（三）对期货交易所、期货公司及其他期货经营机构、非期货公司结算会员、期货保证金安全存管监控机构、期货保证金存管银行、交割仓库等市场相关参与者的期货业务活动，进行监督管理；

（四）制定期货从业人员的资格标准和管理办法，并监督实施；

（五）监督检查期货交易的信息公开情况；

（六）对期货业协会的活动进行指导和监督；

（七）对违反期货市场监督管理法律、行政法规的行为进行查处；

（八）开展与期货市场监督管理有关的国际交流、合作活动；

（九）法律、行政法规规定的其他职责。

第五十一条 国务院期货监督管理机构依法履行职责，可以采取下列措施：

（一）对期货交易所、期货公司及其他期货经营机构、非期货公司结算会员、期货保证金安全存管监控机构和交割仓库进行现场检查；

（二）进入涉嫌违法行为发生场所调查取证；

（三）询问当事人和与被调查事件有关的单位和个人，要求其对与被调查事件有关的事项作出说明；

（四）查阅、复制与被调查事件有关的财产权登记等资料；

（五）查阅、复制当事人和与被调查事件有关的单位和个人的期货交易记录、财务会计资料以及其他相关文件和资料；对可能被转移、隐匿或者毁损的文件和资料，可以予以封存；

（六）查询与被调查事件有关的单位的保证金账户和银行账户；

（七）在调查操纵期货交易价格、内幕交易等重大期货违法行为时，经国务院期货监督管理机构主要负责人批准，可以限制被调查事件当事人的期货交易，但限制的时间不得超过15个交易日；案情复杂的，可以延长至30个交易日；

（八）法律、行政法规规定的其他措施。

第五十二条 期货交易所、期货公司及其他期货经营机构、期货保证金安全存管监控机构，应当向国务院期货监督管理机构报送财务会计报告、业务资料和其他有关资料。

对期货公司及其他期货经营机构报送的年度报告，国务院期货监督管理机构应当指定专人进行审核，并制作审核报告。审核人员应当在审核报告上签字。审核中发现问题的，国务院期货监督管理机构应当及时采取相应措施。

必要时，国务院期货监督管理机构可以要求非期货公司结算会员、交割仓库，以及期货公司股东、实际控制人或者其他关联人报送相关资料。

第五十三条 国务院期货监督管理机构依法履行职责，进行监督检查或者调查时，被检查、调查的单位和个人应当配合，如实提供有关文件和资料，不得拒绝、阻碍和隐瞒；其他有关部门和单位应当给予支持和配合。

第五十四条 国家根据期货市场发展的需要，设立期货投资者保障基金。

期货投资者保障基金的筹集、管理和使用的具体办法，由国务院期货监督管理机构会同国务院财政部门制定。

第五十五条 国务院期货监督管理机构应当建立、健全保证金安全存管监控制度，设立期货保证金安全存管监控机构。

客户和期货交易所、期货公司及其他期货经营机构、非期货公司结算会员以及期货保证金存管银行,应当遵守国务院期货监督管理机构有关保证金安全存管监控的规定。

第五十六条 期货保证金安全存管监控机构依照有关规定对保证金安全实施监控,进行每日稽核,发现问题应当立即报告国务院期货监督管理机构。国务院期货监督管理机构应当根据不同情况,依照本条例有关规定及时处理。

第五十七条 国务院期货监督管理机构对期货交易所、期货公司及其他期货经营机构和期货保证金安全存管监控机构的董事、监事、高级管理人员以及其他期货从业人员,实行资格管理制度。

第五十八条 国务院期货监督管理机构应当制定期货公司持续性经营规则,对期货公司的净资本与净资产的比例,净资本与境内期货经纪、境外期货经纪等业务规模的比例,流动资产与流动负债的比例等风险监管指标作出规定;对期货公司及其分支机构的经营条件、风险管理、内部控制、保证金存管、关联交易等方面提出要求。

第五十九条 期货公司及其分支机构不符合持续性经营规则或者出现经营风险的,国务院期货监督管理机构可以对期货公司及其董事、监事和高级管理人员采取谈话、提示、记入信用记录等监管措施或者责令期货公司限期整改,并对其整改情况进行检查验收。

期货公司逾期未改正,其行为严重危及期货公司的稳健运行、损害客户合法权益,或者涉嫌严重违法违规正在被国务院期货监督管理机构调查的,国务院期货监督管理机构可以区别情形,对其采取下列措施:

(一)限制或者暂停部分期货业务;

(二)停止批准新增业务或者分支机构;

(三)限制分配红利,限制向董事、监事、高级管理人员支付报酬、提供福利;

(四)限制转让财产或者在财产上设定其他权利;

(五)责令更换董事、监事、高级管理人员或者有关业务部门、分支机构的负责人员,或者限制其权利;

(六)限制期货公司自有资金或者风险准备金的调拨和使用;

(七)责令控股股东转让股权或者限制有关股东行使股东权利。

对经过整改符合有关法律、行政法规规定以及持续性经营规则要求的期货公司,国务院期货监督管理机构应当自验收完毕之日起3日内解除对其采取的有关措施。

对经过整改仍未达到持续性经营规则要求,严重影响正常经营的期货公司,国务院期货监督管理机构有权撤销其部分或者全部期货业务许可、关闭其分支机构。

第六十条 期货公司违法经营或者出现重大风险,严重危害期货市场秩序、损害客户利益的,国务院期货监督管理机构可以对该期货公司采取责令停业整顿、指定其他机构托管或者接管等监管措施。经国务院期货监督管理机构批准,可以对该期货公司直接负责的董事、监事、高级管理人员和其他直接责任人员采取以下措施:

(一)通知出境管理机关依法阻止其出境;

(二)申请司法机关禁止其转移、转让或者以其他方式处分财产,或者在财产上设定其他权利。

第六十一条 期货公司的股东有虚假出资或者抽逃出资行为的,国务院期货监督管理机构应当责令其限期改正,并可责令其转让所持期货公司的股权。

在股东按照前款要求改正违法行为、转让所持期货公司的股权前,国务院期货监督管理机构可以限制其股东权利。

第六十二条 当期货市场出现异常情况时,国务院期货监督管理机构可以采取必要的风险处置措施。

第六十三条 期货公司的交易软件、结算软件,应当满足期货公司审慎经营和风险管理以及国务院期货监督管理机构有关保证金安全存管监控规定的要求。期货公司的交易软件、结算软件不符合要求的,国务院期货监督管理机构有权要求期货公司予以改进或者更换。

国务院期货监督管理机构可以要求期货公司的交易软件、结算软件的供应商提供该软件的相关资料,供应商应当予以配合。国务院期货监督管理机构对供应商提供的相关资料负有保密义务。

第六十四条 期货公司涉及重大诉讼、仲裁,或者股权被冻结或者用于担保,以及发生其他重大事件时,期货公司及其相关股东、实际控制人应当自该事件发生之日起5日内向国务院期货监督管理机构提交书面报告。

第六十五条 会计师事务所、律师事务所、资产评估机构等中介服务机构向期货交易所和期货公司等市场相关参与者提供相关服务时,应当遵守期货法律、行政法规以及国家有关规定,并按照国务院期货监督管理机构的要求提供相关资料。

第六十六条 国务院期货监督管理机构应当与有关部门建立监督管理的信息共享和协调配合机制。

国务院期货监督管理机构可以和其他国家或者地区的期货监督管理机构建立监督管理合作机制,实施跨境监督管理。

第六十七条 国务院期货监督管理机构、期货交易所、期货保证金安全存管监控机构和期货保证金存管银行等相关单位的工作人员,应当忠于职守,依法办事,公正廉洁,保守国家秘密和有关当事人的商业秘密,不得利用职务便利牟取不正当的利益。

第七章 法律责任

第六十八条 期货交易所、非期货公司结算会员有下列行为之一的,责令改正,给予警告,没收违法所得:

(一)违反规定接纳会员的;

(二)违反规定收取手续费的;

(三)违反规定使用、分配收益的;

(四)不按照规定公布即时行情的,或者发布价格预测信息的;

(五)不按照规定向国务院期货监督管理机构履行报告义务的;

(六)不按照规定向国务院期货监督管理机构报送有关文件、资料的;

（七）不按照规定建立、健全结算担保金制度的；
（八）不按照规定提取、管理和使用风险准备金的；
（九）违反国务院期货监督管理机构有关保证金安全存管监控规定的；
（十）限制会员实物交割总量的；
（十一）任用不具备资格的期货从业人员的；
（十二）违反国务院期货监督管理机构规定的其他行为。

有前款所列行为之一的，对直接负责的主管人员和其他直接责任人员给予纪律处分，处1万元以上10万元以下的罚款。

有本条第一款第（二）项所列行为的，应当责令退还多收取的手续费。

期货保证金安全存管监控机构有本条第一款第（五）项、第（六）项、第（九）项、第（十一）项、第（十二）项所列行为的，依照本条第一款、第二款的规定处罚、处分。期货保证金存管银行有本条第一款第（九）项、第（十二）项所列行为的，依照本条第一款、第二款的规定处罚、处分。

第六十九条　期货交易所、非期货公司结算会员有下列行为之一的，责令改正，给予警告，没收违法所得，并处违法所得1倍以上5倍以下的罚款；没有违法所得或者违法所得不满10万元的，并处10万元以上50万元以下的罚款；情节严重的，责令停业整顿：

（一）未经批准，擅自办理本条例第十三条所列事项的；
（二）允许会员在保证金不足的情况下进行期货交易的；
（三）直接或者间接参与期货交易，或者违反规定从事与其职责无关的业务的；
（四）违反规定收取保证金，或者挪用保证金的；
（五）伪造、涂改或者不按照规定保存期货交易、结算、交割资料的；
（六）未建立或者未执行当日无负债结算、涨跌停板、持仓限额和大户持仓报告制度的；
（七）拒绝或者妨碍国务院期货监督管理机构监督检查的；
（八）违反国务院期货监督管理机构规定的其他行为。

有前款所列行为之一的，对直接负责的主管人员和其他直接责任人员给予纪律处分，处1万元以上10万元以下的罚款。

期货保证金安全存管监控机构有本条第一款第（三）项、第（七）项、第（八）项所列行为的，依照本条第一款、第二款的规定处罚、处分。

第七十条　期货公司有下列行为之一的，责令改正，给予警告，没收违法所得，并处违法所得1倍以上3倍以下的罚款；没有违法所得或者违法所得不满10万元的，并处10万元以上30万元以下的罚款；情节严重的，责令停业整顿或者吊销期货业务许可证：

（一）接受不符合规定条件的单位或者个人委托的；
（二）允许客户在保证金不足的情况下进行期货交易的；
（三）未经批准，擅自办理本条例第十九条、第二十条所列事项的；
（四）违反规定从事与期货业务无关的活动的；
（五）从事或者变相从事期货自营业务的；
（六）为其股东、实际控制人或者其他关联人提供融资，或者对外担保的；

（七）违反国务院期货监督管理机构有关保证金安全存管监控规定的；

（八）不按照规定向国务院期货监督管理机构履行报告义务或者报送有关文件、资料的；

（九）交易软件、结算软件不符合期货公司审慎经营和风险管理以及国务院期货监督管理机构有关保证金安全存管监控规定的要求的；

（十）不按照规定提取、管理和使用风险准备金的；

（十一）伪造、涂改或者不按照规定保存期货交易、结算、交割资料的；

（十二）任用不具备资格的期货从业人员的；

（十三）伪造、变造、出租、出借、买卖期货业务许可证或者经营许可证的；

（十四）进行混码交易的；

（十五）拒绝或者妨碍国务院期货监督管理机构监督检查的；

（十六）违反国务院期货监督管理机构规定的其他行为。

期货公司有前款所列行为之一的，对直接负责的主管人员和其他直接责任人员给予警告，并处1万元以上5万元以下的罚款；情节严重的，暂停或者撤销任职资格、期货从业人员资格。

期货公司之外的其他期货经营机构有本条第一款第（八）项、第（十二）项、第（十三）项、第（十五）项、第（十六）项所列行为的，依照本条第一款、第二款的规定处罚。

期货公司的股东、实际控制人或者其他关联人未经批准擅自委托他人或者接受他人委托持有或者管理期货公司股权的，拒不配合国务院期货监督管理机构的检查，拒不按照规定履行报告义务、提供有关信息和资料，或者报送、提供的信息和资料有虚假记载、误导性陈述或者重大遗漏的，依照本条第一款、第二款的规定处罚。

第七十一条 期货公司有下列欺诈客户行为之一的，责令改正，给予警告，没收违法所得，并处违法所得1倍以上5倍以下的罚款；没有违法所得或者违法所得不满10万元的，并处10万元以上50万元以下的罚款；情节严重的，责令停业整顿或者吊销期货业务许可证：

（一）向客户作获利保证或者不按照规定向客户出示风险说明书的；

（二）在经纪业务中与客户约定分享利益、共担风险的；

（三）不按照规定接受客户委托或者不按照客户委托内容擅自进行期货交易的；

（四）隐瞒重要事项或者使用其他不正当手段，诱骗客户发出交易指令的；

（五）向客户提供虚假成交回报的；

（六）未将客户交易指令下达到期货交易所的；

（七）挪用客户保证金的；

（八）不按照规定在期货保证金存管银行开立保证金账户，或者违规划转客户保证金的；

（九）国务院期货监督管理机构规定的其他欺诈客户的行为。

期货公司有前款所列行为之一的，对直接负责的主管人员和其他直接责任人员给予警告，并处1万元以上10万元以下的罚款；情节严重的，暂停或者撤销任职资格、期货从业人员资格。

任何单位或者个人编造并且传播有关期货交易的虚假信息，扰乱期货交易市场的，依照本条第一款、第二款的规定处罚。

第七十二条 期货公司及其他期货经营机构、非期货公司结算会员、期货保证金存管银行提供虚假申请文件或者采取其他欺诈手段隐瞒重要事实骗取期货业务许可的,撤销其期货业务许可,没收违法所得。

第七十三条 期货交易内幕信息的知情人或者非法获取期货交易内幕信息的人,在对期货交易价格有重大影响的信息尚未公开前,利用内幕信息从事期货交易,或者向他人泄露内幕信息,使他人利用内幕信息进行期货交易的,没收违法所得,并处违法所得1倍以上5倍以下的罚款;没有违法所得或者违法所得不满10万元的,处10万元以上50万元以下的罚款。单位从事内幕交易的,还应当对直接负责的主管人员和其他直接责任人员给予警告,并处3万元以上30万元以下的罚款。

国务院期货监督管理机构、期货交易所和期货保证金安全存管监控机构的工作人员进行内幕交易的,从重处罚。

第七十四条 任何单位或者个人有下列行为之一,操纵期货交易价格的,责令改正,没收违法所得,并处违法所得1倍以上5倍以下的罚款;没有违法所得或者违法所得不满20万元的,处20万元以上100万元以下的罚款:

(一)单独或者合谋,集中资金优势、持仓优势或者利用信息优势联合或者连续买卖合约,操纵期货交易价格的;

(二)蓄意串通,按事先约定的时间、价格和方式相互进行期货交易,影响期货交易价格或者期货交易量的;

(三)以自己为交易对象,自买自卖,影响期货交易价格或者期货交易量的;

(四)为影响期货市场行情囤积现货的;

(五)国务院期货监督管理机构规定的其他操纵期货交易价格的行为。

单位有前款所列行为之一的,对直接负责的主管人员和其他直接责任人员给予警告,并处1万元以上10万元以下的罚款。

第七十五条 交割仓库有本条例第三十九条第二款所列行为之一的,责令改正,给予警告,没收违法所得,并处违法所得1倍以上5倍以下的罚款;没有违法所得或者违法所得不满10万元的,并处10万元以上50万元以下的罚款;情节严重的,责令期货交易所暂停或者取消其交割仓库资格。对直接负责的主管人员和其他直接责任人员给予警告,并处1万元以上10万元以下的罚款。

第七十六条 国有以及国有控股企业违反本条例和国务院国有资产监督管理机构以及其他有关部门关于企业以国有资产进入期货市场的有关规定进行期货交易,或者单位、个人违规使用信贷资金、财政资金进行期货交易的,给予警告,没收违法所得,并处违法所得1倍以上5倍以下的罚款;没有违法所得或者违法所得不满10万元的,并处10万元以上50万元以下的罚款。对直接负责的主管人员和其他直接责任人员给予降级直至开除的纪律处分。

第七十七条 境内单位或者个人违反规定从事境外期货交易的,责令改正,给予警告,没收违法所得,并处违法所得1倍以上5倍以下的罚款;没有违法所得或者违法所得不满20万元的,并处20万元以上100万元以下的罚款;情节严重的,暂停其境外期货交易。对直接负责的主管人员和其他直接责任人员给予警告,并处1万元以上10万元以下的罚款。

第七十八条 任何单位或者个人非法设立或者变相设立期货交易所、期货公司及其他期货经营机构,或者擅自从事期货业务,或者组织变相期货交易活动的,予以取缔,没收违法所得,并处违法所得1倍以上5倍以下的罚款;没有违法所得或者违法所得不满20万元的,处20万元以上100万元以下的罚款。对直接负责的主管人员和其他直接责任人员给予警告,并处1万元以上10万元以下的罚款。

第七十九条 期货公司的交易软件、结算软件供应商拒不配合国务院期货监督管理机构调查,或者未按照规定向国务院期货监督管理机构提供相关软件资料,或者提供的软件资料有虚假、重大遗漏的,责令改正,处3万元以上10万元以下的罚款。对直接负责的主管人员和其他直接责任人员给予警告,并处1万元以上5万元以下的罚款。

第八十条 会计师事务所、律师事务所、资产评估机构等中介服务机构未勤勉尽责,所出具的文件有虚假记载、误导性陈述或者重大遗漏的,责令改正,没收业务收入,暂停或者撤销相关业务许可,并处业务收入1倍以上5倍以下的罚款。对直接负责的主管人员和其他直接责任人员给予警告,并处3万元以上10万元以下的罚款。

第八十一条 任何单位或者个人违反本条例规定,情节严重的,由国务院期货监督管理机构宣布该个人、该单位或者该单位的直接责任人员为期货市场禁止进入者。

第八十二条 国务院期货监督管理机构、期货交易所、期货保证金安全存管监控机构和期货保证金存管银行等相关单位的工作人员,泄露知悉的国家秘密或者会员、客户商业秘密,或者徇私舞弊、玩忽职守、滥用职权、收受贿赂的,依法给予行政处分或者纪律处分。

第八十三条 违反本条例规定,构成犯罪的,依法追究刑事责任。

第八十四条 对本条例规定的违法行为的行政处罚,由国务院期货监督管理机构决定;涉及其他有关部门法定职权的,国务院期货监督管理机构应当会同其他有关部门处理;属于其他有关部门法定职权的,国务院期货监督管理机构应当移交其他有关部门处理。

第八章 附 则

第八十五条 本条例下列用语的含义:

(一)期货合约,是指由期货交易所统一制定的、规定在将来某一特定的时间和地点交割一定数量标的物的标准化合约。根据合约标的物的不同,期货合约分为商品期货合约和金融期货合约。商品期货合约的标的物包括农产品、工业品、能源和其他商品及其相关指数产品;金融期货合约的标的物包括有价证券、利率、汇率等金融产品及其相关指数产品。

(二)期权合约,是指由期货交易所统一制定的、规定买方有权在将来某一时间以特定价格买入或者卖出约定标的物(包括期货合约)的标准化合约。

(三)保证金,是指期货交易者按照规定标准交纳的资金,用于结算和保证履约。

(四)结算,是指根据期货交易所公布的结算价格对交易双方的交易盈亏状况进行的资金清算和划转。

(五)交割,是指合约到期时,按照期货交易所的规则和程序,交易双方通过该合约所载标的物所有权的转移,或者按照规定结算价格进行现金差价结算,了结到期未平仓合约的过程。

（六）平仓，是指期货交易者买入或者卖出与其所持合约的品种、数量和交割月份相同但交易方向相反的合约，了结期货交易的行为。

（七）持仓量，是指期货交易者所持有的未平仓合约的数量。

（八）持仓限额，是指期货交易所对期货交易者的持仓量规定的最高数额。

（九）仓单，是指交割仓库开具并经期货交易所认定的标准化提货凭证。

（十）涨跌停板，是指合约在1个交易日中的交易价格不得高于或者低于规定的涨跌幅度，超出该涨跌幅度的报价将被视为无效，不能成交。

（十一）内幕信息，是指可能对期货交易价格产生重大影响的尚未公开的信息，包括：国务院期货监督管理机构以及其他相关部门制定的对期货交易价格可能发生重大影响的政策，期货交易所作出的可能对期货交易价格发生重大影响的决定，期货交易所会员、客户的资金和交易动向以及国务院期货监督管理机构认定的对期货交易价格有显著影响的其他重要信息。

（十二）内幕信息的知情人员，是指由于其管理地位、监督地位或者职业地位，或者作为雇员、专业顾问履行职务，能够接触或者获得内幕信息的人员，包括：期货交易所的管理人员以及其他由于任职可获取内幕信息的从业人员，国务院期货监督管理机构和其他有关部门的工作人员以及国务院期货监督管理机构规定的其他人员。

第八十六条　国务院期货监督管理机构可以批准设立期货专门结算机构，专门履行期货交易所的结算以及相关职责，并承担相应法律责任。

第八十七条　境外机构在境内设立、收购或者参股期货经营机构，以及境外期货经营机构在境内设立分支机构（含代表处）的管理办法，由国务院期货监督管理机构会同国务院商务主管部门、外汇管理部门等有关部门制订，报国务院批准后施行。

第八十八条　在期货交易所之外的国务院期货监督管理机构批准的交易场所进行的期货交易，依照本条例的有关规定执行。

第八十九条　任何机构或者市场，未经国务院期货监督管理机构批准，采用集中交易方式进行标准化合约交易，同时采用以下交易机制或者具备以下交易机制特征之一的，为变相期货交易：

（一）为参与集中交易的所有买方和卖方提供履约担保的；

（二）实行当日无负债结算制度和保证金制度，同时保证金收取比例低于合约（或者合同）标的额20%的。

本条例施行前采用前款规定的交易机制或者具备前款规定的交易机制特征之一的机构或者市场，应当在国务院商务主管部门规定的期限内进行整改。

第九十条　不属于期货交易的商品或者金融产品的其他交易活动，由国家有关部门监督管理，不适用本条例。

第九十一条　本条例自2007年4月15日起施行。1999年6月2日国务院发布的《期货交易管理暂行条例》同时废止。

2. 最高人民法院关于审理期货纠纷案件若干问题的规定

(2003年5月16日最高人民法院审判委员会第1270次会议通过,法释[2003]10号发布)

目 录

一、一般规定
二、管辖
三、承担责任的主体
四、无效合同责任
五、交易行为责任
六、透支交易责任
七、强行平仓责任
八、实物交割责任
九、保证合约履行责任
十、侵权行为责任
十一、举证责任
十二、保全和执行
十三、其他

为了正确审理期货纠纷案件,根据《中华人民共和国民法通则》、《中华人民共和国合同法》、《中华人民共和国民事诉讼法》等有关法律、行政法规的规定,结合审判实践经验,对审理期货纠纷案件的若干问题制定本规定。

一、一般规定

第一条 人民法院审理期货纠纷案件,应当依法保护当事人的合法权益,正确确定其应承担的风险责任,并维护期货市场秩序。

第二条 人民法院审理期货合同纠纷案件,应当严格按照当事人在合同中的约定确定违约方承担的责任,当事人的约定违反法律、行政法规强制性规定的除外。

第三条 人民法院审理期货侵权纠纷和无效的期货交易合同纠纷案件,应当根据各方当事人是否有过错,以及过错的性质、大小、过错和损失之间的因果关系,确定过错方承担的民事责任。

二、管　辖

第四条　人民法院应当依据民事诉讼法第二十四条、第二十五条和第二十九条的规定确定期货纠纷案件的管辖。

第五条　在期货公司的分公司、营业部等分支机构进行期货交易的,该分支机构住所地为合同履行地。

因实物交割发生纠纷的,期货交易所住所地为合同履行地。

第六条　侵权与违约竞合的期货纠纷案件,依当事人选择的诉由确定管辖。当事人既以违约又以侵权起诉的,以当事人起诉状中在先的诉讼请求确定管辖。

第七条　期货纠纷案件由中级人民法院管辖。

高级人民法院根据需要可以确定部分基层人民法院受理期货纠纷案件。

三、承担责任的主体

第八条　期货公司的从业人员在本公司经营范围内从事期货交易行为产生的民事责任,由其所在的期货公司承担。

第九条　期货公司授权非本公司人员以本公司的名义从事期货交易行为的,期货公司应当承担由此产生的民事责任;非期货公司人员以期货公司名义从事期货交易行为,具备合同法第四十九条所规定的表见代理条件的,期货公司应当承担由此产生的民事责任。

第十条　公民、法人受期货公司或者客户的委托,作为居间人为其提供订约的机会或者订立期货经纪合同的中介服务的,期货公司或者客户应当按照约定向居间人支付报酬。居间人应当独立承担基于居间经纪关系所产生的民事责任。

第十一条　不以真实身份从事期货交易的单位或者个人,交易行为符合期货交易所交易规则的,交易结果由其自行承担。

第十二条　期货公司设立的取得营业执照和经营许可证的分公司、营业部等分支机构超出经营范围开展经营活动所产生的民事责任,该分支机构不能承担的,由期货公司承担。

客户有过错的,应当承担相应的民事责任。

四、无效合同责任

第十三条　有下列情形之一的,应当认定期货经纪合同无效:

(一)没有从事期货经纪业务的主体资格而从事期货经纪业务的;

(二)不具备从事期货交易主体资格的客户从事期货交易的;

(三)违反法律、法规禁止性规定的。

第十四条　因期货经纪合同无效给客户造成经济损失的,应当根据无效行为与损失之间的因果关系确定责任的承担。一方的损失系对方行为所致,应当由对方赔偿损失;双方有过错的,根据过错大小各自承担相应的民事责任。

第十五条 不具有主体资格的经营机构因从事期货经纪业务而导致期货经纪合同无效,该机构按客户的交易指令入市交易的,收取的佣金应当返还给客户,交易结果由客户承担。

该机构未按客户的交易指令入市交易,客户没有过错的,该机构应当返还客户的保证金并赔偿客户的损失。赔偿损失的范围包括交易手续费、税金及利息。

五、交易行为责任

第十六条 期货公司在与客户订立期货经纪合同时,未提示客户注意《期货交易风险说明书》内容,并由客户签字或者盖章,对于客户在交易中的损失,应当依据合同法第四十二条第(三)项的规定承担相应的赔偿责任。但是,根据以往交易结果记载,证明客户已有交易经历的,应当免除期货公司的责任。

第十七条 期货公司接受客户全权委托进行期货交易的,对交易产生的损失,承担主要赔偿责任,赔偿额不超过损失的百分之八十,法律、行政法规另有规定的除外。

第十八条 期货公司与客户签订的期货经纪合同对下达交易指令的方式未作约定或者约定不明确的,期货公司不能证明其所进行的交易是依据客户交易指令进行的,对该交易造成客户的损失,期货公司应当承担赔偿责任,客户予以追认的除外。

第十九条 期货公司执行非受托人的交易指令造成客户损失,应当由期货公司承担赔偿责任,非受托人承担连带责任,客户予以追认的除外。

第二十条 客户下达的交易指令没有品种、数量、买卖方向的,期货公司未予拒绝而进行交易造成客户的损失,由期货公司承担赔偿责任,客户予以追认的除外。

第二十一条 客户下达的交易指令数量和买卖方向明确,没有有效期限的,应当视为当日有效;没有成交价格的,应当视为按市价交易;没有开平仓方向的,应当视为开仓交易。

第二十二条 期货公司错误执行客户交易指令,除客户认可的以外,交易的后果由期货公司承担,并按下列方式分别处理:

(一)交易数量发生错误的,多于指令数量的部分由期货公司承担,少于指令数量的部分,由期货公司补足或者赔偿直接损失;

(二)交易价格超出客户指令价位范围的,交易差价损失或者交易结果由期货公司承担。

第二十三条 期货公司不当延误执行客户交易指令给客户造成损失的,应当承担赔偿责任,但由于市场原因致客户交易指令未能全部或者部分成交的,期货公司不承担责任。

第二十四条 期货公司超出客户指令价位的范围,将高于客户指令价格卖出或者低于客户指令价格买入后的差价利益占为己有的,客户要求期货公司返还的,人民法院应予支持,期货公司与客户另有约定的除外。

第二十五条 期货交易所未按交易规则规定的期限、方式,将交易或者持仓头寸的结算结果通知期货公司,造成期货公司损失的,由期货交易所承担赔偿责任。

期货公司未按期货经纪合同约定的期限、方式,将交易或者持仓头寸的结算结果通知客户,造成客户损失的,由期货公司承担赔偿责任。

第二十六条 期货公司与客户对交易结算结果的通知方式未作约定或者约定不明确,期货公司未能提供证据证明已经发出上述通知的,对客户因继续持仓而造成扩大的损失,应当承担主要赔偿责任,赔偿额不超过损失的百分之八十。

第二十七条 客户对当日交易结算结果的确认,应当视为对该日之前所有持仓和交易结算结果的确认,所产生的交易后果由客户自行承担。

第二十八条 期货公司对交易结算结果提出异议,期货交易所未及时采取措施导致损失扩大的,对造成期货公司扩大的损失应当承担赔偿责任。

客户对交易结算结果提出异议,期货公司未及时采取措施导致损失扩大的,期货公司对造成客户扩大的损失应当承担赔偿责任。

第二十九条 期货公司对期货交易所或者客户对期货公司的交易结算结果有异议,而未在期货交易所交易规则规定或者期货经纪合同约定的时间内提出的,视为期货公司或者客户对交易结算结果已予以确认。

第三十条 期货公司进行混码交易的,客户不承担责任,但期货公司能够举证证明其已按照客户交易指令入市交易的,客户应当承担相应的交易结果。

六、透支交易责任

第三十一条 期货交易所在期货公司没有保证金或者保证金不足的情况下,允许期货公司开仓交易或者继续持仓,应当认定为透支交易。

期货公司在客户没有保证金或者保证金不足的情况下,允许客户开仓交易或者继续持仓,应当认定为透支交易。

审查期货公司或者客户是否透支交易,应当以期货交易所规定的保证金比例为标准。

第三十二条 期货公司的交易保证金不足,期货交易所未按规定通知期货公司追加保证金的,由于行情向持仓不利的方向变化导致期货公司透支发生的扩大损失,期货交易所应当承担主要赔偿责任,赔偿额不超过损失的百分之六十。

客户的交易保证金不足,期货公司未按约定通知客户追加保证金的,由于行情向持仓不利的方向变化导致客户透支发生的扩大损失,期货公司应当承担主要赔偿责任,赔偿额不超过损失的百分之八十。

第三十三条 期货公司的交易保证金不足,期货交易所履行了通知义务,而期货公司未及时追加保证金,期货公司要求保留持仓并经书面协商一致的,对保留持仓期间造成的损失,由期货公司承担;穿仓造成的损失,由期货交易所承担。

客户的交易保证金不足,期货公司履行了通知义务而客户未及时追加保证金,客户要求保留持仓并经书面协商一致的,对保留持仓期间造成的损失,由客户承担;穿仓造成的损失,由期货公司承担。

第三十四条 期货交易所允许期货公司开仓透支交易的,对透支交易造成的损失,由期货交易所承担主要赔偿责任,赔偿额不超过损失的百分之六十。

期货公司允许客户开仓透支交易的,对透支交易造成的损失,由期货公司承担主要赔偿责任,赔偿额不超过损失的百分之八十。

第三十五条 期货交易所允许期货公司透支交易,并与其约定分享利益,共担风险的,对透支交易造成的损失,期货交易所承担相应的赔偿责任。

期货公司允许客户透支交易,并与其约定分享利益,共担风险的,对透支交易造成的损失,期货公司承担相应的赔偿责任。

七、强行平仓责任

第三十六条 期货公司的交易保证金不足,又未能按期货交易所规定的时间追加保证金的,按交易规则的规定处理;规定不明确的,期货交易所有权就其未平仓的期货合约强行平仓,强行平仓所造成的损失,由期货公司承担。

客户的交易保证金不足,又未能按期货经纪合同约定的时间追加保证金的,按期货经纪合同的约定处理;约定不明确的,期货公司有权就其未平仓的期货合约强行平仓,强行平仓造成的损失,由客户承担。

第三十七条 期货交易所因期货公司违规超仓或者其他违规行为而必须强行平仓的,强行平仓所造成的损失,由期货公司承担。

期货公司因客户违规超仓或者其他违规行为而必须强行平仓的,强行平仓所造成的损失,由客户承担。

第三十八条 期货公司或者客户交易保证金不足,符合强行平仓条件后,应当自行平仓而未平仓造成的扩大损失,由期货公司或者客户自行承担。法律、行政法规另有规定或者当事人另有约定的除外。

第三十九条 期货交易所或者期货公司强行平仓数额应当与期货公司或者客户需追加的保证金数额基本相当。因超量平仓引起的损失,由强行平仓者承担。

第四十条 期货交易所对期货公司、期货公司对客户未按期货交易所交易规则规定或者期货经纪合同约定的强行平仓条件、时间、方式进行强行平仓,造成期货公司或者客户损失的,期货交易所或者期货公司应当承担赔偿责任。

第四十一条 期货交易所依法或依交易规则强行平仓发生的费用,由被平仓的期货公司承担;期货公司承担责任后有权向有过错的客户追偿。

期货公司依法或依约定强行平仓所发生的费用,由客户承担。

八、实物交割责任

第四十二条 交割仓库未履行货物验收职责或者因保管不善给仓单持有人造成损失的,应当承担赔偿责任。

第四十三条 期货公司没有代客户履行申请交割义务的,应当承担违约责任;造成客户损失的,应当承担赔偿责任。

第四十四条　在交割日,卖方期货公司未向期货交易所交付标准仓单,或者买方期货公司未向期货交易所账户交付足额货款,构成交割违约。

构成交割违约的,违约方应当承担违约责任;具有合同法第九十四条第(四)项规定情形的,对方有权要求终止交割或者要求违约方继续交割。

征购或者竞卖失败的,应当由违约方按照交易所有关赔偿办法的规定承担赔偿责任。

第四十五条　在期货合约交割期内,买方或者卖方客户违约的,期货交易所应当代期货公司、期货公司应当代客户向对方承担违约责任。

第四十六条　买方客户未在期货交易所交易规则规定的期限内对货物的质量、数量提出异议的,应视为其对货物的数量、质量无异议。

第四十七条　交割仓库不能在期货交易所交易规则规定的期限内,向标准仓单持有人交付符合期货合约要求的货物,造成标准仓单持有人损失的,交割仓库应当承担责任,期货交易所承担连带责任。

期货交易所承担责任后,有权向交割仓库追偿。

九、保证合约履行责任

第四十八条　期货公司未按照每日无负债结算制度的要求,履行相应的金钱给付义务,期货交易所亦未代期货公司履行,造成交易对方损失的,期货交易所应当承担赔偿责任。

期货交易所代期货公司履行义务或者承担赔偿责任后,有权向不履行义务的一方追偿。

第四十九条　期货交易所未代期货公司履行期货合约,期货公司应当根据客户请求向期货交易所主张权利。

期货公司拒绝代客户向期货交易所主张权利的,客户可直接起诉期货交易所,期货公司可作为第三人参加诉讼。

第五十条　因期货交易所的过错导致信息发布、交易指令处理错误,造成期货公司或者客户直接经济损失的,期货交易所应当承担赔偿责任,但其能够证明系不可抗力的除外。

第五十一条　期货交易所依据有关规定对期货市场出现的异常情况采取合理的紧急措施造成客户损失的,期货交易所不承担赔偿责任。

期货公司执行期货交易所的合理的紧急措施造成客户损失的,期货公司不承担赔偿责任。

十、侵权行为责任

第五十二条　期货交易所、期货公司故意提供虚假信息误导客户下单的,由此造成客户的经济损失由期货交易所、期货公司承担。

第五十三条　期货公司私下对冲、与客户对赌等不将客户指令入市交易的行为,应当认定为无效,期货公司应当赔偿由此给客户造成的经济损失;期货公司与客户均有过错的,应当根据过错大小,分别承担相应的赔偿责任。

第五十四条 期货公司擅自以客户的名义进行交易,客户对交易结果不予追认的,所造成的损失由期货公司承担。

第五十五条 期货公司挪用客户保证金,或者违反有关规定划转客户保证金造成客户损失的,应当承担赔偿责任。

十一、举证责任

第五十六条 期货公司应当对客户的交易指令是否入市交易承担举证责任。

确认期货公司是否将客户下达的交易指令入市交易,应当以期货交易所的交易记录、期货公司通知的交易结算结果与客户交易指令记录中的品种、买卖方向是否一致,价格、交易时间是否相符为标准,指令交易数量可以作为参考。但客户有相反证据证明其交易指令未入市交易的除外。

第五十七条 期货交易所通知期货公司追加保证金,期货公司否认收到上述通知的,由期货交易所承担举证责任。

期货公司向客户发出追加保证金的通知,客户否认收到上述通知的,由期货公司承担举证责任。

十二、保全和执行

第五十八条 人民法院保全与会员资格相应的会员资格费或者交易席位,应当依法裁定不得转让该会员资格,但不得停止该会员交易席位的使用。人民法院在执行过程中,有权依法采取强制措施转让该交易席位。

第五十九条 期货交易所、期货公司为债务人的,人民法院不得冻结、划拨期货公司在期货交易所或者客户在期货公司保证金账户中的资金。

有证据证明该保证金账户中有超出期货公司、客户权益资金的部分,期货交易所、期货公司在人民法院指定的合理期限内不能提出相反证据的,人民法院可以依法冻结、划拨该账户中属于期货交易所、期货公司的自有资金。

第六十条 期货公司为债务人的,人民法院不得冻结、划拨专用结算账户中未被期货合约占用的用于担保期货合约履行的最低限额的结算准备金;期货公司已经结清所有持仓并清偿客户资金的,人民法院可以对结算准备金依法予以冻结、划拨。

期货公司有其他财产的,人民法院应当依法先行冻结、查封、执行期货公司的其他财产。

第六十一条 客户、自营会员为债务人的,人民法院可以对其保证金、持仓依法采取保全和执行措施。

十三、其 他

第六十二条 本规定所称期货公司是指经依法批准代理投资者从事期货交易业务的经

营机构及其分公司、营业部等分支机构。客户是指委托期货公司从事期货交易的投资者。

第六十三条 本规定自 2003 年 7 月 1 日起施行。

2003 年 7 月 1 日前发生的期货交易行为或者侵权行为,适用当时的有关规定;当时规定不明确的,参照本规定处理。

第七编 票 据 法

1. 中华人民共和国票据法

(1995年5月10日第八届全国人民代表大会常务委员会第十三次会议通过)

目 录

第一章 总则
第二章 汇票
　　第一节 出票
　　第二节 背书
　　第三节 承兑
　　第四节 保证
　　第五节 付款
　　第六节 追索权
第三章 本票
第四章 支票
第五章 涉外票据的法律适用
第六章 法律责任
第七章 附则

第一章 总 则

第一条 为了规范票据行为,保障票据活动中当事人的合法权益,维护社会经济秩序,促进社会主义市场经济的发展,制定本法。

第二条 在中华人民共和国境内的票据活动,适用本法。

本法所称票据,是指汇票、本票和支票。

第三条 票据活动应当遵守法律、行政法规,不得损害社会公共利益。

第四条 票据出票人制作票据,应当按照法定条件在票据上签章,并按照所记载的事项承担票据责任。

持票人行使票据权利,应当按照法定程序在票据上签章,并出示票据。

其他票据债务人在票据上签章的,按照票据所记载的事项承担票据责任。

本法所称票据权利,是指持票人向票据债务人请求支付票据金额的权利,包括付款请求权和追索权。

本法所称票据责任,是指票据债务人向持票人支付票据金额的义务。

第五条 票据当事人可以委托其代理人在票据上签章,并应当在票据上表明其代理关系。

没有代理权而以代理人名义在票据上签章的,应当由签章人承担票据责任;代理人超越代理权限的,应当就其超越权限的部分承担票据责任。

第六条 无民事行为能力人或者限制民事行为能力人在票据上签章的,其签章无效,但是不影响其他签章的效力。

第七条 票据上的签章,为签名、盖章或者签名加盖章。

法人和其他使用票据的单位在票据上的签章,为该法人或者该单位的盖章加其法定代表人或者其授权的代理人的签章。

在票据上的签名,应当为该当事人的本名。

第八条 票据金额以中文大写和数码同时记载,二者必须一致,二者不一致的,票据无效。

第九条 票据上的记载事项必须符合本法的规定。

票据金额、日期、收款人名称不得更改,更改的票据无效。

对票据上的其他记载事项,原记载人可以更改,更改时应当由原记载人签章证明。

第十条 票据的签发、取得和转让,应当遵循诚实信用的原则,具有真实的交易关系和债权债务关系。

票据的取得,必须给付对价,即应当给付票据双方当事人认可的相对应的代价。

第十一条 因税收、继承、赠与可以依法无偿取得票据的,不受给付对价的限制。但是,所享有的票据权利不得优于其前手的权利。

前手是指在票据签章人或者持票人之前签章的其他票据债务人。

第十二条 以欺诈、偷盗或者胁迫等手段取得票据的,或者明知有前列情形,出于恶意取得票据的,不得享有票据权利。

持票人因重大过失取得不符合本法规定的票据的,也不得享有票据权利。

第十三条 票据债务人不得以自己与出票人或者与持票人的前手之间的抗辩事由,对抗持票人。但是,持票人明知存在抗辩事由而取得票据的除外。

票据债务人可以对不履行约定义务的与自己有直接债权债务关系的持票人,进行抗辩。

本法所称抗辩,是指票据债务人根据本法规定对票据债权人拒绝履行义务的行为。

第十四条 票据上的记载事项应当真实,不得伪造、变造。伪造、变造票据上的签章和其他记载事项的,应当承担法律责任。

票据上有伪造、变造的签章的,不影响票据上其他真实签章的效力。

票据上其他记载事项被变造的,在变造之前签章的人,对原记载事项负责;在变造之后签章的人,对变造之后的记载事项负责;不能辨别是在票据被变造之前或者之后签章的,视同在变造之前签章。

第十五条 票据丧失,失票人可以以及时通知票据的付款人挂失止付,但是,未记载付款人或者无法确定付款人及其代理付款人的票据除外。

收到挂失止付通知的付款人,应当暂停支付。

失票人应当在通知挂失止付后3日内,也可以在票据丧失后,依法向人民法院申请公示催告,或者向人民法院提起诉讼。

第十六条 持票人对票据债务人行使票据权利,或者保全票据权利,应当在票据当事人的营业场所和营业时间内进行,票据当事人无营业场所的,应当在其住所进行。

第十七条 票据权利在下列期限内不行使而消灭:

(一)持票人对票据的出票人和承兑人的权利,自票据到期日起2年。见票即付的汇票、本票,自出票日起2年;

(二)持票人对支票出票人的权利,自出票日起6个月;

(三)持票人对前手的追索权,自被拒绝承兑或者被拒绝付款之日起6个月;

(四)持票人对前手的再追索权,自清偿日或者被提起诉讼之日起3个月。

票据的出票日、到期日由票据当事人依法确定。

第十八条 持票人因超过票据权利时效或者因票据记载事项欠缺而丧失票据权利的,仍享有民事权利,可以请求出票人或者承兑人返还其与未支付的票据金额相当的利益。

第二章 汇 票

第一节 出 票

第十九条 汇票是出票人签发的,委托付款人在见票时或者在指定日期无条件支付确定的金额给收款人或者持票人的票据。

汇票分为银行汇票和商业汇票。

第二十条 出票是指出票人签发票据并将其交付给收款人的票据行为。

第二十一条 汇票的出票人必须与付款人具有真实的委托付款关系,并且具有支付汇票金额的可靠资金来源。

不得签发无对价的汇票用以骗取银行或者其他票据当事人的资金。

第二十二条 汇票必须记载下列事项:

(一)表明"汇票"的字样;

(二)无条件支付的委托;

(三)确定的金额;

(四)付款人名称;

(五)收款人名称;

(六)出票日期;

(七)出票人签章。

汇票上未记载前款规定事项之一的,汇票无效。

第二十三条 汇票上记载付款日期、付款地、出票地等事项的,应当清楚、明确。

汇票上未记载付款日期的,为见票即付。

汇票上未记载付款地的,付款人的营业场所、住所或者经常居住地为付款地。

汇票上未记载出票地的,出票人的营业场所、住所或者经常居住地为出票地。

第二十四条 汇票上可以记载本法规定事项以外的其他出票事项,但是该记载事项不具有汇票上的效力。

第二十五条 付款日期可以按照下列形式之一记载:

(一)见票即付;

(二)定日付款;

(三)出票后定期付款;

(四)见票后定期付款。

前款规定的付款日期为汇票到期日。

第二十六条 出票人签发汇票后,即承担保证该汇票承兑和付款的责任。出票人在汇票得不到承兑或者付款时,应当向持票人清偿本法第七十条、第七十一条规定的金额和费用。

第二节 背 书

第二十七条 持票人可以将汇票权利转让给他人或者将一定的汇票权利授予他人行使。

出票人在汇票上记载"不得转让"字样的,汇票不得转让。

持票人行使第一款规定的权利时,应当背书并交付汇票。

背书是指在票据背面或者粘单上记载有关事项并签章的票据行为。

第二十八条 票据凭证不能满足背书人记载事项的需要,可以加附粘单,粘附于票据凭证上。

粘单上的第一记载人,应当在汇票和粘单的粘接处签章。

第二十九条 背书由背书人签章并记载背书日期。

背书未记载日期的,视为在汇票到期日前背书。

第三十条 汇票以背书转让或者以背书将一定的汇票权利授予他人行使时,必须记载被背书人名称。

第三十一条 以背书转让的汇票,背书应当连续。持票人以背书的连续,证明其汇票权利;非经背书转让,而以其他合法方式取得汇票的,依法举证,证明其汇票权利。

前款所称背书连续,是指在票据转让中,转让汇票的背书人与受让汇票的被背书人在汇票上的签章依次前后衔接。

第三十二条 以背书转让的汇票,后手应当对其直接前手背书的真实性负责。

后手是指在票据签章人之后签章的其他票据债务人。

第三十三条 背书不得附有条件。背书时附有条件的,所附条件不具有汇票上的效力。

将汇票金额的一部分转让的背书或者将汇票金额分别转让给二人以上的背书无效。

第三十四条 背书人在汇票上记载"不得转让"字样,其后手再背书转让的,原背书人对后手的被背书人不承担保证责任。

第三十五条　背书记载"委托收款"字样的,被背书人有权代背书人行使被委托的汇票权利。但是,被背书人不得再以背书转让汇票权利。

汇票可以设定质押;质押时应当以背书记载"质押"字样。被背书人依法实现其质权时,可以行使汇票权利。

第三十六条　汇票被拒绝承兑、被拒绝付款或者超过付款提示期限的,不得背书转让;背书转让的,背书人应当承担汇票责任。

第三十七条　背书人以背书转让汇票后,即承担保证其后手所持汇票承兑和付款的责任。背书人在汇票得不到承兑或者付款时,应当向持票人清偿本法第七十条、第七十一条规定的金额和费用。

第三节　承　兑

第三十八条　承兑是指汇票付款人承诺在汇票到期日支付汇票金额的票据行为。

第三十九条　定日付款或者出票后定期付款的汇票,持票人应当在汇票到期日前向付款人提示承兑。

提示承兑是指持票人向付款人出示汇票,并要求付款人承诺付款的行为。

第四十条　见票后定期付款的汇票,持票人应当自出票日起1个月内向付款人提示承兑。

汇票未按照规定期限提示承兑的,持票人丧失对其前手的追索权。

见票即付的汇票无需提示承兑。

第四十一条　付款人对向其提示承兑的汇票,应当自收到提示承兑的汇票之日起3日内承兑或者拒绝承兑。

付款人收到持票人提示承兑的汇票时,应当向持票人签发收到汇票的回单。回单上应当记明汇票提示承兑日期并签章。

第四十二条　付款人承兑汇票的,应当在汇票正面记载"承兑"字样和承兑日期并签章;见票后定期付款的汇票,应当在承兑时记载付款日期。

汇票上未记载承兑日期的,以前条第一款规定期限的最后一日为承兑日期。

第四十三条　付款人承兑汇票,不得附有条件;承兑附有条件的,视为拒绝承兑。

第四十四条　付款人承兑汇票后,应当承担到期付款的责任。

第四节　保　证

第四十五条　汇票的债务可以由保证人承担保证责任。

保证人由汇票债务人以外的他人担当。

第四十六条　保证人必须在汇票或者粘单上记载下列事项:

(一) 表明"保证"的字样;

(二) 保证人名称和住所;

(三) 被保证人的名称;

（四）保证日期；

（五）保证人签章。

第四十七条 保证人在汇票或者粘单上未记载前条第（三）项的，已承兑的汇票，承兑人为被保证人；未承兑的汇票，出票人为被保证人。

保证人在汇票或者粘单上未记载前条第（四）项的，出票日期为保证日期。

第四十八条 保证不得附有条件；附有条件的，不影响对汇票的保证责任。

第四十九条 保证人对合法取得汇票的持票人所享有的汇票权利，承担保证责任。但是，被保证人的债务因汇票记载事项欠缺而无效的除外。

第五十条 被保证的汇票，保证人应当与被保证人对持票人承担连带责任。汇票到期后得不到付款的，持票人有权向保证人请求付款，保证人应当足额付款。

第五十一条 保证人为二人以上的，保证人之间承担连带责任。

第五十二条 保证人清偿汇票债务后，可以行使持票人对被保证人及其前手的追索权。

第五节 付 款

第五十三条 持票人应当按照下列期限提示付款：

（一）见票即付的汇票，自出票日起1个月内向付款人提示付款；

（二）定日付款、出票后定期付款或者见票后定期付款的汇票，自到期日起10日内向承兑人提示付款。

持票人未按照前款规定期限提示付款的，在作出说明后，承兑人或者付款人仍应当继续对持票人承担付款责任。

通过委托收款银行或者通过票据交换系统向付款人提示付款的，视同持票人提示付款。

第五十四条 持票人依照前条规定提示付款的，付款人必须在当日足额付款。

第五十五条 持票人获得付款的，应当在汇票上签收，并将汇票交给付款人。持票人委托银行收款的，受委托的银行将代收的汇票金额转账收入持票人账户，视同签收。

第五十六条 持票人委托的收款银行的责任，限于按照汇票上记载事项将汇票金额转入持票人账户。

付款人委托的付款银行的责任，限于按照汇票上记载事项从付款人账户支付汇票金额。

第五十七条 付款人及其代理付款人付款时，应当审查汇票背书的连续，并审查提示付款人的合法身份证明或者有效证件。

付款人及其代理付款人以恶意或者有重大过失付款的，应当自行承担责任。

第五十八条 对定日付款、出票后定期付款或者见票后定期付款的汇票，付款人在到期日前付款的，由付款人自行承担所产生的责任。

第五十九条 汇票金额为外币的，按照付款日的市场汇价，以人民币支付。

汇票当事人对汇票支付的货币种类另有约定的，从其约定。

第六十条 付款人依法足额付款后，全体汇票债务人的责任解除。

第六节 追 索 权

第六十一条 汇票到期被拒绝付款的，持票人可以对背书人、出票人以及汇票的其他债务人行使追索权。

汇票到期日前,有下列情形之一的,持票人也可以行使追索权:

(一)汇票被拒绝承兑的;

(二)承兑人或者付款人死亡、逃匿的;

(三)承兑人或者付款人被依法宣告破产的或者因违法被责令终止业务活动的。

第六十二条 持票人行使追索权时,应当提供被拒绝承兑或者被拒绝付款的有关证明。

持票人提示承兑或者提示付款被拒绝的,承兑人或者付款人必须出具拒绝证明,或者出具退票理由书。未出具拒绝证明或者退票理由书的,应当承担由此产生的民事责任。

第六十三条 持票人因承兑人或者付款人死亡、逃匿或者其他原因,不能取得拒绝证明的,可以依法取得其他有关证明。

第六十四条 承兑人或者付款人被人民法院依法宣告破产的,人民法院的有关司法文书具有拒绝证明的效力。

承兑人或者付款人因违法被责令终止业务活动的,有关行政主管部门的处罚决定具有拒绝证明的效力。

第六十五条 持票人不能出示拒绝证明、退票理由书或者未按照规定期限提供其他合法证明的,丧失对其前手的追索权。但是,承兑人或者付款人仍应当对持票人承担责任。

第六十六条 持票人应当自收到被拒绝承兑或者被拒绝付款的有关证明之日起3日内,将被拒绝事由书面通知其前手;其前手应当自收到通知之日起3日内书面通知其再前手。持票人也可以同时向各汇票债务人发出书面通知。

未按照前款规定期限通知的,持票人仍可以行使追索权。因延期通知给其前手或者出票人造成损失的,由没有按照规定期限通知的汇票当事人,承担对该损失的赔偿责任,但是所赔偿的金额以汇票金额为限。

在规定期限内将通知按照法定地址或者约定的地址邮寄的,视为已经发出通知。

第六十七条 依照前条第一款所作的书面通知,应当记明汇票的主要记载事项,并说明该汇票已被退票。

第六十八条 汇票的出票人、背书人、承兑人和保证人对持票人承担连带责任。

持票人可以不按照汇票债务人的先后顺序,对其中任何一人、数人或者全体行使追索权。

持票人对汇票债务人中的一人或者数人已经进行追索的,对其他汇票债务人仍可以行使追索权。被追索人清偿债务后,与持票人享有同一权利。

第六十九条 持票人为出票人的,对其前手无追索权。持票人为背书人的,对其后手无追索权。

第七十条 持票人行使追索权,可以请求被追索人支付下列金额和费用:

(一)被拒绝付款的汇票金额;

(二)汇票金额自到期日或者提示付款日起至清偿日止,按照中国人民银行规定的利率计算的利息;

(三)取得有关拒绝证明和发出通知书的费用。

被追索人清偿债务时,持票人应当交出汇票和有关拒绝证明,并出具所收到利息和费用的收据。

第七十一条 被追索人依照前条规定清偿后,可以向其他汇票债务人行使再追索权,请求其他汇票债务人支付下列金额和费用:

(一)已清偿的全部金额;

(二)前项金额自清偿日起至再追索清偿日止,按照中国人民银行规定的利率计算的利息;

(三)发出通知书的费用。

行使再追索权的被追索人获得清偿时,应当交出汇票和有关拒绝证明,并出具所收到利息和费用的收据。

第七十二条 被追索人依照前二条规定清偿债务后,其责任解除。

第三章 本 票

第七十三条 本票是出票人签发的,承诺自己在见票时无条件支付确定的金额给收款人或者持票人的票据。

本法所称本票,是指银行本票。

第七十四条 本票的出票人必须具有支付本票金额的可靠资金来源,并保证支付。

第七十五条 本票出票人的资格由中国人民银行审定,具体管理办法由中国人民银行规定。

第七十六条 本票必须记载下列事项:

(一)表明"本票"的字样;

(二)无条件支付的承诺;

(三)确定的金额;

(四)收款人名称;

(五)出票日期;

(六)出票人签章。

本票上未记载前款规定事项之一的,本票无效。

第七十七条 本票上记载付款地、出票地等事项的,应当清楚、明确。

本票上未记载付款地的,出票人的营业场所为付款地。

本票上未记载出票地的,出票人的营业场所为出票地。

第七十八条 本票的出票人在持票人提示见票时,必须承担付款的责任。

第七十九条 本票自出票日起,付款期限最长不得超过2个月。

第八十条 本票的持票人未按照规定期限提示见票的,丧失对出票人以外的前手的追索权。

第八十一条 本票的背书、保证、付款行为和追索权的行使,除本章规定外,适用本法第二章有关汇票的规定。

本票的出票行为,除本章规定外,适用本法第二十四条关于汇票的规定。

第四章 支 票

第八十二条 支票是出票人签发的,委托办理支票存款业务的银行或者其他金融机构在见票时无条件支付确定的金额给收款人或者持票人的票据。

第八十三条 开立支票存款账户,申请人必须使用其本名,并提交证明其身份的合法证件。

开立支票存款账户和领用支票,应当有可靠的资信,并存入一定的资金。

开立支票存款账户,申请人应当预留其本名的签名式样和印鉴。

第八十四条 支票可以支取现金,也可以转账,用于转账时,应当在支票正面注明。

支票中专门用于支取现金的,可以另行制作现金支票,现金支票只能用于支取现金。

支票中专门用于转账的,可以另行制作转账支票,转账支票只能用于转账,不得支取现金。

第八十五条 支票必须记载下列事项:

(一)表明"支票"的字样;

(二)无条件支付的委托;

(三)确定的金额;

(四)付款人名称;

(五)出票日期;

(六)出票人签章。

支票上未记载前款规定事项之一的,支票无效。

第八十六条 支票上的金额可以由出票人授权补记,未补记前的支票,不得使用。

第八十七条 支票上未记载收款人名称的,经出票人授权,可以补记。

支票上未记载付款地的,付款人的营业场所为付款地。

支票上未记载出票地的,出票人的营业场所、住所或者经常居住地为出票地。

出票人可以在支票上记载自己为收款人。

第八十八条 支票的出票人所签发的支票金额不得超过其付款时在付款人处实有的存款金额。

出票人签发的支票金额超过其付款时在付款人处实有的存款金额的,为空头支票。禁止签发空头支票。

第八十九条 支票的出票人不得签发与其预留本名的签名式样或者印鉴不符的支票。

第九十条 出票人必须按照签发的支票金额承担保证向该持票人付款的责任。

出票人在付款人处的存款足以支付支票金额时,付款人应当在当日足额付款。

第九十一条 支票限于见票即付,不得另行记载付款日期。另行记载付款日期的,该记载无效。

第九十二条 支票的持票人应当自出票日起10日内提示付款;异地使用的支票,其提示付款的期限由中国人民银行另行规定。

超过提示付款期限的,付款人可以不予付款;付款人不予付款的,出票人仍应当对持票人承担票据责任。

第九十三条 付款人依法支付支票金额的,对出票人不再承担受委托付款的责任,对持票人不再承担付款的责任。但是,付款人以恶意或者有重大过失付款的除外。

第九十四条 支票的背书、付款行为和追索权的行使,除本章规定外,适用本法第二章有关汇票的规定。

支票的出票行为,除本章规定外,适用本法第二十四条、第二十六条关于汇票的规定。

第五章 涉外票据的法律适用

第九十五条 涉外票据的法律适用,依照本章的规定确定。

前款所称涉外票据,是指出票、背书、承兑、保证、付款等行为中,既有发生在中华人民共和国境内又有发生在中华人民共和国境外的票据。

第九十六条 中华人民共和国缔结或者参加的国际条约同本法有不同规定的,适用国际条约的规定。但是,中华人民共和国声明保留的条款除外。

本法和中华人民共和国缔结或者参加的国际条约没有规定的,可以适用国际惯例。

第九十七条 票据债务人的民事行为能力,适用其本国法律。

票据债务人的民事行为能力,依照其本国法律为无民事行为能力或者为限制民事行为能力而依照行为地法律为完全民事行为能力的,适用行为地法律。

第九十八条 汇票、本票出票时的记载事项,适用出票地法律。

支票出票时的记载事项,适用出票地法律,经当事人协议,也可以适用付款地法律。

第九十九条 票据的背书、承兑、付款和保证行为,适用行为地法律。

第一百条 票据追索权的行使期限,适用出票地法律。

第一百零一条 票据的提示期限、有关拒绝证明的方式、出具拒绝证明的期限,适用付款地法律。

第一百零二条 票据丧失时,失票人请求保全票据权利的程序,适用付款地法律。

第六章 法 律 责 任

第一百零三条 有下列票据欺诈行为之一的,依法追究刑事责任:

(一)伪造、变造票据的;

(二)故意使用伪造、变造的票据的;

(三)签发空头支票或者故意签发与其预留的本名签名式样或者印鉴不符的支票,骗取财物的;

(四)签发无可靠资金来源的汇票、本票,骗取资金的;

(五)汇票、本票的出票人在出票时作虚假记载,骗取财物的;

(六)冒用他人的票据,或者故意使用过期或者作废的票据,骗取财物的;

(七)付款人同出票人、持票人恶意串通,实施前六项所列行为之一的。

第一百零四条 有前条所列行为之一,情节轻微,不构成犯罪的,依照国家有关规定给予行政处罚。

第一百零五条 金融机构工作人员在票据业务中玩忽职守,对违反本法规定的票据予以承兑、付款或者保证的,给予处分;造成重大损失,构成犯罪的,依法追究刑事责任。

由于金融机构工作人员因前款行为给当事人造成损失的,由该金融机构和直接责任人员依法承担赔偿责任。

第一百零六条 票据的付款人对见票即付或者到期的票据,故意压票,拖延支付的,由金融行政管理部门处以罚款,对直接责任人员给予处分。

票据的付款人故意压票,拖延支付,给持票人造成损失的,依法承担赔偿责任。

第一百零七条 依照本法规定承担赔偿责任以外的其他违反本法规定的行为,给他人造成损失的,应当依法承担民事责任。

第七章 附 则

第一百零八条 本法规定的各项期限的计算,适用民法通则关于计算期间的规定。

按月计算期限的,按到期月的对日计算;无对日的,月末日为到期日。

第一百零九条 汇票、本票、支票的格式应当统一。

票据凭证的格式和印制管理办法,由中国人民银行规定。

第一百一十条 票据管理的具体实施办法,由中国人民银行依照本法制定,报国务院批准后施行。

第一百一十一条 本法自1996年1月1日起施行。

2. 票据管理实施办法

(1997年6月23日国务院批准,1997年8月21日中国人民银行发布)

第一条 为了加强票据管理,维护金融秩序,根据《中华人民共和国票据法》(以下简称票据法)的规定,制定本办法。

第二条 在中华人民共和国境内的票据管理,适用本办法。

第三条 中国人民银行是票据的管理部门。

票据管理应当遵守票据法和本办法以及有关法律、行政法规的规定,不得损害票据当事人的合法权益。

第四条 票据当事人应当依法从事票据活动,行使票据权利,履行票据义务。

第五条 票据当事人应当使用中国人民银行规定的统一格式的票据。

第六条 银行汇票的出票人,为经中国人民银行批准办理银行汇票业务的银行。

第七条 银行本票的出票人,为经中国人民银行批准办理银行本票业务的银行。

第八条　商业汇票的出票人,为银行以外的企业和其他组织。

向银行申请办理汇票承兑的商业汇票的出票人,必须具备下列条件:

(一)在承兑银行开立存款账户;

(二)资信状况良好,并具有支付汇票金额的可靠资金来源。

第九条　承兑商业汇票的银行,必须具备下列条件:

(一)与出票人具有真实的委托付款关系;

(二)具有支付汇票金额的可靠资金。

第十条　向银行申请办理票据贴现的商业汇票的持票人,必须具备下列条件:

(一)在银行开立存款账户;

(二)与出票人、前手之间具有真实的交易关系和债权债务关系。

第十一条　支票的出票人,为在经中国人民银行批准办理支票存款业务的银行、城市信用合作社和农村信用合作社开立支票存款账户的企业、其他组织和个人。

第十二条　票据法所称"保证人",是指具有代为清偿票据债务能力的法人、其他组织或者个人。

国家机关、以公益为目的的事业单位、社会团体、企业法人的分支机构和职能部门不得为保证人;但是,法律另有规定的除外。

第十三条　银行汇票上的出票人的签章、银行承兑商业汇票的签章,为该银行的汇票专用章加其法定代表人或者其授权的代理人的签名或者盖章。

银行本票上的出票人的签章,为该银行的本票专用章加其法定代表人或者其授权的代理人的签名或者盖章。

银行汇票专用章、银行本票专用章须经中国人民银行批准。

第十四条　商业汇票上的出票人的签章,为该单位的财务专用章或者公章加其法定代表人或者其授权的代理人的签名或者盖章。

第十五条　支票上的出票人的签章,出票人为单位的,为与该单位在银行预留签章一致的财务专用章或者公章加其法定代表人或者其授权的代理人的签名或者盖章;出票人为个人的,为与该个人在银行预留签章一致的签名或者盖章。

第十六条　票据法所称"本名",是指符合法律、行政法规以及国家有关规定的身份证件上的姓名。

第十七条　出票人在票据上的签章不符合票据法和本办法规定的,票据无效;背书人、承兑人、保证人在票据上的签章不符合票据法和本办法规定的,其签章无效,但是不影响票据上其他签章的效力。

第十八条　票据法所称"代理付款人",是指根据付款人的委托,代其支付票据金额的银行、城市信用合作社和农村信用合作社。

第十九条　票据法规定可以办理挂失止付的票据丧失的,失票人可以依照票据法的规定及时通知付款人或者代理付款人挂失止付。

失票人通知票据的付款人或者代理付款人挂失止付时,应当填写挂失止付通知书并签章。挂失止付通知书应当记载下列事项:

(一) 票据丧失的时间和事由；

(二) 票据种类、号码、金额、出票日期、付款日期、付款人名称、收款人名称；

(三) 挂失止付人的名称、营业场所或者住所以及联系方法。

第二十条　付款人或者代理付款人收到挂失止付通知书，应当立即暂停支付。付款人或者代理付款人自收到挂失止付通知书之日起12日内没有收到人民法院的止付通知书的，自第13日起，挂失止付通知书失效。

第二十一条　付款人或者代理付款人在收到挂失止付通知书前，已经依法向持票人付款的，不再接受挂失止付。

第二十二条　申请人申请开立支票存款账户的，银行、城市信用合作社和农村信用合作社可以与申请人约定在支票上使用支付密码，作为支付支票金额的条件。

第二十三条　保证人应当依照票据法的规定，在票据或者其粘单上记载保证事项。保证人为出票人、付款人、承兑人保证的，应当在票据的正面记载保证事项；保证人为背书人保证的，应当在票据的背面或者其粘单上记载保证事项。

第二十四条　依法背书转让的票据，任何单位和个人不得冻结票据款项；但是，法律另有规定的除外。

第二十五条　票据法第五十五条所称"签收"，是指持票人在票据的正面签章，表明持票人已经获得付款。

第二十六条　通过委托收款银行或者通过票据交换系统向付款人提示付款的，持票人向银行提交票据日为提示付款日。

第二十七条　票据法第六十二条所称"拒绝证明"应当包括下列事项：

(一) 被拒绝承兑、付款的票据的种类及其主要记载事项；

(二) 拒绝承兑、付款的事实依据和法律依据；

(三) 拒绝承兑、付款的时间；

(四) 拒绝承兑人、拒绝付款人的签章。

票据法第六十二条所称"退票理由书"应当包括下列事项：

(一) 所退票据的种类；

(二) 退票的事实依据和法律依据；

(三) 退票时间；

(四) 退票人签章。

第二十八条　票据法第六十三条规定的"其他有关证明"是指：

(一) 医院或者有关单位出具的承兑人、付款人死亡的证明；

(二) 司法机关出具的承兑人、付款人逃匿的证明；

(三) 公证机关出具的具有拒绝证明效力的文书。

第二十九条　票据法第七十条第一款第(二)项、第七十一条第一款第(二)项规定的"利率"，是指中国人民银行规定的流动资金贷款利率。

第三十条　有票据法第一百零三条所列行为之一，情节轻微，不构成犯罪的，由公安机关依法予以处罚。

第三十一条 签发空头支票或者签发与其预留的签章不符的支票,不以骗取财物为目的的,由中国人民银行处以票面金额5%但不低于1000元的罚款;持票人有权要求出票人赔偿支票金额2%的赔偿金。

第三十二条 金融机构的工作人员在票据业务中玩忽职守,对违反票据法和本办法规定的票据予以承兑、付款、保证或者贴现的,对直接负责的主管人员和其他直接责任人员给予警告、记过、撤职或者开除的处分;造成重大损失,构成犯罪的,依法追究刑事责任。

第三十三条 票据的付款人对见票即付或者到期的票据,故意压票、拖延支付的,由中国人民银行处以压票、拖延支付期间内每日票据金额0.7‰的罚款;对直接负责的主管人员和其他直接责任人员给予警告、记过、撤职或者开除的处分。

第三十四条 违反中国人民银行规定,擅自印制票据的,由中国人民银行责令改正,处以1万元以上20万元以下的罚款;情节严重的,中国人民银行有权提请有关部门吊销其营业执照。

第三十五条 票据的格式、联次、颜色、规格及防伪技术要求和印制,由中国人民银行规定。

中国人民银行在确定票据格式时,可以根据少数民族地区和外国驻华使领馆的实际需要,在票据格式中增加少数民族文字或者外国文字。

第三十六条 本办法自1997年10月1日起施行。

第八编 破产法

中华人民共和国企业破产法

（2006年8月27日第十届全国人民代表大会常务委员会第二十三次会议通过，自2007年6月1日起施行）

目　录

第一章　总则
第二章　申请和受理
　　第一节　申请
　　第二节　受理
第三章　管理人
第四章　债务人财产
第五章　破产费用和共益债务
第六章　债权申报
第七章　债权人会议
　　第一节　一般规定
　　第二节　债权人委员会
第八章　重整
　　第一节　重整申请和重整期间
　　第二节　重整计划的制定和批准
　　第三节　重整计划的执行
第九章　和解
第十章　破产清算
　　第一节　破产宣告
　　第二节　变价和分配
　　第三节　破产程序的终结
第十一章　法律责任

第十二章 附则

第一章 总　　则

第一条 为规范企业破产程序,公平清理债权债务,保护债权人和债务人的合法权益,维护社会主义市场经济秩序,制定本法。

第二条 企业法人不能清偿到期债务,并且资产不足以清偿全部债务或者明显缺乏清偿能力的,依照本法规定清理债务。

企业法人有前款规定情形,或者有明显丧失清偿能力可能的,可以依照本法规定进行重整。

第三条 破产案件由债务人住所地人民法院管辖。

第四条 破产案件审理程序,本法没有规定的,适用民事诉讼法的有关规定。

第五条 依照本法开始的破产程序,对债务人在中华人民共和国领域外的财产发生效力。

对外国法院作出的发生法律效力的破产案件的判决、裁定,涉及债务人在中华人民共和国领域内的财产,申请或者请求人民法院承认和执行的,人民法院依照中华人民共和国缔结或者参加的国际条约,或者按照互惠原则进行审查,认为不违反中华人民共和国法律的基本原则,不损害国家主权、安全和社会公共利益,不损害中华人民共和国领域内债权人的合法权益的,裁定承认和执行。

第六条 人民法院审理破产案件,应当依法保障企业职工的合法权益,依法追究破产企业经营管理人员的法律责任。

第二章 申请和受理

第一节 申　　请

第七条 债务人有本法第二条规定的情形,可以向人民法院提出重整、和解或者破产清算申请。

债务人不能清偿到期债务,债权人可以向人民法院提出对债务人进行重整或者破产清算的申请。

企业法人已解散但未清算或者未清算完毕,资产不足以清偿债务的,依法负有清算责任的人应当向人民法院申请破产清算。

第八条 向人民法院提出破产申请,应当提交破产申请书和有关证据。

破产申请书应当载明下列事项:

(一)申请人、被申请人的基本情况;

(二)申请目的;

(三)申请的事实和理由;

(四)人民法院认为应当载明的其他事项。

债务人提出申请的,还应当向人民法院提交财产状况说明、债务清册、债权清册、有关财务会计报告、职工安置预案以及职工工资的支付和社会保险费用的缴纳情况。

第九条 人民法院受理破产申请前,申请人可以请求撤回申请。

第二节 受 理

第十条 债权人提出破产申请的,人民法院应当自收到申请之日起五日内通知债务人。债务人对申请有异议的,应当自收到人民法院的通知之日起七日内向人民法院提出。人民法院应当自异议期满之日起十日内裁定是否受理。

除前款规定的情形外,人民法院应当自收到破产申请之日起十五日内裁定是否受理。

有特殊情况需要延长前两款规定的裁定受理期限的,经上一级人民法院批准,可以延长十五日。

第十一条 人民法院受理破产申请的,应当自裁定作出之日起五日内送达申请人。

债权人提出申请的,人民法院应当自裁定作出之日起五日内送达债务人。债务人应当自裁定送达之日起十五日内,向人民法院提交财产状况说明、债务清册、债权清册、有关财务会计报告以及职工工资的支付和社会保险费用的缴纳情况。

第十二条 人民法院裁定不受理破产申请的,应当自裁定作出之日起五日内送达申请人并说明理由。申请人对裁定不服的,可以自裁定送达之日起十日内向上一级人民法院提起上诉。

人民法院受理破产申请后至破产宣告前,经审查发现债务人不符合本法第二条规定情形的,可以裁定驳回申请。申请人对裁定不服的,可以自裁定送达之日起十日内向上一级人民法院提起上诉。

第十三条 人民法院裁定受理破产申请的,应当同时指定管理人。

第十四条 人民法院应当自裁定受理破产申请之日起二十五日内通知已知债权人,并予以公告。

通知和公告应当载明下列事项:

(一)申请人、被申请人的名称或者姓名;

(二)人民法院受理破产申请的时间;

(三)申报债权的期限、地点和注意事项;

(四)管理人的名称或者姓名及其处理事务的地址;

(五)债务人的债务人或者财产持有人应当向管理人清偿债务或者交付财产的要求;

(六)第一次债权人会议召开的时间和地点;

(七)人民法院认为应当通知和公告的其他事项。

第十五条 自人民法院受理破产申请的裁定送达债务人之日起至破产程序终结之日,债务人的有关人员承担下列义务:

(一)妥善保管其占有和管理的财产、印章和账簿、文书等资料;

(二)根据人民法院、管理人的要求进行工作,并如实回答询问;

(三)列席债权人会议并如实回答债权人的询问;

（四）未经人民法院许可，不得离开住所地；

（五）不得新任其他企业的董事、监事、高级管理人员。

前款所称有关人员，是指企业的法定代表人；经人民法院决定，可以包括企业的财务管理人员和其他经营管理人员。

第十六条 人民法院受理破产申请后，债务人对个别债权人的债务清偿无效。

第十七条 人民法院受理破产申请后，债务人的债务人或者财产持有人应当向管理人清偿债务或者交付财产。

债务人的债务人或者财产持有人故意违反前款规定向债务人清偿债务或者交付财产，使债权人受到损失的，不免除其清偿债务或者交付财产的义务。

第十八条 人民法院受理破产申请后，管理人对破产申请受理前成立而债务人和对方当事人均未履行完毕的合同有权决定解除或者继续履行，并通知对方当事人。管理人自破产申请受理之日起二个月内未通知对方当事人，或者自收到对方当事人催告之日起三十日内未答复的，视为解除合同。

管理人决定继续履行合同的，对方当事人应当履行；但是，对方当事人有权要求管理人提供担保。管理人不提供担保的，视为解除合同。

第十九条 人民法院受理破产申请后，有关债务人财产的保全措施应当解除，执行程序应当中止。

第二十条 人民法院受理破产申请后，已经开始而尚未终结的有关债务人的民事诉讼或者仲裁应当中止；在管理人接管债务人的财产后，该诉讼或者仲裁继续进行。

第二十一条 人民法院受理破产申请后，有关债务人的民事诉讼，只能向受理破产申请的人民法院提起。

第三章　管　理　人

第二十二条 管理人由人民法院指定。

债权人会议认为管理人不能依法、公正执行职务或者有其他不能胜任职务情形的，可以申请人民法院予以更换。

指定管理人和确定管理人报酬的办法，由最高人民法院规定。

第二十三条 管理人依照本法规定执行职务，向人民法院报告工作，并接受债权人会议和债权人委员会的监督。

管理人应当列席债权人会议，向债权人会议报告职务执行情况，并回答询问。

第二十四条 管理人可以由有关部门、机构的人员组成的清算组或者依法设立的律师事务所、会计师事务所、破产清算事务所等社会中介机构担任。

人民法院根据债务人的实际情况，可以在征询有关社会中介机构的意见后，指定该机构具备相关专业知识并取得执业资格的人员担任管理人。

有下列情形之一的，不得担任管理人：

（一）因故意犯罪受过刑事处罚；

（二）曾被吊销相关专业执业证书；
（三）与本案有利害关系；
（四）人民法院认为不宜担任管理人的其他情形。

个人担任管理人的，应当参加执业责任保险。

第二十五条 管理人履行下列职责：
（一）接管债务人的财产、印章和账簿、文书等资料；
（二）调查债务人财产状况，制作财产状况报告；
（三）决定债务人的内部管理事务；
（四）决定债务人的日常开支和其他必要开支；
（五）在第一次债权人会议召开之前，决定继续或者停止债务人的营业；
（六）管理和处分债务人的财产；
（七）代表债务人参加诉讼、仲裁或者其他法律程序；
（八）提议召开债权人会议；
（九）人民法院认为管理人应当履行的其他职责。

本法对管理人的职责另有规定的，适用其规定。

第二十六条 在第一次债权人会议召开之前，管理人决定继续或者停止债务人的营业或者有本法第六十九条规定行为之一的，应当经人民法院许可。

第二十七条 管理人应当勤勉尽责，忠实执行职务。

第二十八条 管理人经人民法院许可，可以聘用必要的工作人员。

管理人的报酬由人民法院确定。债权人会议对管理人的报酬有异议的，有权向人民法院提出。

第二十九条 管理人没有正当理由不得辞去职务。管理人辞去职务应当经人民法院许可。

第四章 债务人财产

第三十条 破产申请受理时属于债务人的全部财产，以及破产申请受理后至破产程序终结前债务人取得的财产，为债务人财产。

第三十一条 人民法院受理破产申请前一年内，涉及债务人财产的下列行为，管理人有权请求人民法院予以撤销：
（一）无偿转让财产的；
（二）以明显不合理的价格进行交易的；
（三）对没有财产担保的债务提供财产担保的；
（四）对未到期的债务提前清偿的；
（五）放弃债权的。

第三十二条 人民法院受理破产申请前六个月内，债务人有本法第二条第一款规定的情形，仍对个别债权人进行清偿的，管理人有权请求人民法院予以撤销。但是，个别清偿使债务人财产受益的除外。

第三十三条 涉及债务人财产的下列行为无效：

（一）为逃避债务而隐匿、转移财产的；

（二）虚构债务或者承认不真实的债务的。

第三十四条 因本法第三十一条、第三十二条或者第三十三条规定的行为而取得的债务人的财产，管理人有权追回。

第三十五条 人民法院受理破产申请后，债务人的出资人尚未完全履行出资义务的，管理人应当要求该出资人缴纳所认缴的出资，而不受出资期限的限制。

第三十六条 债务人的董事、监事和高级管理人员利用职权从企业获取的非正常收入和侵占的企业财产，管理人应当追回。

第三十七条 人民法院受理破产申请后，管理人可以通过清偿债务或者提供为债权人接受的担保，取回质物、留置物。

前款规定的债务清偿或者替代担保，在质物或者留置物的价值低于被担保的债权额时，以该质物或者留置物当时的市场价值为限。

第三十八条 人民法院受理破产申请后，债务人占有的不属于债务人的财产，该财产的权利人可以通过管理人取回。但是，本法另有规定的除外。

第三十九条 人民法院受理破产申请时，出卖人已将买卖标的物向作为买受人的债务人发运，债务人尚未收到且未付清全部价款的，出卖人可以取回在运途中的标的物。但是，管理人可以支付全部价款，请求出卖人交付标的物。

第四十条 债权人在破产申请受理前对债务人负有债务的，可以向管理人主张抵销。但是，有下列情形之一的，不得抵销：

（一）债务人的债务人在破产申请受理后取得他人对债务人的债权的；

（二）债权人已知债务人有不能清偿到期债务或者破产申请的事实，对债务人负担债务的；但是，债权人因为法律规定或者有破产申请一年前所发生的原因而负担债务的除外；

（三）债务人的债务人已知债务人有不能清偿到期债务或者破产申请的事实，对债务人取得债权的；但是，债务人的债务人因为法律规定或者有破产申请一年前所发生的原因而取得债权的除外。

第五章　破产费用和共益债务

第四十一条 人民法院受理破产申请后发生的下列费用，为破产费用：

（一）破产案件的诉讼费用；

（二）管理、变价和分配债务人财产的费用；

（三）管理人执行职务的费用、报酬和聘用工作人员的费用。

第四十二条 人民法院受理破产申请后发生的下列债务，为共益债务：

（一）因管理人或者债务人请求对方当事人履行双方均未履行完毕的合同所产生的债务；

（二）债务人财产受无因管理所产生的债务；

（三）因债务人不当得利所产生的债务；

（四）为债务人继续营业而应支付的劳动报酬和社会保险费用以及由此产生的其他债务；

（五）管理人或者相关人员执行职务致人损害所产生的债务；

（六）债务人财产致人损害所产生的债务。

第四十三条 破产费用和共益债务由债务人财产随时清偿。

债务人财产不足以清偿所有破产费用和共益债务的，先行清偿破产费用。

债务人财产不足以清偿所有破产费用或者共益债务的，按照比例清偿。

债务人财产不足以清偿破产费用的，管理人应当提请人民法院终结破产程序。人民法院应当自收到请求之日起十五日内裁定终结破产程序，并予以公告。

第六章 债权申报

第四十四条 人民法院受理破产申请时对债务人享有债权的债权人，依照本法规定的程序行使权利。

第四十五条 人民法院受理破产申请后，应当确定债权人申报债权的期限。债权申报期限自人民法院发布受理破产申请公告之日起计算，最短不得少于三十日，最长不得超过三个月。

第四十六条 未到期的债权，在破产申请受理时视为到期。

附利息的债权自破产申请受理时起停止计息。

第四十七条 附条件、附期限的债权和诉讼、仲裁未决的债权，债权人可以申报。

第四十八条 债权人应当在人民法院确定的债权申报期限内向管理人申报债权。

债务人所欠职工的工资和医疗、伤残补助、抚恤费用，所欠的应当划入职工个人账户的基本养老保险、基本医疗保险费用，以及法律、行政法规规定应当支付给职工的补偿金，不必申报，由管理人调查后列出清单并予以公示。职工对清单记载有异议的，可以要求管理人更正；管理人不予更正的，职工可以向人民法院提起诉讼。

第四十九条 债权人申报债权时，应当书面说明债权的数额和有无财产担保，并提交有关证据。申报的债权是连带债权的，应当说明。

第五十条 连带债权人可以由其中一人代表全体连带债权人申报债权，也可以共同申报债权。

第五十一条 债务人的保证人或者其他连带债务人已经代替债务人清偿债务的，以其对债务人的求偿权申报债权。

债务人的保证人或者其他连带债务人尚未代替债务人清偿债务的，以其对债务人的将来求偿权申报债权。但是，债权人已经向管理人申报全部债权的除外。

第五十二条 连带债务人数人被裁定适用本法规定的程序的，其债权人有权就全部债权分别在各破产案件中申报债权。

第五十三条 管理人或者债务人依照本法规定解除合同的，对方当事人以因合同解除所产生的损害赔偿请求权申报债权。

第五十四条 债务人是委托合同的委托人,被裁定适用本法规定的程序,受托人不知该事实,继续处理委托事务的,受托人以由此产生的请求权申报债权。

第五十五条 债务人是票据的出票人,被裁定适用本法规定的程序,该票据的付款人继续付款或者承兑的,付款人以由此产生的请求权申报债权。

第五十六条 在人民法院确定的债权申报期限内,债权人未申报债权的,可以在破产财产最后分配前补充申报;但是,此前已进行的分配,不再对其补充分配。为审查和确认补充申报债权的费用,由补充申报人承担。

债权人未依照本法规定申报债权的,不得依照本法规定的程序行使权利。

第五十七条 管理人收到债权申报材料后,应当登记造册,对申报的债权进行审查,并编制债权表。

债权表和债权申报材料由管理人保存,供利害关系人查阅。

第五十八条 依照本法第五十七条规定编制的债权表,应当提交第一次债权人会议核查。

债务人、债权人对债权表记载的债权无异议的,由人民法院裁定确认。

债务人、债权人对债权表记载的债权有异议的,可以向受理破产申请的人民法院提起诉讼。

第七章 债权人会议

第一节 一般规定

第五十九条 依法申报债权的债权人为债权人会议的成员,有权参加债权人会议,享有表决权。

债权尚未确定的债权人,除人民法院能够为其行使表决权而临时确定债权额的外,不得行使表决权。

对债务人的特定财产享有担保权的债权人,未放弃优先受偿权利的,对于本法第六十一条第一款第七项、第十项规定的事项不享有表决权。

债权人可以委托代理人出席债权人会议,行使表决权。代理人出席债权人会议,应当向人民法院或者债权人会议主席提交债权人的授权委托书。

债权人会议应当有债务人的职工和工会的代表参加,对有关事项发表意见。

第六十条 债权人会议设主席一人,由人民法院从有表决权的债权人中指定。

债权人会议主席主持债权人会议。

第六十一条 债权人会议行使下列职权:

(一)核查债权;

(二)申请人民法院更换管理人,审查管理人的费用和报酬;

(三)监督管理人;

(四)选任和更换债权人委员会成员;

（五）决定继续或者停止债务人的营业；

（六）通过重整计划；

（七）通过和解协议；

（八）通过债务人财产的管理方案；

（九）通过破产财产的变价方案；

（十）通过破产财产的分配方案；

（十一）人民法院认为应当由债权人会议行使的其他职权。

债权人会议应当对所议事项的决议作成会议记录。

第六十二条 第一次债权人会议由人民法院召集，自债权申报期限届满之日起十五日内召开。

以后的债权人会议，在人民法院认为必要时，或者管理人、债权人委员会、占债权总额四分之一以上的债权人向债权人会议主席提议时召开。

第六十三条 召开债权人会议，管理人应当提前十五日通知已知的债权人。

第六十四条 债权人会议的决议，由出席会议的有表决权的债权人过半数通过，并且其所代表的债权额占无财产担保债权总额的二分之一以上。但是，本法另有规定的除外。

债权人认为债权人会议的决议违反法律规定，损害其利益的，可以自债权人会议作出决议之日起十五日内，请求人民法院裁定撤销该决议，责令债权人会议依法重新作出决议。

债权人会议的决议，对于全体债权人均有约束力。

第六十五条 本法第六十一条第一款第八项、第九项所列事项，经债权人会议表决未通过的，由人民法院裁定。

本法第六十一条第一款第十项所列事项，经债权人会议二次表决仍未通过的，由人民法院裁定。

对前两款规定的裁定，人民法院可以在债权人会议上宣布或者另行通知债权人。

第六十六条 债权人对人民法院依照本法第六十五条第一款作出的裁定不服的，债权额占无财产担保债权总额二分之一以上的债权人对人民法院依照本法第六十五条第二款作出的裁定不服的，可以自裁定宣布之日或者收到通知之日起十五日内向该人民法院申请复议。复议期间不停止裁定的执行。

第二节 债权人委员会

第六十七条 债权人会议可以决定设立债权人委员会。债权人委员会由债权人会议选任的债权人代表和一名债务人的职工代表或者工会代表组成。债权人委员会成员不得超过九人。

债权人委员会成员应当经人民法院书面决定认可。

第六十八条 债权人委员会行使下列职权：

（一）监督债务人财产的管理和处分；

（二）监督破产财产分配；

（三）提议召开债权人会议；

（四）债权人会议委托的其他职权。

债权人委员会执行职务时,有权要求管理人、债务人的有关人员对其职权范围内的事务作出说明或者提供有关文件。

管理人、债务人的有关人员违反本法规定拒绝接受监督的,债权人委员会有权就监督事项请求人民法院作出决定;人民法院应当在五日内作出决定。

第六十九条　管理人实施下列行为,应当及时报告债权人委员会:

(一)涉及土地、房屋等不动产权益的转让;

(二)探矿权、采矿权、知识产权等财产权的转让;

(三)全部库存或者营业的转让;

(四)借款;

(五)设定财产担保;

(六)债权和有价证券的转让;

(七)履行债务人和对方当事人均未履行完毕的合同;

(八)放弃权利;

(九)担保物的取回;

(十)对债权人利益有重大影响的其他财产处分行为。

未设立债权人委员会的,管理人实施前款规定的行为应当及时报告人民法院。

第八章　重　整

第一节　重整申请和重整期间

第七十条　债务人或者债权人可以依照本法规定,直接向人民法院申请对债务人进行重整。

债权人申请对债务人进行破产清算的,在人民法院受理破产申请后、宣告债务人破产前,债务人或者出资额占债务人注册资本十分之一以上的出资人,可以向人民法院申请重整。

第七十一条　人民法院经审查认为重整申请符合本法规定的,应当裁定债务人重整,并予以公告。

第七十二条　自人民法院裁定债务人重整之日起至重整程序终止,为重整期间。

第七十三条　在重整期间,经债务人申请,人民法院批准,债务人可以在管理人的监督下自行管理财产和营业事务。

有前款规定情形的,依照本法规定已接管债务人财产和营业事务的管理人应当向债务人移交财产和营业事务,本法规定的管理人的职权由债务人行使。

第七十四条　管理人负责管理财产和营业事务的,可以聘任债务人的经营管理人员负责营业事务。

第七十五条　在重整期间,对债务人的特定财产享有的担保权暂停行使。但是,担保物有损坏或者价值明显减少的可能,足以危害担保权人权利的,担保权人可以向人民法院请求恢复行使担保权。

在重整期间,债务人或者管理人为继续营业而借款的,可以为该借款设定担保。

第七十六条　债务人合法占有的他人财产,该财产的权利人在重整期间要求取回的,应当符合事先约定的条件。

第七十七条　在重整期间,债务人的出资人不得请求投资收益分配。

在重整期间,债务人的董事、监事、高级管理人员不得向第三人转让其持有的债务人的股权。但是,经人民法院同意的除外。

第七十八条　在重整期间,有下列情形之一的,经管理人或者利害关系人请求,人民法院应当裁定终止重整程序,并宣告债务人破产：

（一）债务人的经营状况和财产状况继续恶化,缺乏挽救的可能性；

（二）债务人有欺诈、恶意减少债务人财产或者其他显著不利于债权人的行为；

（三）由于债务人的行为致使管理人无法执行职务。

第二节　重整计划的制定和批准

第七十九条　债务人或者管理人应当自人民法院裁定债务人重整之日起六个月内,同时向人民法院和债权人会议提交重整计划草案。

前款规定的期限届满,经债务人或者管理人请求,有正当理由的,人民法院可以裁定延期三个月。

债务人或者管理人未按期提出重整计划草案的,人民法院应当裁定终止重整程序,并宣告债务人破产。

第八十条　债务人自行管理财产和营业事务的,由债务人制作重整计划草案。

管理人负责管理财产和营业事务的,由管理人制作重整计划草案。

第八十一条　重整计划草案应当包括下列内容：

（一）债务人的经营方案；

（二）债权分类；

（三）债权调整方案；

（四）债权受偿方案；

（五）重整计划的执行期限；

（六）重整计划执行的监督期限；

（七）有利于债务人重整的其他方案。

第八十二条　下列各类债权的债权人参加讨论重整计划草案的债权人会议,依照下列债权分类,分组对重整计划草案进行表决：

（一）对债务人的特定财产享有担保权的债权；

（二）债务人所欠职工的工资和医疗、伤残补助、抚恤费用,所欠的应当划入职工个人账户的基本养老保险、基本医疗保险费用,以及法律、行政法规规定应当支付给职工的补偿金；

（三）债务人所欠税款；

（四）普通债权。

人民法院在必要时可以决定在普通债权组中设小额债权组对重整计划草案进行表决。

第八十三条　重整计划不得规定减免债务人欠缴的本法第八十二条第一款第二项规定

以外的社会保险费;该项费用的债权人不参加重整计划草案的表决。

第八十四条 人民法院应当自收到重整计划草案之日起三十日内召开债权人会议,对重整计划草案进行表决。

出席会议的同一表决组的债权人过半数同意重整计划草案,并且其所代表的债权额占该组债权总额的三分之二以上的,即为该组通过重整计划草案。

债务人或者管理人应当向债权人会议就重整计划草案作出说明,并回答询问。

第八十五条 债务人的出资人代表可以列席讨论重整计划草案的债权人会议。

重整计划草案涉及出资人权益调整事项的,应当设出资人组,对该事项进行表决。

第八十六条 各表决组均通过重整计划草案时,重整计划即为通过。

自重整计划通过之日起十日内,债务人或者管理人应当向人民法院提出批准重整计划的申请。人民法院经审查认为符合本法规定的,应当自收到申请之日起三十日内裁定批准,终止重整程序,并予以公告。

第八十七条 部分表决组未通过重整计划草案的,债务人或者管理人可以同未通过重整计划草案的表决组协商。该表决组可以在协商后再表决一次。双方协商的结果不得损害其他表决组的利益。

未通过重整计划草案的表决组拒绝再次表决或者再次表决仍未通过重整计划草案,但重整计划草案符合下列条件的,债务人或者管理人可以申请人民法院批准重整计划草案:

(一)按照重整计划草案,本法第八十二条第一款第一项所列债权就该特定财产将获得全额清偿,其因延期清偿所受的损失将得到公平补偿,并且其担保权未受到实质性损害,或者该表决组已经通过重整计划草案;

(二)按照重整计划草案,本法第八十二条第一款第二项、第三项所列债权将获得全额清偿,或者相应表决组已经通过重整计划草案;

(三)按照重整计划草案,普通债权所获得的清偿比例,不低于其在重整计划草案被提请批准时依照破产清算程序所能获得的清偿比例,或者该表决组已经通过重整计划草案;

(四)重整计划草案对出资人权益的调整公平、公正,或者出资人组已经通过重整计划草案;

(五)重整计划草案公平对待同一表决组的成员,并且所规定的债权清偿顺序不违反本法第一百一十三条的规定;

(六)债务人的经营方案具有可行性。

人民法院经审查认为重整计划草案符合前款规定的,应当自收到申请之日起三十日内裁定批准,终止重整程序,并予以公告。

第八十八条 重整计划草案未获得通过且未依照本法第八十七条的规定获得批准,或者已通过的重整计划未获得批准的,人民法院应当裁定终止重整程序,并宣告债务人破产。

第三节 重整计划的执行

第八十九条 重整计划由债务人负责执行。

人民法院裁定批准重整计划后,已接管财产和营业事务的管理人应当向债务人移交财产和营业事务。

第九十条 自人民法院裁定批准重整计划之日起,在重整计划规定的监督期内,由管理人监督重整计划的执行。

在监督期内,债务人应当向管理人报告重整计划执行情况和债务人财务状况。

第九十一条 监督期届满时,管理人应当向人民法院提交监督报告。自监督报告提交之日起,管理人的监督职责终止。

管理人向人民法院提交的监督报告,重整计划的利害关系人有权查阅。

经管理人申请,人民法院可以裁定延长重整计划执行的监督期限。

第九十二条 经人民法院裁定批准的重整计划,对债务人和全体债权人均有约束力。

债权人未依照本法规定申报债权的,在重整计划执行期间不得行使权利;在重整计划执行完毕后,可以按照重整计划规定的同类债权的清偿条件行使权利。

债权人对债务人的保证人和其他连带债务人所享有的权利,不受重整计划的影响。

第九十三条 债务人不能执行或者不执行重整计划的,人民法院经管理人或者利害关系人请求,应当裁定终止重整计划的执行,并宣告债务人破产。

人民法院裁定终止重整计划执行的,债权人在重整计划中作出的债权调整的承诺失去效力。债权人因执行重整计划所受的清偿仍然有效,债权未受清偿的部分作为破产债权。

前款规定的债权人,只有在其他同顺位债权人同自己所受的清偿达到同一比例时,才能继续接受分配。

有本条第一款规定情形的,为重整计划的执行提供的担保继续有效。

第九十四条 按照重整计划减免的债务,自重整计划执行完毕时起,债务人不再承担清偿责任。

第九章 和 解

第九十五条 债务人可以依照本法规定,直接向人民法院申请和解;也可以在人民法院受理破产申请后、宣告债务人破产前,向人民法院申请和解。

债务人申请和解,应当提出和解协议草案。

第九十六条 人民法院经审查认为和解申请符合本法规定的,应当裁定和解,予以公告,并召集债权人会议讨论和解协议草案。

对债务人的特定财产享有担保权的权利人,自人民法院裁定和解之日起可以行使权利。

第九十七条 债权人会议通过和解协议的决议,由出席会议的有表决权的债权人过半数同意,并且其所代表的债权额占无财产担保债权总额的三分之二以上。

第九十八条 债权人会议通过和解协议的,由人民法院裁定认可,终止和解程序,并予以公告。管理人应当向债务人移交财产和营业事务,并向人民法院提交执行职务的报告。

第九十九条 和解协议草案经债权人会议表决未获得通过,或者已经债权人会议通过的和解协议未获得人民法院认可的,人民法院应当裁定终止和解程序,并宣告债务人破产。

第一百条 经人民法院裁定认可的和解协议,对债务人和全体和解债权人均有约束力。

和解债权人是指人民法院受理破产申请时对债务人享有无财产担保债权的人。

和解债权人未依照本法规定申报债权的,在和解协议执行期间不得行使权利;在和解协议执行完毕后,可以按照和解协议规定的清偿条件行使权利。

第一百零一条 和解债权人对债务人的保证人和其他连带债务人所享有的权利,不受和解协议的影响。

第一百零二条 债务人应当按照和解协议规定的条件清偿债务。

第一百零三条 因债务人的欺诈或者其他违法行为而成立的和解协议,人民法院应当裁定无效,并宣告债务人破产。

有前款规定情形的,和解债权人因执行和解协议所受的清偿,在其他债权人所受清偿同等比例的范围内,不予返还。

第一百零四条 债务人不能执行或者不执行和解协议的,人民法院经和解债权人请求,应当裁定终止和解协议的执行,并宣告债务人破产。

人民法院裁定终止和解协议执行的,和解债权人在和解协议中作出的债权调整的承诺失去效力。和解债权人因执行和解协议所受的清偿仍然有效,和解债权未受清偿的部分作为破产债权。

前款规定的债权人,只有在其他债权人同自己所受的清偿达到同一比例时,才能继续接受分配。

有本条第一款规定情形的,为和解协议的执行提供的担保继续有效。

第一百零五条 人民法院受理破产申请后,债务人与全体债权人就债权债务的处理自行达成协议的,可以请求人民法院裁定认可,并终结破产程序。

第一百零六条 按照和解协议减免的债务,自和解协议执行完毕时起,债务人不再承担清偿责任。

第十章 破产清算

第一节 破产宣告

第一百零七条 人民法院依照本法规定宣告债务人破产的,应当自裁定作出之日起五日内送达债务人和管理人,自裁定作出之日起十日内通知已知债权人,并予以公告。

债务人被宣告破产后,债务人称为破产人,债务人财产称为破产财产,人民法院受理破产申请时对债务人享有的债权称为破产债权。

第一百零八条 破产宣告前,有下列情形之一的,人民法院应当裁定终结破产程序,并予以公告:

(一)第三人为债务人提供足额担保或者为债务人清偿全部到期债务的;

(二)债务人已清偿全部到期债务的。

第一百零九条 对破产人的特定财产享有担保权的权利人,对该特定财产享有优先受偿的权利。

第一百一十条 享有本法第一百零九条规定权利的债权人行使优先受偿权利未能完全

受偿的,其未受偿的债权作为普通债权;放弃优先受偿权利的,其债权作为普通债权。

第二节 变价和分配

第一百一十一条 管理人应当及时拟订破产财产变价方案,提交债权人会议讨论。

管理人应当按照债权人会议通过的或者人民法院依照本法第六十五条第一款规定裁定的破产财产变价方案,适时变价出售破产财产。

第一百一十二条 变价出售破产财产应当通过拍卖进行。但是,债权人会议另有决议的除外。

破产企业可以全部或者部分变价出售。企业变价出售时,可以将其中的无形资产和其他财产单独变价出售。

按照国家规定不能拍卖或者限制转让的财产,应当按照国家规定的方式处理。

第一百一十三条 破产财产在优先清偿破产费用和共益债务后,依照下列顺序清偿:

(一)破产人所欠职工的工资和医疗、伤残补助、抚恤费用,所欠的应当划入职工个人账户的基本养老保险、基本医疗保险费用,以及法律、行政法规规定应当支付给职工的补偿金;

(二)破产人欠缴的除前项规定以外的社会保险费用和破产人所欠税款;

(三)普通破产债权。

破产财产不足以清偿同一顺序的清偿要求的,按照比例分配。

破产企业的董事、监事和高级管理人员的工资按照该企业职工的平均工资计算。

第一百一十四条 破产财产的分配应当以货币分配方式进行。但是,债权人会议另有决议的除外。

第一百一十五条 管理人应当及时拟订破产财产分配方案,提交债权人会议讨论。

破产财产分配方案应当载明下列事项:

(一)参加破产财产分配的债权人名称或者姓名、住所;

(二)参加破产财产分配的债权额;

(三)可供分配的破产财产数额;

(四)破产财产分配的顺序、比例及数额;

(五)实施破产财产分配的方法。

债权人会议通过破产财产分配方案后,由管理人将该方案提请人民法院裁定认可。

第一百一十六条 破产财产分配方案经人民法院裁定认可后,由管理人执行。

管理人按照破产财产分配方案实施多次分配的,应当公告本次分配的财产额和债权额。管理人实施最后分配的,应当在公告中指明,并载明本法第一百一十七条第二款规定的事项。

第一百一十七条 对于附生效条件或者解除条件的债权,管理人应当将其分配额提存。

管理人依照前款规定提存的分配额,在最后分配公告日,生效条件未成就或者解除条件成就的,应当分配给其他债权人;在最后分配公告日,生效条件成就或者解除条件未成就的,应当交付给债权人。

第一百一十八条 债权人未受领的破产财产分配额,管理人应当提存。债权人自最后分配公告之日起满二个月仍不领取的,视为放弃受领分配的权利,管理人或者人民法院应当将提存的分配额分配给其他债权人。

第一百一十九条 破产财产分配时,对于诉讼或者仲裁未决的债权,管理人应当将其分配额提存。自破产程序终结之日起满二年仍不能受领分配的,人民法院应当将提存的分配额分配给其他债权人。

第三节 破产程序的终结

第一百二十条 破产人无财产可供分配的,管理人应当请求人民法院裁定终结破产程序。

管理人在最后分配完结后,应当及时向人民法院提交破产财产分配报告,并提请人民法院裁定终结破产程序。

人民法院应当自收到管理人终结破产程序的请求之日起十五日内作出是否终结破产程序的裁定。裁定终结的,应当予以公告。

第一百二十一条 管理人应当自破产程序终结之日起十日内,持人民法院终结破产程序的裁定,向破产人的原登记机关办理注销登记。

第一百二十二条 管理人于办理注销登记完毕的次日终止执行职务。但是,存在诉讼或者仲裁未决情况的除外。

第一百二十三条 自破产程序依照本法第四十三条第四款或者第一百二十条的规定终结之日起二年内,有下列情形之一的,债权人可以请求人民法院按照破产财产分配方案进行追加分配:

(一)发现有依照本法第三十一条、第三十二条、第三十三条、第三十六条规定应当追回的财产的;

(二)发现破产人有应当供分配的其他财产的。

有前款规定情形,但财产数量不足以支付分配费用的,不再进行追加分配,由人民法院将其上交国库。

第一百二十四条 破产人的保证人和其他连带债务人,在破产程序终结后,对债权人依照破产清算程序未受清偿的债权,依法继续承担清偿责任。

第十一章 法律责任

第一百二十五条 企业董事、监事或者高级管理人员违反忠实义务、勤勉义务,致使所在企业破产的,依法承担民事责任。

有前款规定情形的人员,自破产程序终结之日起三年内不得担任任何企业的董事、监事、高级管理人员。

第一百二十六条 有义务列席债权人会议的债务人的有关人员,经人民法院传唤,无正当理由拒不列席债权人会议的,人民法院可以拘传,并依法处以罚款。债务人的有关人员违反本法规定,拒不陈述、回答,或者作虚假陈述、回答的,人民法院可以依法处以罚款。

第一百二十七条 债务人违反本法规定,拒不向人民法院提交或者提交不真实的财产状况说明、债务清册、债权清册、有关财务会计报告以及职工工资的支付情况和社会保险费用的缴纳情况的,人民法院可以对直接责任人员依法处以罚款。

债务人违反本法规定,拒不向管理人移交财产、印章和账簿、文书等资料的,或者伪造、销毁有关财产证据材料而使财产状况不明的,人民法院可以对直接责任人员依法处以罚款。

第一百二十八条 债务人有本法第三十一条、第三十二条、第三十三条规定的行为,损害债权人利益的,债务人的法定代表人和其他直接责任人员依法承担赔偿责任。

第一百二十九条 债务人的有关人员违反本法规定,擅自离开住所地的,人民法院可以予以训诫、拘留,可以依法并处罚款。

第一百三十条 管理人未依照本法规定勤勉尽责,忠实执行职务的,人民法院可以依法处以罚款;给债权人、债务人或者第三人造成损失的,依法承担赔偿责任。

第一百三十一条 违反本法规定,构成犯罪的,依法追究刑事责任。

第十二章 附 则

第一百三十二条 本法施行后,破产人在本法公布之日前所欠职工的工资和医疗、伤残补助、抚恤费用,所欠的应当划入职工个人账户的基本养老保险、基本医疗保险费用,以及法律、行政法规规定应当支付给职工的补偿金,依照本法第一百一十三条的规定清偿后不足以清偿的部分,以本法第一百零九条规定的特定财产优先于对该特定财产享有担保权的权利人受偿。

第一百三十三条 在本法施行前国务院规定的期限和范围内的国有企业实施破产的特殊事宜,按照国务院有关规定办理。

第一百三十四条 商业银行、证券公司、保险公司等金融机构有本法第二条规定情形的,国务院金融监督管理机构可以向人民法院提出对该金融机构进行重整或者破产清算的申请。国务院金融监督管理机构依法对出现重大经营风险的金融机构采取接管、托管等措施的,可以向人民法院申请中止以该金融机构为被告或者被执行人的民事诉讼程序或者执行程序。

金融机构实施破产的,国务院可以依据本法和其他有关法律的规定制定实施办法。

第一百三十五条 其他法律规定企业法人以外的组织的清算,属于破产清算的,参照适用本法规定的程序。

第一百三十六条 本法自2007年6月1日起施行,《中华人民共和国企业破产法(试行)》同时废止。

第九编 保 险 法

中华人民共和国保险法

(1995年6月30日第八届全国人民代表大会常务委员会第十四次会议通过,根据2002年10月28日第九届全国人民代表大会常务委员会第三十次会议《关于修改〈中华人民共和国保险法〉的决定》修正)

目 录

第一章 总则
第二章 保险合同
　　第一节 一般规定
　　第二节 财产保险合同
　　第三节 人身保险合同
第三章 保险公司
第四章 保险经营规则
第五章 保险业的监督管理
第六章 保险代理人和保险经纪人
第七章 法律责任
第八章 附则

第一章 总　　则

第一条 为了规范保险活动,保护保险活动当事人的合法权益,加强对保险业的监督管理,促进保险事业的健康发展,制定本法。

第二条 本法所称保险,是指投保人根据合同约定,向保险人支付保险费,保险人对于合同约定的可能发生的事故因其发生所造成的财产损失承担赔偿保险金责任,或者当被保险人死亡、伤残、疾病或者达到合同约定的年龄、期限时承担给付保险金责任的商业保险行为。

第三条 在中华人民共和国境内从事保险活动,适用本法。

第四条 从事保险活动必须遵守法律、行政法规,尊重社会公德,遵循自愿原则。

第五条 保险活动当事人行使权利、履行义务应当遵循诚实信用原则。

第六条 经营商业保险业务,必须是依照本法设立的保险公司。其他单位和个人不得经营商业保险业务。

第七条 在中华人民共和国境内的法人和其他组织需要办理境内保险的,应当向中华人民共和国境内的保险公司投保。

第八条 保险公司开展业务,应当遵循公平竞争的原则,不得从事不正当竞争。

第九条 国务院保险监督管理机构依照本法负责对保险业实施监督管理。

第二章 保险合同

第一节 一般规定

第十条 保险合同是投保人与保险人约定保险权利义务关系的协议。

投保人是指与保险人订立保险合同,并按照保险合同负有支付保险费义务的人。

保险人是指与投保人订立保险合同,并承担赔偿或者给付保险金责任的保险公司。

第十一条 投保人和保险人订立保险合同,应当遵循公平互利、协商一致、自愿订立的原则,不得损害社会公共利益。

除法律、行政法规规定必须保险的以外,保险公司和其他单位不得强制他人订立保险合同。

第十二条 投保人对保险标的应当具有保险利益。

投保人对保险标的不具有保险利益的,保险合同无效。

保险利益是指投保人对保险标的具有的法律上承认的利益。

保险标的是指作为保险对象的财产及其有关利益或者人的寿命和身体。

第十三条 投保人提出保险要求,经保险人同意承保,并就合同的条款达成协议,保险合同成立。保险人应当及时向投保人签发保险单或者其他保险凭证,并在保险单或者其他保险凭证中载明当事人双方约定的合同内容。

经投保人和保险人协商同意,也可以采取前款规定以外的其他书面协议形式订立保险合同。

第十四条 保险合同成立后,投保人按照约定交付保险费;保险人按照约定的时间开始承担保险责任。

第十五条 除本法另有规定或者保险合同另有约定外,保险合同成立后,投保人可以解除保险合同。

第十六条 除本法另有规定或者保险合同另有约定外,保险合同成立后,保险人不得解除保险合同。

第十七条 订立保险合同,保险人应当向投保人说明保险合同的条款内容,并可以就保险标的或者被保险人的有关情况提出询问,投保人应当如实告知。

投保人故意隐瞒事实,不履行如实告知义务的,或者因过失未履行如实告知义务,足以影响保险人决定是否同意承保或者提高保险费率的,保险人有权解除保险合同。

投保人故意不履行如实告知义务的,保险人对于保险合同解除前发生的保险事故,不承担赔偿或者给付保险金的责任,并不退还保险费。

投保人因过失未履行如实告知义务,对保险事故的发生有严重影响的,保险人对于保险合同解除前发生的保险事故,不承担赔偿或者给付保险金的责任,但可以退还保险费。

保险事故是指保险合同约定的保险责任范围内的事故。

第十八条　保险合同中规定有关于保险人责任免除条款的,保险人在订立保险合同时应当向投保人明确说明,未明确说明的,该条款不产生效力。

第十九条　保险合同应当包括下列事项:

（一）保险人名称和住所;

（二）投保人、被保险人名称和住所,以及人身保险的受益人的名称和住所;

（三）保险标的;

（四）保险责任和责任免除;

（五）保险期间和保险责任开始时间;

（六）保险价值;

（七）保险金额;

（八）保险费以及支付办法;

（九）保险金赔偿或者给付办法;

（十）违约责任和争议处理;

（十一）订立合同的年、月、日。

第二十条　投保人和保险人在前条规定的保险合同事项外,可以就与保险有关的其他事项作出约定。

第二十一条　在保险合同有效期内,投保人和保险人经协商同意,可以变更保险合同的有关内容。

变更保险合同的,应当由保险人在原保险单或者其他保险凭证上批注或者附贴批单,或者由投保人和保险人订立变更的书面协议。

第二十二条　投保人、被保险人或者受益人知道保险事故发生后,应当及时通知保险人。

被保险人是指其财产或者人身受保险合同保障,享有保险金请求权的人,投保人可以为被保险人。

受益人是指人身保险合同中由被保险人或者投保人指定的享有保险金请求权的人,投保人、被保险人可以为受益人。

第二十三条　保险事故发生后,依照保险合同请求保险人赔偿或者给付保险金时,投保人、被保险人或者受益人应当向保险人提供其所能提供的与确认保险事故的性质、原因、损失程度等有关的证明和资料。

保险人依照保险合同的约定,认为有关的证明和资料不完整的,应当通知投保人、被保险人或者受益人补充提供有关的证明和资料。

第二十四条　保险人收到被保险人或者受益人的赔偿或者给付保险金的请求后,应当及时作出核定,并将核定结果通知被保险人或者受益人;对属于保险责任的,在与被保险人或者受益人达成有关赔偿或者给付保险金额的协议后十日内,履行赔偿或者给付保险金义务。保险合同对保险金额及赔偿或者给付期限有约定的,保险人应当依照保险合同的约定,履行赔偿或者给付保险金义务。

保险人未及时履行前款规定义务的,除支付保险金外,应当赔偿被保险人或者受益人因此受到的损失。

任何单位或者个人都不得非法干预保险人履行赔偿或者给付保险金的义务,也不得限制被保险人或者受益人取得保险金的权利。

保险金额是指保险人承担赔偿或者给付保险金责任的最高限额。

第二十五条 保险人收到被保险人或者受益人的赔偿或者给付保险金的请求后,对不属于保险责任的,应当向被保险人或者受益人发出拒绝赔偿或者拒绝给付保险金通知书。

第二十六条 保险人自收到赔偿或者给付保险金的请求和有关证明、资料之日起六十日内,对其赔偿或者给付保险金的数额不能确定的,应当根据已有证明和资料可以确定的最低数额先予支付;保险人最终确定赔偿或者给付保险金的数额后,应当支付相应的差额。

第二十七条 人寿保险以外的其他保险的被保险人或者受益人,对保险人请求赔偿或者给付保险金的权利,自其知道保险事故发生之日起二年不行使而消灭。

人寿保险的被保险人或者受益人对保险人请求给付保险金的权利,自其知道保险事故发生之日起五年不行使而消灭。

第二十八条 被保险人或者受益人在未发生保险事故的情况下,谎称发生了保险事故,向保险人提出赔偿或者给付保险金的请求的,保险人有权解除保险合同,并不退还保险费。

投保人、被保险人或者受益人故意制造保险事故的,保险人有权解除保险合同,不承担赔偿或者给付保险金的责任,除本法第六十五条第一款另有规定外,也不退还保险费。

保险事故发生后,投保人、被保险人或者受益人以伪造、变造的有关证明、资料或者其他证据,编造虚假的事故原因或者夸大损失程度的,保险人对其虚报的部分不承担赔偿或者给付保险金的责任。

投保人、被保险人或者受益人有前三款所列行为之一,致使保险人支付保险金或者支出费用的,应当退回或者赔偿。

第二十九条 保险人将其承担的保险业务,以分保形式,部分转移给其他保险人的,为再保险。

应再保险接受人的要求,再保险分出人应当将其自负责任及原保险的有关情况告知再保险接受人。

第三十条 再保险接受人不得向原保险的投保人要求支付保险费。

原保险的被保险人或者受益人,不得向再保险接受人提出赔偿或者给付保险金的请求。

再保险分出人不得以再保险接受人未履行再保险责任为由,拒绝履行或者迟延履行其原保险责任。

第三十一条 对于保险合同的条款,保险人与投保人、被保险人或者受益人有争议时,人民法院或者仲裁机关应当作有利于被保险人和受益人的解释。

第三十二条 保险人或者再保险接受人对在办理保险业务中知道的投保人、被保险人、受益人或者再保险分出人的业务和财产情况及个人隐私,负有保密的义务。

第二节 财产保险合同

第三十三条 财产保险合同是以财产及其有关利益为保险标的的保险合同。

本节中的财产保险合同,除特别指明的外,简称合同。

第三十四条 保险标的的转让应当通知保险人,经保险人同意继续承保后,依法变更合同。但是,货物运输保险合同和另有约定的合同除外。

第三十五条 货物运输保险合同和运输工具航程保险合同,保险责任开始后,合同当事人不得解除合同。

第三十六条 被保险人应当遵守国家有关消防、安全、生产操作、劳动保护等方面的规定,维护保险标的的安全。

根据合同的约定,保险人可以对保险标的的安全状况进行检查,及时向投保人、被保险人提出消除不安全因素和隐患的书面建议。

投保人、被保险人未按照约定履行其对保险标的安全应尽的责任的,保险人有权要求增加保险费或者解除合同。

保险人为维护保险标的的安全,经被保险人同意,可以采取安全预防措施。

第三十七条 在合同有效期内,保险标的的危险程度增加的,被保险人按照合同约定应当及时通知保险人,保险人有权要求增加保险费或者解除合同。

被保险人未履行前款规定的通知义务的,因保险标的危险程度增加而发生的保险事故,保险人不承担赔偿责任。

第三十八条 有下列情形之一的,除合同另有约定外,保险人应当降低保险费,并按日计算退还相应的保险费:

(一)据以确定保险费率的有关情况发生变化,保险标的危险程度明显减少;

(二)保险标的的保险价值明显减少。

第三十九条 保险责任开始前,投保人要求解除合同的,应当向保险人支付手续费,保险人应当退还保险费。保险责任开始后,投保人要求解除合同的,保险人可以收取自保险责任开始之日起至合同解除之日止期间的保险费,剩余部分退还投保人。

第四十条 保险标的的保险价值,可以由投保人和保险人约定并在合同中载明,也可以按照保险事故发生时保险标的的实际价值确定。

保险金额不得超过保险价值;超过保险价值的,超过的部分无效。

保险金额低于保险价值的,除合同另有约定外,保险人按照保险金额与保险价值的比例承担赔偿责任。

第四十一条 重复保险的投保人应当将重复保险的有关情况通知各保险人。

重复保险的保险金额总和超过保险价值的,各保险人的赔偿金额的总和不得超过保险价值。除合同另有约定外,各保险人按照其保险金额与保险金额总和的比例承担赔偿责任。

重复保险是指投保人对同一保险标的、同一保险利益、同一保险事故分别向二个以上保险人订立保险合同的保险。

第四十二条 保险事故发生时,被保险人有责任尽力采取必要的措施,防止或者减少损失。

保险事故发生后,被保险人为防止或者减少保险标的的损失所支付的必要的、合理的费用,由保险人承担;保险人所承担的数额在保险标的损失赔偿金额以外另行计算,最高不超过保险金额的数额。

第四十三条 保险标的发生部分损失的,在保险人赔偿后三十日内,投保人可以终止合同;除合同约定不得终止合同的以外,保险人也可以终止合同。保险人终止合同的,应当提前十五日通知投保人,并将保险标的未受损失部分的保险费,扣除自保险责任开始之日起至终止合同之日止期间的应收部分后,退还投保人。

第四十四条 保险事故发生后,保险人已支付了全部保险金额,并且保险金额相等于保险价值的,受损保险标的的全部权利归于保险人;保险金额低于保险价值的,保险人按照保险金额与保险价值的比例取得受损保险标的的部分权利。

第四十五条 因第三者对保险标的的损害而造成保险事故的,保险人自向被保险人赔偿保险金之日起,在赔偿金额范围内代位行使被保险人对第三者请求赔偿的权利。

前款规定的保险事故发生后,被保险人已经从第三者取得损害赔偿的,保险人赔偿保险金时,可以相应扣减被保险人从第三者已取得的赔偿金额。

保险人依照第一款行使代位请求赔偿的权利,不影响被保险人就未取得赔偿的部分向第三者请求赔偿的权利。

第四十六条 保险事故发生后,保险人未赔偿保险金之前,被保险人放弃对第三者的请求赔偿的权利的,保险人不承担赔偿保险金的责任。

保险人向被保险人赔偿保险金后,被保险人未经保险人同意放弃对第三者请求赔偿的权利的,该行为无效。

由于被保险人的过错致使保险人不能行使代位请求赔偿的权利的,保险人可以相应扣减保险赔偿金。

第四十七条 除被保险人的家庭成员或者其组成人员故意造成本法第四十五条第一款规定的保险事故以外,保险人不得对被保险人的家庭成员或者其组成人员行使代位请求赔偿的权利。

第四十八条 在保险人向第三者行使代位请求赔偿权利时,被保险人应当向保险人提供必要的文件和其所知道的有关情况。

第四十九条 保险人、被保险人为查明和确定保险事故的性质、原因和保险标的的损失程度所支付的必要的、合理的费用,由保险人承担。

第五十条 保险人对责任保险的被保险人给第三者造成的损害,可以依照法律的规定或者合同的约定,直接向该第三者赔偿保险金。

责任保险是指以被保险人对第三者依法应负的赔偿责任为保险标的的保险。

第五十一条 责任保险的被保险人因给第三者造成损害的保险事故而被提起仲裁或者诉讼的,除合同另有约定外,由被保险人支付的仲裁或者诉讼费用以及其他必要的、合理的费用,由保险人承担。

第三节 人身保险合同

第五十二条 人身保险合同是以人的寿命和身体为保险标的的保险合同。

本节中的人身保险合同,除特别指明的外,简称合同。

第五十三条 投保人对下列人员具有保险利益:

(一)本人;

(二)配偶、子女、父母;

(三)前项以外与投保人有抚养、赡养或者扶养关系的家庭其他成员、近亲属。

除前款规定外,被保险人同意投保人为其订立合同的,视为投保人对被保险人具有保险利益。

第五十四条 投保人申报的被保险人年龄不真实,并且其真实年龄不符合合同约定的年龄限制的,保险人可以解除合同,并在扣除手续费后,向投保人退还保险费,但是自合同成立之日起逾二年的除外。

投保人申报的被保险人年龄不真实,致使投保人支付的保险费少于应付保险费的,保险人有权更正并要求投保人补交保险费,或者在给付保险金时按照实付保险费与应付保险费的比例支付。

投保人申报的被保险人年龄不真实,致使投保人实付保险费多于应付保险费的,保险人应当将多收的保险费退还投保人。

第五十五条 投保人不得为无民事行为能力人投保以死亡为给付保险金条件的人身保险,保险人也不得承保。

父母为其未成年子女投保的人身保险,不受前款规定限制,但是死亡给付保险金额总和不得超过保险监督管理机构规定的限额。

第五十六条 以死亡为给付保险金条件的合同,未经被保险人书面同意并认可保险金额的,合同无效。

依照以死亡为给付保险金条件的合同所签发的保险单,未经被保险人书面同意,不得转让或者质押。

父母为其未成年子女投保的人身保险,不受第一款规定限制。

第五十七条 投保人于合同成立后,可以向保险人一次支付全部保险费,也可以按照合同约定分期支付保险费。

合同约定分期支付保险费的,投保人应当于合同成立时支付首期保险费,并应当按期支付其余各期的保险费。

第五十八条 合同约定分期支付保险费,投保人支付首期保险费后,除合同另有约定外,投保人超过规定的期限六十日未支付当期保险费的,合同效力中止,或者由保险人按照合同约定的条件减少保险金额。

第五十九条 依照前条规定合同效力中止的,经保险人与投保人协商并达成协议,在投保人补交保险费后,合同效力恢复。但是,自合同效力中止之日起二年内双方未达成协议的,保险人有权解除合同。

保险人依照前款规定解除合同，投保人已交足二年以上保险费的，保险人应当按照合同约定退还保险单的现金价值；投保人未交足二年保险费的，保险人应当在扣除手续费后，退还保险费。

第六十条　保险人对人身保险的保险费，不得用诉讼方式要求投保人支付。

第六十一条　人身保险的受益人由被保险人或者投保人指定。

投保人指定受益人时须经被保险人同意。

被保险人为无民事行为能力人或者限制民事行为能力人的，可以由其监护人指定受益人。

第六十二条　被保险人或者投保人可以指定一人或者数人为受益人。

受益人为数人的，被保险人或者投保人可以确定受益顺序和受益份额；未确定受益份额的，受益人按照相等份额享有受益权。

第六十三条　被保险人或者投保人可以变更受益人并书面通知保险人。保险人收到变更受益人的书面通知后，应当在保险单上批注。

投保人变更受益人时须经被保险人同意。

第六十四条　被保险人死亡后，遇有下列情形之一的，保险金作为被保险人的遗产，由保险人向被保险人的继承人履行给付保险金的义务：

（一）没有指定受益人的；

（二）受益人先于被保险人死亡，没有其他受益人的；

（三）受益人依法丧失受益权或者放弃受益权，没有其他受益人的。

第六十五条　投保人、受益人故意造成被保险人死亡、伤残或者疾病的，保险人不承担给付保险金的责任。投保人已交足二年以上保险费的，保险人应当按照合同约定向其他享有权利的受益人退还保险单的现金价值。

受益人故意造成被保险人死亡或者伤残的，或者故意杀害被保险人未遂的，丧失受益权。

第六十六条　以死亡为给付保险金条件的合同，被保险人自杀的，除本条第二款规定外，保险人不承担给付保险金的责任，但对投保人已支付的保险费，保险人应按照保险单退还其现金价值。

以死亡为给付保险金条件的合同，自成立之日起满二年后，如果被保险人自杀的，保险人可以按照合同给付保险金。

第六十七条　被保险人故意犯罪导致其自身伤残或者死亡的，保险人不承担给付保险金的责任。投保人已交足二年以上保险费的，保险人应当按照保险单退还其现金价值。

第六十八条　人身保险的被保险人因第三者的行为而发生死亡、伤残或者疾病等保险事故的，保险人向被保险人或者受益人给付保险金后，不得享有向第三者追偿的权利。但被保险人或者受益人仍有权向第三者请求赔偿。

第六十九条　投保人解除合同，已交足二年以上保险费的，保险人应当自接到解除合同通知之日起三十日内，退还保险单的现金价值；未交足二年保险费的，保险人按照合同约定在扣除手续费后，退还保险费。

第三章 保险公司

第七十条 保险公司应当采取下列组织形式：
（一）股份有限公司；
（二）国有独资公司。

第七十一条 设立保险公司，必须经保险监督管理机构批准。

第七十二条 设立保险公司，应当具备下列条件：
（一）有符合本法和公司法规定的章程；
（二）有符合本法规定的注册资本最低限额；
（三）有具备任职专业知识和业务工作经验的高级管理人员；
（四）有健全的组织机构和管理制度；
（五）有符合要求的营业场所和与业务有关的其他设施。
保险监督管理机构审查设立申请时，应当考虑保险业的发展和公平竞争的需要。

第七十三条 设立保险公司，其注册资本的最低限额为人民币二亿元。
保险公司注册资本最低限额必须为实缴货币资本。
保险监督管理机构根据保险公司业务范围、经营规模，可以调整其注册资本的最低限额。但是，不得低于第一款规定的限额。

第七十四条 申请设立保险公司，应当提交下列文件、资料：
（一）设立申请书，申请书应当载明拟设立的保险公司的名称、注册资本、业务范围等；
（二）可行性研究报告；
（三）保险监督管理机构规定的其他文件、资料。

第七十五条 设立保险公司的申请经初步审查合格后，申请人应当依照本法和公司法的规定进行保险公司的筹建。具备本法第七十二条规定的设立条件的，向保险监督管理机构提交正式申请表和下列有关文件、资料：
（一）保险公司的章程；
（二）股东名册及其股份或者出资人及其出资额；
（三）持有公司股份百分之十以上的股东资信证明和有关资料；
（四）法定验资机构出具的验资证明；
（五）拟任职的高级管理人员的简历和资格证明；
（六）经营方针和计划；
（七）营业场所和与业务有关的其他设施的资料；
（八）保险监督管理机构规定的其他文件、资料。

第七十六条 保险监督管理机构自收到设立保险公司的正式申请文件之日起六个月内，应当作出批准或者不批准的决定。

第七十七条 经批准设立的保险公司，由批准部门颁发经营保险业务许可证，并凭经营保险业务许可证向工商行政管理机关办理登记，领取营业执照。

第七十八条 保险公司自取得经营保险业务许可证之日起六个月内无正当理由未办理公司设立登记的,其经营保险业务许可证自动失效。

第七十九条 保险公司成立后应当按照其注册资本总额的百分之二十提取保证金,存入保险监督管理机构指定的银行,除保险公司清算时用于清偿债务外,不得动用。

第八十条 保险公司在中华人民共和国境内外设立分支机构,须经保险监督管理机构批准,取得分支机构经营保险业务许可证。

保险公司分支机构不具有法人资格,其民事责任由保险公司承担。

第八十一条 保险公司在中华人民共和国境内外设立代表机构,须经保险监督管理机构批准。

第八十二条 保险公司有下列变更事项之一的,须经保险监督管理机构批准:

(一) 变更名称;

(二) 变更注册资本;

(三) 变更公司或者分支机构的营业场所;

(四) 调整业务范围;

(五) 公司分立或者合并;

(六) 修改公司章程;

(七) 变更出资人或者持有公司股份百分之十以上的股东;

(八) 保险监督管理机构规定的其他变更事项。

保险公司更换董事长、总经理,应当报经保险监督管理机构审查其任职资格。

第八十三条 保险公司的组织机构,适用公司法的规定。

第八十四条 国有独资保险公司设立监事会。监事会由保险监督管理机构、有关专家和保险公司工作人员的代表组成,对国有独资保险公司提取各项准备金、最低偿付能力和国有资产保值增值等情况以及高级管理人员违反法律、行政法规或者章程的行为和损害公司利益的行为进行监督。

第八十五条 保险公司因分立、合并或者公司章程规定的解散事由出现,经保险监督管理机构批准后解散。保险公司应当依法成立清算组,进行清算。

经营有人寿保险业务的保险公司,除分立、合并外,不得解散。

第八十六条 保险公司违反法律、行政法规,被保险监督管理机构吊销经营保险业务许可证的,依法撤销。由保险监督管理机构依法及时组织清算组,进行清算。

第八十七条 保险公司不能支付到期债务,经保险监督管理机构同意,由人民法院依法宣告破产。保险公司被宣告破产的,由人民法院组织保险监督管理机构等有关部门和有关人员成立清算组,进行清算。

第八十八条 经营有人寿保险业务的保险公司被依法撤销的或者被依法宣告破产的,其持有的人寿保险合同及准备金,必须转移给其他经营有人寿保险业务的保险公司;不能同其他保险公司达成转让协议的,由保险监督管理机构指定经营有人寿保险业务的保险公司接受。

转让或者由保险监督管理机构指定接受前款规定的人寿保险合同及准备金的,应当维护被保险人、受益人的合法权益。

第八十九条　保险公司依法破产的,破产财产优先支付其破产费用后,按照下列顺序清偿:

(一)所欠职工工资和劳动保险费用;

(二)赔偿或者给付保险金;

(三)所欠税款;

(四)清偿公司债务。

破产财产不足清偿同一顺序清偿要求的,按照比例分配。

第九十条　保险公司依法终止其业务活动,应当注销其经营保险业务许可证。

第九十一条　保险公司的设立、变更、解散和清算事项,本法未作规定的,适用公司法和其他有关法律、行政法规的规定。

第四章　保险经营规则

第九十二条　保险公司的业务范围:

(一)财产保险业务,包括财产损失保险、责任保险、信用保险等保险业务;

(二)人身保险业务,包括人寿保险、健康保险、意外伤害保险等保险业务。

同一保险人不得同时兼营财产保险业务和人身保险业务;但是,经营财产保险业务的保险公司经保险监督管理机构核定,可以经营短期健康保险业务和意外伤害保险业务。

保险公司的业务范围由保险监督管理机械依法核定。保险公司只能在被核定的业务范围内从事保险经营活动。

保险公司不得兼营本法及其他法律、行政法规规定以外的业务。

第九十三条　经保险监督管理机构核定,保险公司可以经营前条规定的保险业务的下列再保险业务:

(一)分出保险;

(二)分入保险。

第九十四条　保险公司应当根据保障被保险人利益、保证偿付能力的原则,提取各项责任准备金。

保险公司提取和结转责任准备金的具体办法由保险监督管理机构制定。

第九十五条　保险公司应当按照已经提出的保险赔偿或者给付金额,以及已经发生保险事故但尚未提出的保险赔偿或者给付金额,提取未决赔款准备金。

第九十六条　除依照前二条规定提取准备金外,保险公司应当依照有关法律、行政法规及国家财务会计制度的规定提取公积金。

第九十七条　为了保障被保险人的利益,支持保险公司稳健经营,保险公司应当按照保险监督管理机构的规定提存保险保障基金。

保险保障基金应当集中管理,统筹使用。

保险保障基金管理使用的具体办法由保险监督管理机构制定。

第九十八条 保险公司应当具有与其业务规模相适应的最低偿付能力。保险公司的实际资产减去实际负债的差额不得低于保险监督管理机构规定的数额；低于规定数额的，应当增加资本金，补足差额。

第九十九条 经营财产保险业务的保险公司当年自留保险费，不得超过其实有资本金加公积金总和的四倍。

第一百条 保险公司对每一危险单位，即对一次保险事故可能造成的最大损失范围所承担的责任，不得超过其实有资本金加公积金总和的百分之十；超过的部分，应当办理再保险。

第一百零一条 保险公司对危险单位的计算办法和巨灾风险安排计划，应当报经保险监督管理机构核准。

第一百零二条 保险公司应当按照保险监督管理机构的有关规定办理再保险。

第一百零三条 保险公司需要办理再保险分出业务的，应当优先向中国境内的保险公司办理。

第一百零四条 保险监督管理机构有权限制或者禁止保险公司向中国境外的保险公司办理再保险分出业务或者接受中国境外再保险分入业务。

第一百零五条 保险公司的资金运用必须稳健，遵循安全性原则，并保证资产的保值增值。

保险公司的资金运用，限于在银行存款、买卖政府债券、金融债券和国务院规定的其他资金运用形式。

保险公司的资金不得用于设立证券经营机构，不得用于设立保险业以外的企业。

保险公司运用的资金和具体项目的资金占其资金总额的具体比例，由保险监督管理机构规定。

第一百零六条 保险公司及其工作人员在保险业务活动中不得有下列行为：

（一）欺骗投保人、被保险人或者受益人；

（二）对投保人隐瞒与保险合同有关的重要情况；

（三）阻碍投保人履行本法规定的如实告知义务，或者诱导其不履行本法规定的如实告知义务；

（四）承诺向投保人、被保险人或者受益人给予保险合同规定以外的保险费回扣或者其他利益；

（五）故意编造未曾发生的保险事故进行虚假理赔，骗取保险金。

第五章 保险业的监督管理

第一百零七条 关系社会公众利益的保险险种、依法实行强制保险的险种和新开发的人寿保险险种等的保险条款和保险费率，应当报保险监督管理机构审批。保险监督管理机构审批时，遵循保护社会公众利益和防止不正当竞争的原则。审批的范围和具体办法，由保险监督管理机构制定。其他保险险种的保险条款和保险费率，应当报保险监督管理机构备案。

第一百零八条 保险监督管理机构应当建立健全保险公司偿付能力监管指标体系，对保险公司的最低偿付能力实施监控。

第一百零九条 保险监督管理机构有权检查保险公司的业务状况、财务状况及资金运用状况,有权要求保险公司在规定的期限内提供有关的书面报告和资料。

保险公司依法接受监督检查。

保险监督管理机构有权查询保险公司在金融机构的存款。

第一百一十条 保险公司未按照本法规定提取或者结转各项准备金,或者未按照本法规定办理再保险,或者严重违反本法关于资金运用的规定的,由保险监督管理机构责令该保险公司采取下列措施限期改正:

(一)依法提取或者结转各项准备金;

(二)依法办理再保险;

(三)纠正违法运用资金的行为;

(四)调整负责人及有关管理人员。

第一百一十一条 依照前条规定,保险监督管理机构作出限期改正的决定后,保险公司在限期内未予改正的,由保险监督管理机构决定选派保险专业人员和指定该保险公司的有关人员,组成整顿组织,对该保险公司进行整顿。

整顿决定应当载明被整顿保险公司的名称、整顿理由、整顿组织和整顿期限,并予以公告。

第一百一十二条 整顿组织在整顿过程中,有权监督该保险公司的日常业务。该保险公司的负责人及有关管理人员,应当在整顿组织的监督下行使自己的职权。

第一百一十三条 在整顿过程中,保险公司的原有业务继续进行,但是保险监督管理机构有权停止开展新的业务或者停止部分业务,调整资金运用。

第一百一十四条 被整顿的保险公司经整顿已纠正其违反本法规定的行为,恢复正常经营状况的,由整顿组织提出报告,经保险监督管理机构批准,整顿结束。

第一百一十五条 保险公司违反本法规定,损害社会公共利益,可能严重危及或者已经危及保险公司的偿付能力的,保险监督管理机构可以对该保险公司实行接管。

接管的目的是对被接管的保险公司采取必要措施,以保护被保险人的利益,恢复保险公司的正常经营。被接管的保险公司的债权债务关系不因接管而变化。

第一百一十六条 接管组织的组成和接管的实施办法,由保险监督管理机构决定,并予公告。

第一百一十七条 接管期限届满,保险监督管理机构可以决定延期,但接管期限最长不得超过二年。

第一百一十八条 接管期限届满,被接管的保险公司已恢复正常经营能力的,保险监督管理机构可以决定接管终止。

接管组织认为被接管的保险公司的财产已不足以清偿所负债务的,经保险监督管理机构批准,依法向人民法院申请宣告该保险公司破产。

第一百一十九条 保险公司应当于每一会计年度终了后三个月内,将上一年度的营业报告、财务会计报告及有关报表报送保险监督管理机构,并依法公布。

第一百二十条　保险公司应当于每月月底前将上一月的营业统计报表报送保险监督管理机构。

第一百二十一条　保险公司必须聘用经保险监督管理机构认可的精算专业人员,建立精算报告制度。

第一百二十二条　保险公司的营业报告、财务会计报告、精算报告及其他有关报表、文件和资料必须如实记录保险业务事项,不得有虚假记载、误导性陈述和重大遗漏。

第一百二十三条　保险人和被保险人可以聘请依法设立的独立的评估机构或者具有法定资格的专家,对保险事故进行评估和鉴定。

依法受聘对保险事故进行评估和鉴定的评估机构和专家,应当依法公正地执行业务。因故意或者过失给保险人或者被保险人造成损害的,依法承担赔偿责任。

依法受聘对保险事故进行评估和鉴定的评估机构收取费用,应当依照法律、行政法规的规定办理。

第一百二十四条　保险公司应当妥善保管有关业务经营活动的完整账簿、原始凭证及有关资料。

前款规定的账簿、原始凭证及有关资料的保管期限,自保险合同终止之日起计算,不得少于十年。

第六章　保险代理人和保险经纪人

第一百二十五条　保险代理人是根据保险人的委托,向保险人收取代理手续费,并在保险人授权的范围内代为办理保险业务的单位或者个人。

第一百二十六条　保险经纪人是基于投保人的利益,为投保人与保险人订立保险合同提供中介服务,并依法收取佣金的单位。

第一百二十七条　保险人委托保险代理人代为办理保险业务的,应当与保险代理人签订委托代理协议,依法约定双方的权利和义务及其他代理事项。

第一百二十八条　保险代理人根据保险人的授权代为办理保险业务的行为,由保险人承担责任。

保险代理人为保险人代为办理保险业务,有超越代理权限行为,投保人有理由相信其有代理权,并已订立保险合同的,保险人应当承担保险责任;但是保险人可以依法追究越权的保险代理人的责任。

第一百二十九条　个人保险代理人在代为办理人寿保险业务时,不得同时接受两个以上保险人的委托。

第一百三十条　因保险经纪人在办理保险业务中的过错,给投保人、被保险人造成损失的,由保险经纪人承担赔偿责任。

第一百三十一条　保险代理人、保险经纪人在办理保险业务活动中不得有下列行为:

(一)欺骗保险人、投保人、被保险人或者受益人;

(二)隐瞒与保险合同有关的重要情况;

（三）阻碍投保人履行本法规定的如实告知义务，或者诱导其不履行本法规定的如实告知义务；

（四）承诺向投保人、被保险人或者受益人给予保险合同规定以外的其他利益；

（五）利用行政权力、职务或者职业便利以及其他不正当手段强迫、引诱或者限制投保人订立保险合同。

第一百三十二条　保险代理人、保险经纪人应当具备保险监督管理机构规定的资格条件，并取得保险监督管理机构颁发的经营保险代理业务许可证或者经纪业务许可证，向工商行政管理机关办理登记，领取营业执照，并缴存保证金或者投保职业责任保险。

第一百三十三条　保险代理人、保险经纪人应当有自己的经营场所，设立专门账簿记载保险代理业务或者经纪业务的收支情况，并接受保险监督管理机构的监督。

第一百三十四条　保险代理手续费和经纪人佣金，只限于向具有合法资格的保险代理人、保险经纪人支付，不得向其他人支付。

第一百三十五条　保险公司应当设立本公司保险代理人登记簿。

第一百三十六条　保险公司应当加强对保险代理人的培训和管理，提高保险代理人的职业道德和业务素质，不得唆使、误导保险代理人进行违背诚信义务的活动。

第一百三十七条　本法第一百零九条、第一百一十九条的规定，适用于保险代理人和保险经纪人。

第七章　法律责任

第一百三十八条　投保人、被保险人或者受益人有下列行为之一，进行保险欺诈活动，构成犯罪的，依法追究刑事责任：

（一）投保人故意虚构保险标的，骗取保险金的；

（二）未发生保险事故而谎称发生保险事故，骗取保险金的；

（三）故意造成财产损失的保险事故，骗取保险金的；

（四）故意造成被保险人死亡、伤残或者疾病等人身保险事故，骗取保险金的；

（五）伪造、变造与保险事故有关的证明、资料和其他证据，或者指使、唆使、收买他人提供虚假证明、资料或者其他证据，编造虚假的事故原因或者夸大损失程度，骗取保险金的。

有前款所列行为之一，情节轻微，尚不构成犯罪的，依照国家有关规定给予行政处罚。

第一百三十九条　保险公司及其工作人员在保险业务中隐瞒与保险合同有关的重要情况，欺骗投保人、被保险人或者受益人，或者拒不履行保险合同约定的赔偿或者给付保险金的义务，构成犯罪的，依法追究刑事责任；尚不构成犯罪的，由保险监督管理机构对保险公司处以五万元以上三十万元以下的罚款；对有违法行为的工作人员，处以二万元以上十万元以下的罚款；情节严重的，限制保险公司业务范围或者责令停止接受新业务。

保险公司及其工作人员阻碍投保人履行如实告知义务，或者诱导其不履行如实告知义务，或者承诺向投保人、被保险人或者受益人给予非法的保险费回扣或者其他利益，构成犯罪的，依法追究刑事责任；尚不构成犯罪的，由保险监督管理机构责令改正，对保险公司处以五万元以上三十万元以下的罚款;对有违法行为的工作人员,处以二万元以上十万元以下的罚款;情节严重的,限制保险公司业务范围或者责令停止接受新业务。

第一百四十条　保险代理人或者保险经纪人在其业务中欺骗保险人、投保人、被保险人或者受益人,构成犯罪的,依法追究刑事责任;尚不构成犯罪的,由保险监督管理机构责令改正,并处以五万元以上三十万元以下的罚款;情节严重的,吊销经营保险代理业务许可证或者经纪业务许可证。

第一百四十一条　保险公司及其工作人员故意编造未曾发生的保险事故进行虚假理赔,骗取保险金,构成犯罪的,依法追究刑事责任。

第一百四十二条　违反本法规定,擅自设立保险公司或者非法从事商业保险业务活动的,由保险监督管理机构予以取缔;构成犯罪的,依法追究刑事责任;尚不构成犯罪的,由保险监督管理机构没收违法所得,并处以违法所得一倍以上五倍以下的罚款;没有违法所得或者违法所得不足二十万元的,处以二十万元以上一百万元以下的罚款。

第一百四十三条　违反本法规定,超出核定的业务范围从事保险业务或者兼营本法及其他法律、行政法规规定以外的业务,构成犯罪的,依法追究刑事责任;尚不构成犯罪的,由保险监督管理机构责令改正,责令退还收取的保险费,没收违法所得,并处以违法所得一倍以上五倍以下的罚款;没有违法所得或者违法所得不足十万元的,处以十万元以上五十万元以下的罚款;逾期不改正或者造成严重后果的,责令停业整顿或者吊销经营保险业务许可证。

第一百四十四条　违反本法规定,未经批准,擅自变更保险公司的名称、章程、注册资本、公司或者分支机构的营业场所等事项的,由保险监督管理机构责令改正,并处以一万元以上十万元以下的罚款。

第一百四十五条　违反本法规定,有下列行为之一的,由保险监督管理机构责令改正,并处以五万元以上三十万元以下的罚款;情节严重的,可以限制业务范围、责令停止接受新业务或者吊销经营保险业务许可证:

(一)未按照规定提存保证金或者违反规定动用保证金的;

(二)未按照规定提取或者结转各项责任准备金或者未按照规定提取未决赔款准备金的;

(三)未按照规定提取保险保障基金、公积金的;

(四)未按照规定办理再保险分出业务的;

(五)违反规定运用保险公司资金的;

(六)未经批准设立分支机构或者代表机构的;

(七)未经批准分立、合并的;

(八)未按照规定将应当报送审批的险种的保险条款和保险费率报送审批的。

第一百四十六条　违反本法规定,有下列行为之一的,由保险监督管理机构责令改正,逾期不改正的,处以一万元以上十万元以下的罚款:

(一)未按照规定报送有关报告、报表、文件和资料的;

(二)未按照规定将应当报送备案的险种的保险条款和保险费率报送备案的。

第一百四十七条　违反本法规定,有下列行为之一,构成犯罪的,依法追究刑事责任;尚不构成犯罪的,由保险监督管理机构责令改正,处以十万元以上五十万元以下的罚款;情节严重的,可以限制业务范围、责令停止接受新业务或者吊销经营保险业务许可证:

(一)提供虚假的报告、报表、文件和资料的;

(二)拒绝或者妨碍依法检查监督的。

第一百四十八条 违反本法规定,有下列行为之一的,由保险监督管理机构责令改正,处以五万元以上三十万元以下的罚款:

(一)超额承保,情节严重的;

(二)为无民事行为能力人承保以死亡为给付保险金条件的保险的。

第一百四十九条 违反本法规定,未取得经营保险代理业务许可证或者经纪业务许可证,非法从事保险代理业务或者经纪业务活动的,由保险监督管理机构予以取缔;构成犯罪的,依法追究刑事责任;尚不构成犯罪的,由保险监督管理机构没收违法所得,并处以违法所得一倍以上五倍以下的罚款,没有违法所得或者违法所得不足十万元的,处以十万元以上五十万元以下的罚款。

第一百五十条 对违反本法规定尚未构成犯罪的行为负有直接责任的保险公司高级管理人员和其他直接责任人员,保险监督管理机构可以区别不同情况予以警告,责令予以撤换,处以二万元以上十万元以下的罚款。

第一百五十一条 违反本法规定,给他人造成损害的,应当依法承担民事责任。

第一百五十二条 对不符合本法规定条件的设立保险公司的申请予以批准,或者对不符合保险代理人、保险经纪人条件的申请予以批准,或者有滥用职权、玩忽职守的其他行为,构成犯罪的,依法追究刑事责任;尚不构成犯罪的,依法给予行政处分。

第八章 附 则

第一百五十三条 海上保险适用海商法的有关规定;海商法未作规定的,适用本法的有关规定。

第一百五十四条 中外合资保险公司、外资独资保险公司、外国保险公司分公司适用本法规定;法律、行政法规另有规定的,适用其规定。

第一百五十五条 国家支持发展为农业生产服务的保险事业,农业保险由法律、行政法规另行规定。

第一百五十六条 本法规定的保险公司以外的其他性质的保险组织,由法律、行政法规另行规定。

第一百五十七条 本法施行前按照国务院规定经批准设立的保险公司继续保留,其中不完全具备本法规定的条件的,应当在规定的期限内达到本法规定的条件。具体办法由国务院规定。

第一百五十八条 本法自1995年10月1日起施行。